语录·文录·别录

[明] 王守仁 著
陈恕 编校

王阳明全集 一

中州古籍出版社
·郑州·

图书在版编目(CIP)数据

王阳明全集 /（明）王阳明著；陈恕编校．—郑州：中州古籍出版社，2016.9（2022.1重印）

ISBN 978-7-5348-6387-5

Ⅰ.①王… Ⅱ.①王…②陈… Ⅲ.①王守仁（1472-1528）-全集 Ⅳ.①B248.2-53

中国版本图书馆CIP数据核字（2016）第116491号

WANG YANGMING QUANJI

王阳明全集

作　　者	【明】王守仁 著　陈　恕 编校
出 版 人	许绍山
策　　划	汪继林
责任编辑	闵世勇
责任校对	钟　宙
装帧设计	王　歌
出 版 社	中州古籍出版社（地址：郑州市郑东新区祥盛街27号6层　邮编：450016　电话：0371-65788693）
发行单位	河南省新华书店发行集团有限公司
承印单位	郑州印之星印务有限公司
开　　本	710 mm×1000 mm　1/16
印　　张	91.5
字　　数	1200千字
印　　数	6001—8000册
版　　次	2016年9月第1版
印　　次	2022年1月第3次印刷
定　　价	380.00元

本书如有印装质量问题，请与出版社调换。

一生俯首拜阳明

王阳明（1472-1529），原名王守仁，幼名云，字伯安，浙江余姚人。因曾筑居于会稽山阳明洞，别号阳明子，世称王阳明。逝后追谥文成，故后世亦称王文成公。

王阳明是有明一代影响巨大的"心学"集大成者，是著名的思想家、文学家、教育家、政治家和军事家，书法亦为世所传。其不仅精通儒释道诸家学说，且善于用兵统战，是史上罕见的文武全能大儒。康有为曾评其云："大儒能用兵者，惟阳明一人而已。"虽趋歆赞，然亦属的论。尽管也有学者将诸葛亮、曾国藩与王阳明相提并论，认为他们在统军用兵才能上难分伯仲，但客观地讲，在思想和学说领域，二者尚无法与王氏比肩。王氏学说世称"阳明学"，在中国、日本、朝鲜半岛以及东南亚等东方文化地域内都产生了深远而巨大的影响。亦基于此，后世将其与孔子、孟子、朱熹并称为"孔、孟、朱、王"。

王阳明出生于官宦世家、书香门第，乃名门之后，其远祖是东晋大书法家王羲之。其父王华乃明成化十七年（1481）状元，精通礼、易、春秋，世称龙山先生。曾为孝宗授课，因器度不凡，深受孝宗眷顾。为官颇有节操，历任礼部侍郎、南京吏部尚书等。

据明钱德洪《王文成公年谱》载，成化八年（1472），阳明先生母亲怀胎14个月，在祖母岑氏"梦神人衣绯玉，云中鼓吹，送儿授岑"的吉梦中，诞下先生。祖父竹轩翁给其取名"云"，先生出生地也被乡人称为"瑞云楼"。先生三岁时尚未咿呀学语，父母皆着急，祖父竹轩翁却坚信"贵人语迟"。至五岁，仍未开口言语，有神僧过而抚其头云："是非凡儿，奈何名泄之耶？"意指其名"云"字道破出生玄机。祖父竹轩翁恍悟，据《论语·卫灵公》所云"知及之，仁不能守之，虽得之，必失之"，而为其更名为"守仁"，此后先生即能说话，且能背诵竹轩翁所读之书。稍长，便随父出游居庸关、山海关，并时常与塞外诸国夷角射，纵览山川地理，渐起经略四方之志。

成化十九年（1483），阳明先生十二岁，随父居京师，于私塾念书，请教师曰：何为人生第一等事？师云：读书登第。先生疑曰：登第恐未是第一等事，或读书学圣贤耳。在他看来，科举并非第一等要紧事，最要紧的是做一个圣贤之人。

弘治二年（1489），先生十八岁，回乡途中船经广信（今江西上饶）识理学大儒娄谅（号一斋），始信"圣人必可学而至"。故而一改活泼性格，严肃求成圣人。此后，遍读朱熹著作，究研宋儒所谓"物有表里精粗，一草一木皆具至理"学说。为践朱熹"格物致知"之教，决心穷竹之理，后格竹七日，无果，却致劳神成疾、劳思致疾。从此，王阳明对"格物"学说产生了极大的怀疑，这便是中国哲学史上著名的"守仁格竹"。

弘治五年（1492），先生廿一岁，秋闱于杭州，首次参加并中举浙江乡试。又明年，于京师，先生会试不第，首辅李东阳戏曰：待汝做来科状元，试作《来科状元赋》，先生拈笔而就。有忌者曰：此子若取第，目中无我辈矣。遂归余姚，结龙泉诗社，对弈联诗，吸收了很多当地知识分子。又四年，弘治九年（1496），先生为忌者所抑，会试再不第。先生曰：汝以不得第为耻，吾以不得第动心为耻。

弘治十二年（1499），先生二十八岁，参加礼部会试，因考试出色，举南宫第二人，赐二甲进士第七人（全国第十名），观政工部。

明武宗正德元年（1506），宦官刘瑾擅权，逮捕南京给事中御史戴铣等二十余人。先生时为兵部主事,上奏折为戴铣辩冤,触怒刘瑾,被施廷杖四十,下诏狱,贬谪贵州修文龙场驿驿丞。期间,先生父王华明升暗降调任南京吏部尚书。在前往龙场的途中,刘瑾派刺客追杀,先生历经波折,假言投江,才逃脱追杀。正德三年(1508),先生至贵州修文县龙场,龙场万山丛勃,苗、僚杂居,王阳明亲自劝导当地民众学习,受到民众爱戴。在此时期,他对《大学》之中心思想有了精深领悟,认为心是万事万物之根本,世间一切皆是心之产物,大悟"圣人之道,吾性自足,向之求理于事物者误也"、"知行合一"之道,史称"龙场悟道"。期间,王阳明写下了《教条示龙场诸生》等众篇经典,其中《瘗旅文》和《象祠记》收录于《古文观止》。

正德五年(1510),刘瑾伏诛,先生升任江西庐陵知县,继而升南京刑部四川司主事,后又调吏部验封司清司主事。此后屡次升迁,历任文选清吏司员外郎、南京太仆寺少卿,后改鸿胪寺卿。

先生一生军功卓越。正德十一年(1516),经兵部尚书王琼特荐,先生升任都察院左佥都御使,巡抚南、赣、汀、漳等处,平定征南王谢志山、金龙霸王池仲容等江西、福建、广东、湖广等地的流民暴动。正德十三年(1518)正月,王守仁平定池大鬓部,以及信丰等地的民变;七月,王阳明念战争破坏巨大,上奏朝廷请求允准招安;十月,王阳明率兵攻破实力最强的江西崇义县左溪蓝天凤、谢志山军寨,并会师于左溪,王阳明亲自前往劝降;十一月,王阳明遣使招安,并攻破蓝天凤部。

先生一生最大的军事功绩,是平定宁王宸濠之乱。正德十四年(1519)六月,先生奉命勘处福建叛军,至丰城,闻宁王朱宸濠反,遂返吉安,起义兵,效仿"赤壁之战"击败叛军,擒获朱宸濠父子及李士实、刘养正、王纶等人,平宁王之乱,战争为期仅四十三天。

正德十六年(1521),先生五十岁,始揭"致良知"之教。是年,正德皇帝崩,明世宗嘉靖继帝位,先生升任南京兵部尚书挂参赞机务衔,与镇守太监、南京守备共同负责南京军务。因念其平定宁王之乱,新帝特敕封其为新建伯，并于嘉靖二年（1523）于绍兴开建新建伯府。明朝文官封爵者屈指可数，无军功不得封爵，先生是明朝开国以来第二位因军功封爵的文官。

自嘉靖始，先生起辞归之心，多次疏辞封爵，而后回乡讲学，在绍兴、余姚一带创建书院，宣讲"王学"，来从学者日众。嘉靖四年（1525）十月，先生于越城建阳明书院。翌年，在绍兴系统讲授心学理论。

嘉靖六年（1527）复被派总督两广军事，九月，出征广西思恩、田州。出发前夜，天泉桥上证道，与钱德洪、王畿立善恶四句教法，谓"天泉证道"。嘉靖七年（1528）二月平定思田之乱，后因肺病加疾，上疏乞归。十一月启程返家，二十九日，先生病逝于江西南安府舟中。在临终之际，门人周积等人陪伴，留下"此心光明，亦复何言"的临终遗言。卒后，朝廷予谥文成，赠光禄大夫、柱国、新建伯，隆庆时追封侯爵，称新建侯。1584年，万历十二年，先生从祀于孔庙，奉祀孔庙东庑第五十八位。"立德、立功、立言"，先生乃"真三不朽"。

王阳明一生有三部传世之作《传习录》、《王阳明全集》（即《王文成公全书》三十八卷）、《大学问》。《大学问》被认为是王阳明最重要的哲学著作。在知与行的关系上，王阳明从"天地万物本吾一体"出发，反对朱熹"先知后行"之说。王阳明认为既然知道这个道理，就要去实行这个道理。如果只是自称为知道，而不去实行，那就不能称之为真正的知道，真正的知识是离不开实践的。

王阳明思想体系的核心是"致良知"。王阳明用"良知"来概括和表达其"心学"最本质内容。"良知"一词出于《孟子·尽心上》："人之所不学而能者，其良能也；所不虑而知者，其良知也。"是指人的不依赖于环境、教育而自然具有的道德意识、道德感情与是非标准，亦可说是良心、本心，是人心所固有的。人的本心会自发地知仁、知义、知礼、知是非，这就是人的良知。王阳明倡导本着人性的要求去说话，提倡尽力去表露长期被压抑了的思想感情，提倡人们各以"吾心"原有的"良知"去判别是非，做出符合自己心愿的行为。这种实践精神与成就事功的价值观体现了人的主体精神，有着近代启蒙哲学的影子。它追求独立意识和个性解放观念，充分体现了阳明学说系"心学"最高范畴的地位。阳明"心学"主要包括心即理、知行合一、致良知，以及万物一体之仁等几个方面。

1．对格物致知说的批判。《传习录》云："先儒解格物为格天下之物。天下之物如何格得？且谓一草一木亦皆有理，今如何去格？纵格得草木来，如何反来诚得自家意？"在他看来，朱子训格物致知为即物穷理。欲以格天下之物而达诚自家意的目的，显然是徒劳的。另外，王阳明认为，朱熹主张问学致知而不注重身心修养，造成其后学在道德修养方面的知行脱离。这种支离割裂的学术之弊会给社会秩序带来危害，有以学术杀天下的危险。

2．心即理。鉴于朱学格物致知的教训，王阳明主张心即理，并据此提出知行合一的口号，决心创立良知之学，从而用一种注重身心修养的学说来取代朱熹沉溺词章、务外遗内、博而寡要、支离决裂的格物致知说。所谓心即理，在王阳明看来，就是不能像朱熹那样将心与理分而为二，从而导致知与行、学问与修养的分离。为此，他继承和发挥了陆九渊的心即理的思想，以为宇宙万物的规严皆归于吾心判断的范畴，并由此说明进行道德修养只要求之于心，于心上下功夫就足矣。

3．知行合一。王阳明认为，知则必行，不行不足谓之知；真知则必行，不行终非真知；知不限于思想，行不限于行动，知行同是心的两个方面，即知即行。知行合一说的核心内容是知行本体合一，重点在于强调行。知是行的主意，行是知的功夫；知是行之始，行是知之成。在他看来，学问思辨都是行，不徒朱熹所说的由问学而达到致知的一条途径，而应该包括陆九渊所强调的尊德性、重实行的修养方法。

4．致良知。王阳明认为良知即是天理，在他看来，良知是是非之心、好恶之心，是判断是非的唯一标准；良知人人俱在，自圣人以至愚人，无不相同；人人同具良知，人人有个判断是非善恶的自家标准。通过提高自己内心的修养和知识水平，去除自己的私欲与杂念，从而达到社会的和谐运行，即所谓的"致良知"，他教化人们应将道德伦理融入到人们的日常行为中去，以良知代替私欲，就可以破除"心中贼"。因此，他强调，良知就是人人所具有的"心之本体"，它先验地存在于人们的心中，人们依良知而行便会产生正确的道德行为，故而无需向外寻求道德行为的来源。

  5. 万物一体之仁。万物一体之仁说，是与王阳明的"明德、亲民"说相联系和相贯通的；是他把致良知的哲学扩展到社会政治层面，并与《大学》的政治伦理学说结合在一起而成的。其万物一体之仁说的意义，在于强调天地万物以人为中心，人心便是天地鬼神的主宰，人的良知也是草木瓦石的良知。

  ……

  客观地讲，王阳明是中国思想史上永远无法绕开的伟大人物，其阳明学说也是中国思想史上需要被仰视的几座高峰之一。作为思想巨匠，其"心学"理论彻底改变了明朝中叶以后中国思想发展的整体格局，深受历代知识分子崇拜，并影响了诸如张居正、曾国藩、康有为、梁启超、章太炎、孙中山等许多后世名人。著名教育家陶行知、徐特立也大加赞赏王阳明的教育思想。毛泽东少年时就曾读过《王阳明全集》《传习录》，并逐句逐字做了批注，后来对王阳明的思想更是有所批判与创新。蒋介石也很崇拜王阳明，败退台湾时他把台湾草山改为阳明山。日本一位八十三岁的高僧拄着拐杖颤悠悠地把阳明学说带回日本，未想竟风靡一时，学者云集，还分成了不同的学派，阳明学说更成为日本明治维新的思想先导，间接地为日本明治维新起了思想上的铺垫作用。在日俄战争中击败俄国海军的日本海军大将东乡平八郎更是被其学说所折服，随身携带的一颗印章上刻着"一生俯首拜阳明"七字。尚健在的"日本经营之父"稻盛和夫先生,也将王阳明视为精神偶像。

毋庸置疑,阳明学说所倡导的意识独立、个性解放,在今天仍有借鉴意义;他所提出的"致良知",对培养人的优秀品质,端正社会风气亦有着深远影响。海外许多国家,尤其是日本、韩国、东南亚等国不少学者至今仍将阳明学说视为精神范本。

当然,王阳明的思想和学说主要浓缩在其传世著作当中,而《王阳明全集》是研究王阳明一生最基本的著作,同时也是一部现代人修身养性、强大个人内心、了解明朝历史的重要著作。《王阳明全集》共三十八卷,首编语录三卷,为《传习录》上中下卷,附《朱子晚年定论》;其次为《文录》五卷、《别录》十卷、《外集》七卷、《续编》六卷、《年谱》五卷、《世德纪》二卷。此部《王阳明全集》以民国二十三年(1934年)商务印务馆出版的《王文成公全书》为底本(即民国二十二年商务印书馆万有文库版本之合订本),足本总卷三十八卷。同时参考了清末、民国以及近年出版的多部《王阳明全集》版本。新版全集在尽量保留原版面貌的基础上,根据现代人的阅读习惯及研习方便的形式,在做过大量案头整理、核对工作之后,在编辑思路及编辑结构上略有创新。对全书做了一些修编以及编排顺序上的调整,同时增加了第三十九卷,收录原三十八卷本未收录以及后世学者中出现的研究王阳明的新内容,作为辅录卷,以供读者参考阅读。由于时间仓促,古籍整理及编校条件及能力有限,书中疏漏甚至错谬之处仍在所难免,敬请读者斧正。

陈　恕
丙申端阳前夕于京华安堂雅舍

王阳明全集【一】语录·文录·别录

目　录

《王文成公全书》序 徐　阶 ……………………………………… 001
《明史》王守仁传 张廷玉 ………………………………………… 003

卷一　语录一
传习录上 …………………………………………………… 001
　　徐爱录 …………………………………………………… 001
　　徐爱跋 …………………………………………………… 010
　　陆澄录 …………………………………………………… 010
　　薛侃录 …………………………………………………… 024

卷二　语录二
传习录中 …………………………………………………… 037
　　答顾东桥书 ……………………………………………… 038
　　启问道通书 ……………………………………………… 051

答陆原静书 054
又 055
答欧阳崇一 062
答罗整庵少宰书 065
答聂文蔚 068
二 071
训蒙大意示教读刘伯颂等 076
教　约 076

卷三　语录三

传习录下 附朱子晚年定论 079
　陈九川录 079
　黄直录 085
　黄修易录 088
　黄省曾录 090
　钱德洪录 093
　黄以方录 105
　钱德洪跋 112
附录 朱子晚年定论 113
　朱子晚年定论 113
　答黄直卿书 114
　答吕子约 114
　答何叔京 115
　答潘叔昌 115
　答潘叔度 115
　与吕子约 115
　与周叔谨 116

答陆象山 116
答符复仲 116
答吕子约 116
与吴茂实 117
答张敬夫 117
答吕伯恭 117
答周纯仁 118
答窦文卿 118
答吕子约 118
答林择之 118
又 118
答梁文叔 119
答潘叔恭 119
答林充之 119
答何叔景 119
又 120
又 120
答林择之 120
答杨子直 121
与田侍郎子真 121
答陈才卿 121
与刘子澄 121
与林择之 121
答吕子约 122
答吴德夫 122
答或人 123
答刘子澄 123

卷四　文录一

书一 始正德己巳至庚辰 ………………………………… 125
　与辰中诸生 己巳 ………………………………………… 125
　答徐成之 辛未 …………………………………………… 126
　答黄宗贤应原忠 辛未 …………………………………… 126
　答汪石潭内翰 辛未 ……………………………………… 127
　寄诸用明 辛未 …………………………………………… 128
　答王虎谷 辛未 …………………………………………… 128
　与黄宗贤 辛未 …………………………………………… 129
　　二 壬申 ………………………………………………… 129
　　三 癸酉 ………………………………………………… 130
　　四 癸酉 ………………………………………………… 130
　　五 癸酉 ………………………………………………… 131
　　六 丙子 ………………………………………………… 132
　　七 戊寅 ………………………………………………… 132
　与王纯甫 壬申 …………………………………………… 132
　　二 癸酉 ………………………………………………… 133
　　三 甲戌 ………………………………………………… 135
　　四 甲戌 ………………………………………………… 135
　寄希渊 壬申 ……………………………………………… 135
　　二 壬申 ………………………………………………… 135
　　三 癸酉 ………………………………………………… 136
　　四 己卯 ………………………………………………… 136
　与戴子良 癸酉 …………………………………………… 137
　与胡伯忠 癸酉 …………………………………………… 137
　与黄诚甫 癸酉 …………………………………………… 138
　　二 丁丑 ………………………………………………… 138

答王天宇 甲戌 139
二 甲戌 139
寄李道夫 乙亥 141
与陆原静 丙子 141
二 戊寅 142
与希颜台仲明德尚谦原静 丁丑 142
与杨仕德薛尚谦 丁丑 143
寄闻人邦英邦正 戊寅 143
二 戊寅 144
三 庚辰 144
与薛尚谦 戊寅 144
二 145
三 145
寄诸弟 戊寅 146
与安之 己卯 146
答甘泉 己卯 147
二 庚辰 148
答方叔贤 己卯 148
与陈国英 庚辰 148
复唐虞佐 庚辰 149

卷五　文录二

书二 始正德辛巳至嘉靖乙酉 151
与邹谦之 辛巳 151
二 乙酉 151
与夏敦夫 辛巳 152
与朱守忠 辛巳 152

与席元山 辛巳 ……152

答甘泉 辛巳 ……153

答伦彦式 辛巳 ……154

与唐虞佐侍御 辛巳 ……154

答方叔贤 辛巳 ……155

二 癸未 ……156

与杨仕鸣 辛巳 ……156

二 癸未 ……157

三 癸未 ……157

与陆原静 辛巳 ……157

二 壬午 ……158

答舒国用 癸未 ……159

与刘元道 癸未 ……161

答路宾阳 癸未 ……161

与黄勉之 甲申 ……161

二 甲申 ……162

答刘内重 乙酉 ……165

与王公弼 乙酉 ……165

答董沄萝石 乙酉 ……166

与黄宗贤 癸未 ……167

寄薛尚谦 癸未 ……167

卷六 文录三

书三 始嘉靖丙戌至戊子 ……169

寄邹谦之 丙戌 ……169

二 丙戌 ……170

三 丙戌 ……171

四_{丙戌} 172

五_{丙戌} 173

答友人_{丙戌} 174

答友人问_{丙戌} 175

答南元善_{丙戌} 176

二_{丙戌} 177

答季明德_{丙戌} 178

与王公弼_{丙戌} 180

二_{丁亥} 180

与欧阳崇一_{丙戌} 180

寄陆原静_{丙戌} 180

答甘泉_{丙戌} 181

答魏师说_{丁亥} 181

与马子莘_{丁亥} 182

与毛古庵宪副_{丁亥} 183

与黄宗贤_{丁亥} 183

答以乘宪副_{丁亥} 184

与戚秀夫_{丁亥} 185

与陈惟浚_{丁亥} 185

寄安福诸同志_{丁亥} 186

与钱德洪、王汝中_{丁亥} 186

二_{戊子} 187

三_{戊子} 187

答何廷仁_{戊子} 187

卷七　文录四

序记说 189

别三子序_{丁卯} 189

赠林以吉归省序 辛未 190
送宗伯乔白岩序 辛未 191
赠王尧卿序 辛未 191
别张常甫序 辛未 192
别湛甘泉序 壬申 192
别方叔贤序 辛未 193
别王纯甫序 辛未 194
别黄宗贤归天台序 壬申 194
赠周莹归省序 乙亥 195
赠林典卿归省序 乙亥 196
赠陆清伯归省序 乙亥 196
赠周以善归省序 乙亥 197
赠郭善甫归省序 乙亥 198
赠郑德夫归省序 乙亥 198
紫阳书院集序 乙亥 199
朱子晚年定论序 戊寅 200
别梁日孚序 戊寅 200
大学古本序 戊寅 202
礼记纂言序 庚辰 202
象山文集序 庚辰 203
观德亭记 戊寅 204
重修文山祠记 戊寅 205
从吾道人记 乙酉 206
亲民堂记 乙酉 208
万松书院记 乙酉 209
稽山书院尊经阁记 乙酉 211
重修山阴县学记 乙酉 212

梁仲用默斋说 辛未..214

示弟立志说 乙亥..215

约斋说 甲戌..216

见斋说 乙亥..217

矫亭说 乙亥..218

谨斋说 乙亥..218

夜气说 乙亥..219

修道说 戊寅..219

自得斋说 甲申..220

博约说 乙酉..220

惜阴说 丙戌..221

卷八　文录五

杂著..223

书汪汝成格物卷 癸酉......................................223

书石川卷 甲戌..223

与傅生凤 甲戌..224

书王天宇卷 甲戌..225

书王嘉秀请益卷 甲戌......................................225

书孟源卷 乙亥..226

书杨思元卷 乙亥..226

书玄默卷 乙亥..227

书顾维贤卷 辛巳..227

壁帖 壬午..228

书王一为卷 癸未..228

书朱守谐卷 甲申..228

书诸阳伯卷 甲申..229

书张思钦卷 乙酉 230

书中天阁勉诸生 乙酉 230

书朱守乾卷 乙酉 231

书正宪扇 乙酉 231

书魏师孟卷 乙酉 231

书朱子礼卷 甲申 232

书林司训卷 丙戌 233

书黄梦星卷 丁亥 233

卷九 别录一

奏疏一 235

陈言边务疏 弘治十二年，时进士。 235

乞养病疏 十五年八月，时官刑部主事。 239

乞宥言官去权奸以章圣德疏 正德元年，时官兵部主事。 240

自劾乞休疏 十年，时官鸿胪寺卿。 241

乞养病疏 十年八月 241

谏迎佛疏 稿具未上 242

辞新任乞以旧职致仕疏 十一年十月，时升南赣佥都御史。 244

谢恩疏 十二年正月二十六日 245

给由疏 十二年二月二十五日 246

参失事官员疏 十二年三月十五日 247

闽广捷音疏 十二年五月初八日 249

申明赏罚以励人心疏 十二年五月初八日 252

攻治盗贼二策疏 十二年五月二十八日 256

类奏擒斩功次疏 十二年五月二十八日 260

添设清平县治疏 十二年五月二十八日 262

疏通盐法疏 十二年六月十五日 264

卷十　别录二

奏疏二 267
　议夹剿兵粮疏 正德十二年七月初五日..................267
　南赣擒斩功次疏 十二年七月初五日....................270
　议夹剿方略疏 十二年九月十五日......................272
　换敕谢恩疏 十二年九月十五日........................274
　交收旗牌疏 十二年九月二十五日......................275
　议南赣商税疏 十二年九月二十五日....................275
　升赏谢恩疏 正德十二年十月初口日....................277
　横水桶冈捷音疏 十二年闰十二月初二日................278
　立崇义县治疏 十二年闰十二月初五日..................287

卷十一　别录三

奏疏三 291
　乞休致疏 正德十三年三月初四日......................291
　移置驿传疏 正德十三年二月二十五日..................292
　浰头捷音疏 十三年四月二十日........................293
　添设和平县治疏 十三年五月初一日....................302
　三省夹剿捷音疏 十三年六月十五日....................306
　辞免升荫乞以原职致仕疏 十三年六月十八日............309
　再议崇义县治疏 十三年十月十一日....................311
　再议平和县治疏 十三年十月十五日....................314
　再请疏通盐法疏 十三年十月二十二日..................316
　升荫谢恩疏 十四年正月初二日........................319
　乞放归田里疏 十四年正月十四日......................320

卷十二　别录四

奏疏四 323

飞报宁王谋反疏 十四年六月十九日 323

再报谋反疏 十四年六月二十一日 325

乞便道省葬疏 十四年六月二十一日 325

奏闻宸濠伪造檄榜疏 十四年七月初五日 326

留用官员疏 十四年七月初五日 327

江西捷音疏 十四年七月三十日 327

擒获宸濠捷音疏 十四年七月三十日 329

奏闻益王助军饷疏 十四年七月三十日 335

旱灾疏 十四年七月三十日 335

请止亲征疏 十四年八月十七日 336

奏留朝觐官疏 十四年八月十七日 337

奏闻淮王助军饷疏 十四年八月十七日 338

恤重刑以实军伍疏 十四年八月二十五日 338

处置官员署印疏 十四年八月二十五日 340

二乞便道省葬疏 十四年八月二十五日 341

处置从逆官员疏 十四年八月二十五日 342

处置府县从逆官员疏 十四年八月二十五日 344

收复九江南康参失事官员疏 十四年九月初十日 345

《王文成公全书》序

徐 阶

《王文成公全书》三十八卷,其首三卷为《语录》,公存时徐子曰仁辑;次二十八卷为《文录》,为《别录》,为《外集》,为《续编》,皆公薨后钱子洪甫辑;最后七卷为《年谱》,为《世德纪》,则近时洪甫与汝中王子辑而附焉者也。

隆庆壬申,侍御新建谢君奉命按浙,首修公祠,置田以供岁祀。已而阅公文,见所谓录若集各自为书,惧夫四方正学者或弗克尽读也,遂汇而寿诸梓,名曰《全书》,属阶序。

阶闻之,道无隐显,无小大。隐也者,其精微之蕴于心者也,体也;显也者,其光华之著于外者也,用也;小也者,其用之散而为川流者也;大也者,其体之敛而为敦化者也。譬之天然不已之妙,默运于于穆之中,而日月星辰之丽,四时之行,百物之生,灿然呈露而不可掩,是道之全也。古昔圣人具是道于心而以时出之,或为文章,或为勋业。至其所谓文者,或施之朝廷,或用之邦国,或形诸家庭,或见诸师弟子之问答,与其日用应酬之常,虽制以事殊,语因人异,然莫非道之用也。故在言道者必该体用之全,斯谓之善言;在学道者亦必得体用之全,斯谓之善学。尝观《论语》述孔子心法之传,曰"一贯"。既已一言尽之,而其纪孔子之文,则自告时君,告列国之卿大夫,告诸弟子,告避世之徒,以及对阳货询厥人,答问馈之使,无一弗录,将使学者由显与小以得其隐与大焉；是善言道者之准也，而其为学固亦可以见矣。唯文成公奋起圣远之后，慨世之言致知者求知于见闻。而不可与酬酢、不可与佑神，于是取《孟子》所谓"良知"合诸《大学》，以为"致良知"之说。其大要以谓人心虚灵莫不有知，唯不以私欲蔽塞其虚灵者，则不假外索，而于天下之事自无所感而不通，无所措而不当。盖诚意、正心、修身、齐家、治国、平天下必先致知之本旨，而千变万化，一以贯之之道也。故尝语门人云："良知之外更无知，致知之外更无学。"于时曰仁最称高第弟子，其录《传习》，公微言精义率已具其中。乃若公他所为文，则是所谓制殊语异莫非道之用者，汇而梓之，岂唯公之书于是乎全，固读焉者所由以睹道之全也。谢君之为此，其嘉惠后学不已至欤？虽然，谢君所望于后学非徒读其书已也。凡读书者以身践之，则书与我为一；以言视之，则判然二耳。《论语》之为书，世未尝有不读，然而一贯之，唯自曾子以后无闻焉。岂以言视之之过乎？自公"致良知"之说兴，士之获闻者众矣，其果能自致其良知，卓然践之以身否也？夫能践之以身，则于公所垂训，诵其一言而已足，参诸《传习录》而已繁；否则虽尽读公之书无益也。阶不敏，愿相与戒之。

谢君名廷杰，字宗圣。其为政崇节义，育人才，立保甲，厚风俗，动以公为师，盖非徒读公书者也。

赐进士及第、特进光禄大夫、柱国、少师兼太子太师、吏部尚书、建极殿大学士、知制诰、知经筵事、国史总裁致仕，后学华亭徐阶序。

《明史》王守仁传

张廷玉

王守仁,字伯安,余姚人。父华,字德辉,成化十七年进士第一,授修撰。弘治中,累官学士、少詹事。华有器度,在讲幄最久,孝宗甚眷之。李广贵幸,华讲大学衍义,至唐李辅国与张后表里用事,指陈甚切。帝命中官赐食劳焉,正德初,进礼部左侍郎。以守仁忤刘瑾,出为南京吏部尚书,坐事罢。旋以会典小误,降右侍郎。瑾败,乃复故,无何,卒。华性孝,母岑年逾百岁卒。华已年七十余,犹寝苫蔬食,士论多之。

守仁娠十四月而生。祖母梦神人自云中送儿下,因名云。五岁不能言,异人拊之,更名守仁,乃言。年十五,访客居庸、山海关。时阑出塞,纵观山川形胜。弱冠举乡试,学大进。顾益好言兵,且善射。登弘治十二年进士。使治前威宁伯王越葬,还而朝议方急西北边,守仁条八事上之。寻授刑部主事。决囚江北,引疾归。起补兵部主事。

正德元年冬,刘瑾逮南京给事中御史戴铣等二十余人。守仁抗章救,瑾怒,廷杖四十,谪贵州龙场驿丞。龙场万山丛薄,苗、僚杂居。守仁因俗化道,夷人喜,相率伐木为屋,以栖守仁。瑾诛,量移庐陵知县。入觐,迁南京刑部主事,吏部尚书杨一清改之验封。屡迁考功郎中,擢南京太仆少卿,就迁鸿胪卿。

兵部尚书王琼素奇守仁才。十一年八月擢右佥都御史,巡抚南、赣。当是时,南中盗贼蜂起。谢志山据横水、左溪、桶冈,池仲容据浰头,皆称王，与大庾陈曰能、乐昌高快马、郴州龚福全等攻剽府县。而福建大帽山贼詹师富等又起。前巡抚文森托疾避去。志山合乐昌贼掠大庾，攻南康、赣州，赣县主簿吴玭战死。守仁至，知左右多贼耳目，乃呼老黠隶诘之。隶战栗不敢隐，因贳其罪，令诇贼，贼动静无匆知。于是檄福建、广东会兵，先讨大帽山贼。

明年正月，督副使杨璋等破贼长富村，逼之象湖山，指挥覃桓、县丞纪镛战死。守仁亲率锐卒屯于上杭。佯退师，出不意捣之，连破四十余寨，俘斩七千有奇，指挥王铠等擒师富。疏言权轻，无以令将士，请给旗牌，提督军务，得便宜从事。尚书王琼奏从其请。乃更兵制：二十五人为伍，伍有小甲；二伍为队，队有总甲；四队为哨，哨有长，协哨二佐之；二哨为营，营有官，参谋二佐之；三营为阵，阵有偏将；二阵为军，军有副将。皆临事委，不命于朝；副将以下，得递相罚治。

其年七月，进兵大庾。志山乘间急攻南安，知府季敩击败之。副使杨璋等亦生絷曰能以归。遂议讨横水、左溪。十月，都指挥许清、赣州知府邢珣、宁都知县王天与各一军会横水，敩及守备郏文、汀州知府唐淳、县丞舒富各一军会左溪，吉安知府伍文定、程乡知县张戬遏其奔轶。守仁自驻南康，去横水三十里，先遣四百人伏贼巢左右，进军逼之。贼方迎战，两山举帜。贼大惊，谓官军已尽犁其巢，遂溃。乘胜克横水，志山及其党萧贵模等皆走桶冈。左溪亦破。守仁以桶冈险固，移营近地，谕以祸福。贼首蓝廷凤等方震恐，见使至大喜，期仲冬朔降，而珣、文定已冒雨夺险入。贼阻水阵，珣直前搏战，文定与戬自右出，贼仓卒败走，遇淳兵又败。诸军破桶冈，志山、贵模、廷凤面缚降。凡破巢八十有四，俘斩六千有奇。时湖广巡抚秦金亦破福全。其党千人突至，诸将擒斩之。乃设崇义县于横水，控诸瑶。还至赣州，议讨浰头贼。

初，守仁之平师富也，龙川贼卢珂、郑志高、陈英咸请降。及征横水，浰头贼黄金巢亦以五百人降，独仲容未下。横水破，仲容始遣弟仲安来归，而严为战守备。诡言珂、志高，仇也，将袭我，故为备。守仁佯杖击珂等，而阴使珂弟集兵待，遂下令散兵。岁首大张灯乐，仲容信且疑。守仁赐以节物，诱入谢。仲容率九十三人营教场，而自以数人入谒。守仁呵之曰："若皆吾民，屯于外，疑我乎？"悉引入祥符宫，厚饮食之。贼大喜过望，益自安。守仁留仲容观灯乐。正月三日大享，伏甲士于门，诸贼入，以次悉擒戮之。自将抵贼巢，连破上、中、下三浰，斩馘二千有奇。余贼奔九连山。山横亘数百里，陡绝不可攻。乃简壮士七百人衣贼衣，奔崖下，贼招之上。官军进攻，内外合击，擒斩无遗。乃于下浰立和平县，置戍而归。自是境内大定。

初，朝议贼势强，发广东、湖广兵合剿。守仁上疏止之，不及。桶冈既灭，湖广兵始至。及平浰头，广东尚未承檄。守仁所将皆文吏及偏裨小校，平数十年巨寇，远近惊为神。进右副都御史，予世袭锦衣卫百户，再进副千户。

十四年六月，命勘福建叛军。行至丰城而宁王宸濠反，知县顾佖以告。守仁急趋吉安，与伍文定征调兵食，治器械舟楫，传檄暴宸濠罪，俾守令各率吏士勤王。都御史王懋中，编修邹守益，副使罗循、罗钦德，郎中曾直，御史张鳌山、周鲁，评事罗侨，同知郭祥鹏，进士郭持平，降谪驿丞王思、李中，咸赴守仁军。御史谢源、伍希儒自广东还，守仁留之纪功。因集众议曰："贼若出长江顺流东下，则南都不可保。吾欲以计挠之，少迟旬日无患矣。"乃多遣间谍，檄府县言："都督许泰、郤永将边兵，都督刘晖、桂勇将京兵，各四万，水陆并进。南赣王守仁、湖广秦金、两广杨旦各率所部合十六万，直捣南昌，所至有司缺供者，以军法论。"又为蜡书遗伪相李士实、刘养正，叙其归国之诚，令从臾早发兵东下，而纵谍泄之。宸濠果疑。与士实、养正谋，则皆劝之疾趋南京即大位，宸濠益大疑。十余日诇知中外兵不至，乃悟守仁绐之。七月壬辰朔，留宜春王拱樤居守，而劫其众六万人，袭下九江、南康，出大江，薄安庆。

守仁闻南昌兵少则大喜，趋樟树镇。知府临江戴德孺、袁州徐琏、赣州邢珣，都指挥余恩，通判瑞州胡尧元、童琦、抚州邹琥、安吉谈储，推官王暐、徐文英，知县新淦李美、泰和李楫、万安王冕、宁都王天与，各以兵来会，合八万人，号三十万。或请救安庆，守仁曰："不然。今九江、南康已为贼守，我越南昌与相持江上，二郡兵绝我后，是腹背受敌也。不如直捣南昌。贼精锐悉出，守备虚。我军新集气锐，攻必破。贼闻南昌破，必解围自救。逆击之湖中，蔑不胜矣。"众曰："善。"己酉次丰城，以文定为前锋，先遣奉新知县刘守绪袭其伏兵。庚戌夜半，文定兵抵广润门，守兵骇散。辛亥黎明，诸军梯垣登，缚拱㭿等，宫人多焚死。军士颇杀掠，守仁戮犯令者十余人，宥胁从，安士民，慰谕宗室，人心乃悦。

居二日，遣文定、珣、琏、德孺各将精兵分道进，而使尧元等设伏。宸濠果自安庆还兵。乙卯遇于黄家渡。文定当其前锋，贼趋利。珣绕出贼背贯其中，文定、恩乘之，琏、德孺张两翼分贼势，尧元等伏发，贼大溃，退保八字脑。宸濠惧，尽发南康、九江兵。守仁遣知府抚州陈槐、饶州林珹取九江，建昌曾玙、广信周朝佐取南康。丙辰复战，官军却，守仁斩先却者。诸军殊死战，贼复大败，退保樵舍，联舟为方阵，尽出金宝犒士。明日，宸濠方晨朝其群臣，官军奄至。以小舟载薪，乘风纵火，焚其副舟，妃娄氏以下皆投水死。宸濠舟胶浅，仓卒易舟遁，王冕所部兵追执之。士实、养正及降贼按察使杨璋等皆就擒。南康、九江亦下。凡三十五日而贼平。京师闻变，诸大臣震惧。王琼大言曰："王伯安居南昌上游，必擒贼。"至是，果奏捷。

帝时已亲征，自称威武大将军，率京边骁卒数万南下。命安边伯许泰为副将军，偕提督军务太监张忠、平贼将军左都督刘晖将京军数千，溯江而上，抵南昌。诸嬖幸故与宸濠通，守仁初上宸濠反书，因言："觊觎者非特一宁王，请黜奸谀以回天下豪杰心。"诸嬖幸皆恨。宸濠既平，则相与媢功。且惧守仁见天子发其罪，竟为蜚语，谓守仁先与通谋，虑事不成，乃起兵。又欲令纵宸濠湖中，待帝自擒。

守仁乘忠、泰未至，先俘宸濠，发南昌。忠、泰以威武大将军檄邀之广信。守仁不与，间道趋玉山，上书请献俘，止帝南征。帝不许。至钱塘遇太监张永。永提督赞画机密军务，在忠、泰辈上，而故与杨一清善，除刘瑾，天下称之。守仁夜见永，颂其贤，因极言江西困敝，不堪六师扰。永深然之，曰："永此来，为调护圣躬，非邀功也。公大勋，永知之，但事不可直情耳。"守仁乃以宸濠付永，而身至京口，欲朝行在。闻巡抚江西命，乃还南昌。忠、泰已先至，恨失宸濠。故纵京军犯守仁，或呼名谩骂。守仁不为动，抚之愈厚。病予药，死予棺，遭丧于道，必停车慰问良久始去。京军谓王都堂爱我，无复犯者。忠、泰言："宁府富厚甲天下，今所蓄安在？"守仁曰："宸濠异时尽以输京师要人，约内应，籍可按也。"忠、泰故尝纳宸濠贿者，气慑不敢复言。已，轻守仁文士，强之射。徐起，三发三中。京军皆欢呼，忠、泰益沮。会冬至，守仁命居民巷祭，已，上冢哭。时新丧乱，悲号震野。京军离家久，闻之无不泣下思归者。忠、泰不得已班师。比见帝，与纪功给事中祝续、御史章纶谗毁百端，独永时时左右之。忠扬言帝前曰："守仁必反，试召之，必不至。"忠、泰屡矫旨召守仁。守仁得永密信，不赴。及是知出帝意，立驰至。忠、泰计沮，不令见帝。守仁乃入九华山，日晏坐僧寺。帝觇知之，曰："王守仁学道人，闻召即至，何谓反？"乃遣还镇，令更上捷音。守仁乃易前奏，言奉威武大将军方略讨平叛乱，而尽入诸嬖幸名，江彬等乃无言。

当是时，谗邪构煽，祸变叵测，微守仁，东南事几殆。世宗深知之。甫即位，趣召入朝受封。而大学士杨廷和与王琼不相能。守仁前后平贼，率归功琼，廷和不喜，大臣亦多忌其功。会有言国哀未毕，不宜举宴行赏者，因拜守仁南京兵部尚书。守仁不赴，请归省。已，论功封特进光禄大夫、柱国、新建伯，世袭，岁一千石。然不予铁券，岁禄亦不给。诸同事有功者，惟吉安守伍文定至大官，当上赏。其他皆名示迁，而阴绌之，废斥无存者。守仁愤甚。时已丁父忧，屡疏辞爵，乞录诸臣功，咸报寝。免丧，亦不召。久之，所善席书及门人方献夫、黄绾以议礼得幸，言于张璁、桂萼，将召用，而费宏故衔守仁，复沮之。屡推兵部尚书，三边总督，提督团营，皆弗果用。

嘉靖六年，思恩、田州土酋卢苏、王受反。总督姚镆不能定，乃诏守仁以原官兼左都御史，总督两广兼巡抚。绾因上书讼守仁功，请赐铁券岁禄，并叙讨贼诸臣，帝咸报可。守仁在道，疏陈用兵之非，且言："思恩未设流官，土酋岁出兵三千，听官征调。既设流官，我反岁遣兵数千防戍。是流官之设，无益可知。且田州邻交阯，深山绝谷，悉瑶、僮盘据，必仍设土官，斯可藉其兵力为屏蔽。若改土为流，则边鄙之患，我自当之，后必有悔。"章下兵部，尚书王时中条其不合者五，帝令守仁更议。十二月，守仁抵浔州，会巡按御史石金定计招抚。悉散遣诸军，留永顺、保靖土兵数千，解甲休息。苏、受初求抚不得，闻守仁至益惧，至是则大喜。守仁赴南宁，二人遣使乞降，守仁令诣军门。二人窃议曰："王公素多诈，恐绐我。"陈兵入见。守仁数二人罪，杖而释之。亲入营，抚其众七万。奏闻于朝，陈用兵十害，招抚十善。因请复设流官，量割田州地，别立一州，以岑猛次子邦相为吏目，署州事，俟有功擢知州。而于田州置十九巡检司，以苏、受等任之，并受约束于流官知府。帝皆从之。

断藤峡瑶贼，上连八寨，下通仙台、花相诸洞蛮，盘亘三百余里，郡邑罹害者数十年。守仁欲讨之，故留南宁。罢湖广兵，示不再用。伺贼不备，进破牛肠、六寺等十余寨，峡贼悉平。遂循横石江而下，攻克仙台、花相、白竹、古陶、罗凤诸贼。令布政使林富率苏、受兵直抵八寨，破石门，副将沈希仪邀斩轶贼，尽平八寨。

始，帝以苏、受之抚，遣行人奉玺书奖谕。及奏断藤峡捷，则以手诏问阁臣杨一清等，谓守仁自夸大，且及其生平学术。一清等不知所对。守仁之起由璁、萼荐，萼故不善守仁，以璁强之。后萼长吏部，璁入内阁，积不相下。萼暴贵喜功名，风守仁取交阯，守仁辞不应。一清雅知守仁，而黄绾尝上疏欲令守仁入辅,毁一清,一清亦不能无遗憾。萼遂显诋守仁征抚交失,赏格不行。献夫及霍韬不平,上疏争之,言:"诸瑶为患积年,初尝用兵数十万,仅得一田州,旋复召寇。守仁片言驰谕,思、田稽首。至八寨、断藤峡贼,阻深岩绝冈,国初以来未有轻议剿者,今一举荡平,若拉枯朽。议者乃言守仁受命征思、田,不受命征八寨。夫大夫出疆,有可以安国家,利社稷,专之可也。况守仁固承诏得便宜从事者乎?守仁讨平叛藩,忌者诬以初同贼谋,又诬其辇载金帛。当时大臣杨廷和、乔宇饰成其事,至今未白。夫忠如守仁,有功如守仁,一屈于江西,再屈于两广。臣恐劳臣灰心,将士解体,后此疆圉有事,谁复为陛下任之!"帝报闻而已。

守仁已病甚,疏乞骸骨,举郧阳巡抚林富自代,不俟命竟归。行至南安卒,年五十七。丧过江西,军民无不缟素哭送者。

守仁天姿异敏。年十七谒上饶娄谅,与论朱子格物大指。还家,日端坐,讲读《五经》,不苟言笑。游九华归,筑室阳明洞中。泛滥二氏学,数年无所得。谪龙场,穷荒无书,日绎旧闻。忽悟格物致知,当自求诸心,不当求诸事物,喟然曰:"道在是矣。"遂笃信不疑。其为教,专以致良知为主。谓宋周、程二子后,惟象山陆氏简易直捷,有以接孟氏之传。而朱子《集注》、《或问》之类,乃中年未定之说。学者翕然从之,世遂有"阳明学"云。

守仁既卒,桂萼奏其擅离职守。帝大怒,下廷臣议。萼等言:"守仁事不师古,言不称师。欲立异以为高,则非朱熹格物致知之论;知众论之不予,则为《朱熹晚年定论》之书。号召门徒,互相倡和。才美者乐其任意,庸鄙者借其虚声。传习转讹,背谬弥甚。但讨捕崒贼,擒获叛藩,功有足录,宜免追夺伯爵以章大信,禁邪说以正人心。"帝乃下诏停世袭,恤典俱不行。隆庆初,廷臣多颂其功。诏赠新建侯,谥文成。二年,予世袭伯爵。既又有请以守仁与薛瑄、陈献章同从祀文庙者。帝独允礼臣议,以瑄配。及万历十二年,御史詹事讲申前请。大学士申时行等言:"守仁言致知出《大学》，良知出《孟子》。陈献章主静，沿宋儒周敦颐、程颢。且孝友出处如献章，气节文章功业如守仁，不可谓禅，诚宜崇祀。"且言胡居仁纯心笃行，众论所归，亦宜并祀。帝皆从之。终明之世，从祀者止守仁等四人。

始守仁无子，育弟子正宪为后。晚年，生子正亿，二岁而孤。既长，袭锦衣副千户。隆庆初，袭新建伯。万历五年卒。子承勋嗣，督漕运二十年。子先进，无子，将以弟先达子业弘继。先达妻曰："伯无子，爵自传吾夫。由父及子，爵安往？"先进怒，因育族子业洵为后。及承勋卒，先进未袭死。业洵自以非嫡嗣，终当归爵先达，且虞其争，乃谤先达为乞养，而别推承勋弟子先通当嗣，屡争于朝，数十年不决。崇祯时，先达子业弘复与先通疏辨。而业洵兄业浩时为总督，所司惧忤业浩，竟以先通嗣。业弘愤，持疏入禁门诉。自刎不殊，执下狱，寻释。先通袭伯四年，流贼陷京师，被杀。

赞曰：王守仁始以直节著。比任疆事，提弱卒，从诸书生扫积年逋寇，平定孽藩。终明之世，文臣用兵制胜，未有如守仁者也。当危疑之际，神明愈定，智虑无遗，虽由天资高，其亦有得于中者欤。矜其创获，标异儒先，卒为学者讥。守仁尝谓胡世宁少讲学，世宁曰："某恨公多讲学耳。"桂萼之议虽出于娼忌之私，抑流弊实然，固不能以功多为讳矣。

卷一　语录一

传习录上

徐爱录

　　先生于《大学》"格物"诸说，悉以旧本为正，盖先儒所谓误本者也。爱始闻而骇，既而疑，已而殚精竭思，参互错综，以质于先生，然后知先生之说，若水之寒，若火之热，断断乎百世以俟圣人而不惑者也。先生明睿天授，然和乐坦易，不事边幅。人见其少时豪迈不羁，又尝泛滥于词章，出入二氏之学，骤闻是说，皆目以为立异好奇，漫不省究。不知先生居夷三载，处困养静，精一之功，固已超入圣域，粹然大中至正之归矣。

　　爱朝夕炙门下，但见先生之道，即之若易，而仰之愈高；见之若粗，而探之愈精，就之若近，而造之愈益无穷。十余年来，竟未能窥其藩篱。世之君子，或与先生仅交一面，或犹未闻其謦欬，或先怀忽易愤激之心，而遽欲于立谈之间，传闻之说，臆断悬度。如之何其可得也？从游之士，闻先生之教，往往得一而遗二，见其牝牡骊黄而弃其所谓千里者。故爱备录平日之所闻，私以示夫同志，相与考而正之，庶无负先生之教云。门人徐爱书。

爱问:"'在亲民',朱子谓当作'新民'。后章'作新民'之文似亦有据。先生以为宜从旧本作'亲民',亦有所据否?"

先生曰:"'作新民'之'新'是自新之民,与'在新民'之'新'不同,此岂足为据?'作'字却与'亲'字相对,然非'新'字义。下面'治国平天下'处,皆于'新'字无发明,如云'君子贤其贤而亲其亲,小人乐其乐而利其利';'如保赤子';'民之所好好之,民之所恶恶之,此之谓民之父母'之类,皆是'亲'字意。'亲民'犹如《孟子》'亲亲仁民'之谓,'亲之'即'仁之'也。'百姓不亲',舜使契为司徒,'敬敷五教',所以亲之也。《尧典》'克明峻德'便是'明明德'。'以亲九族'至'平章'、'协和',便是'亲民',便是'明明德于天下'。又如孔子言'修己以安百姓','修己'便是'明明德','安百姓'便是'亲民'。说'亲民'便是兼教养意,说'新民'便觉偏了。"

爱问:"'知止而后有定',朱子以为'事事物物皆有定理',似与先生之说相戾。"

先生曰:"于事事物物上求至善,却是义外也。至善是心之本体,只是'明明德'到'至精至一'处便是,然亦未尝离却事物,本注所谓'尽夫天理之极,而无一毫人欲之私'者得之。"

爱问:"至善只求诸心,恐于天下事理,有不能尽。"

先生曰:"心即理也。天下又有心外之事、心外之理乎?"

爱曰:"如事父之孝,事君之忠,交友之信,治民之仁,其间有许多理在,恐亦不可不察。"

先生叹曰:"此说之蔽久矣,岂一语所能悟?今姑就所问者言之。且如事父,不成去父上求个孝的理;事君,不成去君上求个忠的理;交友、治民,不成去友上、民上求个信与仁的理。都只在此心。心即理也。此心无私欲之蔽,即是天理,不须外面添一分。以此纯乎天理之心,发之事父便是孝,发之事君便是忠,发之交友、治民便是信与仁。只在此心去人欲、存天理上用功便是。"

爱曰:"闻先生如此说,爱已觉有省悟处。但旧说缠于胸中,尚有未脱然者。如事父一事,其间温清定省之类,有许多节目,不亦须请求否?"

先生曰:"如何不请求?只是有个头脑,只是就此心去人欲、存天理上请求。就如讲求冬温,也只是要尽此心之孝,恐怕有一毫人欲间杂;讲求夏清,也只是要尽此心之孝,恐怕有一毫人欲间杂;只是讲求得此心。此心若无人欲,纯是天理,是个诚于孝亲的心,冬时自然思量父母的寒,便自要去求个温的道理;夏时自然思量父母的热,便自要去求个清的道理。这都是那诚孝的心发出来的条件。却是须有这诚孝的心,然后有这条件发出来。譬之树木,这诚孝的心便是根,许多条件便是枝叶,须先有根,然后有枝叶,不是先寻了枝叶,然后去种根。《礼记》言:'孝子之有深爱者,必有和气;有和气者,必有愉色;有愉色者,必有婉容。'须是有个深爱做根,便自然如此。"

郑朝朔问:"至善亦须有从事物上求者?"

先生曰:"至善只是此心纯乎天理之极便是,更于事物上怎生求?且试说几件看。"

朝朔曰:"且如事亲,如何而为温清之节,如何而为奉养之宜,须求个是当,方是至善。所以有学问思辩之功。"

先生曰:"若只是温清之节、奉养之宜,可一日二日讲之而尽,用得甚学问思辩?惟于温清时也只要此心纯乎天理之极;奉养时也只要此心纯乎天理之极,此则非有学问思辩之功,将不免于毫厘千里之谬。所以虽在圣人,犹加'精一'之训。若只是那些仪节求得是当,便谓至善,即如今扮戏子,扮得许多温清奉养的仪节是当,亦可谓之至善矣。"

爱于是日又有省。

爱因未会先生"知行合一"之训,与宗贤、惟贤往复辩论,未能决,以问于先生。先生曰:"试举看。"

爱曰:"如今人尽有知得父当孝、兄当弟者,却不能孝、不能弟,便是知与行分明是两件。"

先生曰："此已被私欲隔断，不是知行的本体了。未有知而不行者。知而不行，只是未知。圣贤教人知行，正是要复那本体，不是着你只恁的便罢。故《大学》指个真知行与人看，说'如好好色，如恶恶臭'。见好色属知，好好色属行。只见那好色时已自好了，不是见了后又立个心去好。闻恶臭属知，恶恶臭属行。只闻那恶臭时已自恶了，不是闻了后别立个心去恶。如鼻塞人虽见恶臭在前，鼻中不曾闻得，便亦不甚恶，亦只是不曾知臭。就如称某人知孝、某人知弟，必是其人已曾行孝行弟，方可称他知孝知弟，不成只是晓得说些孝弟的话，便可称为知孝弟。又如知痛，必已自痛了方知痛；知寒，必已自寒了；知饥，必已自饥了。知行如何分得开？此便是知行的本体，不曾有私意隔断的。圣人教人，必要是如此，方可谓之知。不然，只是不曾知。此却是何等紧切着实的功夫！如今苦苦定要说知行做两个，是甚么意？某要说做一个，是甚么意？若不知立言宗旨，只管说一个两个，亦有甚用？"

爱曰："古人说知行做两个，亦是要人见个分晓，一行做知的功夫，一行做行的功夫，即功夫始有下落。"

先生曰："此却失了古人宗旨也。某尝说知是行的主意，行是知的功夫；知是行之始，行是知之成。若会得时，只说一个知，已自有行在；只说一个行，已自有知在。古人所以既说一个知又说一个行者，只为世间有一种人，懵懵懂懂的任意去做，全不解思惟省察，也只是个冥行妄作，所以必说个知，方才行得是。又有一种人，茫茫荡荡悬空去思索，全不肯着实躬行，也只是个揣摸影响，所以必说一个行，方才知得真。此是古人不得已补偏救弊的说话，若见得这个意时，即一言而足，今人却就将知行分作两件去做，以为必先知了，然后能行。我如今且去讲习讨论做知的功夫，待知得真了，方去做行的功夫。故遂终身不行，亦遂终身不知。此不是小病痛，其来已非一日矣。某今说个知行合一，正是对病的药。又不是某凿空杜撰，知行本体原是如此。今若知得宗旨时，即说两个亦不妨，亦只是一个。若不会宗旨，便说一个，亦济得甚事？只是闲说话。"

爱问:"昨闻先生'止至善'之教,已觉功夫有用力处。但与朱子'格物'之训,思之终不能合。"

先生曰:"'格物'是'止至善'之功,即知'至善'即知'格物'矣。"

爱曰:"昨以先生之教推之格物之说,似亦见得大略。但朱子之训,其于《书》之'精一',《论语》之'博约',《孟子》之'尽心知性',皆有所证据,以是未能释然。"

先生曰:"子夏笃信圣人,曾子反求诸己。笃信固亦是,然不如反求之切。今既不得于心,安可狃于旧闻,不求是当?就如朱子,亦尊信程子,至其不得于心处,亦何尝苟从?'精一'、'博约'、'尽心'本自与吾说吻合,但未之思耳。朱子'格物'之训,未免牵合附会,非其本旨。精是一之功,博是约之功。曰仁既明知行合一之说,此可一言而喻。'尽心、知性、知天'是'生知安行'事;'存心、养性、事天'是'学知利行'事。'夭寿不贰,修身以俟'是'困知勉行'事。朱子错训'格物',只为倒看了此意,以'尽心知性'为'物格知至',要初学便去做'生知安行'事,如何做得?"

爱问:"'尽心知性'何以为'生知安行'?"

先生曰:"性是心之体,天是性之原,尽心即是尽性。'惟天下至诚为能尽其性,知天地之化育',存心者,心有未尽也。知天,如知州、知县之'知',是自己分上事,已与天为一;事天,如子之事父,臣之事君,须是恭敬奉承,然后能无失,尚与天为二,此便是圣贤之别。至于'夭寿不贰'其心,乃是教学者一心为善,不可以穷通夭寿之故,便把为善的心变动了。只去修身以俟命,见得穷通寿夭有个命在,我亦不必以此动心。'事天'虽与天为二,已自见得个天在面前;'俟命'便是未曾见面,在此等候相似。此便是初学立心之始,有个困勉的意在。今却倒做了,所以使学者无下手处。"

爱曰:"昨闻先生之教,亦影影见得功夫须是如此。今闻此说,益无可疑。爱昨晚思'格物'的'物'字即是'事'字,皆从心上说。"

先生曰："然。身之主宰便是心，心之所发便是意，意之本体便是知，意之所在便是物。如意在于事亲，即事亲便是一物；意在于事君，即事君便是一物；意在于仁民爱物，即仁民爱物便是一物；意在于视听言动，即视听言动便是一物。所以某说无心外之理，无心外之物。《中庸》言'不诚无物'，《大学》'明明德'之功，只是个诚意，诚意之功，只是个格物。"

先生又曰："'格物'如《孟子》'大人格君心'之'格'，是去其心之不正，以全其本体之正。但意念所在，即要去其不正以全其正，即无时无处不是存天理，即是穷理。'天理'即是'明德'，穷理即是'明明德'。"

又曰："知是心之本体，心自然会知。见父自然知孝，见兄自然知弟，见孺子入井自然知恻隐，此便是良知，不假外求。若良知之发，更无私意障碍，即所谓'充其恻隐之心，而仁不可胜用矣'。然在常人，不能无私意障碍，所以须用'致知''格物'之功。胜私复理，即心之良知更无障碍，得以充塞流行，便是致其知。知致则意诚。"

爱问："先生以'博文'为'约礼'功夫，深思之未能得，略请开示。"

先生曰："'礼'字即是'理'字。'理'之发见可见者谓之'文'；'文'之隐微不可见者谓之'理'，只是一物。'约礼'只是要此心纯是一个天理。要此心纯是天理，须就'理'之发见处用功。如发见于事亲时，就在事亲上学存此天理；发现于事君时，就在事君上学存此天理；发见于处富贵、贫贱时，就在处富贵、贫贱上学存此天理；发见于处患难、夷狄时，就在处患难、夷狄上学存此天理。至于作止语默，无处不然，随他发见处，即就那上面学个存天理。这便是'博学之于文'，便是'约礼'的功夫。'博文'即是'惟精'，'约礼'即是'惟一'。"

爱问："'道心常为一身之主，而人心每听命。'以先生'精一'之训推之，此语似有弊。"

先生曰："然。心一也，未杂于人谓之道心，杂以人伪谓之人心。人心之得其正者即道心，道心之失其正者即人心，初非有二心也。程子谓'人心即人欲，道心即天理'，语若分析而意实得之。今曰'道心为主，而人心听命'，是二心也。天理人欲不并立，安有天理为主，人欲又从而听命者？"

爱问文中子、韩退之。先生曰："退之，文人之雄耳。文中子，贤儒也。后人徒以文词之故，推尊退之，其实退之去文中子远甚。"

爱问："何以有拟经之失？"

先生曰："拟经恐未可尽非。且说后世儒者著述之意，与拟经如何？"

爱曰："世儒著述，近名之意不无，然期以明道。拟经纯若为名。"

先生曰："著述以明道，亦何所效法？"

曰："孔子删述'六经'，以明道也。"

先生曰："然则拟经独非效法孔子乎？"

爱曰："著述，即于道有所发明。拟经，似徒拟其迹，恐于道无补。"

先生曰："子以明道者，使其反朴还淳而见诸行事之实乎？抑将美其言辞而徒以诡诡于世也？天下之大乱，由虚文胜而实行衰也。使道明于天下，则'六经'不必述。删述'六经'，孔子不得已也。自伏羲画卦，至于文王、周公，其间言《易》，如《连山》、《归藏》之属，纷纷籍籍，不知其几，《易》道大乱。孔子以天下好文之风日盛，知其说之将无纪极，于是取文王、周公之说而赞之，以为惟此为得其宗。于是纷纷之说尽废，而天下之言《易》者始一。《书》、《诗》、《礼》、《乐》、《春秋》皆然。《书》自《典》、《谟》以后，《诗》自《二南》以降，如《九丘》、《八索》，一切淫哇逸荡之词，盖不知其几千百篇；《礼》、《乐》之名物度数，至是亦不可胜穷。孔子皆删削而述正之，然后其说始废。如《书》、《诗》、《礼》、《乐》中，孔子何尝加一语？今之《礼记》诸说，皆后儒附会而成，已非孔子之旧。至于《春秋》，虽称孔子作之，其实皆鲁史旧文。所谓'笔'者，笔其旧；所谓'削'者，削其繁，是有减无增。孔子述'六经'，惧繁文之乱天下，惟简之而不得，使天下务去其文以求其实，非以文教之也。《春秋》以后，繁文益盛，天下益乱。始皇焚书得罪，是出于私意，又不合焚'六经'。若当时志在明道，其诸反经叛理之说，悉取而焚之，亦正暗合删述之意。自秦、汉以降，文又日盛，若欲尽去之，断不能去。只宜取法孔子，录其近是者而表章之，则其诸怪悖之说，亦宜渐渐自废。不知文中子当时拟经之意如何？某切深有取于其事，以为圣人复起，不能易也。天下所以不治，只因文盛实衰。人出己见，新奇相高，以眩俗取誉，徒以乱天下之聪明，涂天下之耳目，使天下靡然争务修饰文词，以求知于世，而不复知有敦本尚实、反朴还淳之行，是皆著述者有以启之。"

爱曰："著述亦有不可缺者，如《春秋》一经，若无《左传》，恐亦难晓。"

先生曰："《春秋》必待《传》而后明，是歇后谜语矣。圣人何苦为此艰深隐晦之词？《左传》多是《鲁史》旧文，若《春秋》须此而后明，孔子何必削之？"

爱曰："伊川亦云'传是案，经是断'。如书弑某君、伐某国，若不明其事，恐亦难断。"

先生曰："伊川此言，恐亦是相沿世儒之说，未得圣人作经之意。如书'弑君'，即弑君便是罪，何必更问其弑君之详？征伐当自天子出，书'伐国'，即伐国便是罪，何必更问其伐国之详？圣人述'六经'，只是要正人心，只是要存天理、去人欲，于存天理、去人欲之事，则尝言之。或因人请问，各随分量而说，亦不肯多道，恐人专求之言语，故曰'予欲无言'。若是一切纵人欲、灭天理的事，又安肯详以示人？是长乱导奸也。故孟子云：'仲尼之门，无道桓、文之事者，是以后世无传焉。'此便是孔门家法。世儒只讲得一个伯者的学问，所以要知得许多阴谋诡计，纯是一片功利的心，与圣人作经的意思正相反，如何思量得通？"因叹曰："此非达天德者，未易与言此也。"

又曰："孔子云'吾犹及史之阙文也'；孟子云'尽信《书》不如无《书》，吾于《武成》取二三策而已'。孔子删《书》，于唐、虞、夏四五百年间不过数篇，岂更无一事？而所述止此，圣人之意可知矣。圣人只是要删去繁文，后儒却只要添上。"

爱曰:"圣人作经,只是要去人欲、存天理。如五伯以下事,圣人不欲详以示人,则诚然矣。至如尧、舜以前事,如何略不少见?"

先生曰:"羲、黄之世,其事阔疏,传之者鲜矣。此亦可以想见。其时全是淳庞朴素,略无文采的气象。此便是太古之治,非后世可及。"

爱曰:"如《三坟》之类,亦有传者,孔子何以删之?"

先生曰:"纵有传者,亦于世变渐非所宜。风气益开,文采日胜,至于周末,虽欲变以夏、商之俗,已不可挽,况唐、虞乎!又况羲、黄之世乎!然其治不同,其道则一。孔子于尧、舜则祖述之,于文、武则宪章之。文、武之法,即是尧、舜之道。但因时致治,其设施政令,已自不同。即夏、商事业施之于周,已有不合,故周公思兼三王,其有不合,仰而思之,夜以继日。况太古之治,岂复能行?斯固圣人之所可略也。"

又曰:"专事无为,不能如三王之因时致治,而必欲行以太古之俗,即是佛、老的学术。因时致治,不能如三王之一本于道,而以功利之心行之,即是伯者以下事业。后世儒者许多讲来讲去,只是讲得个伯术。"

又曰:"唐、虞以上之治,后世不可复也,略之可也;三代以下之治,后世不可法也,削之可也。惟三代之治可行。然而世之论三代者,不明其本,而徒事其末,则亦不可复矣!"

爱曰:"先儒论'六经',以《春秋》为史。史专记事,恐与'五经'事体终或稍异。"

先生曰:"以事言谓之史,以道言谓之经。事即道,道即事。《春秋》亦经,'五经'亦史。《易》是庖牺氏之史,《书》是尧、舜以下史,《礼》、《乐》是三代史。其事同,其道同,安有所谓异?"

又曰:"'五经'亦只是史。史以明善恶,示训戒。善可为训者,时存其迹以示法;恶可为戒者,存其戒而削其事以杜奸。"

爱曰:"存其迹以示法,亦是存天理之本然。削其事以杜奸,亦是遏人欲于将萌否?"

先生曰:"圣人作经,固无非是此意,然又不必泥着文句。"

爱又问："恶可为戒者，存其戒而削其事以杜奸，何独于《诗》而不删郑、卫？先儒谓'恶者可以惩创人之逸志'，然否？"

先生曰："《诗》非孔门之旧本矣。孔子云'放郑声，郑声淫'。又曰'恶郑声之乱雅乐也'。'郑卫之音，亡国之音也'。此本是孔门家法。孔子所定三百篇，皆所谓雅乐，皆可奏之郊庙，奏之乡党，皆所以宣畅和平，涵泳德性，移风易俗，安得有此？是长淫导奸矣。此必秦火之后，世儒附会，以足三百篇之数。盖淫泆之词，世俗多所喜传，如今间巷皆然。'恶者可以惩创人之逸志'，是求其说而不得，从而为之辞。"

徐爱跋

爱因旧说汩没，始闻先生之教，实是骇愕不定，无入头处。其后闻之既久，渐知反身实践，然后始信先生之学为孔门嫡传，舍是皆傍蹊小径、断港绝河矣！如说"格物"是"诚意"的功夫，"明善"是"诚身"的功夫，"穷理"是"尽性"的功夫，"道问学"是"尊德性"的功夫，"博文"是"约礼"的功夫，"惟精"是"惟一"的功夫。诸如此类，始皆落落难合，其后思之既久，不觉手舞足蹈。

右曰仁所录。

陆澄录

陆澄问："主一之功，如读书则一心在读书上，接客则一心在接客上，可以为主一乎？"

先生曰："好色则一心在好色上，好货则一心在好货上，可以为主一乎？是所谓逐物，非主一也。主一是专主一个天理。"

问立志。先生曰："只念念要存天理，即是立志。能不忘乎此，久则自然心中凝聚，犹道家所谓'结圣胎'也。此天理之念常存，驯至于美大圣神，亦只从此一念存养扩充去耳。"

"日间功夫，觉纷扰则静坐，觉懒看书则且看书。是亦因病而药。"

"处朋友，务相下则得益，相上则损。"

孟源有自是好名之病，先生屡责之。一日，警责方已，一友自陈日来功夫请正。源从旁曰："此方是寻着源旧时家当。"

先生曰："尔病又发。"

源色变，议拟欲有所辨，先生曰："尔病又发。"因喻之曰："此是汝一生大病根。譬如方丈地内，种此一大树，雨露之滋，土脉之力，只滋养得这个大根。四傍纵要种些嘉谷，上面被此树叶遮覆，下面被此树根盘结，如何生长得成？须用伐去此树，纤根勿留，方可种植嘉种。不然，任汝耕耘培壅，只是滋养得此根。"

问："后世著述之多，恐亦有乱正学？"

先生曰："人心天理浑然，圣贤笔之书，如写真传神，不过示人以形状大略，使之因此而讨求其真耳。其精神意气，言笑动止，固有所不能传也。后世著述，是又将圣人所画，摹仿誊写，而妄自分析加增，以逞其技，其失真愈远矣。"

问："圣人应变不穷，莫亦是预先讲求否？"

先生曰："如何讲求得许多？圣人之心如明镜，只是一个明，则随感而应，无物不照，未有已往之形尚在，未照之形先具者。若后世所讲，却是如此，是以与圣人之学大背。周公制礼作乐以示天下，皆圣人所能为，尧、舜何不尽为之而待于周公？孔子删述'六经'以诏万世，亦圣人所能为，周公何不先为之而有待于孔子？是知圣人遇此时，方有此事。只怕镜不明，不怕物来不能照。讲求事变，亦是照时事，然学者却须先有个明的功夫。学者惟患此心之未能明，不患事变之不能尽。"

曰："然则所谓'冲漠无朕，而万象森然已具'者，其言如何？"

曰："是说本自好，只不善看，亦便有病痛。"

"义理无定在，无穷尽。吾与子言，不可以少有所得而遂谓止此也。再言之十年、二十年、五十年，未有止也。"他日又曰："圣如尧、舜，然尧、舜之上，善无尽；恶如桀、纣，然桀、纣之下，恶无尽。使桀、纣未死，恶宁止此乎？使善有尽时，文王何以'望道而未之见'？"

问："静时亦觉意思好，才遇事便不同，如何？"

先生曰："是徒知静养而不用克己功夫也。如此，临事便要倾倒。人须在事上磨，方能立得住，方能'静亦定、动亦定'。"

问上达功夫。先生曰："后儒教人，才涉精微，便谓'上达'，未当学，且说'下学'。是分'下学'、'上达'为二也。夫目可得见，耳可得闻，口可得言，心可得思者，皆'下学'也。目不可得见，耳不可得闻，口不可得言，心不可得思者，'上达'也。如木之栽培灌溉，是'下学'也；至于日夜之所息，条达畅茂，乃是'上达'，人安能预其力哉？故凡可用功、可告语者，皆'下学'，'上达'只在'下学'里。凡圣人所说，虽极精微，俱是'下学'。学者只从'下学'里用功，自然'上达'去，不必别寻个'上达'的功夫。"

"持志如心痛。一心在痛上，岂有功夫说闲话、管闲事。"

问："'惟精'、'惟一'是如何用功？"

先生曰："'惟一'是'惟精'主意，'惟精'是'惟一'功夫，非'惟精'之外复有'惟一'也。'精'字从'米'，姑以'米'譬之。要得此米纯然洁白，便是'惟一'意；然非加舂簸筛拣'惟精'之功，则不能纯然洁白也。舂簸筛拣是'惟精'之功，然亦不过要此米到纯然洁白而已。博学、审问、慎思、明辨、笃行者，皆所以为'惟精'而求'惟一'也。他如'博文'者，即'约礼'之功；'格物致'知者，即'诚意'之功；'道问学'即'尊德性'之功；'明善'即'诚身'之功。无二说也。"

"知者行之始，行者知之成。圣学只一个功夫，知行不可分作两事。"

"漆雕开曰：'吾斯之未能信。'夫子说之。子路使子羔为费宰。子曰：'贼夫人之子'。曾点言志，夫子许之。圣人之意可见矣。"

问："宁静存心时，可为'未发之中'否？"

先生曰："今人存心，只定得气。当其宁静时，亦只是气宁静，不可以为'未发之中'。"

曰："'未'便是'中'，莫亦是求'中'功夫？"

曰："只要去人欲、存天理，方是功夫。静时念念去人欲、存天理，动时念念去人欲、存天理，不管宁静不宁静。若靠那宁静，不惟渐有喜静厌动之弊，中间许多病痛，只是潜伏在，终不能绝去，遇事依旧滋长。以循理为主，何尝不宁静？以宁静为主，未必能循理。"

问："孔门言志，由、求任政事，公西赤任礼乐，多少实用。及曾晳说来，却似耍的事，圣人却许他，是意何如？"

曰："三子是有意必，有意必便偏着一边，能此未必能彼。曾点这意思却无意必，便是'素其位而行，不愿乎其外'、'素夷狄行乎夷狄，素患难行乎患难，无入而不自得'矣。三子所谓'汝器也'，曾点便有'不器'意。然三子之才，各卓然成章，非若世之空言无实者，故夫子亦皆许之。"

问："知识不长进，如何？"

先生曰："为学须有本原，须从本原上用力，渐渐'盈科而进'。仙家说婴儿，亦善譬。婴儿在母腹时，只是纯气，有何知识？出胎后方始能啼，既而后能笑，又既而后能识认其父母兄弟，又既而后能立、能行、能持、能负，卒乃天下之事无不可能。皆是精气日足，则筋力日强，聪明日开，不是出胎日便讲求推寻得来。故须有个本原。圣人到'位天地，育万物'，也只从'喜怒哀乐未发之中'上养来。后儒不明格物之说，见圣人无不知、无不能，便欲于初下手时讲求得尽，岂有此理？"

又曰："立志用功，如种树然。方其根芽，犹未有干；及其有干，尚未有枝；枝而后叶，叶而后花、实。初种根时，只管栽培灌溉，勿作枝想，勿作叶想，勿作花想，勿作实想。悬想何益！但不忘栽培之功，怕没有枝叶花实？"

问："看书不能明，如何？"

先生曰："此只是在文义上穿求，故不明。如此，又不如为旧时学问，他到看得多，解得去。只是他为学虽极解得明晓，亦终身无得，须于心体上用功。凡明不得，行不去，须反在自心上体当，即可通。盖《四书》《五经》不过说这心体,这心体即所谓道心。体明即是道明,更无二。此是为学头脑处。"

"'虚灵不昧,众理具而万事出。'心外无理,心外无事。"

或问:"晦庵先生曰:'人之所以为学者,心与理而已。'此语如何?"

曰:"心即性,性即理,下一'与'字,恐未免为二。此在学者善观之。"

或曰:"人皆有是心。心即理,何以有为善,有为不善?"

先生曰:"恶人之心,失其本体。"

问:"'析之有以极其精而不乱,然后合之有以尽其大而无余',此言如何?"

先生曰:"恐亦未尽。此理岂容分析,又何须凑合得?圣人说'精一'自是尽。"

"省察是有事时存养,存养是无事时省察。"

澄尝问象山在人情事变上做功夫之说。先生曰:"除了人情事变,则无事矣。喜怒哀乐非人情乎?自视听言动,以至富贵、贫贱、患难、死生,皆事变也。事变亦只在人情里。其要只在'致中和';'致中和'只在'谨独'。"

澄问:"仁、义、礼、智之名,因已发而有?"

曰:"然。"

他日,澄曰:"恻隐、羞恶、辞让、是非,是性之表德邪?"

曰:"仁、义、礼、智也是表德。性一而已,自其形体也谓之天,主宰也谓之帝,流行也谓之命,赋于人也谓之性,主于身也谓之心。心之发也,遇父便谓之孝,遇君便谓之忠,自此以往,名至于无穷,只一性而已。犹人一而已,对父谓之子,对子谓之父,自此以往,至于无穷,只一人而已。人只要在性上用功,看得一性字分明,即万理灿然。"

一日,论为学功夫。先生曰:"教人为学,不可执一偏。初学时心猿意马,拴缚不定,其所思虑,多是人欲一边,故且教之静坐、息思虑。久之,俟其心意稍定,只悬空静守,如槁木死灰,亦无用,须教他省察克治。

省察克治之功，则无时而可间，如去盗贼，须有个扫除廓清之意。无事时，将好色、好货、好名等私逐一追究搜寻出来，定要拔去病根，永不复起，方始为快。常如猫之捕鼠，一眼看着，一耳听着，才有一念萌动，即与克去，斩钉截铁，不可姑容与他方便，不可窝藏，不可放他出路，方是真实用功，方能扫除廓清。到得无私可克，自有端拱时在。虽曰'何思何虑'，非初学时事。初学必须思省察克治，即是思诚，只思一个天理，到得天理纯全，便是'何思何虑'矣。"

澄问："有人夜怕鬼者，奈何？"

先生曰："只是平时不能'集义'，而心有所慊，故怕。若素行合于神明，何怕之有？"

子莘曰："正直之鬼，不须怕；恐邪鬼不管人善恶，故未免怕。"

先生曰："岂有邪鬼能迷正人乎？只此一怕，即是心邪，故有迷之者，非鬼迷也，心自迷耳。如人好色，即是色鬼迷；好货，即是货鬼迷；怒所不当怒，是怒鬼迷；惧所不当惧，是惧鬼迷也。"

"定者，心之本体，天理也。动静，所遇之时也。"

澄问《学》、《庸》同异。先生曰："子思括《大学》一书之义为《中庸》首章。"

问："孔子正名，先儒说'上告天子，下告方伯，废辄立郢'。此意如何？"

先生曰："恐难如此。岂有一人致敬尽礼待我而为政，我就先去废他？岂人情天理？孔子既肯与辄为政，必已是他能倾心委国而听。圣人盛德至诚，必已感化卫辄，使知无父之不可以为人，必将痛哭奔走，往迎其父。父子之爱，本于天性，辄能悔痛真切如此，蒯聩岂不感动底豫。蒯聩既还，辄乃致国请戮，聩已见化于子，又有夫子至诚调和其间，当亦决不肯受，仍以命辄。群臣百姓又必欲得辄为君，辄乃自暴其罪恶，请于天子，告于方伯诸侯，而必欲致国于父。聩与群臣百姓亦皆表辄悔悟仁孝之美，请于天子，告于方伯诸侯，必欲得辄而为之君。于是集命于辄，使之复君卫国。辄不得已，乃如后世上皇故事，率群臣百姓尊聩为太公，备物致养，而始退复其位焉。则君君、臣臣、父父、子子，名正言顺，一举而可为政于天下矣！孔子正名，或是如此。"

澄在鸿胪寺仓居，忽家信至，言儿病危。澄心甚忧闷，不能堪。先生曰："此时正宜用功。若此时放过，闲时讲学何用？人正要在此等时磨炼。父之爱子，自是至情。然天理亦自有个中和处，过即是私意。人于此处多认做天理当忧，则一向忧苦，不知已是'有所忧患，不得其正'。大抵七情所感，多只是过，少不及者。才过，便非心之本体，必须调停适中始得。就如父母之丧，人子岂不欲一哭便死，方快于心？然却曰'毁不灭性'，非圣人强制之也，天理本体自有分限，不可过也。人但要识得心体，自然增减分毫不得。"

"不可谓'未发之中'常人俱有。盖'体用一源'，有是体即有是用，有'未发之中'，即有'发而皆中节之和'。今人未能有'发而皆中节之和'，须知是他'未发之中'亦未能全得。"

"《易》之辞，是'初九，潜龙勿用'六字；《易》之象，是初书画；《易》之变，是值其画；《易》之占，是用其辞。"

"夜气，是就常人说。学者能用功，则日间有事无事，皆是此气翕聚发生处。圣人则不消说夜气。"

澄问"操存舍亡"章。曰："'出入无时，莫知其乡'。此虽就常人心说，学者亦须是知得心之本体亦元是如此，则操存功夫，始没病痛。不可便谓出为亡，入为存。若论本体，元是无出入的。若论出入，则其思虑运用是出。然主宰常昭昭在此，何出之有？既无所出，何入之有？程子所谓'腔子'，亦只是天理而已。虽终日应酬而不出天理，即是在腔子里。若出天理，斯谓之放，斯谓之亡。"

又曰："出入亦只是动静，动静无端，岂有乡邪？"

王嘉秀问："佛以出离生死诱人入道，仙以长生久视诱人入道，其心亦不是要人做不好，究其极至，亦是见得圣人上一截，然非入道正路。

如今仕者，有由科，有由贡，有由传奉，一般做到大官，毕竟非入仕正路，君子不由也。仙、佛到极处，与儒者略同，但有了上一截，遗了下一截，终不似圣人之全；然其上一截同者，不可诬也。后世儒者，又只得圣人下一截，分裂失真，流而为记诵词章，功利训诂，亦卒不免为异端。是四家者终身劳苦，于身心无分毫益。视彼仙、佛之徒，清心寡欲，超然于世累之外者，反若有所不及矣。今学者不必先排仙、佛，且当笃志为圣人之学。圣人之学明，则仙、佛自泯。不然，则此之所学，恐彼或有不屑，而反欲其俯就，不亦难乎？鄙见如此，先生以为何如？"

先生曰："所论大略亦是。但谓上一截、下一截，亦是人见偏了如此。若论圣人大中至正之道，彻上彻下，只是一贯，更有甚上一截、下一截？'一阴一阳之谓道'，但'仁者见之便谓之仁，智者见之便谓之智，百姓又日用而不知，故君子之道鲜矣'。仁、智可岂不谓之道？但见得偏了，便有弊病。"

"蓍固是《易》，龟亦是《易》。"

问："孔子谓武王未尽善，恐亦有不满意？"

先生曰："在武王自合如此。"

曰："使文王未没，毕竟如何？"

曰："文王在时，天下三分已有其二。若到武王伐商之时，文王若在，或者不致兴兵，必然这一分亦来归了。文王只善处纣，使不得纵恶而已。"

问：孟子言"执中无权犹执一"。

先生曰："中只是天理，只是易。随时变易，如何执得？须是因时制宜，难预先定一个规矩在。如后世儒者要将道理一一说得无罅漏，立定个格式，此正是执一。"

唐诩问："立志是常存个善念，要为善去恶否？"

曰："善念存时，即是天理。此念即善，更思何善？此念非恶，更去何恶？此念如树之根芽，立志者长立此善念而已。'从心所欲，不逾矩'，只是志到熟处。"

"精神、道德、言动，大率收敛为主，发散是不得已。天地人物皆然。"

问："文中子是如何人？"

先生曰："文中子庶几'具体而微'，惜其蚤死！"

问："如何却有'续经'之非？"

曰："'续经'亦未可尽非。"

请问。良久，曰："更觉'良工心独苦'。"

"许鲁齐谓儒者以治生为先之说，亦误人。"

问仙家元气、元神、元精。先生曰："只是一件。流行为气，凝聚为精，妙用为神。"

"喜怒哀乐，本体自是中和的。才自家着些意思，便过不及，便是私。"

问"哭则不歌"。先生曰："圣人心体自然如此。"

"克己须要扫除廓清，一毫不存，方是。有一毫在，则众恶相引而来。"

问《律吕新书》。先生曰："学者当务为急。算得此数熟亦恐未有用，必须心中先具礼乐之本方可。且如其书说，多用管以候气，然至冬至那一刻时，管灰之飞，或有先后，须臾之间，焉知那管正值冬至之刻？须自中心先晓得冬至之刻始得。此便有不通处。学者须先后礼乐本原上用功。"

曰仁云："心犹镜也。圣人心如明镜，常人心如昏镜。近世格物之说，如以镜照物，照上用功，不知镜尚昏在，何能照！先生之格物，如磨镜而使之明，磨上用功，明了后亦未尝废照。"

问道之精粗。先生曰："道无精粗，人之所见有精粗。如这一间房，人初进来，只见一个大规模如此。处久，便柱壁之类，一一看得明白。再久，如柱上有些文藻，细细都看出来。然只是一间房。"

先生曰："诸公近见时，少疑问，何也？人不用功，莫不自以为已知为学，只循而行之是矣。殊不知私欲日生，如地上尘，一日不扫，便又有一层。着实用功，便见道无终穷，愈探愈深，必使精白无一毫不彻方可。"

问："知至然后可以言诚意。今天理人欲，知之未尽，如何用得克己功夫？"

先生曰:"人若真实切己用功不已,则于此心天理之精微,日见一日,私欲之细微,亦日见一日。若不用克己功夫,终日只是说话而已,天理终不自见,私欲亦终不自见。如人走路一般,走得一段,方认得一段;走到歧路处,有疑便问,问了又走,方渐能到得欲到之处。今人于已知之天理不肯存,已知之人欲不肯去,且只管愁不能尽知。只管闲讲,何益之有?且待克得自己无私可克,方愁不能尽知,亦未迟在。"

问:"道一而已。古人论道往往不同,求之亦有要乎?"

先生曰:"道无方体,不可执著。却拘滞于文义上求道,远矣。如今人只说天,其实何尝见天?谓日月风雷即天,不可;谓人物草木不是天,亦不可。道即是天。若识得时,何莫而非道?人但各以其一隅之见认定,以为道止如此,所以不同。若解向里寻求,见得自己心体,即无时无处不是此道。亘古亘今,无终无始,更有甚同异?心即道,道即天。知心则知道、知天。"

又曰:"诸君要实见此道,须从自己心上体认,不假外求,始得。"

问:"名物度数,亦须先讲求否?"

先生曰:"人只要成就自家心体,则用在其中。如养得心体,果有未发之中,自然有发而中节之和,自然无施不可。苟无是心,虽预先讲得世上许多名物度数,与己原不相干,只是装缀,临时自行不去,亦不是将名物度数全然不理,只要'知所先后,则近道'。"

又曰:"人要随才成就,才是其所能为。如夔之乐,稷之种,是他资性合下便如此。成就之者,亦只是要他心体纯乎天理。其运用处,皆从天理上发来,然后谓之才。到得纯乎天理处,亦能'不器'。使夔、稷易艺而为,当亦能之。"

又曰:"如'素富贵,行乎富贵。素患难,行乎患难',皆是'不器',此惟养得心体正者能之。"

"与其为数顷无源之塘水,不若为数尺有源之井水,生意不穷。"时先生在塘边坐,傍有井,故以之喻学云。

问:"世道日降,太古时气象,如何复见得?"

先生曰:"一日便是一元。人平旦时起坐。未与物接,此心清明景象,便如在伏羲时游一般。"

问:"心要逐物,如何则可?"

先生曰:"人君端拱清穆,六卿分职,天下乃治。心统五官,亦要如此。今眼要视时,心便逐在色上;耳要听时,心便逐在声上。如人君要选官时,便自去坐在吏部;要调军时,便自去坐在兵部。如此岂惟失却君体,六卿亦皆不得其职。"

"善念发而知之,而充之;恶念发而知之,而遏之。知与充与遏者,志也,天聪明也。圣人只有此,学者当存此。"

澄曰:"好色、好利、好名等心,固是私欲。如闲思杂虑,如何亦谓之私欲?"

先生曰:"毕竟从好色、好利、好名等根上起,自寻其根便见。如汝心中决知是无有做劫盗的思虑,何也?以汝元无是心也。汝若于货色名利等心,一切皆如不做劫盗之心一般,都消灭了,光光只是心之本体,看有甚闲思虑?此便是'寂然不动',便是'未发之中',便是'廓然大公'。自然'感而遂通',自然'发而中节',自然'物来顺应'。"

问"志至气次"。先生曰:"'志之所至,气亦至焉'之谓,非极至、次贰之谓。'持其志',则养气在其中,'无暴其气',则亦持其志矣。孟子救告子之偏,故如此夹持说。"

问:"先儒曰:'圣人之道,必降而自卑;贤人之言,则引而自高。'如何?"

先生曰:"不然。如此却乃伪也。圣人如天,无往而非天,三光之上天也,九地之下亦天也,天何尝有降而自卑?此所谓'大而化之'也。贤人如山岳,守其高而已。然百仞者不能引而为千仞,千仞者不能引而为万仞。是贤人未尝引而自高也,引而自高则伪矣。"

问:"伊川谓'不当于喜怒哀乐未发之前求中',延平却教学者'看未发之前气象',何如?"

先生曰:"皆是也。伊川恐人于未发前讨个中,把中做一物看,如吾所谓认气定时做中,故令只于涵养省察上用功。延平恐人未便有下手处,故令人时时刻刻求未发前气象,使人正目而视惟此,倾耳而听惟此,即是'戒慎不睹,恐惧不闻'的功夫。皆古人不得已诱人之言也。"

澄问:"喜怒哀乐之中和,其全体常人固不能有。如一件小事当喜怒者,平时无有喜怒之心,至其临时,亦能中节,亦可谓之中和乎?"

先生曰:"在一时一事,固亦可谓之中和,然未可谓之'大本'、'达道'。人性皆善,中和是人人原有的,岂可谓无?但常人之心既有所昏蔽,则其本体虽亦时时发见,终是暂明暂灭,非其全体大用矣。无所不中,然后谓之'大本';无所不和,然后谓之'达道'。惟天下之至诚,然后能立天下之'大本'。"

曰:"澄于'中'字之义尚未明。"

曰:"此须自心体认出来,非言语所能喻。中只是天理。"

曰:"何者为天理?"

曰:"去得人欲,便识天理。"

曰:"天理何以谓之中?"

曰:"无所偏倚。"

曰:"无所偏倚是何等气象?"

曰:"如明镜然,全体莹彻,略无纤尘染着。"

曰:"偏倚是有所染着。如着在好色、好利、好名等项上,方见得偏倚;若未发时,美色名利皆未相着,何以便知其有所偏倚?"

曰:"虽未相着,然平日好色、好利、好名之心,原未尝无。既未尝无,即谓之有;既谓之有,则亦不可谓无偏倚。譬之病疟之人,虽有时不发,而病根原不曾除,则亦不得谓之无病之人矣。须是平日好色、好利、好名等项一应私心扫除荡涤,无复纤毫留滞,而此心全体廓然,纯是天理,方可谓之喜怒哀乐'未发之中',方是天下之'大本'。"

问:"'颜子没而圣学亡',此语不能无疑。"

先生曰:"见圣道之全者惟颜子。观'喟然一叹'可见,其谓'夫子循循然善诱人,博我以文,约我以礼',是见破后如此说。博文、约礼,如何是善诱人?学者须思之。道之全体,圣人亦难以语人,须是学者自修自悟。颜子'虽欲从之,未由也已',即文王'望道未见'意。望道未见,乃是真见。颜子没而圣学之正派遂不尽传矣。"

问:"身之主为心,心之灵明是知,知之发动是意,意之所着为物,是如此否?"

先生曰:"亦是。"

"只存得此心常见在,便是学。过去未来事,思之何益?徒放心耳!"

"言语无序,亦足以见心之不存。"

尚谦问孟子之"不动心"与告子异。先生曰:"告子是硬把捉着此心,要他不动;孟子却是集义到自然不动。"

又曰:"心之本体原自不动。心之本体即是性,性即是理,性元不动,理元不动。集义是复其心之本体。"

"'万象森然'时,亦冲漠无朕;冲漠无朕,即万象森然。冲漠无朕者,'一'之父,万象森然者,'精'之母。'一'中有'精','精'中有'一'。"

"心外无物。如吾心发一念孝亲,即孝亲便是物。"

先生曰:"今为吾所谓格物之学者,尚多流于口耳。况为口耳之学者,能反于此乎?天理人欲,其精微必时时用力省察克治,方日渐有见。如今一说话之间,虽只讲天理,不知心中倏忽之间已有其多少私欲。盖有窃发而不知者,虽用力察之,尚不易见,况徒口讲而可得尽知乎?今只管讲天理来顿放着不循;讲人欲来顿放着不去。岂格物致知之学?后世之学,其极至,只做得个'义袭而取'的功夫。"

问格物。先生曰:"格者,正也。正其不正以归于正也。"

问:"知止者,知至善只在吾心,元不在外也,而后志定?"

曰:"然。"

问:"格物于动处用功否?"

先生曰:"格物无间动静,静亦物也。孟子谓'必有事焉',是动静皆有事。"

"功夫难处,全在格物致知上,此即诚意之事。意既诚,大段心亦自正,身亦自修。但正心、修身功夫,亦各有用力处,修身是已发边,正心是未发边。心正则中,身修则和。"

"自'格物''致知'至'平天下',只是一个'明明德'。虽'亲民',亦'明德'事也。'明德'是此心之德,即是仁。'仁者以天地万物为一体',使有一物失所,便是吾仁有未尽处。"

"只说'明明德'而不说'亲民',便似老、佛。"

"至善者性也,性元无一毫之恶,故曰'至善'。止之,是复其本然而已。"

问:"知至善即吾性,吾性具吾心,吾心乃至善所止之地,则不为向时之纷然外求,而志定矣。定则不扰扰而静,静而不妄动则安,安则一心一意只在此处。千思万想,务求必得此至善,是能虑而得矣。如此说是否?"

先生曰:"大略亦是。"

问:"程子云'仁者以天地万物为一体',何墨氏'兼爱'反不得谓之仁?"

先生曰:"此亦甚难言,须是诸君自体认出来始得。仁是造化生生不息之理,虽弥漫周遍,无处不是,然其流行发生,亦只有个渐,所以生生不息。如冬至一阳生,必自一阳生而后渐渐至于六阳。若无一阳之生,岂有六阳?阴亦然。惟其渐,所以便有个发端处;惟其有个发端处,所以生;惟其生,所以不息。譬之木,其始抽芽,便是木之生意发端处;抽芽然后发干,发干然后生枝生叶,然后是生生不息。若无芽,何以有干有枝叶?能抽芽,必是下面有个根在。有根方生,无根便死。无根何从抽芽?父子、兄弟之爱,便是人心生意发端处,如木之抽芽。自此而仁民，而爱物，便是发干生枝生叶。墨氏兼爱无差等，将自家父子、兄弟与途人一般看，便自没了发端处。不抽芽便知得他无根，便不是生生不息，安得谓之仁？孝弟为仁之本，却是仁理从里面发生出来。"

问："延平云：'当理而无私心。''当理'与'无私心'如何分别？"

先生曰："心即理也，'无私心'即是'当理'，未'当理'便是私心。若析心与理言之，恐亦未善。"

又问："释氏于世间一切情欲之私都不染着，似无私心。但外弃人伦，却似未'当理'。"

曰："亦只是一统事，都只是成就他一个私己的心。"

薛侃录

侃问："持志如心痛，一心在痛上，安有功夫说闲语，管闲事？"

先生曰："初学功夫，如此用亦好，但要使知'出入无时，莫知其向'。心之神明，原是如此，功夫方有着落。若只死死守着，恐于功夫上又发病。"

侃问："专涵养而不务讲求，将认欲作理，则如之何？"

先生曰："人须是知学，讲求亦只是涵养，不讲求只是涵养之志不切。"

曰："何谓知学？"

曰："且道为何而学？学个甚？"

曰："尝闻先生教，学是学存天理。心之本体即是天理，体认天理只要自心地无私意。"

曰："如此则只须克去私意便是，又愁甚理欲不明？"

曰："正恐这些私意认不真。"

曰："总是志未切。志切，目视耳听皆在此，安有认不真的道理？'是非之心，人皆有之'，不假外求。请求亦只是体当自心所见，不成去心外别有个见。"

先生问在坐之友："比来功夫何似？"

一友举虚明意思。先生曰："此是说光景。"

一友叙今昔异同。先生曰:"此是说效验。"

二友憫然,请是。先生曰:"吾辈今日用功,只是要为善之心真切。此心真切,见善即迁,有过即改,方是真切功夫。如此,则人欲日消,天理日明。若只管求光景,说效验,却是助长外驰病痛,不是功夫。"

朋友观书,多有摘议晦庵者。先生曰:"是有心求异,即不是。吾说与晦庵时有不同者,为入门下手处有毫厘千里之分,不得不辩。然吾之心与晦庵之心未尝异也。若其余文义解得明当处,如何动得一字?"

希渊问:"圣人可学而至。然伯夷、伊尹于孔子才力终不同,其同谓之圣者安在?"

先生曰:"圣人之所以为圣,只是其心纯乎天理,而无人欲之杂。犹精金之所以为精,但以其成色足而无铜铅之杂也。人到纯乎天理方是圣,金到足色方是精。然圣人之才力亦是大小不同,犹金之分两有轻重。尧、舜犹万镒,文王、孔子有九千镒,禹、汤、武王犹七八千镒,伯夷、伊尹犹四五千镒。才力不同而纯乎天理则同,皆可谓之圣人。犹分两虽不同,而足色则同,皆可谓之精金。以五千镒者而入于万镒之中,其足色同也;以夷、尹而厕之尧、孔之间,其纯乎天理同也。盖所以为精金者,在足色而不在分两;所以为圣者,在纯乎天理而不在才力也。故虽凡人而肯为学,使此心纯乎天理,则亦可为圣人。犹一两之金比之万镒,分两虽悬绝,而其到足色处,可以无愧。故曰'人皆可以为尧舜'者以此。学者学圣人,不过是去人欲而存天理耳,犹炼金而求其足色。金之成色所争不多,则锻炼之工省而功易成,成色愈下则锻炼愈难。人之气质清浊粹驳,有中人以上、中人以下,其于道有生知安行、学知利行,其下者必须人一己百,人十己千,及其成功则一。后世不知作圣之本是纯乎天理,却专去知识才能上求圣人,以为圣人无所不知,无所不能,我须是将圣人许多知识才能逐一理会始得。故不务去天理上着功夫,徒弊精竭力,从册子上钻研,名物上考索,形迹上比拟,知识愈广而人欲愈滋,才力愈多而天理愈蔽。正如见人有万镒精金,不务锻炼成色,求无愧于彼之精纯,而乃妄希分两,务同彼之万镒,锡、铅、铜、铁杂然而投,分两愈增而成色愈下,既其梢末,无复有金矣。"

时曰仁在旁,曰:"先生此喻足以破世儒支离之惑,大有功于后学。"

先生又曰:"吾辈用功只求日减,不求日增。减得一分人欲,便是复得一分天理。何等轻快脱洒!何等简易!"

士德问曰:"格物之说如先生所教,明白简易,人人见得。文公聪明绝世,于此反有未审,何也?"

先生曰:"文公精神气魄大,是他早年合下便要继往开来,故一向只就考索著述上用功。若先切己自修,自然不暇及此。到得德盛后,果忧道之不明。如孔子退修六籍,删繁就简,开示来学,亦大段不费甚考索。文公早岁便著许多书,晚年方悔,是倒做了。"

士德曰:"晚年之悔,如谓'向来定本之悟',又谓'虽读得书,何益于吾事',又谓'此与守书籍,泥言语,全无交涉',是他到此方悔从前用功之错,方去切己自修矣。"

曰:"然。此是文公不可及处。他力量大,一悔便转,可惜不久即去世,平日许多错处,皆不及改正。"

侃去花间草,因曰:"天地间何善难培,恶难去?"

先生曰:"未培未去耳。"

少间,曰:"此等看善恶,皆从躯壳起念,便会错。"

侃未达。

曰:"天地生意,花草一般,何曾有善恶之分?子欲观花,则以花为善,以草为恶;如欲用草时,复以草为善矣。此等善恶,皆由汝心好恶所生,故知是错。"

曰:"然则无善无恶乎?"

曰:"无善无恶者理之静,有善有恶者气之动。不动于气,即无善无恶,是谓至善。"

曰:"佛氏亦无善无恶,何以异?"

曰："佛氏着在无善无恶上，便一切都不管，不可以治天下。圣人无善无恶，只是'无有作好'，'无有作恶'，不动于气。然'遵王之道'，'会其有极'，便自'一循天理'，便有个'裁成辅相'。"

曰："草既非恶，即草不宜去矣。"

曰："如此却是佛、老意见。草若有碍，何妨汝去？"

曰："如此又是作好作恶？"

曰："不作好恶，非是全无好恶，却是无知觉的人。谓之不作者，只是好恶一循于理，不去又着一分意思。如此，即是不曾好恶一般。"

曰："去草如何是一循于理，不着意思？"

曰："草有妨碍，理亦宜去，去之而已。偶未即去，亦不累心。若着了一分意思，即心体便有贻累，便有许多动气处。"

曰："然则善恶全不在物？"

曰："只在汝心。循理便是善，动气便是恶。"

曰："毕竟物无善恶。"

曰："在心如此，在物亦然。世儒惟不知此，舍心逐物，将格物之学错看了，终日驰求于外，只做得个'义袭而取'，终身行不著，习不察。"

曰："'如好好色，如恶恶臭'，则如何？"

曰："此正是一循于理。是天理合如此，本无私意作好作恶。"

曰："'如好好色，如恶恶臭'，安得非意？"

曰："却是诚意，不是私意。诚意只是循天理。虽是循天理，亦着不得一分意，故有所忿懥好乐则不得其正，须是廓然大公，方是心之本体。知此即知未发之中。"

伯生曰："先生云：'草有妨碍，理亦宜去。'缘何又是躯壳起念？"

曰："此须汝心自体当。汝要去草，是甚么心？周茂叔窗前草不除，是甚么心？"

先生谓学者曰："为学须得个头脑，功夫方有着落。纵未能无间，如舟之有舵，一提便醒。不然，虽从事于学，只做个'义袭而取'，只是行不著，习不察，非大本达道也。"又曰："见得时，横说竖说皆是。若此处通，彼处不通，只是未见得。"

或问为学以亲故，不免业举之累。先生曰："以亲之故而业举，为累于学，则治田以养其亲者，亦有累于学乎？先正云：'惟患夺志'，但恐为学之志不真切耳。"

崇一问："寻常意思多忙，有事固忙。无事亦忙，何也？"

先生曰："天地气机，元无一息之停。然有个主宰，故不先不后，不急不缓，虽千变万化，而主宰常定，人得此而生。若主宰定时，与天运一般不息，虽酬酢万变，常是从容自在，所谓'天君泰然，百体从令'。若无主宰，便只是这气奔放，如何不忙？"

先生曰："为学大病在好名。"

侃曰："从前岁，自谓此病已轻，比来精察，乃知全未，岂必务外为人？只闻誉而喜，闻毁而闷，即是此病发来。"

曰："最是。名与实对，务实之心重一分，则务名之心轻一分；全是务实之心，即全无务名之心；若务实之心如饥之求食，渴之求饮，安得更有功夫好名？"

又曰："'疾没世而名不称'，'称'字去声读，亦'声闻过情，君子耻之'之意。实不称名，生犹可补，没则无及矣。'四十五十而无闻'，是不闻道，非无声闻也。孔子云：'是闻也，非达也。'安肯以此望人？"

侃多悔。先生曰："悔悟是去病之药，然以改之为贵。若留滞于中，则又因药发病。"

德章曰："闻先生以精金喻圣，以分两喻圣人之分量，以锻炼喻学者之功夫，最为深切。惟谓尧、舜为万镒，孔子为九千镒，疑未安。"

先生曰："此又是躯壳上起念，故替圣人争分两。若不从躯壳上起念，即尧、舜万镒不为多，孔子九千镒不为少。尧、舜万镒只是孔子的，孔子九千镒只是尧、舜的，原无彼我。所以谓之圣，只论精一，不论多寡。只要此心纯乎天理处同，便同谓之圣。若是力量气魄，如何尽同得？后儒只在分两上较量，所以流入功利。若除去了比较分两的心，各人尽着自己力量精神，只在此心纯天理上用功，即人人自有，个个圆成，便能大以成大，小以成小，不假外慕，无不具足。此便是实实落落明善诚身的事。后儒不明圣学，不知就自己心地良知良能上体认扩充，却去求知其所不知，求能其所不能，一味只是希高慕大，不知自己是桀、纣心地，动辄要做尧、舜事业，如何做得？终年碌碌，至于老死，竟不知成就了个甚么，可哀也已！"

侃问："先儒以心之静为体，心之动为用，如何？"

先生曰："心不可以动静为体用。动静，时也。即体而言，用在体，即用而言，体在用，是谓'体用一源'。若说静可以见其体，动可以见其用，却不妨。"

问："上智、下愚如何不可移？"

先生曰："不是不可移，只是不肯移。"

问"子夏门人问交"章。先生曰："子夏是言小子之交，子张是言成人之交。若善用之，亦俱是。"

子仁问："'学而时习之，不亦说乎'，先儒以学为效先觉之所为，如何？"

先生曰："学是学去人欲，存天理。从事于去人欲，存天理，则自正。诸先觉考诸古训，自下许多问辨、思索、存省、克治功夫。然不过欲去此心之人欲，存吾心之天理耳。若曰效先觉之所为，则只说得学中一件事，亦似专求诸外了。'时习'者，'坐如尸'，非专习坐也，坐时习此心也；'立如斋'，非专习立也，立时习此心也。'说'是'理义之说我心'之'说'，人心本自说理义，如目本说色，耳本说声。惟为人欲所蔽所累，始有不说。今人欲日去，则理义日洽浃，安得不说？"

国英问："曾子'三省'虽切，恐是未闻'一贯'时功夫？"

先生曰："'一贯'是夫子见曾子未得用功之要，故告之。学者果能忠恕上用功，岂不是'一贯'？'一'如树之根本，'贯'如树之枝叶。

未种根，何枝叶之可得？'体用一源'，体未立，用安从生？谓'曾子于其用处，盖已随事精察而力行之。但未知其体之一'。此恐未尽。"

黄诚甫问"汝与回也，孰愈"章。先生曰："子贡多学而识，在闻见上用功，颜子在心地上用功。故圣人问以启之。而子贡所对又只在知见上，故圣人叹惜之，非许之也。"

"颜子不迁怒，不贰过，亦是有未发之中始能。"

"种树者必培其根，种德者必养其心。欲树之长，必于始生时删其繁枝；欲德之盛，必于始学时去夫外好。如外好诗文，则精神日渐漏泄在诗文上去。凡百外好皆然。"

又曰："我此论学是无中生有的功夫，诸公须要信得及，只是立志。学者一念为善之志，如树之种，但勿助勿忘，只管培植将去，自然日夜滋长，生气日完，枝叶日茂。树初生时，便抽繁枝，亦须刊落，然后根干能大。初学时亦然。故立志贵专一。"

因论先生之门，某人在涵养上用功，某人在识见上用功。先生曰："专涵养者，日见其不足；专识见者，见其有余。日不足者，日有余矣；日有余者，日不足矣。"

梁日孚问："居敬穷理是两事，先生以为一事，何如？"

先生曰："天地间只有此一事，安有两事？若论万殊，礼仪三百，威仪三千，又何止两？公且道居敬是如何？穷理是如何？"

曰："居敬是存养功夫，穷理是穷事物之理。"

曰："存养个甚？"

曰："是存养此心之天理。"

曰："如此，亦只是穷理矣。"

曰："且道如何穷事物之理？"

曰："如事亲，便要穷孝之理，事君，便要穷忠之理。"

曰："忠与孝之理，在君亲身上？在自己心上？若在自己心上，亦只是穷此心之理矣。且道如何是敬？"

曰:"只是主一。"

"如何是主一?"

曰:"如读书,便一心在读书上;接事,便一心在接事上。"

曰:"如此,则饮酒,便一心在饮酒上;好色,便一心在好色上。却是逐物,成甚居敬功夫?"

日孚请问。曰:"一者,天理,主一是一心在天理上。若只知主一,不知一即是理,有事时便是逐物,无事时便是着空。惟其有事无事,一心皆在天理上用功,所以居敬亦即是穷理。就穷理专一处说,便谓之居敬;就居敬精密处说,便谓之穷理。却不是居敬了,别有个心穷理;穷理时别有个心居敬。名虽不同,功夫只是一事。就如《易》言'敬以直内,义以方外'。敬即是无事时义,义即是有事时敬,两句合说一件。如孔子言'修己以敬',即不须言义。孟子言'集义'即不须言敬,会得时,横说竖说,功夫总是一般。若泥文逐句,不识本领,即支离决裂,功夫都无下落。"

问:"穷理何以即是尽性?"

曰:"心之体,性也,性即理也。穷仁之理,真要仁极仁,穷义之理,真要义极义。仁、义只是吾性,故穷理即是尽性。如孟子说'充其恻隐之心,至仁不可胜用',这便是穷理功夫。"

日孚曰:"先儒谓'一草一木亦皆有理,不可不察',如何?"

先生曰:"夫我则不暇。公且先去理会自己性情,须能尽人之性,然后能尽物之性。"

日孚悚然有悟。

惟乾问:"知如何是心之本体?"

先生曰:"知是理之灵处。就其主宰处说,便谓之心;就其禀赋处说,便谓之性。孩提之童,无不知爱其亲,无不知敬其兄。只是这个灵能不为私欲遮隔,充拓得尽,便完;完是他本体,便与天地合德。自圣人以下,不能无蔽,故须格物以致其知。"

守衡问:"《大学》功夫只是诚意,诚意功夫只是格物。修、齐、治、平,只诚意尽矣。又有'正心之功,有所忿懥好乐则不得其正',何也?"

先生曰:"此要自思得之,知此则知未发之中矣。"

守衡再三请。曰:"为学功夫有浅深。初时若不着实用意去好善恶恶,如何能为善去恶?这着实用意便是诚意。然不知心之本体原无一物,一向着意去好善恶恶,便又多了这分意思,便不是廓然大公。《书》所谓'无有作好作恶',方是本体。所以说'有所忿懥好乐,则不得其正'。正心只是诚意功夫。里面体当自家心体,常要鉴空衡平,这便是未发之中。"

正之问:"'戒惧是己所不知时功夫,慎独是己所独知时功夫',此说如何?"

先生曰:"只是一个功夫,无事时固是独知,有事时亦是独知。人若不知于此独知之地用力,只在人所共知处用功,便是作伪,便是'见君子而后厌然'。此独知处便是诚的萌芽,此处不论善念恶念,更无虚假,一是百是,一错百错,正是王霸、义利、诚伪、善恶界头。于此一立立定,便是端本澄源,便是立诚。古人许多诚身的功夫,精神命脉,全体只在此处。真是莫见莫显,无时无处,无终无始,只是此个功夫。今若又分戒惧为己所不知,即功夫便支离,亦有间断。既戒惧即是知,己若不知,是谁戒惧?如此见解,便要流入断灭禅定。"

曰:"不论善念恶念,更无虚假,则独知之地,更无无念时邪?"

曰:"戒惧亦是念。戒惧之念,无时可息。若戒惧之心稍有不存,不是昏聩,更已流入恶念。自朝至暮,自少至老,若要无念,即是已不知,此除是昏睡,除是槁木死灰。"

志道问:"荀子云'养心莫善于诚',先儒非之,何也?"

先生曰:"此亦未可便以为非。诚字有以功夫说者。'诚'是心之本体,求复其本体,便是思诚的功夫。明道说'以诚敬存之',亦是此意。《大学》'欲正其心,先诚其意'。荀子之言固多病,然不可一例吹毛求疵。大凡看人言语,若先有个意见,便有过当处。'为富不仁'之言,孟子有取于阳虎，此便见圣贤大公之心。"

萧惠问："己私难克，奈何？"

先生曰："将汝己私来，替汝克。"

先生曰："人须有为己之心，方能克己；能克己，方能成己。"

萧惠曰："惠亦颇有为己之心，不知缘何不能克己？"

先生曰："且说汝有为己之心是如何？"

惠良久曰："惠亦一心要做好人，便自谓颇有为己之心。今思之，看来亦只是为得个躯壳的己，不曾为个真己。"

先生曰："真己何曾离着躯壳？恐汝连那躯壳的己也不曾为。且道汝所谓躯壳的己，岂不是耳目口鼻四肢？"

惠曰："正是。为此，目便要色，耳便要声，口便要味，四肢便要逸乐，所以不能克。"

先生曰："'美色令人目盲，美声令人耳聋，美味令人口爽，驰骋田猎令人发狂'，这都是害汝耳目口鼻四肢的，岂得是为汝耳目口鼻四肢？若为着耳目口鼻四肢时，便须思量耳如何听，目如何视，口如何言，四肢如何动。必须非礼勿视听言动，方才成得个耳目口鼻四肢，这个才是为着耳目口鼻四肢。汝今终日向外驰求，为名为利，这都是为着躯壳外面的物事。汝若为着耳目口鼻四肢，要非礼勿视听言动时，岂是汝之耳目口鼻四肢自能勿视听言动，须由汝心。这视听言动皆是汝心。汝心之视，发窍于目；汝心之听，发窍于耳；汝心之言，发窍于口；汝心之动，发窍于四肢。若无汝心，便无耳目口鼻。所谓汝心，亦不专是那一团血肉。若是那一团血肉，如今已死的人，那一团血肉还在，缘何不能视听言动？所谓汝心，却是那能视听言动的，这个便是性，便是天理。有这个性，才能生这性之生理，便谓之仁。这性之生理，发在目便会视，发在耳便会听，发在口便会言，发在四肢便会动，都只是那天理发生，以其主宰一身，故谓之心。这心之本体，原只是个天理，原无非礼，这个便是汝之真己。这个真己，是躯壳的主宰。若无真己，便无躯壳，真是有之即生，无之即死。汝若真为那个躯壳的己，必须用着这个真己,便须常常保守着这个真己的本体。戒慎不睹,恐惧不闻,惟恐亏损了他一些,才有一毫非礼萌动,便如刀割,如针刺,忍耐不过,必须去了刀,拔了针,这才是有为己之心,方能克己。汝今正是认贼作子,缘何却说有为己之心,不能克己?"

有一学者病目,戚戚甚忧。先生曰:"尔乃贵目贱心。"

萧惠好仙、释。先生警之曰:"吾亦自幼笃志二氏,自谓既有所得,谓儒者为不足学。其后居夷三载,见得圣人之学若是其简易广大,始自叹悔错用了三十年气力。大抵二氏之学,其妙与圣人只有毫厘之间。汝今所学,乃其土苴,辄自信自好若此,真鸱鸮窃腐鼠耳!"

惠请问二氏之妙。先生曰:"向汝说圣人之学简易广大,汝却不问我悟的,只问我悔的!"

惠惭谢,请问圣人之学。

先生曰:"汝今只是了人事问,待汝办个真要求为圣人的心,来与汝说。"惠再三请。先生曰:"已与汝一句道尽,汝尚自不会。"

刘观时问:"'未发之中'是如何?"

先生曰:"汝但戒慎不睹,恐惧不闻,养得此心纯是天理,便自然见。"

观时请略示气象。先生曰:"哑子吃苦瓜,与你说不得。你要知此苦,还须你自吃。"

时曰仁在傍,曰:"如此才是真知即是行矣。"一时在座诸友皆有省。

萧惠问死生之道。先生曰:"知昼夜即知死生。"

问昼夜之道。曰:"知昼则知夜。"

曰:"昼亦有所不知乎?"

先生曰:"汝能知昼?懵懵而兴,蠢蠢而食,行不著,习不察,终日昏昏,只是梦昼。惟'息有养,瞬有存',此心惺惺明明,天理无一息间断,才是能知昼。这便是天德,便是通乎昼夜之道,而知更有甚么死生?"

马子莘问:"'修道之教',旧说谓'圣人品节,吾性之固有,以为法于天下,若礼、乐、刑、政之属'。此意如何?"

先生曰："道即性即命，本是完完全全，增减不得，不假修饰的，何须要圣人品节？却是不完全的物件。礼、乐、刑、政是治天下之法，固亦可谓之教，但不是子思本旨。若如先儒之说，下面由教入道的，缘何舍了圣人礼、乐、刑、政之教，别说出一段戒慎恐惧功夫？却是圣人之教为虚设矣。"

子莘请问。先生曰："子思性、道、教，皆从本原上说。天命于人，则命便谓之性；率性而行，则性便谓之道；修道而学，则道便谓之教。率性是诚者事，所谓'自诚明，谓之性'也。修道是诚之者事，所谓'自明诚，谓之教'也。圣人率性而行，即是道。圣人以下，未能率性，于道未免有过不及，故须修道。修道则贤知者不得而过，愚不肖者不得而不及，都要循着这个道，则道便是个教。此'教'字与'天道至教'、'风雨霜露无非教也'之'教'同。'修道'字与'修道以仁'同。人能修道，然后能不违于道，以复其性之本体，则亦是圣人率性之道矣。下面'戒慎恐惧'便是修道的功夫，'中和'便是复其性之本体，如《易》所谓'穷理尽性，以至于命'，'中和'、'位育'便是尽性至命。"

黄诚甫问："先儒以孔子告颜渊为邦之问，是立万世常行之道，如何？"

先生曰："颜子具体圣人，其于为邦的大本大原都已完备。夫子平日知之已深，到此都不必言，只就制度文为上说。此等处亦不可忽略，须要是如此方尽善。又不可因自己本领是当了，便于防范上疏阔，须是要'放郑声，远佞人'。盖颜子是个克己向里、德上用心的人，孔子恐其外面末节或有疏略，故就他不足处帮补说。若在他人，须告以'为政在人，取人以身，修身以道，修道以仁'，'达道'、'九经'及'诚身'许多功夫，方始做得。这个方是万世常行之道。不然，只去行了夏时，乘了殷辂，服了周冕，作了《韶》舞，天下便治得？后人但见颜子是孔门第一人，又问个'为邦'，便把做天下事看了。"

蔡希渊问："文公《大学》新本，先格致而后诚意功夫，似与首章次第相合。若如先生从旧本之说，即诚意反在格致之前，于此尚未释然。"

先生曰:"《大学》功夫即是'明明德','明明德'只是个'诚意','诚意'的功夫只是'格物''致知'。若以'诚意'为主,去用'格物''致知'的功夫,即功夫始有下落,即为善去恶无非是'诚意'的事。如新本先去穷格事物之理,即茫茫荡荡,都无着落处,须用添个'敬'字方才牵扯得向身心上来。然终是没根源。若须用添个'敬'字,缘何孔门倒将一个最紧要的字落了,直待千余年后要人来补出?正谓以'诚意'为主,即不须添'敬'字,所以提出个'诚意'来说,正是学问的大头脑处。于此不察,直所谓毫厘之差,千里之谬。大抵《中庸》功夫只是'诚身','诚身'之极便是'至诚'。《大学》功夫只是'诚意','诚意'之极便是'至善'。功夫总是一般。今说这里补个'敬'字,那里补个'诚'字,未免画蛇添足。"

卷二　语录二

传习录中

德洪曰：昔南元善刻《传习录》于越，凡二册。下册摘录先师手书，凡八篇。其《答徐成之》二书，吾师自谓："天下是朱非陆，论定既久，一旦反之为难。"二书姑为调停两可之说，使人自思得之。故元善录为下册之首者，意亦以是欤？今朱、陆之辩明于天下久矣。洪刻先师《文录》，置二书于《外集》者，示未全也，故今不复录。

其余指"知行之本体"，莫详于《答人论学》与答周道通、陆清伯、欧阳崇一四书；而谓"格物为学者用力日可见之地"，莫详于《答罗整庵》一书。平生冒天下之非诋推陷，万死一生，遑遑然不忘讲学，惟恐吾人不闻斯道，流于功利机智，以日堕于夷狄禽兽而不觉。其一体同物之心，诿诿终身，至于毙而后已。此孔孟以来贤圣苦心，虽门人子弟未足以慰其情也。是情也，莫详于《答聂文蔚》之第一书。此皆仍元善所录之旧。而揭"必有事焉"即"致良知"功夫，明白简切，使人言下即得入手，此又莫详于答文蔚之第二书，故增录之。

元善当时汹汹，乃能以身明斯道，卒至遭奸被斥，油油然惟以此生得闻斯学为庆，而绝无有纤芥愤郁不平之气。斯录之刻，人见其有功于同志甚大，而不知其处时之甚艰也。今所去取，裁之时义则然，非忍有所加损于其间也。

答顾东桥书

来书云："近时学者，务外遗内，博而寡要，故先生特倡'诚意'一义，针砭膏肓，诚大惠也。"

吾子洞见时弊如此矣，亦将何以救之乎？然则鄙人之心，吾子固已一句道尽，复何言哉！复何言哉！若"诚意"之说，自是圣门教人用功第一义。但近世学者乃作第二义看，故稍与提掇紧要出来，非鄙人所能特倡也。

来书云："但恐立说太高，用功太捷，后生师传，影响谬误，未免坠于佛氏明心见性、定慧顿悟之机，无怪闻者见疑。"

区区"格致诚正"之说，是就学者本心日用事为间，体究践履，实地用功，是多少次第、多少积累在，正与空虚顿悟之说相反。闻者本无求为圣人之志，又未尝讲究其详，遂以见疑，亦无足怪。若吾子之高明，自当一语之下便了然矣，乃亦谓"立说太高，用功太捷"，何邪？

来书云："所喻知行并进，不宜分别前后，即《中庸》'尊德性而道问学'之功，交养互发，内外本末，一以贯之之道。然功夫次第，不能无先后之差，如知食乃食，知汤乃饮，知衣乃服，知路乃行，未有不见是物，先有是事。此亦毫厘倏忽之间，非谓有等今日知之，而明日乃行也。"

既云"交养互发，内外本末，一以贯之"，则知行并进之说无复可疑矣。又云"功夫次第不能不无先后之差"，无乃自相矛盾已乎？"知食乃食"等说，此尤明白易见，但吾子为近闻障蔽，自不察耳。夫人必有欲食之心，然后知食。欲食之心即是意，即是行之始矣。食味之美恶必待入口而后知，岂有不待入口而已先知食味之美恶者邪？必有欲行之心，然后知路。欲行之心即是意，即是行之始矣。路歧之险夷，必待身亲履历而后知，岂有不待身亲履历而已先知路歧之险夷者邪？"知汤乃饮"，"知衣乃服"，以此例之，皆无可疑。若如吾子之喻，是乃所谓不见是物而先有是事者矣。吾子又谓"此亦毫厘倏忽之间，非谓截然有等今日知之，而明日乃行也"，是亦察之尚有未精。然就如吾子之说，则知行之为合一并进，亦自断无可疑矣。

来书云："真知即所以为行，不行不足谓之知，此为学者吃紧立教，俾务躬行则可。若真谓行即是知，恐其专求本心，遂遗物理，必有暗而不达之处。抑岂圣门知行并进之成法哉？"

知之真切笃实处，即是行；行之明觉精察处，即是知。知行功夫本不可离。只为后世学者分作两截用功，失却知行本体，故有合一并进之说。"真知即所以为行，不行不足谓之知"，即如来书所云"知食乃食"等说可见，前已略言之矣。此虽吃紧救弊而发，然知行之体本来如是，非以己意抑扬其间，姑为是说以苟一时之效者也。"专求本心，遂遗物理"，此盖失其本心者也。夫物理不外于吾心，外吾心而求物理，无物理矣；遗物理而求吾心，吾心又何物邪？心之体，性也，性即理也。故有孝亲之心，即有孝之理；无孝亲之心，即无孝之理矣。有忠君之心，即有忠之理；无忠君之心，即无忠之理矣。理岂外于吾心邪？晦庵谓："人之所以为学者，心与理而已。心虽主乎一身，而实管乎天下之理，理虽散在万事，而实不外乎一人之心。"是其一分一合之间，而未免已启学者心理为二之弊。此后世所以有"专求本心，遂遗物理"之患，正由不知心即理耳。夫外心以求物理，是以有暗而不达之处，此告子"义外"之说，孟子所以谓之不知义也。心一而已。以其全体恻怛而言谓之仁，以其得宜而言谓之义，以其条理而言谓之理。不可外心以求仁，不可外心以求义，独可外心以求理乎？外心以求理，此知行之所以二也。求理于吾心，此圣门知行合一之教，吾子又何疑乎？

来书云："所释《大学》古本，谓'致其本体之知'，此固孟子尽心之旨。朱子亦以虚灵知觉为此心之量。然尽心由于知性，致知在于格物。"

"尽心由于知性，致知在于格物"，此语然矣。然而推本吾子之意，则其所以为是语者，尚有未明也。朱子以"尽心、知性、知天"为物格、知致，以"存心、养性、事天"为诚意、正心、修身，以"夭寿不贰、修身以俟"为知至仁尽、圣人之事。若鄙人之见，则与朱子正相反矣。夫"尽心、知性、知天"者，生知安行，圣人之事也；"存心、养性、事天"者，学知利行，贤人之事也；"夭寿不贰，修身以俟"者，困知勉行，学者之事也。岂可专以尽心、知性为知，存心、养性为行乎？吾子骤闻此言，必又以为大骇矣。然其间实无可疑者，一为吾子言之。夫心之体，性也；性之原，天也。能尽其心，是能尽其性矣。《中庸》云："惟天下至诚能尽其性。"又云："知天地之化育，质诸鬼神而无疑，知天也。"此惟圣人而后能然，故曰"此生知安行，圣人之事也"。存其心者，未能尽其心者也，故须加存之之功。必存之既久，不待于存而自无不存，然后可以进而言尽。盖"知天"之"知"，如"知州"、"知县"之"知"，知州则一州之事皆己事也，知县则一县之事皆己事也，是与天为一者也。事天则如子之事父，臣之事君，犹与天为二也。天之所以命于我者，心也，性也，吾但存之而不敢失，养之而不敢害，如"父母全而生之，子全而归之"者也。故曰"此学知利行，贤人之事也"。至于"夭寿不贰"，则与存其心者又有间矣。存其心者虽未能尽其心，固已一心于为善，时有不存，则存之而已。今使之"夭寿不贰"，是犹以夭寿贰其心者也。犹以夭寿贰其心，是其为善之心犹未能一也，存之尚有所未可，而何尽之可云乎？今且使之不以夭寿贰其为善之心，若曰死生夭寿皆有定命，吾但一心于为善，修吾之身以俟天命而已，是其平日尚未知有天命也。"事天"虽与天为二，然已真知天命之所在，但惟恭敬奉承之而已耳。若俟之云者，则尚未能真知天命之所在，犹有所俟者也，故曰"所以立命"。"立"者"创立"之"立"，如"立德"、"立言"、"立功"、"立名"之类。凡言"立"者，皆是昔未尝有而本始建立之谓，孔子所谓"不知命，无以为君子"者也，故曰"此困知勉行，学者之事也"。今以"尽心、知性、知天"为格物致知，使初学之士尚未能不贰其心者，而遽责之以圣人生知安行之事，如捕风捉影，茫然莫知所措其心，几何而不至于"率天下而路"也！今世致知格物之弊，亦居然可见矣。吾子所谓"务外遗内，博而寡要"者，无乃亦是过欤？此学问最紧要处，于此而差，将无往而不差矣！此鄙人之所以冒天下之非笑，忘其身之陷于罪戮，呶呶其言，其不容已者也。

来书云："闻语学者乃谓即物穷理之说，亦是玩物丧志，又取其厌繁就约，涵养本原数说，标示学者，指为晚年定论，此亦恐非。"

朱子所谓"格物"云者，在即物而穷其理也。即物穷理，是就事事物物上求其所谓定理者也，是以吾心而求理于事事物物之中，析"心"与"理"而为二矣。夫求理于事事物物者，如求孝之理于其亲之谓也。求孝之理于其亲，则孝之理其果在于吾之心邪？抑果在于亲之身邪？假而果在于亲之身，则亲没之后，吾心遂无孝之理欤？见孺子之入井，必有恻隐之理，是恻隐之理果在于孺子之身欤？抑在于吾心之良知欤？其或不可以从之于井欤？其或可以手而援之欤？是皆所谓理也，是果在于孺子之身欤？抑果出于吾心之良知欤？以是例之，万事万物之理，莫不皆然。是可以知析心与理为二之非矣。夫析心与理而为二，此告子"义外"之说，孟子之所深辟也。"务外遗内，博而寡要"，吾子既已知之矣。是果何谓而然哉？谓之玩物丧志，尚犹以为不可欤？若鄙人所谓致知格物者，致吾心之良知于事事物物也。吾心之良知，即所谓天理也。致吾心良知之天理于事事物物，则事事物物皆得其理矣。致吾心之良知者，致知也。事事物物皆得其理者，格物也。是合心与理而为一者也。合心与理而为一，则凡区区前之所云，与朱子晚年之论，皆可以不言而喻矣！

来书云："人之心体本无不明，而气拘物蔽鲜有不昏，非学、问、思、辩以明天下之理，则善恶之机，真妄之辨，不能自觉；任情恣意，其害有不可胜言者矣。"

此段大略似是而非，盖承沿旧说之弊，不可以不辨也。夫学、问、思、辨、行，皆所以为学，未有学而不行者也。如言学孝，则必服劳奉养，躬行孝道，然后谓之学，岂徒悬空口耳讲说，而遂可以谓之学孝乎？学射则必张弓挟矢，引满中的；学书则必伸纸执笔，操觚染翰；尽天下之学，无有不行而可以言学者，则学之始固已即是行矣。笃者，敦实笃厚之意。已行矣，而敦笃其行，不息其功之谓尔。盖学之不能以无疑，则有问，问即学也，即行也；又不能无疑，则有思，思即学也，即行也；又不能无疑，则有辨，辨即学也，即行也。辨既明矣，思既慎矣，问既审矣，学既能矣，又从而不息其功焉，斯之谓笃行，非谓学、问、思、辨之后而始措之于行也。是故以求能其事而言谓之学；以求解其惑而言谓之问；以求通其说而言谓之思；以求精其察而言谓之辩；以求履其实而言谓之行。盖析其功而言则有五，合其事而言则一而已。此区区心理合一之体，知行并进之功，所以异于后世之说者，正在于是。今吾子特举学、问、思、辨以穷天下之理，而不及笃行，是专以学、问、思、辨为知，而谓穷理为无行也已。天下岂有不行而学者邪？岂有不行而遂可谓之穷理者邪？明道云："只穷理，便尽性至命。"故必仁极仁，而后谓之能穷仁之理；义极义，而后谓之能穷义之理。仁极仁则尽仁之性矣，义极义则尽义之性矣。学至于穷理至矣，而尚未措之于行，天下宁有是邪？是故知不行之不可以为学，则知不行之不可以为穷理矣；知不行之不可以为穷理，则知知行之合一并进而不可以分为两节事矣。夫万事万物之理，不外于吾心，而必曰穷天下之理，是殆以吾心之良知为未足，而必外求于天下之广，以裨补增益之，是犹析心与理而为二也。夫学、问、思、辨、笃行之功，虽其困勉至于人一己百，而扩充之极，至于尽性知天，亦不过致吾心之良知而已。良知之外，岂复有加于毫末乎？今必曰穷天下之理，而不知反求诸其心，则凡所谓善恶之机，真妄之辨者，舍吾心之良知，亦将何所致其体察乎？吾子所谓"气拘物蔽"者，拘此蔽此而已。今欲去此之蔽，不知致力于此，而欲以外求，是犹目之不明者，不务服药调理以治其目，而徒怅怅然求明于其外，明岂可以自外而得哉？任情恣意之害，亦以不能精察天理于此心之良知而已。此诚毫厘千里之谬者，不容于不辨，吾子毋谓其论之太刻也。

来书云："教人以致知、明德，而戒其即物穷理，诚使昏暗之士深居端坐，不闻教告，遂能至于知致而德明乎？纵令静而有觉，稍悟本性，则亦定慧无用之见，果能知古今，达事变，而致用于天下国家之实否乎？其曰'知者意之体，物者意之用'，'格物如格君心之非之格'，语虽超悟，独得不踵陈见，抑恐于道未相吻合。"

区区论致知格物，正所以穷理，未尝戒人穷理，使之深居端坐而一无所事也。若谓即物穷理，如前所云务外而遗内者，则有所不可耳。昏暗之士，果能随事随物精察此心之天理，以致其本然之良知，则虽愚必明，虽柔必强。大本立而达道行，九经之属，可一以贯之而无遗矣。尚何患其无致用之实乎？彼顽空虚静之徒，正惟不能随事随物精察此心之天理，以致其本然之良知，而遗弃伦理，寂灭虚无以为常，是以要之不可以治家国天下。孰谓圣人穷理尽性之学而亦有是弊哉？心者，身之主也，而心之虚灵明觉，即所谓本然之良知也。其虚灵明觉之良知，应感而动者谓之意。有知而后有意，无知则无意矣。知非意之体乎？意之所用，必有其物，物即事也。如意用于事亲，即事亲为一物；意用于治民，即治民为一物；意用于读书，即读书为一物；意用于听讼，即听讼为一物。凡意之所用无有无物者，有是意即有是物，无是意即无是物矣。物非意之用乎？"格"字之义，有以"至"字训者，如"格于文祖"、"有苗来格"，是以"至"训者也。然"格于文祖"，必纯孝诚敬，幽明之间，无一不得其理，而后谓之"格"。有苗之顽，实以文德诞敷而后格，则亦兼有"正"字之义在其间，未可专以"至"字尽之也。如"格其非心"、"大臣格君心之非"之类，是则一皆"正其不正以归于正"之义，而不可以"至"字为训矣。且《大学》"格物"之训，又安知其不以"正"字为训，而必以"至"字为义乎？如以"至"字为义者，必曰"穷至事物之理"，而后其说始通。是其用功之要全在一"穷"字，用力之地全在一"理"字也。若上去一"穷"，下去一"理"字，而直曰"致知在至物"，其可通乎？夫穷理尽性，圣人之成训，见于《系辞》者也。苟格物之说而果即穷理之议，则圣人何不直曰"致知在穷理"，而必为此转折不完之语，以启后世之弊邪？盖《大学》"格物"之说，自与《系辞》"穷理"大旨虽同，而微有分辨。穷理者，兼格、致、诚、正而为功也。故言穷理，则格、致、诚、正之功皆在其中；言格物，则必兼举致知、诚意、正心，而后其功始备而密。今偏举格物而遂谓之穷理，此所以专以穷理属知，而谓格物未尝有行，非惟不得格物之旨，并穷理之义而失之矣。此后世之学所以析知行为先后两截，日以支离决裂，而圣学益以残晦者，其端实始于此。吾子盖亦未免承沿积习见，则以为"于道未相吻合"不为过矣。

来书云："谓致知之功，将如何为温清？如何为奉养？即是诚意，非别有所谓格物，此亦恐非。"

此乃吾子自以己意揣度鄙见而为是说，非鄙人之所以告吾子者矣。若果如吾子之言，宁复有可通乎？盖鄙人之见，则谓意欲温清，意欲奉养者，所谓意也，而未可谓之诚意。必实行其温清奉养之意，务求自慊而无自欺，然后谓之诚意。知如何而为温清之节，知如何而为奉养之宜者，所谓"知"也，而未可谓之"致知"。必致其知如何为温清之节者之知，而实以之温清；致其知如何为奉养之宜者之知，而实以之奉养，然后谓之"致知"。温清之事，奉养之事，所谓"物"也，而未可谓之"格物"。必其于温清之事也，一如其良知之所知，当如何为温清之节者而为之，无一毫之不尽；于奉养之事也，一如其良知之所知，当如何为奉养之宜者而为之，无一毫之不尽，然后谓之"格物"。温清之物格，然后知温清之良知始致；奉养之物格，然后知奉养之良知始致，故曰"物格而后知至"。致其知温清之良知，而后温清之意始诚；致其知奉养之良知，而后奉养之意始诚。故曰"知至而后意诚"。此区区诚意、致知、格物之说盖如此。吾子更熟思之，将亦无可疑者矣。

来书云："道之大端易于明白，所谓良知良能，愚夫愚妇可与及者。至于节目时变之详，毫厘千里之谬，必待学而后知。今语孝于温清定省，孰不知之？至于舜之不告而娶，武之不葬而兴师，养志、养口、小杖、大杖，割股，庐墓等事，处常处变，过与不及之间，必须讨论是非，以为制事之本，然后心体无蔽，临事无失。"

"道之大端易于明白"，此语诚然。顾后之学者，忽其易于明白者而弗由，而求其难于明白者以为学，此其所以"道在迩而求诸远，事在易而求诸难"也。孟子云："夫道若大路然，岂难知哉？人病不由耳！"良知良能，愚夫愚妇与圣人同。但惟圣人能致其良知，而愚夫愚妇不能致，此圣愚之所由分也。"节目时变"，圣人夫岂不知？但不专以此为学。而其所谓学者，正惟致其良知，以精察此心之天理，而与后世之学不同耳。吾子未暇良知之致，而汲汲焉顾是之忧，此正求其难于明白者以为学之弊也。夫良知之于节目时变，犹规矩尺度之于方圆长短也。节目时变之不可预定，犹方圆长短之不可胜穷也。故规矩诚立，则不可欺以方圆，而天下之方圆不可胜用矣；尺度诚陈，则不可欺以长短，而天下之长短不可胜用矣；良知诚致，则不可欺以节目时变，而天下之节目时变不可胜应矣。毫厘千里之谬，不于吾心良知一念之微而察之，亦将何所用其学乎？是不以规矩而欲定天下之方圆，不以尺度而欲尽天下之长短。吾见其乖张谬戾，日劳而无成也已。吾子谓："语孝于温凊定省，孰不知之"，然而能致其知者鲜矣。若谓粗知温凊定省之仪节，而遂谓之能致其知，则凡知君之当仁者，皆可谓之能致其仁之知，知臣之当忠者皆可谓之能致其忠之知，则天下孰非致知者邪？以是而言，可以知"致知"之必在于行，而不行之不可以为"致知"也明矣。知行合一之体，不益较然矣乎？夫舜之不告而娶，岂舜之前已有不告而娶者为之准则，故舜得以考之何典，问诸何人而为此邪？抑亦求诸其心一念之良知，权轻重之宜，不得已而为此邪？武之不葬而兴师，岂武之前已有不葬而兴师者为之准则，故武得以考之何典，问诸何人而为此邪？抑亦求诸其心一念之良知，权轻重之宜，不得已而为此邪？使舜之心而非诚于为无后，武之心而非诚于为救民，则其不告而娶与不葬而兴师，乃不孝不忠之大者。而后之人不务致其良知，以精察义理于此心感应酬酢之间，顾欲悬空讨论此等变常之事，执之以为制事之本，以求临事之无失，其亦远矣！其余数端，皆可类推，则古人致知之学，从可知矣。

来书云："谓《大学》格物之说专求本心，犹可牵合。至于《六经》、《四书》所载'多闻多见'，'前言往行'，'好古敏求'，'博学审问'，'温故知新'，'博学详说'，'好问好察'，是皆明白求于事为之际，资于论说之间者，用功节目固不容紊矣。"

格物之义，前已详悉，牵合之疑，想已不俟复解矣。至于"多闻多见"，乃孔子因子张之务外好高，徒欲以多闻多见为学，而不能求诸其心，以阙疑殆，此其言行所以不免于尤悔，而所谓见闻者，适以资其务外好高而已。盖所以救子张多闻多见之病，而非以是教之为学也。夫子尝曰"盖有不知而作之者，我无是也"，是犹孟子"是非之心，人皆有之"之义也。此言正所以明德性之良知，非由于闻见耳。若曰"多闻择其善者而从之，多见而识之"，则是专求诸见闻之末，而已落在第二义矣，故曰"知之次也"。夫以见闻之知为次，则所谓知之上者果安所指乎？是可以窥圣门致知用力之地矣。夫子谓子贡曰："赐也，汝以予为多学而识之者欤？非也，予一以贯之。"使诚在于"多学而识"，则夫子胡乃谬为是说以欺子贡者邪？"一以贯之"，非致其良知而何？《易》曰："君子多识前言往行，以畜其德。"夫以畜其德为心，则凡多识前言往行者，孰非畜德之事？此正知行合一之功矣。"好古敏求"者，好古人之学而敏求此心之理耳。心即理也。学者，学此心也；求者，求此心也。孟子云："学问之道无他，求其放心而已矣。"非若后世广记博诵古人之言词，以为好古，而汲汲然惟以求功名利达之具于其外者也。"博学审问"，前言已尽。"温故知新"，朱子亦以"温故"属之"尊德性"矣。德性岂可以外求哉？惟夫"知新"必由于"温故"，而"温故"乃所以"知新"，则亦可以验知行之非两节矣。"博学而详说之"者，将以反说约也，若无反约之云，则"博学详说"者果何事邪？舜之"好问好察"，惟以用中而致其精一于道心耳。道心者，良知之谓也。君子之学，何尝离去事为而废论说？但其从事于事为论说者，要皆知行合一之功，正所以致其本心之良知，而非若世之徒事口耳谈说以为知者，分知行为两事，而果有节目先后之可言也。

来书云："杨、墨之为仁义，乡愿之辞忠信，尧、舜、子之之禅让，汤、武、楚项之放伐，周公、莽、操之摄辅，漫无印正，又焉适从？且于古今事变、礼乐名物，未尝考识，使国家欲兴明堂，建辟雍，制历律，草封禅，又将何所致其用乎？故《论语》曰'生而知之'者，义理耳。若夫礼乐名物，古今事变，亦必待学而后有以验其行事之实。此则可谓定论矣。"

所喻杨、墨、乡愿、尧、舜、子之、汤、武、楚项、周公、莽、操之辨，与前舜、武之论，大略可以类推。古今事变之疑，前于良知之说，已有规矩尺度之喻，当亦无俟多赘矣。至于明堂、辟雍诸事，似尚未容于无言者。然其说甚长，姑就吾子之言而取正焉，则吾子之惑将亦可以少释矣。夫明堂、辟雍之制，始见于吕氏之《月令》，汉儒之训疏，《六经》、《四书》之中未尝详及也。岂吕氏、汉儒之知，乃贤于三代之贤圣乎？齐宣之时，明堂尚有未毁，则幽、厉之世，周之明堂皆无恙也。尧、舜茅茨土阶，明堂之制未必备，而不害其为治；幽、厉之明堂，固犹文、武、成、康之旧，而无救于其乱。何邪？岂能以不忍人之心而行不忍人之政，则虽茅茨土阶，固亦明堂也；以幽、厉之心而行幽、厉之政，则虽明堂，亦暴政所自出之地邪？武帝肇讲于汉，而武后盛作于唐，其治乱何如邪？天子之学曰辟雍，诸侯之学曰泮宫，皆象地形而为之名耳。然三代之学，其要皆所以明人伦，非以辟不辟、泮不泮为重轻也。

孔子云："人而不仁，如礼何！人而不仁，如乐何！"制礼作乐，必具中和之德，声为律而身为度者，然后可以语此。若夫器数之末，乐工之事，祝史之守。故曾子曰"君子所贵乎道者三"，"笾豆之事，则有司存也"。尧命羲、和，"钦若昊天，历象日月星辰"，其重在于"敬授人时"也。舜在璿玑玉衡，其重在于"以齐七政"也。是皆汲汲然以仁民之心，而行其养民之政，治历明时之本，固在于此也。羲、和历数之学，皋、契未必能之也，禹、稷未必能之也；尧、舜之知而不偏物，虽尧、舜亦未必能之也。然至于今，循羲、和之法而世修之，虽曲知小慧之人、星术浅陋之士，亦能推步占候而无所忒，则是后世曲知小慧之人，反贤于禹、稷、尧、舜者邪？

"封禅"之说，尤为不经，是乃后世佞人谀士，所以求媚于其上，倡为夸侈，以荡君心，而靡国费。盖欺天罔人，无耻之大者，君子之所不道，司马相如之所以见讥于天下后世也。吾子乃以是为儒者所宜学，殆亦未之思邪？夫圣人之所以为圣者，以其生而知之也。而释《论语》者曰："生而知之者，义理耳。若夫礼乐名物，古今事变，亦必待学而后有以验其行事之实。"夫礼乐名物之类，果有关于作圣之功也，而圣人亦必待学而后能知焉，则是圣人亦不可以谓之生知矣！谓圣人为生知者，专指义理而言，而不以礼乐名物之类，则是礼乐名物之类无关于作圣之功矣。

圣人之所以谓之生知者，专指义理，而不以礼乐名物之类，则是学而知之者，亦惟当学知此义理而已。困而知之者，亦惟当困知此义理而已。今学者之学圣人，于圣人之所能知者，未能学而知之，而顾汲汲焉求知圣人之所不能知者以为学，无乃失其所以希圣之方欤？凡此皆就吾子之所惑者而稍为之分释，未及乎"拔本塞源"之论也。

夫"拔本塞源"之论不明于天下，则天下之学圣人者将日繁日难，斯人沦于禽兽夷狄，而犹自以为圣人之学。吾之说虽或暂明于一时，终将冻解于西而冰坚于东，雾释于前而云滃于后，呶呶焉危困以死，而卒无救于天下之分毫也已！

夫圣人之心，以天地万物为一体，其视天下之人，无外内远近，凡有血气，皆其昆弟赤子之亲，莫不欲安全而教养之，以遂其万物一体之念。天下之人心，其始亦非有异于圣人也，特其间于有我之私，隔于物欲之蔽，大者以小，通者以塞。人各有心，至有视其父子兄弟如仇雠者。圣人有忧之，是以推其天地万物一体之仁以教天下，使之皆有以克其私，去其蔽，以复其心体之同然。其教之大端，则尧、舜、禹之相授受，所谓"道心惟微,惟精惟一,允执厥中"。而其节目,则舜之命契,所谓"父子有亲,君臣有义,夫妇有别,长幼有序,朋友有信"五者而已。唐、虞、三代之世,教者惟以此为教,而学者惟以此为学。当是之时,人无异见,家无异习,安此者谓之圣,勉此者谓之贤,而背此者,虽其启明如朱,亦谓之不肖。下至闾井、田野,农、工、商、贾之贱,莫不皆有是学,而惟以成其德行为务。何者?无有闻见之杂,记诵之烦,辞章之靡滥,功利之驰逐,而但使之孝其亲,弟其长,信其朋友,以复其心体之同然。是盖性分之所固有,而非有假于外者,则人亦孰不能之乎?

学校之中,惟以成德为事。而才能之异或有长于礼乐,长于政教,长于水土播植者,则就其成德,而因使益精其能于学校之中。迨夫举德而任,则使之终身居其职而不易。用之者惟知同心一德,以共安天下之民,视才之称否,而不以崇卑为轻重,劳逸为美恶。效用者亦惟知同心一德,以共安天下之民,苟当其能,则终身处于烦剧而不以为劳,安于卑琐而不以为贱。当是之时,天下之人熙熙皞皞,皆相视如一家之亲。其才质之下者,则安其农、工、商、贾之分,各勤其业以相生相养,而无有乎希高慕外之心。其才能之异,若皋、夔、稷、契者,则出而各效其能,若一家之务,或营其衣食,或通其有无,或备其器用,集谋并力,以求遂其仰事俯育之愿,惟恐当其事者之或怠而重己之累也。故稷勤其稼,而不耻其不知教,视契之善教,即己之善教也;夔司其乐,而不耻于不明礼,视夷之通礼,即己之通礼也。盖其心学纯明,而有以全其万物一体之仁,故其精神流贯,志气通达,而无有乎人己之分,物我之间。譬之一人之身,目视、耳听、手持、足行,以济一身之用。目不耻其无聪,而耳之所涉,目必营焉;足不耻其无执,而手之所探,足必前焉。盖其元气充周,血脉条畅,是以痒疴呼吸,感触神应,有不言而喻之妙。此圣人之学所以至易至简,易知易从,学易能而才易成者,正以大端惟在复心体之同然,而知识技能非所与论也。

三代之衰,王道熄而霸术焻。孔、孟既没,圣学晦而邪说横。教者不复以此为教，而学者不复以此为学。霸者之徒，窃取先王之近似者，假之于外，以内济其私己之欲，天下靡然而宗之，圣人之道遂以芜塞。相仿相效，日求所以富强之说，倾诈之谋，攻伐之计。一切欺天罔人，苟一时之得，以猎取声利之术，若管、商、苏、张之属者，至不可名数。既其久也，斗争劫夺，不胜其祸，斯人沦于禽兽夷狄，而霸术亦有所不能行矣。

世之儒者，慨然悲伤，蒐猎先圣王之典章法制，而掇拾修补于煨烬之余，盖其为心，良亦欲以挽回先王之道。圣学既远，霸术之传积渍已深，虽在贤知，皆不免于习染，其所以讲明修饰，以求宣畅光复于世者，仅足以增霸者之藩篱，而圣学之门墙，遂不复可睹。于是乎有训诂之学，而传之以为名；有记诵之学，而言之以为博；有词章之学，而侈之以为丽。若是者纷纷籍籍，群起角立于天下，又不知其几家。万径千蹊，莫知所适。世之学者，如入百戏之场，欢谑跳踉，骋奇斗巧，献笑争妍者，四面而竞出，前瞻后盼，应接不遑，而耳目眩瞀，精神恍惑，日夜遨游淹息其间，如病狂丧心之人，莫自知其家业之所归。时君世主亦皆昏迷颠倒于其说，而终身从事于无用之虚文，莫自知其所谓。间有觉其空疏谬妄，支离牵滞，而卓然自奋，欲以见诸行事之实者，极其所抵，亦不过为富强功利五霸之事业而止。

圣人之学日远日晦，而功利之习愈趣愈下。其间虽尝瞽惑于佛老，而佛老之说卒亦未能有以胜其功利之心。虽又尝折衷于群儒，而群儒之论终亦未能有以破其功利之见。盖至于今，功利之毒沦浃于人之心髓而习以成性也，几千年矣。相矜以知，相轧以势，相争以利，相高以技能，相取以声誉。其出而仕也，理钱谷者则欲兼夫兵刑，典礼乐者又欲与于铨轴，处郡县则思藩臬之高，居台谏则望宰执之要。故不能其事，则不得以兼其官；不通其说，则不可以要其誉。记诵之广，适以长其敖也；知识之多，适以行其恶也；闻见之博，适以肆其辨也；辞章之富，适以饰其伪也。是以臯、夔、稷、契所不能兼之事，而今之初学小生皆欲通其说，究其术。其称名僭号，未尝不曰"吾欲以共成天下之务"，而其诚心实意之所在，以为不如是则无以济其私而满其欲也。

呜呼！以若是之积染，以若是之心志，而又讲之以若是之学术，宜其闻吾圣人之教，而视之以为赘疣枘凿，则其以良知为未足，而谓圣人之学为无所用，亦其势有所必至矣！

呜呼，士生斯世，而尚何以求圣人之学乎！尚何以论圣人之学乎！士生斯世而欲以为学者，不亦劳苦而繁难乎？不亦拘滞而险艰乎？呜乎！可悲也已！所幸天理之在人心，终有所不可泯，而良知之明，万古一日，则其闻吾"拔本塞源"之论，必有恻然而悲，戚然而痛，愤然而起，沛然若决江河而有所不可御者矣！非夫豪杰之士，无所待而兴起者，吾谁与望乎？

启问道通书

吴、曾两生至，备道道通恳切为道之意，殊慰相念。若道通，真可谓笃信好学者矣。忧病中会，不能与两生细论，然两生亦自有志向肯用功者，每见辄觉有进，在区区诚不能无负于两生之远来，在两生则亦庶几无负其远来之意矣。临别以此册致道通意，请书数语，荒愦无可言者，辄以道通来书中所问数节，略下转语。奉酬草草，殊不详细，两生当亦自能口悉也。

来书云："日用功夫只是立志。近来以先生诲言时时体验，愈益明白。然于朋友不能一时相离。若得朋友讲习，则此志才精健阔大，才有生意。若三五日不得朋友相讲，便觉微弱，遇事便会困，亦时会忘。乃今无朋友相讲之日，还只静坐，或看书，或游衍经行。凡寓目措身，悉取以培养此志，颇觉意思和适。然终不如朋友讲聚，精神流动，生意更多也。离群索居之人，当更有何法以处之？"

此段足验道通日用功夫所得。功夫大略亦只是如此用，只要无间断，到得纯熟后，意思又自不同矣。大抵吾人为学，紧要大头脑，只是立志，所谓困忘之病,亦只是志欠真切。今好色之人,未尝病于困忘,只是一真切耳。自家痛痒,自家须会知得,自家须会搔摩得。既自知得痛痒,自家须不能不搔摩得。佛家谓之"方便法门",须是自家调停斟酌,他人总难与力,亦更无别法可设也。

来书云:"上蔡尝问天下何思何虑。伊川云:'有此理,只是发得太早。'在学者功夫,固是'必有事焉而勿忘',然亦须识得'何思何虑'的气象,一并看为是。若不识得这气象,便有'正'与'助长'之病。若认得'何思何虑'而忘'必有事焉'功夫,恐又堕于无也。须是不滞于有,不堕于无。然乎否也?"

所论亦相去不远矣,只是契悟未尽。上蔡之问与伊川之答,亦只是上蔡、伊川之意,与孔子《系辞》原旨稍有不同。《系》言"何思何虑",是言所思所虑只是一个天理,更无别思别虑耳,非谓无思无虑也。故曰:"同归而殊途,一致而百虑,天下何思何虑。"云"殊途",云"百虑",则岂谓无思无虑耳邪?心这本体即是天理,天理只是一个,更有何可思虑得?天理原自寂然不动,原自感而遂通。学者用功,虽千思万虑,只是要复他本来体用而已,不是以私意去安排思索出来。故明道云:"君子之学,莫若廓然而大公,物来而顺应。"若以私意去安排思索,便是用智自私矣。"何思何虑"正是功夫,在圣人分上便是自然的,在学者分上便是勉然的。伊川却是把作效验看了,所以有"发得太早"之说。既而云"欲好用功",则已自觉其前言之有未尽矣。濂溪"主静"之论,亦是此意。今道通之言,虽已不为无见,然亦未免尚有两事也。

来书云:"凡学者才晓得做功夫,便要识认得圣人气象。盖认得圣人气象,把做准的,乃就实地做功夫去,才不会差,才是作圣功夫。未知是否?"

"先认圣人气象",昔人尝有是言矣,然亦欠有头脑。圣人气象自是圣人的,我从何处识认?若不就自己良知上真切体认,如以无星之称而权轻重,未开之镜而照妍媸,真所谓以小人之腹而度君子之心矣。圣人气象何由认得？自己良知原与圣人一般，若体认得自己良知明白，即圣人气象不在圣人而在我矣。程子尝云："觑著尧，学他行事，无他许多聪明睿智，安能如彼之动容周旋中礼？"又云："心通于道，然后能辨是非。"今且说通于道在何处？聪明睿智从何处出来？

来书云："事上磨炼，一日之内不管有事无事，只一意培养本原。若遇事来感，或自己有感，心上既有觉，安可谓无事？但因事凝心一会，大段觉得事理当如此，只如无事处之，尽吾心而已。然乃有处得善与未善，何也？又或事来得多，须要次第与处，每因才力不足，辄为所困，虽极力扶起，而精神已觉衰弱。遇此未免要十分退省，宁不了事，不可不加培养。如何？

所说功夫，就道通分上也只是如此用，然未免有出入在。凡人为学，终身只为这一事，自少至老，自朝至暮，不论有事无事，只是做得这一件，所谓"必有事焉"者也。若说"宁不了事，不可不加培养"，却是尚为两事也。"必有事焉而勿忘勿助"，事物之来，但尽吾心之良知以应之，所谓"忠恕违道不远"矣。凡处得有善有未善，及有困顿失次之患者，皆是牵于毁誉得丧，不能实致其良知耳。若能实致其良知，然后见得平日所谓善者未必是善，所谓未善者，却恐正是牵于毁誉得丧，自贼其良知者也。

来书云："致知之说，春间再承诲益，已颇知用力，觉得比旧尤为简易。但鄙心则谓与初学言之，还须带格物意思，使之知下手处。本来致知格物一并下，但在初学，未知下手用功，还说与格物，方晓得致知。"云云。

格物是致知功夫，知得致知，便已知得格物。若是未知格物，则是致知功夫亦未尝知也。近有一书与友人论此颇悉，今往一通细观之，当自见矣。

来书云："今之为朱、陆之辨者尚未已。每对朋友言正学不明已久，且不须枉费心力为朱、陆争是非。只依先生'立志'二字点化人，若其人果能辨得此志来，决意要知此学，已是大段明白了，朱、陆虽不辨，彼自能觉得。又尝见朋友中见有人议先生之言者，辄为动气。昔在朱、陆二先生所以遗后世纷纷之议者，亦见二先生功夫有未纯熟，分明亦有动气之病，若明道则无此矣。观其与吴涉礼论介甫之学，云：'为我尽达诸介甫，不有益于他，必有益于我也。'气象何等从容！尝见先生与人书中亦引此言，愿朋友皆如此。如何？"

此节议论得极是极是，愿道通遍以告于同志，各自且论自己是非，莫论朱、陆是非也。以言语谤人，其谤浅。若自己不能身体实践，而徒入耳出口，呶呶度日，是以身谤也，其谤深矣。凡今天下之论议我者，苟能取以为善，皆是砥砺切磋我也，则在我无非警惕修省进德之地矣。昔人谓"攻吾之短者是吾师"，师又可恶乎？

来书云："有引程子'人生而静，以上不容说，才说性，便已不是性'，何故不容说？何故不是性？晦庵答云：'不容说者，未有性之可言；不是性者，已不能无气质之杂矣。'二先生之言皆未能晓，每看书至此，辄为一惑，请问。"

"生之谓性"，"生"字即是"气"字，犹言气即是性也。气即是性。"人生而静，以上不容说"，才说"气即是性"，即已落在一边，不是性之本原矣。孟子"性善"，是从本原上说。然性善之端，须在气上始见得，若无气亦无可见矣。恻隐、羞恶、辞让、是非即是气。程子谓"论性不论气，不备；论气不论性，不明"，亦是为学者各认一边，只得如此说。若如得自性明白时，气即是性，性即是气，原无性气之可分也。

答陆原静书

来书云："下手功夫，觉此心无时宁静。妄心固动也，照心亦动也。心既恒动，则无刻暂停也。"

是有意于求宁静，是以愈不宁静耳。夫妄心则动也，照心非动也。恒照则恒动恒静，天地之所以恒久而不已也。照心固照也，妄心亦照也。其为物不贰，则其生物不息，有刻暂停则息矣，非至诚无息之学矣。

来书云:"良知亦有起处。"云云。

此或听之未审。良知者,心之本体,即前所谓恒照者也。心之本体,无起无不起,虽妄念之发,而良知未尝不在,但人不知存,则有时而或放耳。虽昏塞之极,而良知未尝不明,但人不知察,则有时而或蔽耳。虽有时而或放,其体实未尝不在也,存之而已耳;虽有时而或蔽,其体实未尝不明也,察之而已耳。若谓良知亦有起处,则是有时而不在也,非其本体之谓矣。

来书云:"前日'精一'之论,即作圣之功否?"

"精一"之"精"以理言,"精神"之"精"以气言。理者,气之条理,气者,理之运用。无条理则不能运用,无运用则亦无以见其所谓条理者矣。精则精,精则明,精则一,精则神,精则诚;一则精,一则明,一则神,一则诚,原非有二事也。后世儒者之说与养生之说各滞于一偏,是以不相为用。前日"精一"之论,虽为原静爱养精神而发,然而作圣之功实亦不外是矣。

来书云:"元神、元气、元精,必各有寄藏发生之处,又有真阴之精、真阳之气"云云。

夫良知,一也,以其妙用而言谓之神,以其流行而言谓之气,以其凝聚而言谓之精,安可以形象方所求哉?真阴之精,即真阳之气之母;真阳之气,即真阴之精之父。阴根阳,阳根阴,亦非有二也。苟吾良知之说明,则凡若此类,皆可以不言而喻。不然,则如来书所云"三关、七返、九还"之属,尚有无穷可疑者也。

又

来书云:"良知,心之本体,即所谓性善也,未发之中也,寂然不动之体也,廓然大公也。何常人皆不能而必待于学邪?中也,寂也,公也,既以属心之体,则良知是矣。今验之于心,知无不良,而中、寂、大公实未有也。岂良知复超然于体用之外乎?"

性无不善，故知无不良。良知即是未发之中，即是廓然大公，寂然不动之本体，人人之所同具者也。但不能不昏蔽于物欲，故须学以去其昏蔽。然于良知之本体，初不能有加损于毫末也。知无不良，而中、寂、大公未能全者，是昏蔽之未尽去，而存之未纯耳。体即良知之体，用即良知之用，宁复有超然于体用之外者乎？

来书云："周子曰'主静'，程子曰'动亦定，静亦定'，先生曰'定者，心之本体'，是静定也，决非不睹不闻、无思无为之谓。必常知、常存、常主于理之谓也。夫常知、常存、常主于理，明是动也，已发也，何以谓之静？何以谓之本体？岂是静定也，又有以贯乎心之动静者邪？"

理无动者也。常知、常存、常主于理，即"不睹不闻、无思无为"之谓也。"不睹不闻、无思无为"，非槁木死灰之谓也，睹、闻、思、为一于理，而未尝有所睹、闻、思、为，即是动而未尝动也。所谓"动亦定，静亦定"、"体用一原"者也。

来书云："此心未发之体，其在已发之前乎？其在已发之中而为之主乎？其无前后内外而浑然之体者乎？今谓心之动静者，其主有事无事而言乎？其主寂然、感通而言乎？其主循理、从欲而言乎？若以循理为静，从欲为动，则于所谓'动中有静，静中有动，动极而静，静极而动'者，不可通矣。若以有事而感通为动，无事而寂然为静，则于所谓'动而无动，静而无静'者，不可通矣。若谓未发在已发之先，静而生动，是至诚有息也，圣人有复也，又不可矣。若谓未发在已发之中，则不知未发、已发俱当主静乎？抑未发为静，而已发为动乎？抑未发、已发俱无动无静乎？俱有动有静乎？幸教。"

"未发之中"即良知也，无前后内外而浑然一体者也。有事、无事，可以言动静，而良知无分于有事、无事也。寂然、感通，可以言动静，而良知无分于寂然、感通也。动静者，所遇之时，心之本体固无分于动静也。理无动者也，动即为欲，循理则虽酬酢万变而未尝动也；从欲则虽槁心一念而未尝静也。"动中有静，静中有动"，又何疑乎？有事而感通，固可以言动，然而寂然者未尝有增也。无事而寂然，固可以言静，然而感通者未尝有减也。"动而无动，静而无静"，又何疑乎？无前后内外而浑然一体，则至诚有息之疑，不待解矣。未发在已发之中，而已发之中未尝别有未发者在；已发在未发之中，而未发之中未尝别有已发者存。是未尝无动静，而不可以动静分者也。凡观古人言语，在以意逆志而得其大旨，若必拘滞于文义，则"靡有孑遗"者，是周果无遗民也。周子"静极而动"之说，苟不善观，亦未免有病。盖其意从"太极动而生阳，静而生阴"说来。太极生生之理，妙用无息，而常体不易。太极之生生，即阴阳之生生。就其生生之中，指其妙用无息者而谓之动，谓之阳之生，非谓动而后生阳也。就其生生之中，指其常体不易者而谓之静，谓之阴之生，非谓静而从生阴也。若果静而后生阴，动而后生阳，则是阴阳动静截然各自为一物矣。阴阳一气也，一气屈伸而为阴阳；动静一理也，一理隐显而为动静。春夏可以为阳为动，而未尝无阴与静也；秋冬可以为阴为静，而未尝无阳与动也。春夏此不息，秋冬此不息，皆可谓之阳、谓之动也。春夏此常体，秋冬此常体，皆可谓之阴、谓之静也。自元、会、运、世、岁、月、日、时，以至刻、秒、忽、微，莫不皆然，所谓动静无端，阴阳无始，在知道者默而识之，非可以言语穷也。若只牵文泥句，比拟仿像，则所谓心从《法华》转，非是转《法华》矣。

来书云："尝试于心，喜、怒、忧、惧之感发也，虽动气之极，而吾心良知一觉，即罔然消阻，或遏于初，或制于中，或悔于后。然则良知常若居优闲无事之地而为之主，于喜、怒、忧、惧若不与焉者，何欤？"

知此，则知"未发之中"、"寂然不动"之体，而有"发而中节"之和、"感而遂通"之妙矣。然谓"良知常若居于优闲无事之地"，语尚有病。盖良知虽不滞于喜、怒、忧、惧，而喜、怒、忧、惧亦不外于良知也。

来书云："夫子昨以良知为照心。窃谓良知，心之本体也；照心，人所用功，乃戒慎恐惧之心也，犹思也。而遂以戒慎恐惧为良知，何欤？"

能戒慎恐惧者，是良知也。

来书云:"先生又曰'照心非动也',岂以其循理而谓之静欤?'妄心亦照也',岂以其良知未尝不在于其中,未尝不明于其中,而视听言动之不过则者皆天理欤?且既曰妄心,则在妄心可谓之照,而在照心则谓之妄矣。妄与息何异?今假妄之照以续至诚之无息,窃所未明,幸再启蒙。"

"照心非动"者,以其发于本体明觉之自然,而未尝有所动也。有所动即妄矣。"妄心亦照"者,以其本体明觉之自然者,未尝不在于其中,但有所动耳。无所动即照矣。无妄、无照,非以妄为照,以照为妄也。照心为照,妄心为妄,是犹有妄、有照也。有妄、有照则犹贰也,贰则息矣。无妄、无照则不贰,不贰则不息矣。

来书云:"养生以清心寡欲为要。夫清心寡欲,作圣之功毕矣。然欲寡则心自清,清心非舍弃人事而独居求静之谓也。盖欲使此心纯乎天理,而无一毫人欲之私耳。今欲为此之功,而随人欲生而克之,则病根常在,未免灭于东而生于西。若欲刊剥洗荡于众欲未萌之先,则又无所用其力,徒使此心之不清。且欲未萌而搜剔以求去之,是犹引犬上堂而逐之也,愈不可矣。"

必欲此心纯乎天理,而无一毫人欲之私,此作圣之功也。必欲此心纯乎天理,而无一毫人欲之私,非防于未萌之先,而克于方萌之际不能也。防于未萌之先,而克于方萌之际,此正《中庸》"戒慎恐惧"、《大学》"致知格物"之功,舍此之外,无别功矣。夫谓"灭于东而生于西","引犬上堂而逐之"者,是自私自利,将迎意必之为累,而非克治洗荡之为患也。今曰"养生以清心寡欲为要",只"养生"二字,便是自私自利,将迎意必之根。有此病根潜伏于中,宜其有"灭于东而生于西","引犬上堂而逐之"之患也。

来书云:"佛氏于'不思善不思恶时,认本来面目',与吾儒'随物而格'之功不同。吾若于不思善不思恶时用致知之功,则已涉于思善矣。欲善恶不思,而心之良知清静自在,惟有寐而方醒之时耳。斯正孟子'夜气'

之说。但于斯光景不能久，倏忽之际，思虑已生。不知用功久者，其常寐初醒而思未起之时否乎？今澄欲求宁静，愈不宁静，欲念无生，则念愈生，如之何而能使此心前念易灭，后念不生，良知独显，而与造物者游乎？"

"不思善不思恶时，认本来面目"，此佛氏为未识本来面目者设此方便。"本来面目"即吾圣门所谓"良知"。今既认得良知明白，即已不消如此说矣。"随物而格"，是"致知"之功，即佛氏之"常惺惺"，亦是常存他本来面目耳。体段功夫，大略相似。但佛氏有个自私自利之心，所以便有不同耳。今欲"善恶不思，而心之良知清静自在"，此便有自私自利，将迎意必之心，所以有"不思善不思恶时用致知之功，则已涉于思善"之患。孟子说"夜气"，亦只是为失其良心之人指出个良心萌动处，使他从此培养将去。今已知得良知明白，常用致知之功，即已不消说夜气。却是得兔后不知守兔，而仍去守株，兔将复失之矣。欲求宁静，欲念无生，此正是自私自利，将迎意必之病，是以念愈生而愈不宁静。良知只是一个良知，而善恶自辨，更有何善何恶可思？良知之体本自宁静，今却又添一个求宁静；本自生生，今却又添一个欲无生；非独圣门致知之功不如此，虽佛氏之学亦未如此将迎意必也。只是一念良知，彻头彻尾，无始无终，即是前念不灭，后念不生。今却欲前念易灭，而后念不生，是佛氏所谓"断灭种性"，入于槁木死灰之谓矣。

来书云："佛氏又有'常提念头'之说，其犹孟子所谓'必有事'，夫子所谓'致良知'之说乎？其即'常惺惺，常记得，常知得，常存得'者乎？于此念头提在之时，而事至物来，应之必有其道。但恐此念头提起时少，放下时多，则功夫间断耳。且念头放失，多因私欲客气之动而始，忽然惊醒而后提。其放而未提之间，心之昏杂多不自觉。今欲日精日明，常提不放，以何道乎？只此常提不放，即全功乎？抑于常提不放之中，更宜加省克之功乎？虽曰常提不放，而不加戒惧克治之功，恐私欲不去；若加戒惧克治之功焉，又为'思善'之事，而于'本来面目'又未达一间也。如之何则可？"

"戒惧克治"即是"常提不放"之功，即是"必有事焉"，岂有两事邪？此节所问，前一段已自说得分晓，末后却是自生迷惑，说得支离，及有"本来面目，未达一间"之疑，都是自私自利、将迎意必之为病。去此病，自无此疑矣。

来书云："质美者明得尽，渣滓便浑化。如何谓'明得尽'？如何而能'便浑化'？"

良知本来自明。气质不美者，渣滓多，障蔽厚，不易开明。质美者，渣滓原少，无多障蔽，略加致知之功，此良知便自莹彻，些少渣滓，如汤中浮雪，如何能作障蔽？此本不甚难晓。原静所以致疑于此，想是因一"明"字不明白，亦是稍有欲速之心。向曾面论"明善"之义，明则诚矣，非若后儒所谓明善之浅也。

来书云："聪明睿知，果质乎？仁义礼智，果性乎？喜怒哀乐，果情乎？私欲客气，果一物乎？二物乎？古之英才若子房、仲舒、叔度、孔明、文仲、韩、范诸公，德业表著，皆良知中所发也，而不得谓之闻道者，果何在乎？苟曰此特生质之美耳，则生知安行者，不愈于学知、困勉者乎？愚意窃云，谓诸公见道偏则可，谓全无闻，则恐后儒崇尚记诵训诂之过也。然乎？否乎？"

性一而已，仁、义、礼、智，性之性也；聪、明、睿、知，性之质也；喜、怒、哀、乐，性之情也；私欲、客气，性之蔽也。质有清浊，故情有过不及，而蔽有浅深也。私欲、客气，一病两痛，非二物也。张、黄、诸葛及韩、范诸公，皆天质之美，自多暗合道妙，虽未可尽谓之知学，尽谓之闻道，然亦自其有学，违道不远者也。使其闻学知道，即伊、傅、周、召矣。若文中子则又不可谓之不知学者，其书虽多出于其徒。亦多有未是处，然其大略则亦居然可见，但今相去辽远，无有的然凭证，不可悬断其所至矣。夫良知即是道，良知之在人心，不但圣贤，虽常人亦无不如此。若无有物欲牵蔽，但循著良知发用流行将去，即无不是道。但在常人多为物欲牵蔽，不能循得良知。如数公者，天质既自清明，自少物欲为之牵蔽，则其良知之发用流行处，自然是多，自然违道不远。学者学循此良知而已，谓之知学，只是知得专在学循良知。数公虽未知专在良知上用功，而或泛滥于多岐，疑迷于影响，是以或离或合而未纯。若知得时，便是圣人矣。后儒尝以数子者尚皆是气质用事，未免于行不著，习不察，此亦未为过论。但后儒之所谓著、察者，亦是狃于闻见之狭，蔽于沿习之非，而依拟仿象于影响形迹之间，尚非圣门之所谓著、察者也，则亦安得以已之昏昏，而求人之昭昭也乎？所谓"生知安行"，"知行"二字亦是就用功上说。若是知行本体，即是良知良能，虽在困勉之人，亦皆可谓之"生知安行"矣。"知行"二字更宜精察。

来书云："昔周茂叔每令伯淳寻仲尼、颜子乐处。敢问是乐也，与七情之乐，同乎？否乎？若同，则常人之一遂所欲，皆能乐矣，何必圣贤？若别有真乐，则圣贤之遇大忧、大怒、大惊、大惧之事，此乐亦在否乎？且君子之心常存戒惧，是盖终身之忧也，恶得乐？澄平生多闷，未尝见真乐之趣，今切愿寻之。"

乐是心之本体，虽不同于七情之乐，而亦不外于七情之乐。虽则圣贤别有真乐，而亦常人之所同有。但常人有之而不自知，反自求许多忧苦，自加迷弃。虽在忧苦迷弃之中，而此乐又未尝不存。但一念开明，反身而诚，则即此而在矣。每与原静论，无非此意。而原静尚有"何道可得"之问，是犹未免于"骑驴觅驴"之蔽也。

来书云："《大学》以'心有好乐、忿懥、忧患、恐惧'为'不得其正'，而程子亦谓'圣人情顺万事而无情'。所谓有者，《传习录》中以病疟譬之，极精切矣。若程子之言，则是圣人之情不生于心而生于物也，何谓耶？且事感而情应，则是是非非可以就格。事或未感时，谓之有则未形也，谓之无则病根在有无之间，何以致吾知乎？学务无情，累虽轻而出儒入佛矣，可乎？"

圣人致知之功，至诚无息。其良知之体，皦如明镜，略无纤翳。妍妍之来，随物见形，而明镜曾无留染。所谓"情顺万事而无情"也。"无所住而生其心"，佛氏曾有是言，未为非也。明镜之应物，妍者妍，媸者媸，一照而皆真，即是生其心处。妍者妍，媸者媸，一过而不留，即是无所住处。病疟之喻，既已见其精切，则此节所问可以释然。病疟之人，疟虽未发，而病根自在，则亦安可以其疟之未发而遂忘其服药调理之功乎？若必待疟发而后服药调理，则既晚矣。致知之功无间于有事无事，而岂论于病之已发、未发邪？大抵原静所疑，前后虽若不一，然皆起于自私自利，将迎意必之为崇。此根一去，则前后所疑自将冰消雾释，有不待于问辨者矣。

《答原静书》出，读者皆喜。澄善问，师善答，皆得闻所未闻。师曰："原静所问，只是知解上转，不得已与之逐节分疏。若信得良知，只在良知上用功，虽千经万典无不吻合，异端曲学一勘尽破矣。何必如此节节分解？佛家有'扑人逐块'之喻，见块扑人，则得人矣，见块逐块，于块奚得哉？"在座诸友闻之，惕然皆有惺悟。此学贵反求，非知解可入也。

答欧阳崇一

崇一来书云："师云：'德性之良知，非由于闻见。若曰多闻择其善者而从之，多见而识之，则是专求之见闻之末，而已落在第二义。'窃意良知虽不由见闻而有，然学者之知未尝不由见闻而发。滞于见闻固非，而见闻亦良知之用也。今日落在第二义，恐为专以见闻为学者而言。若致其良知而求之见闻，似亦知行合一之功矣。如何？"

良知不由见闻而有，而见闻莫非良知之用，故良知不滞于见闻，而亦不离于见闻。孔子云："吾有知乎哉？无知也。"良知之外，别无知矣。故"致良知"是学问大头脑，是圣人教人第一义。今云专求之见闻之末，则是失却头脑，而已落在第二义矣。近时同志中盖已莫不知有致良知之说，然其功夫尚多鹘突者，正是欠此一问。大抵学问功夫只要主意头脑是当，若主意头脑专以致良知为事，则凡多闻多见，莫非致良知之功。盖日用之间，见闻酬酢，虽千头万绪，莫非良知之发用流行。除却见闻酬酢，亦无良知可致矣。故只是一事。若曰致其良知而求之见闻，则语意之间未免为二。此与专求之见闻之末者虽稍不同，其为未得精一之旨，则一而已。"多闻，择其善者而从之，多见而识之。"既云"择"，又云"识"，其良知亦未尝不行于其间。但其用意乃专在多闻多见上去择识，则已失却头脑矣。崇一于此等处见得当已分晓，今日之问，正为发明此学，于同志中极有益。但语意未莹，则毫厘千里，亦不容不精察之也。

来书云："师云：'《系》言"何思何虑"，是言所思所虑只是天理，更无别思别虑耳，非谓无思无虑也。心之本体即是天理，有何可思虑得？学者用功，虽千思万虑，只是要复他本体，不是以私意去安排思索出来。若安排思索，便是自私用智矣。'学者之蔽，大率非沉空守寂，则安排思索。德辛壬之岁著前一病，近又著后一病。但思索亦是良知发用，其与私意安排者何所取别？恐认贼作子，惑而不知也。"

"思曰睿，睿作圣。""心之官则思，思则得之。"思其可少乎？沉空守寂与安排思索，正是自私用智，其为丧失良知，一也。良知是天理之昭明灵觉处，故良知即是天理。思是良知之发用。若是良知发用之思，则所思莫非天理矣。良知发用之思，自然明白简易，良知亦自能知得。若是私意安排之思，自是纷纭劳扰，良知亦自会分别得。盖思之是非邪正，良知无有不自知者。所以认贼作子，正为致知之学不明，不知在良知上体认之耳。

来书又云："师云：'为学终身只是一事，不论有事无事，只是这一件。若说宁不了事，不可不加培养，却是分为两事也。'窃意觉精力衰弱，不足以终事者，良知也。宁不了事，且加休养，致知也。如何却为两事？若事变之来，有事势不容不了，而精力虽衰，稍鼓舞亦能支持，则持志以帅气可矣。然言动终无气力，毕事则困惫已甚，不几于暴其气已乎？此其轻重缓急，良知固未尝不知，然或迫于事势，安能顾精力？或困于精力，安能顾事势？如之何则可？"

"宁不了事，不可不加培养"之意，且与初学如此说，亦不为无益。但作两事看了，便有病痛。在孟子言"必有事焉"，则君子之学终身只是"集义"一事。义者，宜也，心得其宜之谓义。能致良知，则心得其宜矣，故"集义"亦只是致良知。君子之酬酢万变，当行则行，当止则止，当生则生，当死则死，斟酌谓停，无非是致其良知，以求自慊而已。故"君子素其位而行"，"思不出其位"，凡谋其力之所不及而强其知之所不能者，皆不得为致良知；而凡"劳其筋骨，饿其体肤，空乏其身，行拂乱其所为，动心忍性以增益其所不能"者，皆所以致其良知也。若云"宁不了事，不可不加培养"者，亦是先有功利之心，较计成败利钝而爱憎取舍于其间，是以将了事自作一事，而培养又别作一事，此便有是内非外之意，便是自私用智，便是"义外"，便有"不得于心，勿求于气"之病，便不是致良知以求自慊之功矣。所云"鼓舞支持，毕事困惫已甚"，又云"迫于事势，困于精力"，皆是把作两事做了，所以有此。凡学问之功，一则诚，二则伪。凡此皆是致良知之意欠诚一真切之故。《大学》言："诚其意者，如恶恶臭，如好好色，此之谓自慊。"曾见有恶恶臭，好好色，而须鼓舞支持者乎？曾见毕事则困惫已甚者乎？曾有迫于事势，困于精力者乎？此可以知其受病之所从来矣。

来书又有云："人情机诈百出，御之以不疑，往往为所欺。觉则自入于逆亿。夫逆诈即诈也，亿不信即非信也，为人欺又非觉也。不逆不亿而常先觉，其惟良知莹彻乎？然而出入毫忽之间，背觉合诈者多矣。"

"不逆不亿而先觉"，此孔子因当时人专以逆诈亿不信为心，而自陷于诈与不信，又有不逆不亿者，然不知致良知之功，而往往又为人所欺诈，故有是言。非教人以是存心而专欲先觉人之诈与不信也。以是存心，即是后世猜忌险薄者之事。而只此一念，已不可与入尧、舜之道矣。不逆不亿而为人所欺者，尚亦不失为善，但不如能致其良知而自然先觉者之尤为贤耳。崇一谓其惟良知莹彻者，盖已得其旨矣。然亦颖悟所及，恐未实际也。盖良知之在人心，亘万古，塞宇宙，而无不同。"不虑而知"，"恒易以知险"，"不学而能"，"恒简以知阻"，"先天而天不违"，"天且不违，而况于人乎？况于鬼神乎？"夫谓背觉合诈者，是虽不逆人，而或未能无自欺也；虽不亿人，而或未能果自信也。是或常有求先觉之心，而未能常自觉也。常有求先觉之心，即已流于逆、亿，而足以自蔽其良知矣。此背觉合诈之所以未免也。君子学以为己，未尝虞人之欺己也，恒不自欺其良知而已；未尝虞人之不信己也，恒自信其良知而已；未尝求先觉人之诈与不信也，恒务自觉其良知而已。是故不欺则良知无所伪而诚，诚则明矣；自信则良知无所惑而明，明则诚矣。明诚相生，是故良知常觉常照。常觉常照，则如明镜之悬，而物之来者自不能遁其妍媸矣。何者？不欺而诚则无所容其欺，苟有欺焉，而觉矣。自信而明则无所容其不信，苟不信焉而觉矣。是谓易以知险，简以知阻，子思所谓"至诚如神，可以前知"者也。然子思谓"如神"，谓"可以前知"，犹二而言之。是盖推言思诚者之功效，是犹为不能先觉者说也。若就至诚而言，则至诚之妙用即谓之"神"，不必言"如神"。至诚则"无知而无不知"，不必言"可以前知"矣。

答罗整庵少宰书

某顿首启：昨承教及《大学》，发舟匆匆，未能奉答。晓来江行稍暇，复取手教而读之。恐至赣后人事复纷沓，先具其略以请。

来教云："见道固难，而体道尤难。道诚未易明，而学诚不可不讲。恐未可安于所见而遂以为极则也。"

幸甚幸甚！何以得闻斯言乎？其敢自以为极则而安之乎？正思就天下之有道以讲明之耳。而数年以来，闻其说而非笑之者有矣，诟詈之者有矣，置之不足较量辨议之者有矣，其肯遂以教我乎？其肯遂以教我，而反复晓谕，恻然惟恐不及救正之乎？然则天下之爱我者，固莫有如执事之心深且至矣！感激当何如哉！夫"德之不修，学之不讲"，孔子以为忧。而世之学者稍能传习训诂，即皆自以为知学，不复有所谓讲学之求，可悲矣！夫道必体而后见，非已见道而后加体道之功也。道必学而后明，非外讲学而复有所谓明道之事也。然世之讲学者有二，有讲之以身心者，有讲之以口耳者。讲之以口耳，揣摸测度，求之影响者也；讲之以身心，行著习察，实有诸己者也。知此，则知孔门之学矣。

来教谓某"《大学》古本之复，以人之为学但当求之于内，而程、朱格物之说不免求之于外，遂去朱子之分章而削其所补之传"。

非敢然也。学岂有内外乎？《大学》古本乃孔门相传旧本耳。朱子疑其有所脱误而改正补缉之。在某则谓其本无脱误，悉从其旧而已矣。失在于过信孔子则有之，非故去朱子之分章而削其传也。夫学贵得之心，求之于心而非也，虽其言之出于孔子，不敢以为是也，而况其未及孔子者乎？求之于心而是也，虽其言之出于庸常，不敢以为非也，而况其出于孔子者乎！且旧本之传数千载矣，今读及文词，既明白而可通；论其功夫，又易简而可入。亦何所按据而断其此段之必在于彼，彼段之必在于此，与此之如何而缺，彼之如何而补？而遂改正补缉之，无乃重于背朱而轻于叛孔已乎？

来教谓："如必以学不资于外求，但当反观内省以为务，则'正心诚意'四字亦何不尽之有？何必于入门之际，便困以格物一段功夫也？"

诚然诚然。若语其要，则"修身"二字亦足矣，何必又言"正心"？"正心"二字亦足矣，何必又言"诚意"？"诚意"二字亦足矣，何必又言"致知"，又言"格物"？惟其功夫之详密，而要之只是一事，此所以为精一之学，此正不可不思者也。夫理无内外，性无内外，故学无内外。讲习讨论，未尝非内也；反观内省，未尝遗外也。夫谓学必资于外求，是以己性为有外也，是"义外"也，"用智"者也；谓反观内省为求之于内，是以己性为有内也，是有我也，自私者也。是皆不知性之无内外也。故曰："精义入神，以致用也；利用安身，以崇德也。""性之德也。合内外之道也。"此可以知格物之学矣。格物者，《大学》之实下手处，彻首彻尾，自始学至圣人，只此功夫而已，非但入门之际有此一段也。夫正心、诚意、致知、格物，皆所以修身而格物者，其所用力，日可见之地。故格物者，格其心之物也，格其意之物也，格其知之物也；正心者，正其物之心也；诚意者，诚其物之意也；致知者，致其物之知也。此岂有内外彼此之分哉？理一而已。以其理之凝聚而言，则谓之性；以其凝聚之主宰而言，则谓之心；以其主宰之发动而言，则谓之意；以其发动之明觉而言，则谓之知；以其明觉之感应而言，则谓之物。故就物而言谓之格；就知而言谓之致；就意而言谓之诚；就心而言谓之正。正者，正此也；诚者，诚此也；致者，致此也；格者，格此也。皆所谓穷理以尽性也。天下无性外之理，无性外之物。学之不明，皆由世之儒者认理为外，认物为外，而不知义外之说，孟子盖尝辟之，乃至袭陷其内而不觉，岂非亦有似是而难明者欤？不可以不察也。

凡执事所以致疑于格物之说者，必谓其是内而非外也；必谓其专事于反观内省之为，而遗弃其讲习讨论之功也；必谓其一意于纲领本原之约，而脱略于支条节目之详也；必谓其沉溺于枯槁虚寂之偏，而不尽于物理人事之变也。审如是，岂但获罪于圣门，获罪于朱子？是邪说诬民，叛道乱正，人得而诛之也。而况于执事之正直哉？审如是，世之稍明训诂，闻先哲之绪论者，皆知其非也。而况执事之高明哉？凡某之所谓格物，其于朱子"九条"之说，皆包罗统括于其中。但为之有要，作用不同，正所谓毫厘之差耳。然毫厘之差而千里之谬实起于此，不可不辨。

孟子辟杨、墨，至于"无父，无君"。二子亦当时之贤者，使与孟子并世而生，未必不以之为贤。墨子"兼爱"，行仁而过耳；杨子"为我"，行义而过耳。此其为说，亦岂灭理乱常之甚，而足以眩天下哉？而其流之弊，孟子至比于禽兽、夷狄，所谓"以学术杀天下后世"也。今世学术之弊，其谓之学仁而过者乎？谓之学义而过者乎？抑谓之学不仁不义而过者乎？吾不知其于洪水猛兽何如也！孟子云："予岂好辨哉？予不得已也！"杨、墨之道塞天下。孟子之时，天下之尊信杨、墨，当不下于今日之崇尚朱说。而孟子独以一人呶呶于其间，噫，可哀矣！韩氏云："佛、老之害甚于杨、墨。"韩愈之贤不及孟子，孟子不能救之于未坏之先，而韩愈乃欲全之于已坏之后，其亦不量其力，且见其身之危，莫之救以死也矣！呜呼！若某者其尤不量其力，果见其身之危，莫之救以死也矣。夫众方嘻嘻之中，而独出涕嗟，若举世恬然以趋，而独疾首蹙额以为忧，此其非病狂丧心，殆必诚有大苦者隐于其中，而非天下之至仁，其孰能察之？其为《朱子晚年定论》，盖亦不得已而然。中间年岁早晚，诚有所未考，虽不必尽出于晚年，固多出于晚年者矣。然大意在委曲调停，以明此学为重。平生于朱子之说，如神明蓍龟，一旦与之背驰，心诚有所未忍，故不得已而为此。"知我者谓我心忧，不知我者谓我何求。"盖不忍抵牾朱子者，其本心也。不得已而与之抵牾者，道固如是，不直则道不见也。执事所谓决与朱子异者，仆敢自欺其心哉？夫道，天下之公道也；学，天下之公学也。非朱子可得而私也，非孔子可得而私也。天下之公也，公言之而已矣。故言之而是，虽异于己，乃益于己也；言之而非，虽同于己，适损于己也。益于己者，己必喜之；损于己者，己必恶之。然则某今日之论，虽或于朱子异，未必非其所喜也。"君子之过，如日月之食，其更也，人皆仰之"，而"小人之过也必文"。某虽不肖，固不敢以小人之心事朱子也。

执事所以教，反复数百言，皆以未悉鄙人格物之说。若鄙说一明，则此数百言皆可以不待辨说而释然无滞。故今不敢缕缕以滋琐屑之渎。然鄙说非面陈口析，断亦未能了了于纸笔间也。嗟呼！执事所以开导启迪于我者，可谓恳到详切矣！人之爱我，宁有如执事者乎？仆虽甚愚下，宁不知所感刻佩服？然而不敢遽舍其中心之诚然而姑以听受云者，正不敢有负于深爱，亦思有以报之耳。秋尽东还，必求一面，以卒所请，千万终教！

答聂文蔚

春间远劳迂途枉顾，问证惓惓，此情何可当也！已期二三同志，更处静地,扳留旬日,少效其鄙见,以求切劘之益。而公期俗绊,势有不能,别去极怏怏,如有所失。忽承笺惠,反复千余言,读之无甚浣慰。中间推许太过,盖亦奖掖之盛心。而规砺真切,思欲纳之于贤圣之域。又托诸崇一以致其勤勤恳恳之怀,此非深交笃爱何以及是!知感知愧,且惧其无以堪之也。虽然,仆亦何敢不自鞭勉,而徒以感愧辞让为乎哉?其谓"思、孟、周、程无意相遭于千载之下,与其尽信于天下,不若真信于一人。道固自在,学亦自在,天下信之不为多,一人信之不为少"者,斯固君子"不见是而无闷"之心,岂世之谍谍屑屑者知足以及之乎?乃仆之情则有大不得已者存乎其间,而非以计人之信与不信也。

夫人者,天地之心。天地万物,本吾一体者也。生民之困苦荼毒,孰非疾痛之切于吾身者乎?不知吾身之疾痛,无是非之心者也。是非之心,不虑而知,不学而能,所谓良知也。良知之在人心,无间于圣愚,天下古今之所同也。世之君子惟务致其良知,则自能公是非,同好恶,视人犹己,视国犹家,而以天地万物为一体,求天下无治,不可得矣。古之人所以能见善不啻若己出,见恶不啻若己入,视民之饥溺犹己之饥溺,而一夫不获,若己推而纳诸沟中者,非故为是而以蕲天下之信己也,务致其良知,求自慊而已矣。尧、舜、三王之圣,言而民莫不信者,致其良知而言之也;行而民莫不说者,致其良知而行之也。是以其民熙熙皞皞,杀之不怨,利之不庸,施及蛮貊,而凡有血气者莫不尊亲,为其良知之同也。呜呼!圣人之治天下,何其简且易哉!

后世良知之学不明,天下之人用其私智以相比轧,是以人各有心,而偏琐僻陋之见,狡伪阴邪之术,至于不可胜说。外假仁义之名,而内以行其自私自利之实,诡辞以阿俗,矫行以干誉,掩人之善而袭以为己长,讦人之私而窃以为己直,忿以相胜而犹谓之徇义,险以相倾而犹谓之疾恶,妒贤忌能而犹自以为公是非,恣情纵欲而犹自以为同好恶,相陵相贼,自其一家骨肉之亲,已不能无尔我胜负之意,彼此藩篱之形,而况于天下之大,民物之众,又何能一体而视之?则无怪于纷纷籍籍,而祸乱相寻于无穷矣!

仆诚赖天之灵,偶有见于良知之学,以为必由此而后天下可得而治。是以每念斯民之陷溺,则为戚然痛心,忘其身之不肖,而思以此救之,亦不自知其量者。天下之人见其若是,遂相与非笑而诋斥之,以为是病狂丧心之人耳。呜呼!是奚足恤哉?吾方疾痛之切体,而暇计人之非笑乎!人固有见其父子兄弟之坠溺于深渊者,呼号匍匐,裸跣颠顿,扳悬崖壁而下拯之。士之见者,方相与揖让谈笑于其旁,以为是弃其礼貌衣冠而呼号颠顿若此,是病狂丧心之也。故夫揖让谈笑于溺人之旁而不知救,此惟行路之人,无亲戚骨肉之情者能之,然已谓之无恻隐之心,非人矣。若夫在父子兄弟之爱者,则固未有不痛心疾首,狂奔尽气,匍匐而拯之。彼将陷溺之祸有不顾,而况于病狂丧心之讥乎?而又况于蕲人之信与不信乎?

呜呼!今之人虽谓仆为病狂丧心之人,亦无不可矣。天下之人心皆吾之心也,天下之人犹有病狂者矣,吾安得而非病狂乎?犹有丧心者矣,吾安得而非丧心乎?

昔者孔子之在当时,有议其为谄者,有讥其为佞者,有毁其未贤,诋其为不知礼,而侮之以为"东家丘"者,有嫉而沮之者,有恶而欲杀之者;晨门、荷蒉之徒,皆当时之贤士,且曰"是知其不可而为之者欤"!"鄙哉!硁硁乎,莫己知也,斯已而已矣。"虽子路在升堂之列,尚不能无疑于其所见,不悦于其所欲往,而且以之为迂,则当时之不信夫子者,岂特十之二三而已乎?然而夫子汲汲遑遑,若求亡子于道路,而不暇于暖席者,宁以蕲人之知我、信我而已哉?盖其天地万物一体之仁,疾痛迫切,虽欲已之,而自有所不容已。故其言曰:"吾非斯人之徒与而谁与!""欲洁其身而乱大伦。""果哉,末之难矣!"呜呼!此非诚以天地万物为一体者,孰能以知夫子之心乎?若其"遁世无闷","乐天知命"者,则固"无入而不自得","道并行而不相悖"也。

仆之不肖,何敢以夫子之道为己任?顾其心亦已稍知疾痛之在身,是以傍徨四顾，将求其有助于我者，相与讲去其病耳。今诚得豪杰同志之士，扶持匡翼，共明良知之学于天下，使天下之人皆知自致其良知，以相安相养，去其自私自利之蔽，一洗谗妒胜忿之习，以济于大同，则仆之狂病，固将脱然以愈，而终免于丧心之患矣，岂不快哉！

嗟乎！今诚欲求豪杰同志之士于天下，非如吾文蔚者而谁望之乎？如吾文蔚才与志，诚足以援天下之溺者。今又既知其具之在我而无假于外求矣，循是而充，若决河注海，孰得而御哉？文蔚所谓"一人信之不为少"，其又能逊以委之何人乎？

会稽素号山水之区，深林长谷，信步皆是，寒暑晦明，无时不宜，安居饱食，尘嚣无扰，良朋四集，道义日新，优哉游哉，天地之间宁复有乐于是者！孔子云："不怨天，不尤人，下学而上达。"仆与二三同志方将请事斯语，奚暇外慕？独其切肤之痛，乃有未能恝然者，辄复云云尔。

咳疾暑毒，书札绝懒。盛使远来，迟留经月，临岐执笔，又不觉累纸。盖于相知之深，虽已缕缕至此，殊觉有所未能尽也。

二

得书，见近来所学之骤进，喜慰不可言。谛视数过，其间虽亦有一二未莹彻处，却是致良知之功尚未纯熟。到纯熟时，自无此矣。譬之驱车，既已由于康庄大道之中，或时横斜迂曲者，乃马性未调，衔勒不齐之故，然已只在康庄大道中，决不赚入傍蹊曲径矣。近时海内同志，到此地位者曾未多见，喜慰不可言，斯道之幸也！

贱躯旧有咳嗽畏热之病，近入炎方，辄复大作。主上圣明洞察，责付甚重，不敢遽辞。地方军务冗沓，皆与疾从事。今却幸已平定，已具本乞回养病。得在林下稍就清凉，或可瘳耳。人还，伏枕草草，不尽倾企。外惟浚一简，幸达致之！

来书所询，草草奉复一二。近岁来山中讲学者，往往多说"勿忘勿助"功夫甚难，问之则云："才著意便是助，才不著意便是忘，所以甚难。"

区区因问之云:"忘是忘个甚么?助是助个甚么?"其人默然无对。始请问。区区因与说我此间讲学,却只说个"必有事焉",不说"勿忘勿助"。必有事焉者,只是时时去集义。若时时去用"必有事"的功夫,而或有时间断,此便是忘了,即须"勿忘"。时时去用"必有事"的功夫,而或有时欲速求效,此便是助了,即须"勿助"。其功夫全在"必有事焉"上用,"勿忘勿助"只就其间提撕警觉而已。若是功夫原不间断,即不须更说"勿忘";原不欲速求效,即不须更说"勿助"。此其功夫何等明白简易,何等洒脱自在!今却不去"必有事"上用功,而乃悬空守著一个"勿忘勿助",此正如烧锅煮饭,锅内不曾渍水下米,而乃专去添柴放火,不知毕竟煮出个甚么物来。吾恐火候未及调停,而锅已先破裂矣。近日一种专在"勿忘勿助"上用功者,其病正是如此。终日悬空去做个"勿忘",又悬空去做个"勿助",渀渀荡荡,全无实落下手处;究竟功夫只做得个沉空守寂,学成一个痴呆汉,才遇些子事来,即便牵滞纷扰,不复能经纶宰制。此皆有志之士,而乃使之劳苦缠缚,担阁一生,皆由学术误人之故,甚可悯矣!

夫"必有事焉"只是"集义"。"集义"只是"致良知"。说"集义"则一时未见头脑,说"致良知"即当下便有实地步可用功。故区区专说致良知,随时就事上致其良知,便是"格物";著实去致良知,便是"诚意";著实致其良知而无一毫意必固我,便是"正心";著实致良知,则自无忘之病;无一毫意必固我,则自无助之病。故说格致诚正则不必更说个忘助。孟子说忘助,亦就告子得病处立方。告子强制其心,是助的病痛,故孟子专说助长之害。告子助长,亦是他以义为外,不知就自心上"集义",在"必有事焉"上用功,是以如此。若时时刻刻就自心上"集义",则良知之体洞然明白,自然是是非非纤毫莫遁,又焉有"不得于言,勿求于心;不得于心,勿求于气"之弊乎?孟子"集义"、"养气"之说,固大有功于后学。然亦是因病立方,说得大段,不若《大学》格致诚正之功,尤极精一简易,为彻上彻下,万世无弊者也。

圣贤论学，多是随时就事，虽言若人殊，而要其功夫头脑若合符节。缘天地之间，原只有此性，只有此理，只有此良知，只有此一件事耳。故凡就古人论学处说功夫，更不必搀和兼搭而说，自然无不吻合贯通者。才须搀和兼搭而说，即是自己功夫未明彻也。近时有谓"集义"之功，必须兼搭个致良知而后备者，则是"集义"之功尚未了彻也。"集义"之功尚未了彻，适足以为致良知之累而已矣。谓致良知之功必须兼搭一个"勿忘勿助"而后明者，则是致良知之功尚未了彻也。致良知之功尚未了彻，适足以为"勿忘勿助"之累而已矣。若此者，皆是就文义上解释牵附，以求混融凑泊，而不曾就自己实功夫上体验，是以论之愈精，而去之愈远。文蔚之论，其于大本达道既已沛然无疑，至于"致知"、"穷理"及"忘助"等说，时亦有搀和兼搭处，却是区区所谓康庄大道之中，或时横斜迂曲者。到得功夫熟后，自将释然矣。

文蔚谓"致知之说，求之事亲从兄之间，便觉有所持循"者，此段最见近来真切笃实之功。但以此自为不妨，自有得力处。以此遂为定说教人，却未免又有因药发病之患，亦不可不一讲也。

盖良知只是一个天理，自然明觉发见处，只是一个真诚恻怛，便是他本体。故致此良知之真诚恻怛，以事亲便是孝；致此良知真诚恻怛，以从兄便是弟；致此良知之真诚恻怛，以事君便是忠。只是一个良知，一个真诚恻怛。若是从兄的良知不能致其真诚恻怛，即是事亲的良知不能致其真诚恻怛矣；事君的良知不能致其真诚恻怛，即是从兄的良知不能致其真诚恻怛矣。故致得事君的良知，便是致却从兄的良知；致得从兄的良知，便是致却事亲的良知。不是事君的良知不能致，却须又从事亲的良知上去扩充将来，如此，又是脱却本原，著在支节上求了。良知只是一个，随他发见流行处，当下具足，更无去来，不须假借。然其发见流行处，却自有轻重厚薄，毫发不容增减者，所谓天然自有之中也。虽则轻重厚薄毫发不容增减，而原又只是一个；虽则只是一个，而其间轻重厚薄又毫发不容增减。若可得增减，若须假借，即已非其真诚恻怛之本体矣。此良知之妙用，所以无方体，无穷尽，"语大天下莫能载，语小天下莫能破"者也。

孟氏"尧、舜之道，孝弟而已"者，是就人之良知发见得最真切笃厚、不容蔽昧处提省人，使人于事君、处友、仁民、爱物，与凡动静语默间，皆只是致他那一念事亲从兄真诚恻怛的良知，即自然无不是道。盖天下之事虽千变万化，至于不可穷诘，而但惟致此事亲从兄、一念真诚恻怛之良知以应之，则更无有遗缺渗漏者，正谓其只有此一个良知故也。事亲从兄一念良知之外，更无有良知可致得者，故曰："尧、舜之道，孝弟而已矣。"此所以为"惟精惟一"之学，放之四海而皆准，施诸后世而无朝夕者也。

文蔚云："欲于事亲从兄之间，而求所谓良知之学。"就自己用功得力处如此说，亦无不可。若曰"致其良知之真诚恻怛，以求尽夫事亲从兄之道焉"，亦无不可也。明道云："行仁自孝弟始。孝弟是仁之一事，谓之行仁之本则可，谓是仁之本则不可。"其说是矣。

"亿"、"逆"、"先觉"之说，文蔚谓"诚则旁行曲防，皆良知之用"。甚善甚善！间有挨搭处，则前已言之矣。惟浚之言亦未为不是，在文蔚须有取于惟浚之言而后尽，在惟浚又须有取于文蔚之言而后明。不然，则亦未免各有倚著之病也。"舜察迩言而询刍荛"，非是以迩言当察，刍荛当询，而后如此。乃良知之发见流行，光明圆莹，更无挂碍遮隔处，此所以谓之大知。才有执著意必，其知便小矣。讲学中自有去取分辨，然就心地上著实用功夫，却须如此方是。

"尽心"三节，区区曾有生知、学知、困知之说，颇已明白，无可疑者。盖尽心、知性、知天者，不必说存心、养性、事天，不必说"夭寿不贰、修身以俟"，而"存心养性"与"修身以俟"之功已在其中矣。存心、养性、事天者，虽未到得尽心知天的地位，然已是在那里做个求到尽心知天的功夫，更不必说"夭寿不贰，修身以俟"，而"夭寿不贰，修身以俟"之功已在其中矣。譬之行路，尽心知天者，如年力壮健之人，既能奔走往来于数千百里之间者也；存心事天者，如童稚之年，使之学习步趋于庭除之间者也；"夭寿不贰，修身以俟"者，如襁褓之孩，方使之扶墙傍壁而渐学起立移步者也。既已能奔走往来于数千里之间者，则不必更使之于庭除之间而学步趋，而步趋于庭除之间自无弗能矣；既已能步趋于庭除之间，则不必更使之扶墙傍壁而学起立移步，而起立移步自无弗能矣。然学起立移步，便是学步趋庭除之始；学步趋庭除，便是学奔走往来于数千里之基，固非有二事。但其功夫之难易，则相去悬绝矣。

心也，性也，天也，一也，故及其知之成功则一。然而三者人品力量自有阶级，不可躐等而能也。细观文蔚之论，其意以恐尽心知天者废却存心修身之功，而反为尽心知天之病。是盖为圣人忧功夫之或间断，而不知为自己忧功夫之未真切也。吾侪用功，却须专心致志在"夭寿不贰，修身以俟"上做，只此便是做尽心知天功夫之始。正如学起立移步，便是学奔走千里之始。吾方自虑其不能起立移步，而岂遽虑其不能奔走千里，又况为奔走千里者而虑其或遗忘于起立移步之习哉？

文蔚识见，本自超绝迈往，而所论云然者，亦是未能脱去旧时解说文义之习。是为此三段书分疏比合，以求融会贯通，而自添许多意见缠绕，反使用功不专一也。近时悬空去做"勿忘勿助"者，其意见正有此病，最能耽误人，不可不涤除耳。

所谓"尊德性而道问学"一节，至当归一，更无可疑。此便是文蔚曾著实用功，然后能为此言。此本不是险僻难见的道理，人或意见不同者，还是良知尚有纤翳潜伏。若除去此纤翳，即自无不洞然矣。

已作书后，移卧檐间，偶遇无事，遂复答此。文蔚之学既已得其大者，此等处久当释然自解，本不必屑屑如此分疏。但承相爱之厚，千里差人远及，谆谆下问，而竟虚来意，又自不能已于言也。然直戆烦缕已甚，恃在信爱，当不为罪。惟浚及谦之、崇一处，各得转录一通寄视之，尤承一体之好也。

右南大吉录。

训蒙大意示教读刘伯颂等

古之教者，教以人伦。后世记诵词章之习起，而先王之教亡。今教童子，惟当以孝、弟、忠、信、礼、义、廉、耻为专务。其栽培涵养之方，则宜诱之歌诗以发其志意，导之习礼以肃其威仪，讽之读书以开其知觉。今人往往以歌诗习礼为不切时务，此皆末俗庸鄙之见，乌足以知古人立教之意哉！

大抵童子之情，乐嬉游而惮拘检，如草木之始萌芽，舒畅之则条达，摧挠之则衰痿。今教童子，必使其趋向鼓舞，中心喜悦，则其进自不能已。譬之时雨春风，霑被卉木，莫不萌动发越，自然日长月化。若冰霜剥落，则生意萧索，日就枯槁矣。故凡诱之歌诗者，非但发其志意而已，亦以泄其跳号呼啸于咏歌，宣其幽抑结滞于音节也；导之习礼者，非但肃其威仪而已，亦所以周旋揖让而动荡其血脉，拜起屈伸而固束其筋骸也；讽之读书者，非但开其知觉而已，亦所以沉潜反复而存其心，抑扬讽诵以宣其志也。凡此皆所以顺导其志意，调理其性情，潜消其鄙吝，默化其粗顽，日使之渐于礼义而不苦其难，入于中和而不知其故。是盖先王立教之微意也。

若近世之训蒙稚者，日惟督以句读课仿，责其检束，而不知导之以礼；求其聪明，而不知养之以善；鞭挞绳缚，若持拘囚。彼视学舍如囹狱而不肯入，视师长如寇仇而不俗见，窥避掩覆以遂其嬉游，设诈饰诡以肆其顽鄙，偷薄庸劣，日趋下流。是盖驱之于恶而求其为善也，何可得乎？

凡吾所以教，其意实在于此。恐时俗不察，视以为迂，且吾亦将去，故特叮咛以告。尔诸教读，其务体吾意，永以为训，毋辄因时俗之言，改废其绳墨，庶成"蒙以养正"之功矣。念之念之！

教　约

每日清晨，诸生参揖毕，教读以次遍询诸生：在家所以爱亲敬长之心，得无懈忽，未能真切否？温清定省之仪，得无亏缺，未能实践否？往来街衢，步趋礼节，得无放荡，未能谨饬否？一应言行心术，得无欺妄非僻，未能忠信笃敬否？诸童子务要各以实对，有则改之，无则加勉。教读复随时就事，曲加诲谕开发，然后各退就席肄业。

凡歌《诗》，须要整容定气，清朗其声音，均审其节调，毋躁而急，毋荡而嚣，毋馁而慑。久则精神宣畅，心气和平矣。每学量童生多寡，分为四班，每日轮一班歌《诗》，其余皆就席，敛容肃听。每五日则总四班递歌于本学。每朔望集各学会歌于书院。

凡习礼，须要澄心肃虑，审其仪节，度其容止，毋忽而惰，毋沮而怍，毋径而野，从容而不失之迂缓，修谨不失之拘局。久则体貌习熟，德性坚定矣。童生班次皆如歌《诗》。每间一日则轮一班习礼。其余皆就席，敛容肃观。习礼之日，免其课仿。每十日则总四班递习于本学。每朔望则集各学会习于书院。

凡授书不在徒多，但贵精熟。量其资禀，能二百字者，止可授以一百字。常使精神力量有余，则无厌苦之患，而有自得之美。讽诵之际，务令专心一志，口诵心惟，字字句句紬绎反复，抑扬其音节，宽虚其心意。久则义礼浃洽，聪明日开矣。

每日功夫，先考德，次背书诵书，次习礼，或作课仿，次复诵书讲书，次歌《诗》。凡习礼歌《诗》之类，皆所以常存童子之心，使其乐习不倦，而无暇及于邪僻。教者知此，则知所施矣。虽然，此其大略也。神而明之，则存乎其人。

卷三　语录三

传习录下 附朱子晚年定论

陈九川录

正德乙亥，九川初见先生于龙江，先生与甘泉先生论格物之说。甘泉持旧说。先生曰："是求之于外了。"甘泉曰："若以格物理为外，是自小其心也。"九川甚喜旧说之是。先生又论《尽心》一章，九川一闻，却遂无疑。

后家居，复以格物遗质。先生答云："但能实地用功，久当自释。"山间乃自录《大学》旧本读之，觉朱子格物之说非是。然亦疑先生以意之所在为物，物字未明。

己卯，归自京师，再见先生于洪都。先生兵务倥偬，乘隙讲授，首问近年用功何如？

九川曰："近年体验得'明明德'功夫只是'诚意'。自'明明德于天下'，步步推入根源，到'诚意'上再去不得，如何以前又有格致功夫？后又体验，觉得意之诚伪，必先知觉乃可，以颜子有'不善未尝不知，知之未尝复行'为证，豁然若无疑。却又多了格物功夫。又思来，吾心之灵，何有不知意之善恶？只是物欲蔽了。须格去物欲，始能如颜子未尝不知耳。又自疑功夫颠倒，与'诚意'不成片段。后问希颜。希颜曰：'先生谓格物致知是诚意功夫，极好。'九川曰：'如何是诚意功夫？'希颜令再思体看，九川终不悟，请问。"

先生曰："惜哉！此可一言而悟！惟浚所举颜子事便是了，只要知身、心、意、知、物是一件。"

九川疑曰："物在外，如何与身、心、意、知是一件？"

先生曰："耳、目、口、鼻、四肢，身也，非心安能视、听、言、动？心欲视、听、言、动，无耳、目、口、鼻、四肢亦不能，故无心则无身，无身则无心。但指其充塞处言之谓之身，指其主宰处言之谓之心，指心之发动处谓之意，指意之灵明处谓之知，指意之涉着处谓之物，只是一件。意未有悬空的，必着事物。故欲诚意则随意所在某事而格之，去其人欲而归于天理，则良知之在此事者，无蔽而得致矣。此便是诚意的功夫。"

九川乃释然，破数年之疑。又问："甘泉近亦信用《大学》古本，谓格物犹言造道。又谓穷理如穷其巢穴之穷，以身至之也。故格物亦只是随处体认天理，似与先生之说渐同。"

先生曰："甘泉用功，所以转得来。当时与说'亲民'字不须改，他亦不信，今论'格物'亦近，但不须换'物'字作'理'字，只还他一'物'字便是。"

后有人问九川曰："今何不疑'物'字？"曰："《中庸》曰'不诚无物'，程子曰'物来顺应'，又如'物各付物'、'胸中无物'之类，皆古人常用字也。"他日先生亦云然。

九川问："近年因厌泛滥之学，每要静坐，求屏息念虑，非惟不能，愈觉扰扰，如何？"

先生曰："念如何可息？只是要正。"

曰："当自有无念时否？"

先生曰："实无无念时。"

曰："如此却如何言静？"

曰:"静未尝不动,动未尝不静。戒谨恐惧即是念,何分动静?"

曰:"周子何以言'定之以中正仁义而主静'?"

曰:"无欲故静,是'静亦定,动亦定'的'定'字,主其本体也。戒惧之念是活泼泼地。此是天机不息处,所谓'维天之命,于穆不已',一息便是死。非本体之念,即是私念。"

又问:"用功收心时,有声有色在前,如常闻见,恐不是专一。"

曰:"如何欲不闻见?除是槁木死灰,耳聋目盲则可。只是虽闻见而不流去便是。"

曰:"昔有人静坐,其子隔壁读书,不知其勤惰,程子称其甚敬。何如?"

曰:"伊川恐亦是讥他。"

又问:"静坐用功,颇觉此心收敛,遇事又断了。旋起个念头,去事上省察。事过又寻旧功,还觉有内外,打不作一片。"

先生曰:"此格物之说未透。心何尝有内外?即如惟浚,今在此讲论,又岂有一心在内照管?这听讲说时专敬,即是那静坐时心,功夫一贯,何须更起念头?人须在事上磨炼做功夫,乃有益。若只好静,遇事便乱,终无长进。那静时功夫亦差,似收敛而实放溺也。"

后在洪都,复与于中、国裳论内外之说。渠皆云:"物自有内外,但要内外并着功夫,不可有间耳!"以质先生。

曰:"功夫不离本体;本体原无内外。只为后来做功夫的分了内外,失其本体了。如今正要讲明功夫不要有内外,乃是本体功夫。"是日俱有省。

又问:"陆子之学何如?"

先生曰:"濂溪、明道之后,还是象山,只是粗些。"

九川曰:"看他论学,篇篇说出骨髓,句句似针膏肓,却不见他粗。"

先生曰:"然。他心上用过功夫,与揣摹依仿,求之文义,自不同。但细看有粗处。用功久,当见之。"

庚辰往虔州,再见先生,问:"近来功夫虽若稍知头脑,然难寻个稳当快乐处。"

先生曰:"尔却去心上寻个天理,此正所谓理障。此间有个诀窍。"

曰:"请问如何?"

曰:"只是致知。"

曰:"如何致知?"

曰:"尔那一点良知,是尔自家的准则。尔意念着处,他是便知是,非便知非,更瞒他一些不得。尔只不要欺他,实实落落依着他做去,善便存,恶便去。他这里何等稳当快乐。此便是格物的真诀,致知的实功。若不靠着这些真机,如何去格物?我亦近年体贴出来如此分明,初犹疑只依他恐有不足,精细看无些小欠阙。"

在虔,与于中、谦之同侍。先生曰:"人胸中各有个圣人,只自信不及,都自埋倒了。"因顾于中曰:"尔胸中原是圣人。"

于中起不敢当。

先生曰:"此是尔自家有的,如何要推?"

于中又曰:"不敢。"

先生曰:"众人皆有之,况在于中,却何故谦起来?谦亦不得。"

于中乃笑受。

又论:"良知在人,随你如何,不能泯灭,虽盗贼亦自知不当为盗,唤他作贼,他还忸怩。"

于中曰:"只是物欲遮蔽,良心在内,自不会失;如云自蔽日,日何尝失了!"

先生曰:"于中如此聪明,他人见不及此。"

先生曰:"这些子看得透彻,随他千言万语,是非诚伪,到前便明。合得的便是,合不得的便非。如佛家说心印相似,真是个试金石、指南针。"

先生曰:"人若知这良知诀窍,随他多少邪思枉念,这里一觉,都自消融。真个是灵丹一粒,点铁成金。"

崇一曰:"先生致知之旨,发尽精蕴,看来这里再去不得。"

先生曰："何言之易也？再用功半年看如何？又用功一年看如何？功夫愈久，愈觉不同，此难口说。"

先生问九川："于'致知'之说体验如何？"

九川曰："自觉不同。往时操持常不得个恰好处，此乃是恰好处。"

先生曰："可知是体来与听讲不同。我初与讲时，知尔只是忽易，未有滋味。只这个要妙，再体到深处，日见不同，是无穷尽的。"

又曰："此'致知'二字，真是个千古圣传之秘，见到这里，百世以俟圣人而不惑！"

九川问曰："伊川说到'体用一原，显微无间'处，门人已说是泄天机。先生致知之说，莫亦泄天机太甚否？"

先生曰："圣人已指以示人，只为后人掩匿，我发明耳，何故说泄？此是人人自有的，觉来甚不打紧一般。然与不用实功人说，亦甚轻忽可惜，彼此无益。与实用功而不得其要者提撕之，甚沛然得力。"

又曰："知来本无知，觉来本无觉，然不知则遂沦埋。"

先生曰："大凡朋友，须箴规指摘处少，诱掖将劝意多，方是。"后又戒九川云："与朋友论学，须委曲谦下，宽以居之。"

九川卧病虔州。先生云："病物亦难格，觉得如何？"

对曰："功夫甚难。"

先生曰："常快活便是功夫。"

九川问："自省念虑，或涉邪妄，或预料理天下事，思到极处，井井有味，便缱绻难屏。觉得早则易，觉迟则难。用力克治，愈觉扞格。惟稍迁念他事，则随两忘。如此廓清，亦似无害。"

先生曰："何须如此！只要在良知上着功夫。"

九川曰："正谓那一时不知。"

先生曰："我这里自有功夫，何缘得他来？只为尔功夫断了，便蔽其知。既断了则继续旧功便是，何必如此。"

九川曰："真是难鏖，虽知丢他不去。"

先生曰："须是勇。用功久，自有勇。故曰'是集义所生者'，胜得容易，便是大贤。"

九川问："此功夫却于心上体验明白，只解书不通。"

先生曰："只要解心。心明白，书自然融会。若心上不通，只要书上文义通，却自生意见。"

有一属官，因久听讲先生之学，曰："此学甚好。只是薄书讼狱繁难，不得为学。"

先生闻之，曰："我何尝教尔离了薄书讼狱，悬空去讲学？尔既有官司之事，便从官司的事上为学，才是真格物。如问一词讼，不可因其应对无状，起个怒心；不可因他言语圆转，生个喜心；不可恶其嘱托，加意治之；不可因其请求，屈意从之；不可因自己事务烦冗，随意苟且断之；不可因旁人谮毁罗织，随人意思处之。这许多意思皆私，只尔自知，须精细省察克治，惟恐此心有一毫偏倚，杜人是非，这便是格物致知。薄书讼狱之间，无非实学。若离了事物为学，却是著空。"

虔州将归，有诗别先生云："良知何事系多闻，妙合当时已种根，好恶从之为圣学，将迎无处是乾元。"

先生曰："若未来讲此学，不知说'好恶从之'从个甚么？"敷英在座，曰："诚然。尝读先生《大学古本序》，不知所说何事。及来听讲许时，乃稍知大意。"

于中、国裳辈同侍食。先生曰："凡饮食只是要养我身，食了要消化。若徒蓄积在肚里，便成痞了，如何长得肌肤？后世学者博闻多识，留滞胸中，皆伤食之病也。"

先生曰："圣人亦是'学知'，众人亦是'生知'。"

问曰："何如？"

曰："这良知人人皆有，圣人只是保全，无些障蔽，兢兢业业，亹亹翼翼，自然不息，便也是学。只是生的分数多，所以谓之'生知安行'。众人自孩提之童，莫不完具此知，只是障蔽多，然本体之知自难泯息，虽问学克治也只凭他。只是学的分数多，所以谓之'学知利行'。"

黄直录

黄以方问："先生格致之说，随时格物以致其知，则知是一节之知，非全体之知也。何以到得'溥博如天，渊泉如渊'地位？"

先生曰："人心是天、渊。心之本体无所不该，原是一个天，只为私欲障碍，则天之本体失了。心之理无穷尽，原是一个渊，只为私欲窒塞，则渊之本体失了。如今念念致良知，将此障碍窒塞一齐去尽，则本体已复，便是天、渊了。"乃指天以示之曰："比如面前见天，是昭昭之天；四外见天，也只是昭昭之天。只为许多房子墙壁遮蔽，便不见天之全体。若撤去房子墙壁，总是一个天矣。不可道眼前天是昭昭之天，外面又不是昭昭之天也。于此便见一节之知，即全体之知；全体之知，即一节之知。总是一个本体。"

先生曰："圣贤非无功业气节，但其循著这天理，则便是道，不可以事功气节名矣。"

"'发愤忘食'，是圣人之志，如此真无有已时；'乐以忘忧'，是圣人之道，如此真无有戚时。恐不必云得不得也。"

先生曰："我辈致知，只是各随分限所及。今日良知见在如此，只随今日所知扩充到底。明日良知又有开悟，便从明日所知扩充到底。如此方是精一功夫。与人论学，亦须随人分限所及。如树有这些萌芽，只把这些水去灌溉。萌芽再长，便又加水。自拱把以至合抱，灌溉之功皆是随其分限所及。若些小萌芽，有一桶水在，尽要倾上，便浸坏他了。"

问"知行合一"。先生曰："此须识我立言宗旨。今人学问，只因知行分作两件，故有一念发动，虽是不善，然却未曾行，便不去禁止。我今说个'知行合一'，正要人晓得一念发动处，便即是行了。发动处有不善，就将这不善的念克倒了。须要彻根彻底，不使那一念不善潜伏在胸中。此是我立言宗旨。"

"圣人无所不知，只是知个天理；无所不能，只是能个天理。圣人本体明白，故事事知个天理所在，便去尽个天理。不是本体明后，却于天下事物都便知得，便做得来也。天下事物，如名物度数、草木鸟兽之类，不胜其烦。圣人须是本体明了，亦何缘能尽知得？但不必知的，圣人自不消求知；其所当知的，圣人自能问人，如'子入太庙，每事问'之类。先儒谓'虽知亦问，敬谨之至'，此说不可通。圣人于礼乐名物，不必尽知。然他知得一个天理，便自有许多节文度数出来。不知能问，亦即是天理节文所在。"

问："先生尝谓'善恶只是一物'。善恶两端，如冰炭相反，如何谓只一物？"

先生曰："至善者，心之本体。本体上才过当些子，便是恶了。不是有一个善，却又有一个恶来相对也。故善恶只是一物。"

直因闻先生之说，则知程子所谓"善固性也，恶亦不可不谓之性"。又曰："善恶皆天理。谓之恶者本非恶，但于本性上过与不及之间耳。"其说皆无可疑。

先生尝谓："人但得好善如好好色，恶恶如恶恶臭，便是圣人。"

直初时闻之觉甚易，后体验得来，此个功夫著实是难。如一念虽知好善恶恶，然不知不觉，又夹杂去了。才有夹杂，便不是好善如好好色、恶恶如恶恶臭的心。善能实实的好，是无念不善矣；恶能实实的恶，是无念及恶矣。如何不是圣人？故圣人之学，只是一诚而已。

问："《修道说》言：'率性之谓道'，属圣人分上事；'修道之谓教'，属贤人分上事。"

先生曰："众人亦率性也。但率性在圣人分上较多，故'率性之谓道'属圣人事。圣人亦修道也，但修道在贤人分上多，故'修道之谓教'属贤人事。"

又曰："《中庸》一书，大抵皆是说修道的事。故后面凡说君子，说颜渊，说子路，皆是能修道的。说小人，说贤、知、愚、不肖，说庶民，皆是不能修道的。其他言舜、文、周公、仲尼至诚至圣之类，则又圣人之自能修道者也。"

问："儒者到三更时分，扫荡胸中思虑，空空静静，与释氏之静只一般，两下皆不用，此时何所分别？"

先生曰："动静只是一个。那三更时分空空静静的，只是存天理，即是如今应事接物的心。如今应事接物的心，亦是循此天理，便是那三更时分空空静静的心。故动静只是一个，分别不得。知得动静合一，释氏毫厘差处亦自莫揜矣。"

门人在座，有动止甚矜持者。先生曰："人若矜持太过，终是有弊。"

曰："矜持太过，如何有弊？"

曰："人只有许多精神，若专在容貌上用功，则于中心照管不及者多矣。"

有太直率者。先生曰："如今讲此学，却外面全不检束，又分心与事为二矣。"

门人作文送友行，问先生曰："作文字不免费思，作了后又一二日，常记在怀。"

曰："文字思索亦无害。但作了常记在怀，则为文所累，心中有一物矣，此则未可也。"

又作诗送人，先生看诗毕，谓曰："凡作文字要随我分限所及。若说得太过了，亦非修辞立诚矣。"

"文公格物之说，只是少头脑，如所谓'察之于念虑之微'，此一句不该与'求之文字之中，验之于事为之著，索之讲论之际'混作一例看，是无轻重也。"

问有所忿懥一条。先生曰："忿懥几件，人心怎能无得？只是不可有耳！凡人忿懥著了一分意思，便怒得过当，非廓然大公之体了。故有所忿懥，便不得其正也。如今于凡忿懥等件，只是个物来顺应，不要着一分意思，便心体廓然大公，得其本体之正了。且如出外见人相斗，其不是的，我心亦怒。然虽怒，却此心廓然，不曾动此子气。如今怒人，亦得如此，方才是正。"

先生尝言："佛氏不著相，其实著了相。吾儒著相，其实不著相。"请问。

曰："佛怕父子累，却逃了父子；怕君臣累，却逃了君臣；怕夫妇累，却逃了夫妇。都是为个君臣、父子、夫妇著了相，便须逃避。如吾儒有个父子，还他以仁；有个君臣，还他以义；有个夫妇，还他以别：何曾著父子、君臣、夫妇的相？"

黄修易录

黄勉叔问："心无恶念时，此心空空荡荡的，不知亦须存个善念否？"

先生曰："既去恶念，便是善念，便复心之本体矣。譬如日光，被云来遮蔽，云去，光已复矣。若恶念既去，又要存个善念，即是日光之中添燃一灯。"

问："近来用功，亦颇觉妄念不生。但腔子里黑窣窣的，不知如何打得光明。"

先生曰："初下手用功，如何腔子里便得光明？譬如奔流浊水，才贮在缸里。初然虽定，也只是昏浊的。须俟澄定既久，自然渣滓尽去，复得清来。汝只要在良知上用功。良知存久，黑窣窣自能光明矣。今便要责效，却是助长，不成功夫。"

先生曰："吾教人致良知，在格物上用功，却是有根本的学问。日长进一日，愈久愈觉精明。世儒教人事事物物上去寻讨，却是无根本的学问。方其壮时，虽暂能外面修饰，不见有过，老则精神衰迈，终须放倒。譬如无根之树，移栽水边，虽暂时鲜好，终久要憔悴。"

问"志于道"一章。先生曰："只'志道'一句，便含下面数句功夫，自住不得。譬如做此屋，'志于道'是念念要去择地鸠材，经营成个区宅。'据德'却是经画已成，有可据矣。'依仁'却是常常住在区宅内，更不离去。'游艺'却是加些画采，美此区宅。艺者，义也，理之所宜者也，如诵诗、读书、弹琴、习射之类，皆所以调习此心，使之熟于道也。苟不'志道'而'游艺'，却如无状小子，不先去置造区宅，只管要去买画挂做门面，不知将挂在何处？"

问："读书所以调摄此心，不可缺的。但读之时，一种科目意思牵引而来，不知何以免此？"

先生曰："只要良知真切，虽做举业，不为心累。总有累亦易觉，克之而已。且如读书时，良知知得强记之心不是，即克去之；有欲速之心不是，即克去之；有夸多斗靡之心不是，即克去之。如此，亦只是终日与圣贤印对，是个纯乎天理之心。任他读书，亦只是调摄此心而已，何累之有？"

曰："虽蒙开示，奈资质庸下，实难免累。窃闻穷通有命，上智之人恐不屑此。不肖为声利牵缠，甘心为此，徒自苦耳。欲屏弃之，又制于亲，不能舍去，奈何？"

先生曰："此事归辞于亲者多矣，其实只是无志。志立得时，良知千事万为只是一事。读书作文安能累人？人自累于得失耳。"因叹曰："此学不明，不知此处担阁了几多英雄汉！"

问："'生之谓性'，告子亦说得是，孟子如何非之？"

先生曰："固是性，但告子认得一边去了，不晓得头脑，若晓得头脑，如此说亦是。孟子亦曰'形色天性也'，这也是指气说。"又曰："凡人信口说，任意行，皆说'此是依我心性出来'，此是所谓'生之谓性'，然却要有过差。若晓得头脑，依吾良知上说出来，行将去，便自是停当。然良知亦只是这口说，这身行，岂能外得气，别有个去行去说？故曰'论性不论气，不备；论气不论性，不明'。气亦性也，性亦气也，但须认得头脑是当。"

又曰："诸君功夫最不可助长。上智绝少，学者无超入圣人之理。一起一伏，一进一退，自是功夫节次。不可以我前日用得功夫了，今却不济，便要矫强，做出一个没破绽的模样，这便是助长，连前些子功夫都坏了。此非小过，譬如行路的人，遭一蹶跌，起来便走，不要欺人做那不曾跌倒的样子出来。诸君只要常常怀个'遁世无闷，不见是而无闷'之心，依此良知，忍耐做去，不管人非笑，不管人毁谤，不管人荣辱，任他功夫有进有退，我只是这致良知的主宰不息，久久自然有得力处，一切外事亦自能不动。"

又曰："人若著实用功，随人毁谤，随人欺慢，处处得益，处处是进德之资。若不用功，只是魔也，终被累倒。"

先生一日出游禹穴，顾田间禾曰："能几何时，又如此长了。"

范兆期在傍曰："此只是有根。学问能自植根，亦不患无长。"

先生曰："人孰无根？良知即是天植灵根，自生生不息。但著了私累，把此根戕贼蔽塞，不得发生耳。"

一友常易动气责人，先生警之曰："学须反己。若徒责人，只见得人不是，不见自己非。若能反己，方见自己有许多未尽处，奚暇责人？舜能化得象的傲，其机括只是不见象的不是。若舜只要正他的奸恶，就见得象的不是矣。象是傲人，必不肯相下，如何感化得他？"

是友感悔。

曰："你今后只不要去论人之是非，凡当责辨人时，就把做一件大己私克去，方可。"

先生曰："凡朋友问难，纵有浅近粗疏，或露才扬己，皆是病发。当因其病而药之可也，不可便怀鄙薄之心，非君子与人为善之心矣。"

问："《易》，朱子主卜筮，程传主理，何如？"

先生曰："卜筮是理，理亦是卜筮。天下之理孰有大于卜筮者乎？只为后世将卜筮专主在占卦上看了，所以看得卜筮似小艺。不知今之师友问答，博学、审问、慎思、明辨、笃行之类，皆是卜筮。卜筮者，不过求决狐疑，神明吾心而已。《易》是问诸天，人有疑，自信不及，故以《易》问天。谓人心尚有所涉，惟天不容伪耳。"

黄省曾录

黄勉之问："'无适也，无莫也，义之与比'，事事要如此否？"

先生曰："固是事事要如此，须是识得个头脑乃可。义即是良知，晓得良知是个头脑，方无执著。且如受人馈送，也有今日当受的，他日不当受的，也有今日不当受的，他日当受的。你若执著了今日当受的，便一切受去，执著了今日不当受的，便一切不受去，便是'适'、'莫'，便不是良知的本体，如何唤得做义？"

问："'思无邪'一言，如何便盖得三百篇之义？"

先生曰："岂特三百篇，'六经'只此一言便可该贯，以至穷古今天下圣贤的话，'思无邪'一言也可该贯。此外更有何说？此是一了百当的功夫。"

问"道心"、"人心"。先生曰："'率性之谓道'便是'道心'。但着些人的意思在，便是'人心'。'道心'本是无声无臭，故曰'微'。依著'人心'行去，便有许多不安稳处，故曰'惟危'。"

问："'中人以下，不可以语上'，愚的人，与之语上尚且不进，况不与之语，可乎？"

先生曰："不是圣人终不与语。圣人的心，忧不得人人都做圣人。只是人的资质不同，施教不可躐等。中人以下的人，便与他说性、说命，他也不省得，也须慢慢琢磨他起来。"

一友问："读书不记得如何？"

先生曰："只要晓得，如何要记得？要晓得已是落第二义了，只要明得自家本体。若徒要记得，便不晓得；若徒要晓得，便明不得自家的本体。"

问："'逝者如斯'，是说自家心性活泼泼地否？"

先生曰："然。须要时时用致良知的功夫，方才活泼泼地，方才与他川水一般。若须臾间断，便与天地不相似。此是学问极至处，圣人也只如此。"

问"志士仁人"章。先生曰："只为世上人都把生身命子看得来太重，不问当死不当死，定要宛转委曲保全，以此把天理却丢去了。忍心害理，何者不为？若违了天理，便与禽兽无异，便偷生在世上百千年，也不过做了千百年的禽兽。学者要于此等处看得明白。比干、龙逄只为他看得分明，所以能成就他的仁。"

问："叔孙、武叔毁仲尼，大圣人如何犹不免于毁谤？"

先生曰："毁谤自外来的，虽圣人如何免得？人只贵于自修，若自己实实落落是个圣贤，纵然人都毁他，也说他不著。却若浮云掩日，如何损得日的光明？若自己是个象恭色庄、不坚不介的，纵然没一个人说他，他的恶慝终须一日发露。所以孟子说'有求全之毁，有不虞之誉'。毁誉在外的，安能避得？只要自修何如尔！"

刘君亮要在山中静坐。先生曰："汝若以厌外物之心去求之静，是反养成一个骄惰之气了。汝若不厌外物，复于静处涵养，却好。"

王汝中、省曾侍坐。先生握扇命曰："你们用扇。"

省曾起对曰："不敢。"

先生曰："圣人之学，不是这等捆缚苦楚的，不是装做道学的模样。"

汝中曰："观'仲尼与曾点言志'一章略见。"

先生曰："然。以此章观之，圣人何等宽洪包含气象！且为师者问志于群弟子，三子皆整顿以对。至于曾点，飘飘然不看那三子在眼，自去鼓起瑟来，何等狂态。及至言志，又不对师之问目，都是狂言。设在伊川，或斥骂起来了。圣人乃复称许他，何等气象！圣人教人，不是个束缚他通做一般。只如狂者便从狂处成就他，狷者便从狷处成就他。人之才气如何同得？"

先生语陆元静曰："元静少年亦要解'五经'，志亦好博。但圣人教人，只怕人不简易，他说的皆是简易之规。以今人好博之心观之，却似圣人教人差了。"

先生曰："孔子无不知而作；颜子有不善，未尝不知。此是圣学真血脉路。"

钱德洪录

何廷仁、黄正之、李候璧、汝中、德洪侍坐,先生顾而言曰:"汝辈学问不得长进,只是未立志。"

侯璧起而对曰:"琪亦愿立志。"

先生曰:"难说不立,未是必为圣人之志耳。"

对曰:"愿立必为圣人之志。"

先生曰:"你真有圣人之志,良知上更无不尽。良知上留得些子别念挂带,便非必为圣人之志矣。"洪初闻时,心若未服,听说到此,不觉悚汗。

先生曰:"良知是造化的精灵。这些精灵,生天生地,成鬼成帝,皆从此出,真是与物无对。人若复得他完完全全,无少亏欠,自不觉手舞足蹈,不知天地间更有何乐可代。"

一友静坐有见,驰问先生。答曰:"吾昔居滁时,见诸生多务知解,口耳异同,无益于得,姑教之静坐。一时窥见光景,颇收近效。久之,渐有喜静厌动,流入枯槁之病,或务为玄解妙觉,动人听闻,故迩来只说致良知。良知明白,随你去静处体悟也好,随你去事上磨炼也好,良知本体原是无动无静的。此便是学问头脑。我这个话头,自滁州到今,亦较过几番,只是'致良知'三字无病。医经折肱,方能察人病理。"

一友问:"功夫欲得此知时时接续,一切应感处反觉照管不及。若去事上周旋,又觉不见了。如何则可?"

先生曰:"此只认良知未真,尚有内外之间。我这里功夫,不由人急心。认得良知头脑是当,去朴实用功,自会透彻。到此便是内外两忘,又何心事不合一?"

又曰:"功夫不是透得这个真机,如何得他充实光辉?若能透得时,不由你聪明知解接得来。须胸中渣滓浑化,不使有毫发沾带,始得。"

先生曰:"'天命之谓性',命即是性。'率性之谓道',性即是道。'修道之谓教',道即是教。"

问:"如何道即是教?"

曰:"道即是良知。良知原是完完全全,是的还他是,非的还他非,是非只依着他,更无有不是处。这良知还是你的明师。"

问:"'不睹不闻'是说本体,'戒慎恐惧'是说功夫否?"

先生曰:"此处须信得本体原是'不睹不闻'的,亦原是'戒慎恐惧'的。'戒慎恐惧'不曾在'不睹不闻'上加得些子。见得真时,便谓'戒慎恐惧'是本体,'不睹不闻'是功夫亦得。"

问:"通乎昼夜之道而知"。

先生曰:"良知原是知昼知夜的。"

又问:"人睡熟时,良知亦不知了。"

曰:"不知何以一叫便应?"

曰:"良知常知,如何有睡熟时?"

曰:"向晦宴息,此亦造化常理。夜来天地混沌,形象俱泯,人亦耳目无所睹闻,众窍俱翕,此即良知收敛凝一时。天地既开,庶物露生,人亦耳目有所睹闻,众窍俱翕,此即良知妙用发生时。可见人心与天地一体,故'上下与天地同流'。今人不会宴息,夜来不是昏睡,即是忘思魇寐。"

曰:"睡时功夫如何用?"

先生曰:"知昼即知夜矣。日间良知是顺应无滞的,夜间良知即是收敛凝一的,有梦即先兆。"

又曰:"良知在夜气发的,方是本体,以其无物欲之杂也。学者要使事物纷扰之时,常如夜气一般,就是'通乎昼夜之道而知'。"

先生曰:"仙家说到虚,圣人岂能虚上加得一毫实?佛氏说到无,圣人岂能无上加得一毫有?但仙家说虚,从养生上来;佛氏说无,从出离生死苦海上来。却于本体上加却这些子意思在,便不是他虚无的本色了,便于本体有障碍。圣人只是还他良知的本色,更不着些子意在。良知之虚,便是天之太虚;良知之无,便是太虚之无形。日、月、风、雷、山、川、民、物,凡有貌象形色,皆在太虚无形中发用流行,未尝作得天的障碍。

圣人只是顺其良知之发用,天地万物俱在我良知的发用流行中,何尝又有一物超于良知之外,能作得障碍?"

或问:"释氏亦务养心,然要之不可以治天下,何也?"

先生曰:"吾儒养心,未尝离却事物,只顺其天则自然,就是功夫。释氏却要尽绝事物,把心看做幻相,渐入虚寂去了。与世间若无些子交涉,所以不可治天下。"

或问异端。先生曰:"与愚夫愚妇同的,是谓同德。与愚夫愚妇异的,是谓异端。"

先生曰:"孟子不动心与告子不动心,所异只在毫厘间。告子只在不动心上着功,孟子便直从此心原不动处分晓。心之本体原是不动的,只为所行有不合义,便动了。孟子不论心之动与不动,只是'集义',所行无不是义,此心自然无可动处。若告子只要此心不动,便是把捉此心,将他生生不息之根反阻挠了。此非徒无益,而又害之。孟子'集义'功夫,自是养得充满,并无馁歉,自是纵横自在,活泼泼地。此便是浩然之气。"

又曰:"告子病源从'性无善无不善'上见来。性无善无不善,虽如此说,亦无大差。但告子执定看了,便有个无善无不善的性在内。有善有恶,又在物感上看,便有个物在外。却做两边看了,便会差。无善无不善,性原是如此,悟得及时,只此一句便尽了,更无有内外之间。告子见一个性在内,见一个物在外,便见他于性有未透彻处。"

朱本思问:"人有虚灵,方有良知。若草木瓦石之类,亦有良知否?"

先生曰:"人的良知,就是草木瓦石的良知。若草木瓦石无人的良知,不可以为草木瓦石矣。岂惟草木瓦石为然?天地无人的良知,亦不可为天地矣。盖天地万物与人原是一体,其发窍之最精处,是人心一点灵明。风雨露雷、日月星辰、禽兽草木、山川土石,与人原只一体。故五谷禽兽之类,皆可以养人;药石之类,皆可以疗疾。只为同此一气,故能相通耳。"

先生游南镇,一友指岩中花树问曰:"天下无心外之物,如此花树,在深山中自开自落，于我心亦何相关？"

先生曰："你未看此花时，此花与汝心同归于寂。你来看此花时，则此花颜色一时明白起来。便知此花不在你的心外。"

问："大人与物同体，如何《大学》又说个厚薄？"

先生曰："惟是道理，自有厚薄。此如身是一体，把手足捍头目，岂是偏要薄手足，其道理合如此。禽兽与草木同是爱的，把草木去养禽兽，又忍得？人与禽兽同是爱的，宰禽兽以养亲，与供祭祀，燕宾客，心又忍得？至亲与路人同是爱的，如箪食豆羹，得则生，不得则死，不能两全，宁救至亲，不救路人，心又忍得。这是道理合该如此。及至吾身与至亲，更不得分别彼此厚薄。盖以仁民爱物皆从此出，此处可忍，更无所不忍矣。《大学》所谓厚薄，是良知上自然的条理，不可逾越，此便谓之义；顺这个条理，便谓之礼；知此条理，便谓之智；终始是这条理，便谓之信。"

又曰："目无体，以万物之色为体；耳无体，以万物之声为体；鼻无体，以万物之臭为体；口无体，以万物之味为体；心无体，以天地万物感应之是非为体。"

问"夭寿不贰"。先生曰："学问功夫，于一切声利嗜好俱能脱落殆尽，尚有一种生死念头毫发挂带，便于全体有未融释处。人于生死念头，本从生身命根上带来，故不易去。若于此处见得破，透得过，此心全体方是流行无碍，方是尽性至命之学。"

一友问："欲于静坐时，将好名、好色、好货等根逐一搜寻，扫除廓清，恐是剜肉做疮否？"

先生正色曰："这是我医人的方子，真是去得人病根。更有大本事人，过了十数年，亦还用得著。你如不用，且放起，不要作坏我的方子。"

是友愧谢。

少间曰："此量非你事，必吾门稍知意思者为此说以误汝。"在坐者皆悚然。

一友问功夫不切。先生曰："学问功夫，我已曾一句道尽，如何今日转说转远,都不着根?"

对曰:"致良知盖闻教矣,然亦须讲明。"

先生曰:"既知致良知,又何可讲明?良知本是明白,实落用功便是。不肯用功,只在语言上转说转糊涂。"

曰:"正求讲明致之之功。"

先生曰:"此亦须你自家求,我亦无别法可道。昔有禅师,人来问法,只把麈尾提起。一日,其徒将麈尾藏过,试他如何设法。禅师寻麈尾不见,又只空手提起。我这个良知就是设法的麈尾。舍了这个,有何可提得?"

少间,又一友请问功夫切要。先生旁顾曰:"我麈尾安在?"一时在坐者皆跃然。

或问"至诚"、"前知"。先生曰:"诚是实理,只是一个良知。实理之妙用流行就是神,其萌动处就是几,诚神几曰圣人。圣人不贵前知。祸福之来,虽圣人有所不免。圣人只是知几,遇变而通耳。良知无前后,只知得见在的几,便是一了百了。若有个'前知'的心,就是私心,就有趋避利害的意。邵子必于前知,终是利害心未尽处。"

先生曰:"无知无不知,本体原是如此。譬如日未尝有心照物,而自无物不照。无照无不照,原是日的本体。良知本无知,今却要有知。本无不知,今却疑有不知,只是信不及耳!"

先生曰:"'惟天下至圣为能聪明睿智',旧看何等玄妙,今看来原是人人自有的。耳原是聪,目原是明,心思原是睿智,圣人只是一能之尔。能处正是良知,众人不能,只是个不致知,何等明白简易!"

问:"孔子所谓'远虑',周公'夜以继日',与'将迎'不同。何如?"

先生曰:"'远虑'不是茫茫荡荡去思虑,只是要存这天理。天理在人心,亘古亘今,无有终始。天理即是良知,千思万虑,只是要致良知。良知愈思愈精明,若不精思,漫然随事应去,良知便粗了。若只着在事上茫茫荡荡去思,教做'远虑',便不免有毁誉、得丧、人欲搀入其中,就是'将迎'了。周公终夜以思,只是'戒慎不睹、恐惧不闻'的功夫,见得时,其气象与'将迎'自别。"

问:"'一日克己复礼,天下归仁。'朱子作效验说,如何?"

先生曰:"圣贤只是为己之学,重功夫不重效验。仁者以万物为体,不能一体,只是己私未忘。全得仁体,则天下皆归于吾仁。就是'八荒皆在我闼'意。天下皆与,其仁亦在其中。如'在邦无怨,在家无怨',亦只是自家不怨,如'不怨天,不尤人'之意。然家邦无怨,于我亦在其中,但所重不在此。"

问:"孟子'巧、力、圣、智'之说,朱子云:'三子力有余而巧不足。'何如?"

先生曰:"三子固有力,亦有巧。巧、力实非两事,巧亦只在用力处,力而不巧,亦是徒力。三子譬如射,一能步箭,一能马箭,一能远箭;他射得到,俱谓之力,中处俱可谓之巧。但步不能马,马不能远,各有所长,便是才力分限有不同处。孔子则三者皆长。然孔子之和,只到得柳下惠而极;清,只到得伯夷而极;任,只到得伊尹而极。何曾加得些子?若谓'三子力有余而巧不足',则其力反过孔子了。巧、力只是发明圣知之义,若识得圣、知本体是何物,便自了然。"

先生曰:"'先天而天弗违',天即良知也;'后天而奉天时',良知即天也。"

"良知只是个是非之心,是非只是个好恶,只好恶就尽了是非,只是非就尽了万事万变。"

又曰:"是非两字,是个大规矩,巧处则存乎其人。"

"圣人之知如青天之日;贤人如浮云天日;愚人如阴霾天日。虽有昏明不同,其能辨黑白则一。虽昏黑夜里,亦影影见得黑白,就是日之余光未尽处。困学功夫,亦只从这点明处精察去耳!"

问:"知譬日,欲譬云,云虽能蔽日,亦是天之一气合有的,欲亦莫非人心合有否?"

先生曰:"喜怒哀惧爱恶欲,谓之七情。七者俱是人心合有的,但要认得良知明白。比如日光，亦不可指着方所。一隙通明，皆是日光所在，虽云雾四塞，太虚中色象可辨，亦是日光不灭处，不可以云能蔽日，教天不要生云。七情顺其自然之流行，皆是良知之用，不可分别善恶，但不可有所着。七情有着，俱谓之欲，俱为良知之蔽。然才有着时，良知亦自会觉，觉即蔽去，复其体矣！此处能勘得破，方是简易透彻功夫。"

问："圣人生知安行是自然的，如何有甚功夫？"

先生曰："知行二字即是功夫，但有浅深难易之殊耳。良知原是精精明明的，如欲孝亲，生知安行的，只是依此良知实落尽孝而已；学知利行者，只是时时省觉，务要依此良知尽孝而已；至于困知勉行者，蔽锢已深，虽要依此良知去孝，又为私欲所阻，是以不能，必须加人一己百、人十己千之功，方能依此良知以尽其孝。圣人虽是生知安行，然其心不敢自是，肯做困知勉行的功夫。困知勉行的，却要思量做生知安行的事，怎生成得！"

问："乐是心之本体，不知遇大故于哀哭时，此乐还在否？"

先生曰："须是大哭一番方乐，不哭便不乐矣。虽哭，此心安处，即是乐也。本体未尝有动。"

问："良知一而已。文王作《彖》，周公系《爻》，孔子赞《易》，何以各自看理不同？"

先生曰："圣人何能拘得死格？大要出于良知同，便各为说何害？且如一园竹，只要同此枝节，便是大同。若拘定枝枝节节，都要高下大小一样，便非造化妙手矣。汝辈只要去培养良知。良知同，更不妨有异处。汝辈若不肯用功，连笋也不曾抽得，何处去论枝节？"

乡人有父子讼狱，请诉于先生，侍者欲阻之。先生听之，言不终辞，其父子相抱恸哭而去。

柴鸣治入问曰："先生何言，致伊感悔之速？"

先生曰："我言舜是世间大不孝的子，瞽瞍是世间大慈的父。"

鸣治愕然请问。

先生曰:"舜常自以为大不孝,所以能孝。瞽瞍常自以为大慈,所以不能慈。瞽瞍只记得舜是我提孩长的,今何不曾豫悦我,不知自心已为后妻所移了,尚谓自家能慈,所以愈不能慈。舜只思父提孩我时如何爱我,今日不爱,只是我不能尽孝,日思所以不能尽孝处,所以愈能孝。及至瞽瞍底豫时,又不过复得此心原慈的本体。所以后世称舜是个古今大孝的子,瞽瞍亦做成个慈父。"

先生曰:"孔子有鄙夫来问,未尝先有知识以应之,其心只空空而已。但叩他自知的是非两端,与之一剖决,鄙夫之心便已了然。鄙夫自知的是非,便是他本来天则。虽圣人聪明,如何可与增减得一毫?他只不能自信。夫子与之一剖决,便已竭尽无余了。若夫子与鄙夫言时,留得些子知识在,便是不能竭他的良知,道体即有二了。"

先生曰:"'蒸蒸乂,不格奸',本注说象已进进于义,不至大为奸恶。舜征庸后,象犹日以杀舜为事,何大奸恶如之。舜只是自进于义,以乂薰蒸,不去正他奸恶。凡文过掩慝,此是恶人常态,若要指摘他是非,反去激他恶性。舜初时致得象要杀己,亦是要象好的心太急,此就是舜之过处。经过来,乃知功夫只在自己,不去责人,所以致得'克谐'。此是舜'动心忍性,增益不能'处。古人言语,俱是自家经历过来,所以说得亲切,遗之后世,曲当人情。若非自家经过,如何得他许多苦心处?"

先生曰:"古乐不作久矣。今之戏子,尚与古乐意思相近。"

未达,请问。先生曰:"《韶》之九成,便是舜的一本戏子。《武》之九变,便是武王的一本戏子。圣人一生实事,俱播在乐中。所以有德者闻之,便知他尽善尽美与尽美未尽善处。若后世作乐,只是做些词调,于民俗风化绝无关涉,何以化民善俗?今要民俗反朴还淳,取今之戏子,将妖淫词调俱去了,只取忠臣孝子故事,使愚俗百姓人人易晓,无意中感激他良知起来,却于风化有益。然后古乐渐次可复矣。"

曰:"洪要求元声不可得,恐于古乐亦难复。"

先生曰:"你说元声在何处求?"

对曰："古人制管候气，恐是求元声之法。"

先生曰："若要去葭灰黍粒中求元声，却如水底捞月，如何可得？元声只在你心上求。"

曰："心如何求？"

先生曰："古人为治，先养得人心和平，然后作乐。比如在此歌诗，你的心气和平，听者自然悦怿兴起，只此便是元声之始。《书》云'诗言志'，志便是乐的本。'歌永言'，歌便是作乐的本。'声依永，律和声'，律只要和声，和声便是制律的本。何尝求之于外？"

曰："古人制候气法，是意何取？"

先生曰："古人具中和之体以作乐。我的中和原与天地之气相应。候天地之气，协凤凰之音，不过去验我的气果和否。此是成律已后事，非必待此以成律也。今要候灰管，先须定至日。然至日子时，恐又不准，又何处取得准来？"

先生曰："学问也要点化，但不如自家解化者，自一了百当。不然，亦点化许多不得。"

"孔子气魄极大，凡帝王事业，无不一一理会，也只从那心上来。譬如大树，有多少枝叶，也只是根本上用得培养功夫，故自然能如此，非是从枝叶上用功做得根本也。学者学孔子，不在心上用功，汲汲然去学那气魄，却倒做了。"

"人有过，多于过上用功，就是补甑，其流必归于文过。"

"今人于吃饭时，虽然一事在前，其心常役役不宁，只缘此心忙惯了所以收摄不住。"

"琴瑟简编，学者不可无。盖有业以居之，心就不放。"

先生叹曰："世间知学的人，只有这些病痛打不破，就不是善与人同。"

崇一曰："这病痛只是个好高不能忘己尔。"

问："良知原是中和的，如何却有过、不及？"

先生曰："知得过、不及处，就是中和。"

"'所恶于上'是良知;'毋以使下'即是致知。"

先生曰:"苏秦、张仪之智也,是圣人之资。后世事业文章,许多豪杰名家,只是学得仪、秦故智。仪、秦学术善揣摸人情,无一些不中人肯綮,故其说不能穷。仪、秦亦是窥见得良知妙用处,但用之于不善尔。"

或问"未发"、"已发"。先生曰:"只缘后儒将'未发'、'已发'分说了,只得劈头说个无'未发'、'已发',使人自思得之。若说有个'已发'、'未发',听者依旧落在后儒见解。若真见得无'未发'、'已发',说个有'未发'、'已发',原不妨,原有个'未发'、'已发'在。"

问:"'未发'未尝不和,'已发'未尝不中。譬如钟声,未扣不可谓无,既扣不可谓有,毕竟有个扣与不扣,何如?"

先生曰:"未扣时原是惊天动地,既扣时也只是寂天寞地。"

问:"古人论性,各有异同,何者乃为定论?"

先生曰:"性无定体,论亦无定体,有自本体上说者,有自发用上说者,有自源头上说者,有自流弊处说者。总而言知,只是一个性,但所见有浅深尔。若执定一边,便不是了。性之本体原是无善无恶的,发用上也原是可以为善、可以为不善的,其流弊也原是一定善、一定恶的。譬如眼,有喜时的眼,有怒时的眼。直视就是看的眼,微视就是觑的眼。总而言之,只是这个眼。若见得怒时眼,就说未尝有喜的眼,见得看时眼,就说未尝有觑的眼,皆是执定,就知是错。孟子说性,直从源头上说来,亦是说个大概如此。荀子性恶之说,是从流弊上说来,也未可尽说他不是,只是见得未精耳。众人则失了心之本体。"

问:"孟子从源头上说性,要人用功在源头上明彻;荀子从流弊说性,功夫只在末流上救正,便费力了。"

先生曰:"然。"

先生曰:"用功到精处,愈着不得言语,说理愈难。若着意在精微上,全体功夫反蔽泥了。"

"杨慈湖不为无见,又着在无声无臭上见了。"

"人一日间，古今世界都经过一番，只是人不见耳。夜气清明时，无视无听，无思无作，淡然平怀，就是羲皇世界。平旦时，神清气朗，雍雍穆穆，就是尧舜世界。日中以前，礼仪交会，气象秩然，就是三代世界。日中以后，神气渐昏，往来杂扰，就是春秋、战国世界。渐渐昏夜，万物寝息，景象寂寥，就是人消物尽世界。学者信得良知过，不为气所乱，便常做个羲皇已上人。"

薛尚谦、邹谦之、马子辛、王汝止侍坐，因叹先生自征宁藩以来，天下谤议益众，请各言其故。有言先生功业势位日隆，天下忌之者日众；有言先生之学日明，故为宋儒争是非者亦日博；有言先生自南都以后，同志信从者日众，而四方排阻者日益力。

先生曰："诸君之言，信皆有之，但吾一段自知处，诸君俱未道及耳。"

诸友请问。先生曰："我在南都以前，尚有些子乡愿的意思在。我今信得这良知真是真非，信手行去，更不着些覆藏。我今才做得个狂者的胸次，使天下之人都说我行不掩言也罢。"

尚谦出，曰："信得此过，方是圣人的真血脉。"

先生锻炼人处，一言之下，感人最深。

一日，王汝止出游归，先生问曰："游何见？"

对曰："见满街人都是圣人。"

先生曰："你看满街人是圣人，满街人到看你是圣人在。"

又一日，董萝石出游而归，见先生曰："今日见一异事。"

先生曰："何异？"

对曰："见满街人都是圣人。"

先生曰："此亦常事耳，何足为异？"

盖汝止圭角未融，萝石恍见有悟，故问同答异，皆反其言而进之。

洪与黄正之、张叔谦、汝中丙戌会试归，为先生道途中讲学，有信有不信。先生曰："你们拿一个圣人去与人讲学，人见圣人来，都怕走了，如何讲得行？须做得个愚夫愚妇，方可与人讲学。"

洪又言:"今日要见人品高下最易。"

先生曰:"何以见之?"

对曰:"先生譬如泰山在前,有不知仰者,须是无目人。"

先生曰:"泰山不如平地大,平地有何可见?"先生一言剪裁,剖破终年为外好高之病,在座者莫不悚惧。

癸未春,邹谦之来越问学,居数日,先生送别于浮峰。是夕,与希渊诸友移舟宿延寿寺,秉烛夜坐。先生慨怅不已,曰:"江涛烟柳,故人倏在百里外矣!"

一友问曰:"先生何念谦之之深也?"

先生曰:"曾子所谓'以能问于不能,以多问于寡,有若无,实若虚,犯而不较',若谦之者,良近之矣!"

丁亥年九月,先生起复,征思、田。将命行时,德洪与汝中论学。汝中举先生教言,曰:"无善无恶是心之体,有善有恶是意之动,知善知恶是良知,为善去恶是格物。"

德洪曰:"此意如何?"

汝中曰:"此恐未是究竟话头。若说心体是无善无恶,意亦是无善无恶的意,知亦是无善无恶的知,物是无善无恶的物矣。若说意有善恶,毕竟心体还有善恶在。"

德洪曰:"心体是天命之性,原是无善无恶的。但人有习心,意念上见有善恶在。格、致、诚、正、修,此正是复那性体功夫。若原无善恶,功夫亦不消说矣。"

是夕侍坐天泉桥,各举请正。先生曰:"我今将行,正要你们来讲破此意。二君之见,正好相资为用,不可各执一边。我这里接人原有此二种。利根之人,直从本源上悟入。人心本体原是明莹无滞的,原是个未发之中。利根之人,一悟本体,即是功夫,人己内外,一齐俱透了。其次不免有习心在,本体受蔽,故且教在意念上实落为善去恶。功夫熟后,渣滓去得尽时,本体亦明尽了。汝中之见,是我这里接利根人的;德洪之见,是我这里为其次立法的。二君相取为用，则中人上下皆可引入于道。若各执一边，眼前便有失人，便于道体各有未尽。"

既而曰："已后与朋友讲学，切不可失了我的宗旨：'无善无恶是心之体，有善有恶是意之动，知善知恶的是良知，为善去恶是格物。'只依我这话头随人指点，自没病痛。此原是彻上彻下功夫。利根之人，世亦难遇，本体功夫，一悟尽透。此颜子、明道所不敢承当，岂可轻易望人！人有习心，不教他在良知上实用为善去恶功夫，只去悬空想个本体，一切事为俱不着实，不过养成一个虚寂。此个病痛不是小小，不可不早说破。"是日德洪、汝中俱有省。

先生初归越时，朋友踪迹尚寥落。既后四方来游者日进。癸未年已后，环先生而居者比屋，如天妃、光相诸刹，每当一室，常合食者数十人，夜无卧处，更相就席，歌声彻昏旦。南镇、禹穴、阳明洞诸山，远近寺刹，徙足所到，无非同志游寓所在。先生每临讲座，前后左右环坐而听者，常不下数百人，送往迎来，月无虚日。至有在侍更岁，不能遍记其姓名者。每临前，先生常叹曰："君等离别，不出在天地间，苟同此志，吾亦可以忘形似矣！"诸生每听讲出门，未尝不跳跃称快。尝闻之同门先辈曰："南都以前，朋友从游者虽众，未有如在越之盛者。此虽讲学日久，孚信渐博，要亦先生之学日进，感召之机，申变无方，亦自有不同也。"

黄以方录

黄以方问："'博学于文'，为随事学存此天理，然则谓'行有余力，则以学文'，其说似不相合。"

先生曰："《诗》、《书》、六艺皆是天理之发见，文字都包在其中。考之《诗》《书》、六艺，皆所以学存此天理也。不特发见于事为者方为文耳。'余力学文'，亦只'博学于文'中事。"

或问"学而不思"二句。曰："此亦有为而言，其实思即学也。学有所疑，便须思之，思而不学者，盖有此等人，只悬空去思，要想出一个道理，却不在身心上实用其力，以学存此天理。思与学作两事做，故有'罔'与'殆'之病。其实思只是思其所学，原非两事也。"

先生曰："先儒解'格物'为格天下之物，天下之物如何格得？且谓'一草一木亦皆有理'，今如何去格？纵格得草木来，如何反来诚得自家意？我解'格'作'正'字义，'物'作'事'字义，《大学》之所谓'身'，即耳、目、口、鼻、四肢是也。欲修身，便是要目非礼勿视，耳非礼勿听，口非礼勿言，四肢非礼勿动。要修这个身，身上如何用得功夫？心者身之主宰，目虽视而所以视者心也，耳虽听而所以听者心也，口与四肢虽言动而所以言动者心也。故欲修身在于体当自家心体，常令廓然太公，无有些子不正处。主宰一正，则发窍于目，自无非礼之视；发窍于耳，自无非礼之听；发窍于口与四肢，自无非礼之言动。此便是修身在正其心。然至善者，心之本体也。心之本体，那有不善？如今要'正心'，本体上何处用得功？必就心之发动处才可着力也。心之发动不能无不善，故须就此处着力，便是在'诚意'。如一念发在好善上，便实实落落去好善；一念发在恶恶上，便实实落落去恶恶。意之所发，既无不诚，则其本体如何有不正的？故欲正其心在'诚意'。功夫到，'诚意'始有着落处。然'诚意'之本，又在于'致知'也。所谓'人虽不知，而已所独知'者，此正是吾心良知处。然知得善，却不依这个良知便做去，知得不善，却不依这个良知便不去做，则这个良知便遮蔽了，是不能致知也。吾心良知既不能扩充到底，则善虽知好，不能着实好了；恶虽知恶，不能着实恶了，如何得意诚？故'致知'者，意诚之本也。然亦不是悬空的'致知'，'致知'在实事上格。如意在于为善，便就这件事上去为；意在于去恶，便就这件事上去不为。去恶，固是格不正以归于正。为善，则不善正了，亦是格不正以归于正也。如此，则吾心良知无私欲蔽了，得以致其极，而意之所发，好善去恶，无有不诚矣！诚意功夫，实下手处在格物也。若如此格物，人人便做得，'人皆可以为尧舜'，正在此也。"

先生曰："众人只说格物要依晦翁，何曾把他的说去用？我着实曾用来。初年与钱友同论做圣贤要格天下之物，如今安得这等大的力量？因指亭前竹子，令去格看。钱子早夜去穷格竹子的道理，竭其心思，至于三日，便致劳神成疾。当初说他这是精力不足，某因自去穷格，早夜不得其理，到七日，亦以劳思致疾。遂相与叹圣贤是做不得的，无他大力量去格物了。及在夷中三年，颇见得此意思，乃知天下之物本无可格者。其格物之功，只在身心上做，决然以圣人为人人可到，便自有担当了。这里意思，却要说与诸公知道。"

门人有言邵端峰论童子不能格物，只教以洒扫应对之说。先生曰："洒扫应对就是一件物，童子良知只到此，便教去洒扫应对，就是致他这一点良知了。又如童子知畏先生长者，此亦是他良知处。故虽嬉戏中见了先生长者，便去作揖恭敬，是他能格物以致敬师长之良知了。童子自有童子的格物致知。"

又曰："我这里言格物，自童子以至圣人，皆是此等功夫。但圣人格物，便更熟得些子，不消费力。如此格物，虽卖柴人亦是做得，虽公卿大夫以至天子，皆是如此做。"

或疑知行不合一，以"知之匪艰"二句为问。先生曰："良知自知，原是容易的。只是不能致那良知，便是'知之匪艰，行之惟艰'。"

门人问曰："知行如何得合一？且如《中庸》，言'博学之'，又说个'笃行之'，分明知行是两件。"

先生曰："博学只是事事学存此天理，笃行只是学之不已之意。"

又问："《易》'学以聚之'，又言'仁以行之'，此是如何？"

先生曰："也是如此。事事去学存此天理，则此心更无放失时，故曰'学以聚之'。然常常学存此天理，更无私欲间断，此即是此心不息处，故曰'仁以行之'。"

又问："孔子言'知及之，仁不能守之'，知行却是两个了。"

先生曰："说'及之'已是行了，但不能常常行，已为私欲间断，便是'仁不能守'。"

又问:"心即理之说,程子云'在物为理',如何谓心即理?"

先生曰:"'在物为理','在'字上当添一'心'字,此心在物则为理。如此心在事父则为孝,在事君则为忠之类。"

先生因谓之曰:"诸君要识得我立言宗旨。我如今说个心即理是如何,只为世人分心与理为二,故便有许多病痛。如五伯攘夷狄,尊周室,都是一个私心,便不当理。人却说他做得当理,只心有未纯,往往悦慕其所为,要来外面做得好看,却与心全不相干。分心与理为二,其流至于伯道之伪而不自知。故我说个心即理,要使知心理是一个,便来心上做功夫,不去袭义于义,便是王道之真。此我立言宗旨。"

又问:"圣贤言语许多,如何却要打做一个?"

曰:"我不是要打做一个,如曰'夫道,一而已矣',又曰'其为物不二,则其生物不测'。天地圣人皆是一个,如何二得?"

"心不是一块血肉,凡知觉处便是心,如耳目之知视听,手足之知痛痒,此知觉便是心也。"

以方问曰:"先生之说'格物',凡《中庸》之'慎独'及'集义'、'博约'等说,皆为'格物'之事?"

先生曰:"非也。'格物'即'慎独',即'戒惧'。至于'集义'、'博约',功夫只一般,不是以那数件都做'格物'底事。"

以方问'尊德性'一条。先生曰:"'道问学'即所以'尊德性'也。晦翁言'子静以尊德性诲人,某教人岂不是道问学处多了些子',是分尊德性、道问学作两件。且如今讲习讨论,下许多功夫,无非只是存此心,不失其德性而已。岂有尊德性只空空去尊,更不去问学?问学只是空空去问学,更与德性无关涉?如此,则不知今之所以讲习讨论者,更学何事!"

问"致广大"二句。曰:"'尽精微'即所以'致广大'也。'道中庸'即所以'极高明'也。盖心之本体自是广大底,人不能'尽精微',则便为私欲所蔽,有不胜其小者矣。故能细微曲折,无所不尽,则私意不足以蔽之，自无许多障碍遮隔处，如何广大不致？"

又问："精微还是念虑之精微，是事理之精微？"

曰："念虑之精微即事理之精微也。"

先生曰："今之论性者纷纷异同，皆是说性，非见性也。见性者无异同之可言矣。"

问："声、色、货、利，恐良知亦不能无。"

先生曰："固然。但初学用功，却须扫除荡涤，勿使留积，则适然来遇，始不为累，自然顺而应之。良知只在声、色、货、利上用功，能致得良知，精精明明，毫发无蔽，则声、色、货、利之交，无非天则流行矣。"

先生曰："吾与诸公讲致知格物，日日是此，讲一二十年俱是如此。诸君听吾言，实去用功，见吾讲一番，自觉长进一番。否则，只作一场话说，虽听之亦何用？"

先生曰："人之本体常常是寂然不动的，常常是感而逐通的。未应不是先，已应不是后。"

一友举："佛家以手指显出，问曰：'众曾见否？'众曰：'见之。'复以手指入袖，问曰：'众还见否？'众曰：'不见。'佛说还未见性。此义未明。"

先生曰："手指有见有不见，尔之见性常在。人之心神只在有睹有闻上驰骛，不在不睹不闻上着实用功。盖不睹不闻是良知本体。戒慎恐惧是治良知的功夫。学者时时刻刻常睹其所不睹，常闻其所不闻，功夫方有个实落处。久久成熟后，则不须着力，不待防检，而真性自不息矣。岂以在外者之闻见为累哉！"

问："先儒谓'鸢飞鱼跃'，与'必有事焉'同一活泼泼地。"

先生曰："亦是。天地间活泼泼地，无非此理，便是吾良知的流行不息。致良知便是'必有事'的功夫。此理非惟不可离，实亦不得而离也。无往而非道，无往而非功夫。"

先生曰："诸公在此，务要立个必为圣人之心，时时刻刻须是一棒一条痕，一掴一掌血，方能听吾说话，句句得力。若茫茫荡荡度日，譬如一块死肉，打也不知得痛痒，恐终不济事。回家只寻得旧时伎俩而已，岂不惜哉！"

问："近来妄念也觉少，亦觉不曾着想定要如何用功，不知此是功夫否？"

先生曰："汝且去着实用功，便多这些着想也不妨，久久自会妥帖。若才下得些功，便说效验，何足为恃？"

一友自叹："私意萌时，分明自心知得，只是不能使他即去。"

先生曰："你萌时，这一知处便是你的命根。当下即去消磨，便是立命功夫。"

"夫子说'性相近'，即孟子说'性善'，不可专在气质上说。若说气质，如刚与柔对，如何相近得？惟性善则同耳。人生初时，善原是同的。但刚的习于善则为刚善，习于恶则为刚恶；柔的习于善则为柔善，习于恶则为柔恶，便日相远了。"

先生尝语学者曰："心体上着不得一念留滞，就如眼着不得些子尘沙。些子能得几多？满眼便昏天黑地了。"

又曰："这一念不但是私念，便好的念头亦着不得些子。如眼中放些金玉屑，眼亦开不得了。"

问："人心与物同体，如吾身原是血气流通的，所以谓之同体。若于人便异体了。禽兽草木益远矣，而何谓之同体？"

先生曰："你只在感应之几上看，岂但禽兽草木，虽天地也与我同体的，鬼神也与我同体的。"

请问。先生曰："你看这个天地中间，甚么是天地的心？"

对曰："尝闻人是天地的心。"

曰："人又甚么教做心？"

对曰："只是一个灵明。"

"可知充天塞地中间，只有这个灵明，人只为形体自间隔了。我的灵明，便是天地鬼神的主宰。天没有我的灵明，谁去仰他高？地没有我的灵明，谁去俯他深？鬼神没有我的灵明，谁去辨他吉凶灾祥？天地鬼神万物，离却我的灵明，便没有天地鬼神万物了。我的灵明离却天地鬼神万物，亦没有我的灵明。如此，便是一气流通的，如何与他间隔得？"

又问："天地鬼神万物，千古见在，何没了我的灵明，便俱无了？"

曰："今看死的人，他这些精灵游散了，他的天地万物尚在何处？"

先生起行征思、田，德洪与汝中追送严滩，汝中举佛家实相、幻相之说。先生曰："有心俱是实，无心俱是幻；无心俱是实，有心俱是幻。"

汝中曰："有心俱是实，无心俱是幻，是本体上说功夫。无心俱是实，有心俱是幻，是功夫上说本体。"

先生然其言。洪于是时尚未了达，数年用功，始信本体功夫合一。但先生是时因问偶谈，若吾儒指点人处，不必借此立言耳！

尝见先生送二三耆宿出门，退坐于中轩，若有忧色。德洪趋进请问。先生曰："顷与诸老论及此学，真圆凿方枘。此道坦如道路，世儒往往自加荒塞，终身陷荆棘之场而不悔，吾不知其何说也！"

德洪退，谓朋友曰："先生诲人，不择衰朽，仁人悯物之心也。"

先生曰："人生大病，只是一傲字。为子而傲必不孝，为臣而傲必不忠，为父而傲必不慈，为友而傲必不信。故象与丹朱俱不肖，亦只一傲字，便结果了此生。诸君常要体此人心本是天然之理，精精明明，无纤介染着，只是一无我而已。胸中切不可有，有即傲也。古先圣人许多好处，也只是无我而已。无我自能谦，谦者众善之基，傲者众恶之魁。"

又曰："此道至简至易的，亦至精至微的。孔子曰：'其如示诸掌乎！'且人于掌，何日不见？及至问他掌中多少文理，却便不知。即如我良知二字，一讲便明，谁不知得？若欲的见良知，却谁能见得？"

问曰："此知恐是无方体的，最难捉摸。"

先生曰："良知即是《易》，'其为道也屡迁，变动不居，周流六虚，上下无常，刚柔相易，不可为典要，惟变所适'。此知如何捉摸得？见得透时便是圣人。"

问:"孔子曰:'回也,非助我者也。'是圣人果以相助望门弟子否?"

先生曰:"亦是实话。此道本无穷尽,问难愈多,则精微愈显。圣人之言,本自周遍,但有问难的人胸中窒碍,圣人被他一难,发挥得越加精神,若颜子闻一知十,胸中了然,如何得问难?故圣人亦寂然不动,无所发挥,故曰'非助'。"

邹谦之尝语德洪曰:"舒国裳曾持一张纸,请先生写'拱把之桐梓'一章。先生悬笔为书,到'至于身而不知所以养之者',顾而笑曰:'国裳读书中过状元来,岂诚不知身之所以当养?还须诵此以求警?'一时在侍诸友皆惕然。"

钱德洪跋

嘉靖戊子冬,德洪与王汝中奔师丧,至广信,讣告同门,约三年收录遗言。

继后同门各以所记见遗。洪择其切于问正者,合所私录,得若干条。居吴时,将与《文录》并刻矣,适以忧去,未遂。当是时也,四方讲学日众,师门宗旨既明,若无事于赘刻者,故不复萦念。

去年,同门曾子才汉得洪手抄,复傍为采辑,名曰《遗言》,以刻行于荆。洪读之,觉当时采录未精,乃为删其重复,消去芜蔓,存其三之一,命曰《传习续录》,复刻于宁国之水西精舍。

今年夏,洪来游蕲,沈君思畏曰:"师门之教久行于四方,而独未及于蕲。蕲之士得读《遗言》,若亲炙夫子之教。指见良知,若重睹日月之光。惟恐传习之不博,而未以重复之为繁也。请哀其所逸者增刻之,若何?"洪曰:"然。"师门"致知格物"之旨,开示来学,学者躬修默悟,不敢以知解承,而惟以实体得。故吾师终日言是,而不惮其烦;学者终日听是,而不厌其数。益指示专一则体悟日精,几迎于言前,神发于言外,感遇诚也。

今吾师之殁,未及三纪,而格言微旨,渐觉沦晦,岂非吾党身践之不力，多言有以病之耶？学者之趋不一，师门之教不宣也。乃复取逸稿，采其语之不背者，得一卷。其余影响不真，与《文录》既载者，皆削之，并易中卷为问答语，以付黄梅尹张君增刻之。庶几读者不以知解承，而惟以实体得，则无疑于是录矣！

嘉靖丙辰夏四月，门人钱德洪拜书于蕲之崇正书院。

附录 朱子晚年定论

《定论》首刻于南赣。朱子病目静久，忽悟圣学之渊薮，乃大悔中年注述，误己误人，遍告同志。师阅之，喜己学与晦翁同，手录一卷，门人刻行之。自是为朱子论异同者寡矣。师曰："无意中得此一助！"隆庆壬申，虬峰谢君廷杰刻师《全书》，命刻《定论》附《语录》后，见师之学与朱子无相谬戾，则千古正学同一源矣。并师首叙与袁庆麟跋凡若干条，洪僭引其说。

朱子晚年定论

阳明子序曰：洙、泗之传，至孟氏而息。千五百余年，濂溪、明道始复追寻其绪。自后辨析日祥，然亦日就支离决裂，旋复湮晦。吾尝深求其故，大抵皆世儒之多言有以乱之。

守仁早岁业举，溺志词章之习，既乃稍知从事正学，而苦于众说之纷扰疲薾，茫无可入，因求诸老、释，欣然有会于心，以为圣人之学在此矣！然于孔子之教，间相出入，而措之日用，往往缺漏无归，依违往返，且信且疑。其后谪官龙场，居夷处困，动心忍性之余，恍若有悟，体念探求，再更寒暑，证诸《五经》、《四子》，沛然若决江河而放诸海也。然后叹圣人之道坦如大路，而世之儒者妄开窦逗，蹈荆棘，堕坑堑，究其为说，反出二氏之下。宜乎世之高明之士厌此而趋彼也！此岂二氏之罪哉！间尝以语同志,而闻者竞相非议,目以为立异好奇。虽每痛反深抑,务自搜剔斑瑕,而愈益精明,的确洞然,无复可疑。独于朱子之说有相牴牾,恒疢于心,切疑朱子之贤,而岂其于此尚有未察？及官留都,复取朱子之书而检求之,然后知其晚岁固已大悟旧说之非,痛悔极艾,至以为自诳诳人之罪,不可胜赎。世之所传《集注》《或问》之类,乃其中年未定之说,自咎以为旧本之误,思改正而未及,而其诸《语类》之属,又其门人挟胜心以附己见,固于朱子平日之说犹有大相谬戾者,而世之学者,局于见闻,不过持循讲习于此。其余悟后之论,概乎其未有闻,则亦何怪乎予言之不信,而朱子之心无以自暴于后事也乎？

予既自幸其说之不谬于朱子,又喜朱子之先得我心之同然,且慨夫世之学者,徒守朱子中年未定之说,而不复知求其晚岁既悟之论,竞相呶呶,以乱正学,不自知其已入于异端。辄采录而裒集之,私以示夫同志,庶几无疑于吾说,而圣学之明可冀矣！

正德乙亥冬十一月朔,后学余姚王守仁序。

答黄直卿书

为学直是先要立本。文义却可且与说出,正意令其宽心玩味。未可便令考校同异,研究纤密,恐其意思促迫,难得长进。将来见得大意,略举一二节目,渐次理会,盖未晚也。此是向来定本之误。今幸见得,却烦勇革。不可苟避讥笑,却误人也。

答吕子约

日用功夫,比复何如？文字虽不可废,然涵养本原,而察于天理人欲之判,此是日用动静之间,不可顷刻间段底事。若于此处见得分明,自然不到得流入世俗功利权谋里去矣。熹亦近日方实见得向日支离之病,虽与彼中证候不同,然忘己逐物,贪外虚内之失,则一而已。程子说"不得以天下万物挠己,已立后自能了得天下万物",今自家一个身心,不知安顿去处，而谈王说伯，将经世事业，别作一个伎俩，商量讲究，不亦误乎！相去远，不得面论。书问终说不尽，临风叹息而已。

答何叔京

前此僭易拜禀，博观之蔽，诚不自揆。乃蒙见是，何幸如此！然观来谕，似有未能遽舍之意，何邪？此理甚明，何疑之有？若使道可以多闻博观而得，则世之知道者为不少矣。熹近日因事方有少省发处，如"鸢飞鱼跃"，明道以为与"必有事焉勿正"之意同者，乃今晓然无疑。日用之间，观此流行之体，初无间段处，有下功夫处。乃知日前自诳诳人之罪，盖不可胜赎也。此与守书册，泥言语，全无交涉。幸于日用间察之，知此则知仁矣。

答潘叔昌

示喻"天上无不识字的神仙"，此论甚中一偏之弊。然亦恐只学得识字，却不曾学得上天，即不如且学上天耳。上得天了，却旋学上天人，亦不妨也。中年以后，气血精神能有几何？不是记故事时节。熹以目昏，不敢着力读书。闲中静坐，收敛身心，颇觉得力。间起看书，聊复遮眼，遇有会心处，时一喟然耳！

答潘叔度

熹衰病，今岁幸不至剧，但精力益衰，目力全短，看文字不得。冥目静坐，却得收拾放心，觉得日前外面走作不少，颇恨盲废之不早也。看书鲜识之喻，诚然。然严霜大冻之中，岂无些小风和日暖意思？要是多者胜耳！

与吕子约

孟子言"学问之道，惟在求其放心"，而程子亦言"心要在腔子里"。今一向耽着文字，令此心全体都奔在册子上，更不知有己。便是个无知觉，不识痛痒之人，虽读得书，亦何益于吾事邪？

与周叔谨

应之，甚恨未得相见，其为学，规模次第如何？近来吕、陆门人，互相排斥，此由各徇所见之偏，而不能公天下之心，以观天下之理，甚觉不满人意。应之盖尝学于两家，未知其于此看得果如何？因话扣之，因书谕及为幸也。熹近日亦觉向来说话有大支离处，反身以求，正坐自己用功亦未切耳。因此减去文字功夫，觉得闲中气象甚适。每劝学者且亦看《孟子》"道性善"、"求放心"两章，着实体察收拾为要。其余文字，且大概讽诵涵养，未须大段着力考索也。

答陆象山

熹衰病日侵，去年灾患亦不少，比来病躯方似略可支吾。然精神耗减，日甚一日，恐终非能久于世者。所幸迩来日用功夫，颇觉有力，无复向来支离之病。甚恨未得从容面论。未知异时相见，尚复有异同否耳？

答符复仲

闻向道之意甚勤。向所喻义利之间，诚有难择者。但意所疑，以为近利者，即便舍去可也。向后见得亲切，却看旧事，又有见未尽舍未尽者，不解有过当也。见陆丈回书，其言明当，且就此持守，自见功效，不须多疑外问，却转迷惑也。

答吕子约

日用功夫，不敢以老病而自懈。觉得此心操存舍亡，只在反掌之间。向来诚是太涉支离。盖无本以自立，则事事皆病而。又闻讲授亦颇勤劳，此恐或有未便。今日正要清源正本，以察事变之几微，岂可一向汩溺于故纸堆中，使精神昏弊，失后忘前，而可以谓之学乎？

与吴茂实

近来自觉向时功夫止讲论文义，以为积集义理久，当自有得力处，却于日用功夫全少检点。诸朋友往往亦只如此做功夫，所以多不得力。今方深省而痛惩之，亦欲与诸同志勉焉。幸老兄遍以告之也。

答张敬夫

熹穷居如昨，无足言者。自远去师友之益，兀兀度日。读书反己，固不无警省处，终是旁无强辅，因循汩没，寻复失之。近日一种向外走作，心悦之而不能自已者，皆准止酒例，戒而绝之，似觉省事。此前辈所谓"下士晚闻道，聊以拙自修"者，若扩充不已，补复前非，庶其有日。旧读《中庸》"慎读"、《大学》"诚意"、"毋自欺"处，常苦求之太过，措词烦猥。近日乃觉其非，此正是最切近处，最分明处。乃舍之而谈空于冥漠之间，其亦误矣。方窃以此意痛自检勒，懔然度日，惟恐有怠而失之也。至于文字之间，亦觉向来病痛不少。盖平日解经最为守章句者，然亦多是推衍文义，自做一片文字。非惟屋下架屋，说得意味淡薄，且是使人看者将注与经作两项，功夫做了下梢，看得支离，至于本旨，全不相照。以此方知汉儒可谓善说经者，不过只说训诂，使人以此训诂玩索经文。训诂经文，不相离异，只做一道看了，直是意味深长也。

答吕伯恭

道间与季通讲论，因悟向来涵养功夫全少，而讲说又多强探，必取寻流逐末之弊。推类以求，众病非一，而其源皆在此，恍然自失，似有顿进之功。若保此不懈，庶有望于将来。然非如近日诸贤所谓顿悟之机也。向来所闻诲谕诸说之未契者，今日细思，吻合无疑。大抵前日之病，皆是气质躁妄之偏，不曾涵养克治，任意直前之弊耳。

答周纯仁

闲中无事，固宜谨出，然想亦不能一并读得许多。似此专人来往劳费，亦是未能省事，随寓而安之病。又如多服燥热药，亦使人血气偏胜，不得和平，不但非所以卫生，亦非所以养心。窃恐更须深自思省，收拾身心，渐令向里，令宁静闲退之意胜，而飞扬燥扰之气消，则治心养气，处事接物，自然安稳，一时长进，无复前日内外之患矣。

答窦文卿

为学之要，只在着实操存，密切体认，自己身心上理会。切忌轻自表襮，引惹外人辩论，枉费酬应，分却向里功夫。

答吕子约

闻欲与二友俱来而复不果，深以为恨。年来觉得日前为学不得要领，自做身主不起，反为文字夺却精神，不是小病。每一念之，惕然自惧，且为朋友忧之。而每得子约书，辄复恍然，尤不知所以为贤者谋也。且如临事迟回，瞻前顾后，只此亦可见得心术影子。当时若得相聚一番，彼此极论，庶几或有剖决之助。今又失此机会，极令人恨怅也！训导后生，若说得是当，极有可自警省处，不会减人气力。若只如此支离，漫无统纪，则虽不教后生，亦只见得展转迷惑，无出头处也。

答林择之

熹哀苦之余，无他外诱，日用之间，痛自敛饬，乃知敬字之功亲切要妙乃如此。而前日不知于此用力，徒以口耳浪费光阴，人欲横流，天理几灭。今而思之，怛然震悚，盖不知所以措其躬也。

又

此中见有朋友数人讲学，其间亦难得朴实头负荷得者。因思日前讲论，只是口说,不曾实体于身,故在己在人,都不得力。今方欲与朋友说,日用之间,常切点检气习偏处、意欲萌处,与平日所讲相似与不相似,就此痛着功夫,庶几有益。陆子寿兄弟,近日议论,却肯向讲学上理会。其门人有相访者,气象皆好。但其间亦有旧病。此间学者却是与渠相反,初谓只如此讲学,渐涵自能入德。不谓末流之弊只成说话,至于人伦日用最切近处,亦都不得毫毛气力。此不可不深惩而痛警也!

答梁文叔

近看《孟子》见人即道性善,称尧、舜,此是第一义。若于此看得透,信得及,直下便是圣贤,便无一毫人欲之私做得病痛。若信不及,孟子又说个第二节功夫,又只引成覸、颜渊、公明仪三段说话,教人如此发愤勇猛向前,日用之间,不得存留一毫人欲之私在这里,此外更无别法。若于此有个奋迅兴起处,方有田地可下功夫。不然,即是画脂镂冰,无真实得力处也。近日见得如此,自觉颇得力,与前日不同,故此奉报。

答潘叔恭

学问根本,在日用间持敬集义功夫,直是要得念念省察。读书求义,乃其间之一事耳。旧来虽知此意,然于缓急之间,终是不觉有倒置处,误人不少。今方自悔耳!

答林充之

充之近读何书?恐更当于日用之间,为仁之本者,深加省察,而去其有害于此者为佳。不然,诵说虽精,而不践其实,君子盖深耻之。此固充之平日所讲闻也。

答何叔景

李先生教人,大抵令于静中体认,大本未发时,气象分明,即处事应物，自然中节。此乃龟山门下相传指诀。然当时亲炙之时，贪听讲论，又方窃好章句训诂之习，不得尽心于此。至今若存若亡，无一的实见处，辜负教育之意。每一念此，未尝不愧汗沾衣也。

又

熹近来尤觉昏愦无进步处。盖缘日前偷堕苟简，无深探力行之志，凡所论说，皆出入口耳之余，以故全不得力。今方觉悟，欲勇革旧习，而血气已衰，心志亦不复强，不知终能有所济否？

又

向来妄论"持敬"之说，亦不自记其云何。但因其良心发见之微，猛省提撕，使心不昧，则是做功夫底本领。本领既立，自然下学而上达矣。若不察良心发见处，即渺渺茫茫，恐无下手处也。中间一书，论"必有事焉"之说，却尽有病。殊不蒙辨诘，何邪？所喻多识前言往行，固君子之所急。熹自来所见亦是如此。近因反求，未得个安稳处，却始知此未免支离，如所谓因诸公以求程氏，因程氏以求圣人，是隔几重公案，曷若默会诸心，以立其本，而其言之得失，自不能逃吾之鉴邪？钦夫之学，所以超脱自在，见得分明，不为言句所桎梏，只为合下入处亲切。今日说话，虽未能绝无渗漏，终是本领是当，非吾辈所及，但详观所论，自可见矣。

答林择之

所论颜、孟不同处，极善极善！正要见此曲折，始无窒碍耳。比来想亦只如此用功。熹近只就此处见得向来未见底意思，乃知"存久自明，何待穷索"之语，是真实不诳语。今未能久，已有此验，况真能久邪？但当益加勉励，不敢少弛其劳耳！

答杨子直

学者堕在语言，心实无得，固为大病。然于语言中，罕见有究竟得彻头彻尾者。盖资质已是不及古人，而功夫又草草，所以终身于此，若存若亡，未有卓然可恃之实。近因病后，不敢极力读书，闲中却觉有进步处。大抵孟子所论求其放心，是要诀尔！

与田侍郎子真

吾辈今日事事做不得，只有向里存心穷理，外人无交涉。然亦不免违条碍贯，看来无着力处，只有更攒近里面安身立命尔。不审比日何所用心？因书反之，深所欲闻也。

答陈才卿

详来示，知日用功夫精进如此，尤以为喜。若知此心理端的在我，则参前倚衡，自有不容舍者，亦不待求而得，不待操而存矣。格物致知，亦是因其所已知者，推之以及其所未知，只是一本，原无两样功夫也。

与刘子澄

"居官无修业之益"，若以俗学言之，诚是如此。若论圣门所谓德业者，却初不在日用之外，只押文字，便是进德修业地头，不必编缀异闻乃为修业也。近觉向来为学，实有向外浮泛之弊，不惟自误，而误人亦不少。方别寻得一头绪，似差简约端的，始知文字言语之外，真别有用心处，恨未得面论也。浙中后来事体，大段支离乖僻，恐不止似正似邪而已，极令人难说，只得惶恐痛自警省！恐未可专执旧说以为取舍也。

与林择之

熹近觉向来乖谬处不可缕数，方惕然思所以自新者，而日用之间，悔吝潜积，又已甚多。朝夕惴惧，不知所以为计。若择之能一来，辅此不逮，幸甚！然讲学之功，比旧却觉稍有寸进。以此知初学得些静中功夫，亦为助不小。

答吕子约

示喻日用功夫如此，甚善！然亦且要见一大头脑分明，便于操舍之间，有用力处。如实有一物把住放行在自家手里，不是谩说求其放心，实却茫茫无把捉处也。

子约复书云："某盖尝深体之，此个大头脑，本非外面物事，是我元初本有底。其曰'人生而静'，其曰'喜怒哀乐之未发'，其曰'寂然不动'，人汩汩地过了日月，不曾存息，不曾实现此体段，如何会有用力处？程子谓'这个义理，仁者又看做仁了，智者又看做智了，百姓日用不知，此所以君子之道鲜'。此个亦不少，亦不剩，只是人看他不见，不大段信得此话。及其言于勿忘勿助长间认取者，认乎此也。认得此，则一动一静皆不昧矣！恻隐、羞恶、辞让、是非，四端之著也，操存久则发现多；忿懥、忧患、好乐、恐惧，不得其正也，放舍甚则日滋长。记得南轩先生谓'验厥操舍，乃知出入'，乃是见得主脑于操舍间有用力处之实话。盖苟知主脑不放下，虽是未能常常操存，然语默应酬间，历历能自省验，虽其实有一物在我手里，然可欲者，是我底物，不可放失；不可欲者，非是我物，不可留藏。虽谓之实有一物在我手里，亦可也。若是谩说，既无归宿，亦无依据，纵使强把捉得住，亦止是袭取，夫岂是我元有底邪？愚见如此，敢望指教。"朱子答书云："此段大概，甚正当亲切。"

答吴德夫

承喻仁字之说，足见用力之深。熹意不欲如此坐谈，但直以孔子、程子所示求仁之方，择其一二切于吾身者，笃志而力行之，于动静语默间，勿令间断，则久久自当知味矣。去人欲，存天理，且据所见去之存之。

功夫既深，则所谓似天理而实人欲者，次第可见。今大体未正，而便察及细微，恐有"放饭流歠而问无齿决"之讥也。如何如何？

答或人

"中和"二字，皆道之体用。旧闻李先生论此最详，后来所见不同，遂不复致思。今乃知其为人深切，然恨己不能尽记其曲折矣。如云"人固有无所喜怒哀乐之时，然谓之未发，则不可，言无正也"，又如先言"慎独"，然后及"中和"，此亦尝言之。但当时既不领略，后来又不深思，遂成蹉过，孤负此翁耳！

答刘子澄

日前为学，绥于反己。追思凡百，多可悔者。所论注文字，亦坐此病，多无着实处。回首茫然，计非岁月功夫所能救治，以此愈不自快。前时犹得敬夫、伯恭时惠规益，得以自警省。二友云亡，耳中绝不闻此等语。今乃深有望于吾子澄。自此惠书，痛加镌诲，乃君子爱人之意也。

　　朱子之后，如真西山、许鲁斋、吴草庐亦皆有见于此，而草庐见之尤真，悔之尤切。今不能备录，取草庐一说附于后。

　　临川吴氏曰："天之所以生人，人之所以为人，以此德性也。然自圣传不嗣，士学靡宗，汉、唐千余年间，董、韩二子，依稀数语近之，而原本竟昧昧也。逮夫周、程、张、邵兴，始能上通孟氏而为一。程氏四传而至朱，文义之精密，又孟氏以来所未有者。其学徒往往滞于此而溺其心。夫既以世儒记诵词章为俗学矣，而其为学亦未离乎言语文字之末。此则嘉定以后朱门末学之敝，而未有能救之者也。夫所贵乎圣人之学，以能全天之所以与我者尔。天之与我，德性是也，是为仁义礼智之根株，是为形质血气之主宰。舍此而他求，所学何学哉？假而行如司马文正公，才如诸葛忠武侯，亦不免为习不著，行不察，亦不过为资器之超于人，而谓有得于圣学则未也。况止于训诂之精，讲说之密，如北溪之陈，双峰之饶，则与彼记诵词章之俗学，相去何能以寸哉？圣学大明于宋代，而踵其后者如此，可叹已！澄也钻研于文义，毫分缕析，每以陈为未精，饶为未密也。堕此科臼中垂四十年，而始觉其非。自今以往，一日之内而亥，一月之内朔而晦，一岁之内春而冬，常见吾德性之昭昭，如天之运转，如日月之往来，不使有须臾之间断，则于尊之之道，殆庶几乎？于此有未能，则问于人，学于己，而必欲其至。若其用力之方，非言之可喻，亦味于《中庸》首章、《订顽》终篇而自悟可也。"

《朱子晚年定论》，我阳明先生在留都时所采集者也。揭阳薛君尚谦旧录一本，同志见之，至有不及抄写，袖之而去者。众皆惮于翻录，乃谋而寿诸梓。谓"子以齿，当志一言"。惟朱子一生勤苦，以惠来学，凡一言一字，皆所当守。而独表章是、尊崇乎此者，盖以为朱子之定见也。今学者不求诸此，而犹躇其所悔，是蹈舛也，岂善学朱子者哉？麟无似，从事于朱子之训余三十年，非不专且笃，而竟亦未有居安资深之地，则犹以为知之未详，而览之未博也。戊寅夏，持所著论若干卷来见先生。闻其言，如日中天，睹之即见；象五谷之艺地，种之即生；不假外求，而真切简易，恍然有悟。退求其故而不合，则又不免迟疑于其间。及读是编，始释然，尽投其所业，假馆而受学，盖三月而若将有闻焉。然后知向之所学，乃朱子中年未定之论，是故三十年而无获。今赖天之灵，始克从事于其所谓定见者，故能三月而若将有闻也。非吾先生，几乎已矣！敢以告夫同志，使无若麟之晚而后悔也。若夫直求本原于言于之外，真有以验其必然而无疑者，则存乎其人之自力，是编特为之指迷耳。

正德戊寅六月望，门人雩都袁庆麟谨识。

卷四　文录一

书一_{始正德己巳至庚辰}

与辰中诸生 己巳

谪居两年，无可与语者。归途乃得诸友，何幸何幸！方以为喜，又遽尔别去，极怏怏也。绝学之余，求道者少；一齐众楚，最易摇夺。自非豪杰鲜有卓然不变者。诸友宜相砥砺夹持，务期有成。近世士夫亦有稍知求道者，皆因实德未成而先揭标榜，以来世俗之谤，是以往往隳堕无立，反为斯道之梗。诸友宜以是为鉴，刊落声华，务于仵己处着实用力。

前在寺中所云静坐事，非欲坐禅入定。盖因吾辈平日为事物纷挐，未知为己，欲以此补小学收放心一段功夫耳。明道云："才学便须知有着力处，既学便须知有得力处。"诸友宜于此处着力，方有进步，异时始有得力处也。"学要鞭辟近里着己"、"君子之道，暗然而日章"、"为名与为利，虽清浊不同，在其利心则一"、"谦受益"、"不求异于人，而求同于理"，此数语，宜书之壁间，常目在之。举业不患妨功，惟患夺志。只如前日所约，循循为之，亦自两无相碍。所谓知得洒扫应对，便是精义入神也。

答徐成之 辛未

汝华相见于逆旅，闻成之启居甚悉，然无因一面，徒增悒怏。吾乡学者几人，求其笃信好学如吾成之者谁欤？求其喜闻过，忠告善道如吾成之者谁欤？过而莫吾告也，学而莫吾与者，非吾成之之思而谁思欤？嗟吾成之，幸自爱重！

自人之失其所好，仁之难成也久矣。向吾成之在乡党中，刻厉自立，众皆非笑，以为迂腐，成之不为少变。仆时虽稍知爱敬，不从众非笑，然尚未知成之之难得如此也。今知成之之难得，则又不获朝夕相与，岂非大可憾欤！修己治人，本无二道。政事虽剧，亦皆学问之地，谅吾成之随在有得。然何从一闻至论，以洗凡近之见乎！爱莫为助。近为成之思进学之功，微觉过苦。先儒所谓志道恳切，固是诚意，然急迫求之，则反为私已，不可不察也。日用间何莫非天理流行，但此心常存而不放，则义理自熟。孟子所谓"勿忘勿助，深造自得"者矣。学问之功何可缓，但恐着意把持振作，纵复有得，居之恐不能安耳。成之之学，想亦正不如此。以仆所见，微觉其有近似者，是以不敢不尽。亦以成之平时之乐闻，且欲以是求教也。

答黄宗贤应原忠 辛未

昨晚言似太多，然遇二君，亦不得不多耳。其间以造诣未熟，言之未莹则有之，然却自是吾侪一段的实功夫思之未合，请勿轻放过，当有豁然处也。圣人之心，纤翳自无所容，自不消磨刮。若常人之心，如斑垢驳杂之镜，须痛加刮磨一番，尽去其驳蚀，然后纤尘即见，才拂便去，亦自不消费力。到此已是识得仁体矣。若驳杂未去，其间固自有一点明处，尘埃之落，固亦见得，亦才拂便去。至于堆积于驳蚀之上，终弗之能见也。此学利困勉之所由异，幸弗以为烦难而疑之也。凡人情好易而恶难，其间亦自有私意气习缠蔽在，识破后，自然不见其难矣。古之人至有出万死而乐为之者，亦见得耳。向时未见得向里面意思，此功夫自无可讲处。

今已见此一层，却恐好易恶难，便流入禅释去也。昨论儒释之异，明道所谓"敬以直内"则有之，"义以方外"则未。毕竟连"敬以直内"亦不是者，已说到八九分矣。

答汪石潭内翰 辛未

承批教。连日疮甚，不能书，未暇请益。来教云："昨日所论，乃是一大疑难。"又云："此事关系颇大，不敢不言。"仆意亦以为然，是以不能遽已。夫喜怒哀乐，情也。既曰不可，谓未发矣。喜怒哀乐之未发，则是指其本体而言性也。斯言自子思，非程子而始有。执事既不以为然，则当自子思《中庸》始矣。喜怒哀乐之与思与知觉，皆心之所发。心统性情。性，心体也；情，心用也。程子云"心，一也。有指体而言者，寂然不动是也；有指用而言者，感而遂通是也。"斯言既无以加矣，执事姑求之体用之说。夫体用一源也，知体之所以为用，则知用之所以为体者矣。虽然，体微而难知也，用显而易见也。执事之云不亦宜乎？夫谓"自朝至暮，未尝有寂然不动之时"者，是见其用而不得其所谓体也。君子之于学也，因用以求其体。凡程子所谓"既思，即是已发；既有知觉，即是动"者。皆为求中于喜怒哀乐未发之时者言也，非谓其无未发者也。朱子于未发之说，其始亦尝疑之，今其集中所与南轩论难辩析者，盖往复数十，而后决其说，则今之《中庸注疏》是也。其于此亦非苟矣。独其所谓"自戒惧而约之，以至于至静之中；自谨独而精之，以至于应物之处"者，亦若过于剖析。而后之读者遂以分为两节，而疑其别有寂然不动、静而存养之时，不知常存戒慎恐惧之心，则其功夫未始有一息之间，非必自其不睹不闻而存养也。吾兄且于动处加工，勿使间断。动无不知，即静无不中。而所谓寂然不动之体，当自知之矣。未至而揣度之，终不免于对答说相轮耳。然朱子但有知觉者在，而未有知觉之说，则亦未莹。吾兄疑之，盖亦有见。但其所以疑之者，则有因噎废食之过，不可以不审也。君子之论，苟有以异于古，姑毋以为决然，宜且循其说而究之，极其说而果有不达也，然后从而断之，是以其辩之也明，而析之也当。盖在我者，有以得其情也。今学如吾兄，聪明超特如吾兄，深潜缜密如吾兄，而犹有未悉如此，何邪？吾兄之心，非若世之立异自高者，要在求其是而已，故敢言之无讳。有所未尽，不惜教谕；不有益于兄，必有益于我也。

寄诸用明 辛未

得书，足知迩来学力之长，甚喜！君子惟患学业之不修，科第迟速，所不论也。况吾平日所望于贤弟，固有大于此者，不识亦尝有意于此否耶？便中时报知之。

阶阳诸侄，闻去岁皆出投试，非不喜其年少有志，然私心切不以为然。不幸遂至于得志，岂不误却此生耶！凡后生美质，须令晦养厚积。天道不翕聚，则不能发散，况人乎？花之千叶者无实，为其华美太发露耳。诸贤侄不以吾言为迂，便当有进步处矣。

书来劝吾仕，吾亦非洁身者，所以汲汲于是，非独以时当敛晦，亦以吾学未成。岁月不待，再过数年，精神益弊，虽欲勉进而有所不能，则将终于无成。皆吾所以势有不容已也。但老祖而下，意皆不悦，今亦岂能决然行之？徒付之浩叹而已！

答王虎谷 辛未

承示：别后看得一"性"字亲切。孟子云："尽其心者，知其性也；知其性，则知天矣。"此吾道之幸也，喜慰何可言！"弘毅"之说极是。但云"既不可以弃去，又不可以减轻；既不可以住歇，又不可以不至"，则是犹有不得已之意也。不得已之意与自有不能已者，尚隔一层。程子云："知之而至，则循理为乐，不循理为不乐。"自有不能已者，循理为乐者也，非真能知性者，未易及此。知性则知仁矣。仁，人心也。心体本自弘毅，不弘者蔽之也，不毅者累之也。故烛理明则私欲自不能蔽累；

私欲不能蔽累，则自无不弘毅矣。弘非有所扩而大之也，毅非有所作而强之也，盖本分之内，不加毫末焉。曾子"弘毅"之说，为学者言，故曰"不可以不弘毅"，此曾子穷理之本，真见仁体而后有是言。学者徒知不可不弘毅，不知穷理，而惟扩而大之以为弘，作而强之以为毅，是亦出于一时意气之私，其去仁道尚远也。此实公私义利之辩，因执事之诲，而并以请正。

与黄宗贤 辛未

所喻皆近思切问，足知为功之密也，甚慰！夫加诸我者，我所不欲也，无加诸人，我所欲也，出乎其心之所欲，皆自然而然，非有所强，勿施于人，则勉而后能。此仁恕之别也。然恕求仁之方，正吾侪之所有事也。子路之勇，而夫子未许其仁者，好勇而无所取裁，所勇未必皆出天理之公也。事君而不避其难，仁者不过如是。然而不知食辄之禄为非义，则勇非其所宜，勇不得为仁矣。然勇为仁之资，正吾侪之所尚欠也。鄙见如此，明者以为何如？未尽，望便示。

二 壬申

使至，知近来有如许忙，想亦因是大有得力处也。仆到家，即欲与曰仁成雁荡之约，宗族亲友相牵绊，时刻弗能自由。五月终，决意往；值烈暑，阻者益众且坚，复不果。时与曰仁稍寻傍近诸小山，其东南林壑最胜绝处，与数友相期，候宗贤一至即往。又月余，曰仁凭限过甚，乃翁督促，势不可复待，乃从上虞人四明，观白水，寻龙溪之源；登杖锡，至于雪窦；上千丈岩以望天姥、华顶，若可睹焉。欲遂从奉化取道至赤城，适彼中多旱，山田尽龟裂，道傍人家徬徨望雨，意惨然不乐，遂自宁波买舟还余姚。往返亦半月余，相从诸友亦微有所得，然无大发明。其最所歉然，宗贤不同兹行耳！归又半月，曰仁行，去使来时已十余日。思往时在京，每恨不得还，故山往返当益易，乃今益难。自后精神意气，当日不逮前，不知回视今日，又何如也！念之可叹可惧！留居之说，竟成虚约。亲友以曰仁既往，催促日至，滁阳之行，难更迟迟，亦不能出是月。闻彼中山水颇佳胜，事亦闲散。宗贤有惜阴之念，明春之期，亦既后矣。此间同往者，后辈中亦三四人，习气已深，虽有美质，亦消化渐尽。此事正如淘沙，会有见金时，但目下未可必得耳。

三 癸酉

滁阳之行，相从者亦二三子，兼复山水清远，胜事闲旷，详有足乐者。故人不忘久要，果能乘兴一来耶？

得应原忠书，诚如其言，亦大可喜。牵制文义，自宋儒已然，不独今时学者。遂求脱然洗涤，恐亦甚难，但得渐能疑辩，当亦终有觉悟矣。自归越后，时时默念年来交游，益觉人才难得，如原忠者，岂易得哉！

京师诸友，迩来略无消息。每因已私难克，辄为诸友忧虑一番。诚得相聚一堂，早晚当有多少砥砺切磋之益！然此在各人，非可愿望得。

四 癸酉

春初，姜翁自天台来，得书，闻山间况味，悬企之极；且承结亭相待，既感深谊，复愧其未有以副也。甘泉丁乃堂夫人忧，近有书来索铭，不久且还增城。道途邈绝，草亭席虚，相聚尚未有日。仆虽相去伊迩，而家累所牵，迟迟未决，所举遂成北山之移文矣。应原忠久不得音问，想数会聚？闻亦北上，果然否？此间往来极多，友道则实寥落。敦夫虽住近，不甚讲学；纯甫近改北验封且行；曰仁又公差未还；宗贤之思，靡日不切！又得草堂报，益使人神魂飞越，若不能一日留此也，如何如何！去冬解册吏到，承欲与原忠来访，此诚千里命驾矣，喜慰之极！日切瞻望，然又自度鄙劣，不足以承此。曰仁入夏当道越中来此，其时得与共载，何乐如之！

五癸酉

书来,及纯甫事,恳恳不一而足,足知朋友忠爱之至。世衰俗降,友朋中虽平日最所爱敬者,亦多改头换面,持两端之说,以希俗取容,意思殊为衰飒可悯。若吾兄真可谓信道之笃而执德之弘矣,何幸何幸!仆在留都,与纯甫住密迩,或一月一见,或间月不一见,辄有所规切,皆发于诚爱恳恻,中心未尝怀纤毫较计。纯甫或有所疏外,此心直可质诸鬼神。其后纯甫转官北上,始觉其有怃然者。寻亦痛自悔责,以为吾人相与,岂宜有如此芥蒂,却有堕入世间较计坑陷中,亦成何等胸次!当下冰消雾释矣。其后人言屡屡而至,至有为我愤辞厉色者。仆皆惟以前意处之,实是未忍一日而忘纯甫。盖平日相爱之极,情之所钟,自如此也。旬日间,复有相知自北京来,备传纯甫所论。仆窃疑有浮薄之徒,幸吾党间隙,鼓弄交构,增饰其间,未必尽出于纯甫之口。仆非矫为此说,实是故人情厚,不忍以此相疑耳。仆平日之厚纯甫,本非私厚;纵纯甫今日薄我,当亦非私薄。然则仆未尝厚纯甫,纯甫未尝薄仆也,亦何所容心于其间哉!往往见世俗朋友易生嫌隙,以为彼盖苟合于外,而非有性分之契,是以如此,私窃叹悯。自谓吾党数人,纵使散处敌国仇家,当亦断不至是。不谓今日亦有此等议论,此亦惟宜自反自责而已。孟子云:"爱人不亲反其仁,行有不得者,皆反求诸己。"自非履涉亲切,应未识斯言味永而意恳也。

仆近时与朋友论学,惟说'立诚'二字。杀人须就咽喉上着刀,吾人为学当从心髓入微处用力,自然笃实光辉。虽私欲之萌,真是洪炉点雪,天下之大本立矣。若就标末妆缀比拟,凡平日所谓学问思辩者,适足以为长傲遂非之资,自以为进于高明光大,而不知陷于狠戾险嫉,亦诚可哀也已!以近事观之,益见得吾侪往时所论,自是向里。此盖圣学的传,惜乎沦落湮埋已久,往时见得,犹自恍惚,仆近来无所进,只于此处看较分晓,直是痛快,无复可疑。但与吾兄别久,无告语处耳。原忠数聚论否?近尝得渠一书,所见迥然与旧不同,殊慰殊慰!今亦寄一简,不能详细，见时望并出此。归计尚未遂，旬月后且图再举。会期未定，临楮耿耿。

六 丙子

宅老，数承远来，重以嘉贶，相念之厚，愧何以堪！令兄又辱书惠，礼恭而意笃，意家庭旦夕之论，必于此学有相发明者，是以波及于仆。喜幸之余，愧何以堪！别后功夫，无因一扣，如书中所云，大略知之。"用力习熟，然后居山"之说，昔人尝有此，然亦须得其源。吾辈通患，正如池面浮萍，随开随蔽。未论江海，但在活水，浮萍即不能蔽。何者？活水有源，池水无源；有源者由己，无源者从物。故凡不息者有源，作辍者皆无源故耳。

七 戊寅

得书，见相念之厚，所引一诗，尤恳恻至情，读之，既感且愧，几欲涕下。人生动多牵滞，反不若他流外道之脱然也，奈何奈何！近收甘泉书，颇同此憾。士风日偷，素所目为善类者，亦皆雷同附和，以学为讳。吾人尚栖栖未即逃避，真处堂之燕雀耳。原忠闻且北上，恐亦非其本心。仕途如烂泥坑，勿入其中，鲜易复出。吾人便是失脚样子，不可不鉴也。承欲枉顾，幸甚幸甚！好事多阻，恐亦未易如愿，努力图之！笼中病翼，或能附冥鸿之末而归，未可知也。

与王纯甫 壬申

别后，有人自武城来云，纯甫始到家，尊翁颇不喜，归计尚多牴牾。始闻而惋然，已而复大喜。久之，又有人自南都来者云，"纯甫已莅任，上下多不相能"。始闻而惋然，已而复大喜。吾之惋然者，世俗之私情；所为大喜者，纯甫当自知之，吾安能小不忍于纯甫，不使动心忍性，以大其所就乎？譬之金之在冶，经烈焰，受钳锤，当此之时，为金者甚苦；

然自他人视之，方喜金之益精炼，而惟恐火力锤煅之不至。既其出冶，金亦自喜其挫折煅炼之有成矣。某平日亦每有傲视行辈、轻忽世故之心，后虽稍知惩创，亦惟支持抵塞于外而已。及谪贵州三年，百难备尝，然后能有所见，始信孟氏"生于忧患"之言，非欺我也。尝以为"君子素其位而行，不愿乎其外。素富贵，行乎富贵；素贫贱，行乎贫贱；素患难，行乎患难。故无入而不自得。"后之君子，亦当素其位而学，不愿乎其外。素富贵，学处乎富贵；素贫贱患难，学处乎贫贱患难。则亦可以无入而不自得。向尝为纯甫言之，纯甫深以为然，不番迩来用力却如何耳。

近日相与讲学者，宗贤之外，亦复数人，每相聚，辄叹纯甫之高明。今复遭时磨励若此，其进益不可量，纯甫勉之！

汪景颜近亦出宰大名，临行请益，某告以变化气质。居常无所见，惟当利害，经变故，遭屈辱，平时愤怒者，到此能不愤怒，忧惶失措者，到此能不忧惶失措，始是能有得力处，亦便是用力处。天下事虽万变，吾所以应之不出乎喜怒哀乐四者。此为学之要，而为政亦在其中矣。景颜闻之，跃然如有所得也。甘泉近有书来，已卜居萧山之湘湖，去阳明洞方数十里耳。书屋亦将落成，闻之喜极。诚得良友相聚会，共进此道，人间更复有何乐！区区在外之荣辱得丧，又足挂之齿牙间哉？

二 癸酉

纯甫所问，辞则谦下，而语意之间，实自以为是矣。夫既自以为是，则非求益之心矣。吾初不欲答，恐答之亦无所入也。故前书因发其端，以俟明春渡江而悉。既而思之，人生聚散无常，纯甫之自是，盖其心尚有所惑而然，亦非自知其非而又故为自是以要我者，吾何可以遂已？故复备举其说以告纯甫。

来书云："学以明善诚身，固也。但不知何者谓之善？原从何处得来？今在何处？其明之之功当何如？入头当何如？与诚身有先后次第否？诚是诚个甚的？此等处细微曲折，尽欲扣求启发，而因献所疑，以自附于助我者。"反覆此语,则纯甫近来得力处在此,其受病处亦在此矣。纯甫平日徒知存心之说,而未尝实加克治之功,故未能动静合一,而遇事辄有纷扰之患。今乃能推究若此,必以渐悟往日之堕空虚矣。故曰纯甫近来用功得力处在此。然已失之支离外驰而不觉矣。夫心主于身,性具于心,善原于性,孟子之言性善是也。善即吾之性,无形体可指,无方所可定,无岂自为一物,可从何处得来者乎?故曰受病处亦在此。纯甫之意,盖未察夫圣门之实学,而尚狃于后世之训诂,以为事事物物,各有至善,必须从事事物物求个至善,而后谓之明善,故有"原从何处得来,今在何处"之语。纯甫之心,殆亦疑我之或堕于空虚也,故假是说以发我之蔽。吾亦非不知感纯甫此意,其实不然也。夫在物为理,处物为义,在性为善,因所指而异其名,实皆吾之心也。心外无物,心外无事,心外无理,心外无义,心外无善。吾心之处事物,纯乎理而无人伪之杂,谓之善,非在事物有定所之可求也。处物为义,是吾心之得其宜也,义非在外可袭而取也。格者,格此也;致者,致此也,必曰事事物物上求个至善,是离而二之也。伊川所云"才用彼即晓",此是犹谓之二。性无彼此,理无彼此,善无彼此也。纯甫所谓"明之之功当何如?入头处当何如?与诚身有先后次第否?诚是诚个甚的?"且纯甫之意,必以明善自有明善之功,诚身又有诚身之功也。若区区之意,则以明善为诚身之功也。夫诚者,无妄之谓。诚身之诚,则欲其无妄之谓。诚之之功,则明善是也。故博学者,学此也;审问者,问此也;慎思者,思此也;明辩者,辩此也;笃行者,行此也。皆所以明善而为诚之之功也。故诚身有道,明善者,诚身之道也;不明乎善,不诚乎身矣。非明善之外,别有所谓诚身之功也。诚身之始,身犹未诚也,故谓之明善;明善之极,则身诚矣。若谓自有明善之功,又有诚身之功,是离而二之也,难乎免于毫厘千里之谬矣。其间欲为纯甫言者尚多,纸笔未能详悉。尚有未合,不妨往复。

三 甲戌

得曰仁书，知纯甫近来用功甚力，可喜可喜！学以明善诚身，只兀兀守此昏昧杂扰之心，却是坐禅入定，非所谓"必有事焉"者矣。圣门宁有是哉？但其毫厘之差，千里之谬，非实地用功，则亦未易辩别。后世之学，琐屑支离，正所谓采摘汲引，其间亦宁无小补？然终非积本求原之学。句句是，字字合，然而终不可入尧舜之道也。

四 甲戌

屡得汪叔宪书，又两得纯甫书，备悉相念之厚，感愧多矣！近又见与曰仁书，贬损益至，三复赧然。夫趋向同而论学或异，不害其为同也；论学同而趋向或异，不害其为异也。不能积诚反躬而徒腾口说，此仆往年之罪，纯甫何尤乎？因便布此区区，临楮倾念无已。

寄希渊 壬申

所遇如此，希渊归计良是，但稍伤急迫。若再迟二三月，托疾而行，彼此形迹泯然，既不激怒于人，亦不失己之介矣。圣贤处末世，待人应物，有时而委曲，其道未尝不直也。若己为君子，而使人为小人，亦非仁人忠恕恻怛之心。希渊必以区区此说为大周旋，然道理实如此也。区区叨厚禄，有地方之责，欲脱身潜逃固难。若希渊所处，自宜进退绰然，今亦牵制若此，乃知古人挂冠解绶，其时亦不易值也。

二 壬申

向得林苏州书，知希颜在苏州，其时守忠在山阴矣。近张山阴来，知希颜已还山阴矣，而守忠又有金华之出。往岁希颜居乡，而守忠客祁，今兹复尔，二友之每每相违，岂亦有数存焉邪！为仁由己，固非他人所能与。而相观砥砺之益，则友诚不可一日无者。外是，子雍、明德辈相去数十里，决不能朝夕继见，希颜无亦有独立无与无叹欤？囊评半圭，诚然诚然。方今山林枯槁之士，要亦未可多得，去之奔走声利之场者则远矣。人品不齐，圣贤亦因材成就。孔门之教，言人人殊，后世儒者，始有归一之论，然而成德达材者鲜，又何居乎？希颜试于此思之，定以为何如也？

三 癸酉

希颜茕然在疚，道远因一慰。闻友朋中多言希颜孝心纯笃，哀伤过节，其素知希颜者，宜为终身之慕。毋徒毁伤为也！

守忠来，承手札喻及出处，此见希颜爱我之深，他人无此也。然此义亦惟希颜有之，他人无此也。牵于世故，未能即日引决，为愧为怍，然亦终须如希颜所示耳。患难忧苦，莫非实学。今虽倚庐，意思亦须有进。向见季明德书，观其意向甚正，但未及与之细讲耳。"学问之道无他，求其放心而已"，盖一言而足。至其功夫节目，则愈讲而愈无穷者。孔子犹曰"学之不讲，是吾忧也"，今世无志于学者，无足言，幸有一二笃志之士，又为无师友之讲明，认气作理，冥悍自信，终身勤苦而卒无所得，斯诚可哀矣。

读《礼》之余，与明德相论否？幸以其所造者示知。某无大知识，亦非好为人言者。顾今之时，人心陷溺已久，得一善人，惟恐其无成。期与诸君共明此学，固不以自任为嫌而避之。譬之婚姻，聊为诸君之媒妁而已。乡里后进中有可言者，即与接引，此本分内事，勿谓不暇也。

楼居已完否？胡口之出非得已，然其间亦有说。闻朋友中多欲希颜高尚不出，就中亦须权其轻重。使亲老饘粥稍可继，则不必言高尚，自不宜出。不然，却恐正其私心，不可不察也。

四 己卯

正月初二得家信，祖母于去冬十月背弃，痛割之极！縻于职守，无由归遁。今复恳疏，若终不可得，将遂为径往之图矣。

近得郑子冲书，闻与当事者颇相抵牾。希渊德性谦厚和平，其于世间荣辱炎凉之故，视之何异飘风浮霭，岂得尚有芥蒂于其中耶！即而询之，果然出于意料之外，非贤者之所自取也。虽然，有人于此，其待我以横逆，则君子必自反曰："我必无礼。"自反而有礼，又自反曰："我必不忠"希渊克己之功日精日切，其肯遂自以为忠乎？往年区区谪官贵州，横逆之加，无月无有。迄今思之，最是动心忍性砥砺切磋之地。当时亦止搪塞排遣，竟成空过，甚可惜也。

闻教下士，甚有兴起者，莆故文献之区，其士人素多根器。今得希渊为之师，真如时雨化之而已，吾道幸甚！近有责委，不得已，不久且入闽。苟求了事，或能乘便至莆一间语，不尽不尽。

与戴子良 癸酉

汝成相见于滁，知吾兄之质，温然纯粹者也。今兹乃得其为志，盖将从事于圣人之学，不安于善人而已也，何幸何幸！有志者事竟成，吾兄勉之！学之不明，已非一日，皆由有志者少。好德，民之秉彝，可谓尽无其人乎？然不能胜其私欲，竟沦陷于习俗，则亦无志而已。故朋友之间有志者，甚可喜；然志之难立而易坠也，则亦深可惧也。吾兄以为何如？宗贤已南还，相见且未有日。京师友朋，如贵同年陈佑卿、顾惟贤，其他如汪汝成、梁仲用、王舜卿、苏天秀，皆尝相见。从事于此者，其余尚三四人，吾兄与诸友当自识之。自古有志之士，未有不求助于师友。匆匆别来，所欲与吾兄言者百未及一。沿途歆叹雅意诚切。怏怏相会未卜，惟勇往直前，以遂成此志是望。

与胡伯忠 癸酉

某往在京，虽极歆慕，彼此以事未及从容一叙，别去以为憾。期异时相遇，决当尽意剧谈一番耳。昨未出京师，即已预期彭城之会，谓所未决于心，在兹行矣。及相见又复匆匆而别，别又复以为恨。不知执事之心亦何如也？

君子与小人居，决无苟同之理，不幸势穷理极而为彼所中伤，则安之而已。处之未尽于道，或过于疾恶，或伤于愤激，无益于事，而致彼之怨恨仇毒，则皆君子之过也。昔人有言："事之无害于义者，从俗可也。"君子岂轻于从俗，独不以异俗笃心耳。"与恶人居，如以朝衣朝冠坐于涂炭者"，伯夷之清也。"虽袒裼裸裎于我侧，彼焉能浼我哉？"柳下惠之和也。君子以变化气质为学，则惠之和，似亦执事之所宜从者。不以三公易其介，彼固未尝无伯夷之清也。"德輶如毛，民鲜克举之。""我仪图之，惟仲山甫举之。"爱莫助之，仆于执事之谓矣。正人难得，正学难明，流俗难变，直道难容。临笔惘然，如有所失。言不尽意，惟心亮。

与黄诚甫 癸酉

立志之说，已近烦渎，然为知己言，竟亦不能舍是也。志于道德者，功名不足累其心；志于功名者，富贵不足以累其心。但近世所谓道德，功名而已；所谓功名，富贵而已。"仁人者，正其谊，不谋其利，明其道，不计其功。"一有谋计之心，则虽正谊明道，亦功利耳。诸友即索居，曰仁又将远别，会中须时相警发，庶不就弛靡。诚甫之足，自当一日千里，任重道远，吾非诚甫谁望邪！临别数语，彼此暗然，终能不忘，乃为深爱。

二 丁丑

区区正月十八日始抵赣，即兵事纷纷。二月往征漳寇，四月班师。中间曾无一日之暇，故音问缺然。然虽扰扰中，意念所在，未尝不在诸友也。养病之举，恐已暂停，此亦顺亲之心，未为不是。不得以此日萦于怀，无益于事，徒使为善之念不专。何处非道，何处非学，岂必山林中耶？希颜、尚谦、清伯登第，闻之喜而不寐。近尝寄书云："非为今日诸君喜，为阳明山中异日得良伴喜也。"吾于诚甫之未归亦然。

答王天宇 甲戌

书来，见平日为学用功之概，深用喜慰！今之时，能稍有志圣贤之学，已不可多见，况又果能实用其力者，是岂易得哉！辱推拟过当，诚有所不敢居。然求善自辅，则鄙心实亦未尝不切切也。今乃又得吾天宇，其为喜幸可腾言哉！厚意之及，良不敢虚，然又自叹爱莫为助，聊就来谕商榷一二。

天宇自谓"有志而不能笃"，不知所谓志者果何如？其不能笃者又谁也？谓"圣贤之学能静，可以制动"，不知若何而能静？静与动有二心乎？谓"临政行事之际，把捉摸拟，强之使归于道，固亦卒有所未能，然造次颠沛必于是"者，不知如何其为功？谓"开卷有得，接贤人君子，便自触发"，不知所触发者何物？又"赖二事而后触发"，则二事之外，所作何务？当是之时，所谓志者果何在也？凡此数语，非天宇实用其力不能有。然亦足以见讲学之未明，故尚有此耳。或思之有得，不厌寄示。

二 甲戌

承书惠，感感。中间问学之意，恳切有加于旧，足知进于斯道也。喜幸何如！但其间犹有未尽区区之意者。既承不鄙，何敢不竭！然望详察，庶于斯道有所发明耳。

来书云："诚身以格物，乍读不能无疑，既而细询之希颜，始悉其说。"

区区未尝有"诚身格物"之说，岂出于希颜邪？鄙意但谓君子之学，以诚意为主，格物致知者，诚意之功也。犹饥者以求饱为事，饮食者，求饱之事也。希颜颇悉鄙意，不应有此。或恐一时言之未莹耳。幸更细讲之。

又云："《大学》一书，古人为学次第。朱先生谓'穷理之极而后意诚'，其与所谓'居敬穷理'、'非存心无以致知'者，固相为矛盾矣。盖居敬存心之说，补于传文，而圣经所指，直谓其穷理而后心正。初学之士，执经而不考传，其流之弊，安得不至于支离邪！"

《大学》次第，但言物格而后知至，知至而后意诚。若"穷理之极而后意诚"，此则朱先生之说如此。其间亦自无大相矛盾。但于《大学》本旨，却恐未尽合耳。"非存心无以致知"，此语不独于《大学》未尽，就于《中庸》"尊德性而道问学"之旨，亦或有未尽。然此等处言之甚长，非面悉不可。后之学者，附会于《补传》而不深考于经旨，牵制于文义而不体认于身心，是以往往失之支离而卒无所得，恐非执经而不考传之过也。

又云："不由穷理而遽加诚身之功，恐诚非所诚，适足以为伪而已矣。"此言甚善。但不知诚身之功又何如作用耳，幸体认之！

又言："譬之行道者，如大都为所归宿之地，犹所谓至善也。行道者不辞险阻艰难，决意向前，犹存心也。如使斯人不识大都所在，而泛焉欲往，其不南走越而北走吴几希矣。"

此譬大略皆是，但以不辞险阻艰难，决意向前，别为存心，未免牵合之苦，而不得其要耳。夫不辞险阻艰难，决意向前，此正是诚意之意。审如是，则其所以问道途，具资斧，戒舟车，皆有不容已者。不然，又安在其为决意向前，而亦安所前乎？夫不识大都所在而泛焉欲往，则亦欲往而已，未尝真往也。惟其欲往而未尝真往，是以道途之不问，资斧之不具，舟车之不戒。若决意向前，则真往矣。真往者，能如是乎？此最功夫切要者，以天宇之高明笃实而反求之，自当不言而喻矣。

又云："格物之说，昔人以扞去外物为言矣。扞去外物则此心存矣。心存，则所以致知者，皆是为己。"

如此说，却是"扞去外物"为一事，"致知"又为一事。"扞去外物"之说，亦未为甚害，然止扞御于其外，则亦未有拔去病根之意，非所谓"克己求仁"之功矣。区区格物之说亦不如此。《大学》之所谓"诚意"，即《中庸》之所谓"诚身"也。《大学》之所谓"格物致知"，即《中庸》之所谓"明善"也。博学、审问、慎思、明辩、笃行，皆所谓明善而为诚身之功也，非明善之外别有所谓诚身之功也。格物致知之外，又岂别有所谓诚意之功乎？《书》之所谓"精一"，《语》之所谓"博文约礼"，《中庸》之所谓"尊德性而道问学"，皆若此而已。是乃学问用功之要，所谓毫厘之差，千里之谬者也。

心之精微，口莫能述，亦岂笔端所能尽已！喜荣擢北上有期矣，倘能迂道江滨，谋一夕之话，庶几能有所发明。冗遽中，不悉。

寄李道夫 乙亥

此学不讲久矣。鄙人之见，自谓于此颇有发明。而闻者往往诋以为异，独执事倾心相信，确然不疑，其为喜慰，何啻空谷之足音！

别后时闻士夫传说，近又徐曰仁自西江还，益得备闻执事任道之勇、执德之坚，令人起跃奋迅。"士不可以不弘毅，任重而道远"，诚得弘毅如执事者二三人，自足以为天下倡。彼依阿偄儜之徒虽多，亦奚以为哉？幸甚幸甚！

比闻列郡之始，即欲以此学为教，仁者之心，自然若此，仆诚甚为执事喜，然又甚为执事忧也。学绝道丧，俗之陷溺，如人在大海波涛中，且须援之登岸，然后可授之衣而与之食。若以衣食投之波涛中，是适重其溺，彼将不以为德而反以为尤矣。故凡居今之时，且须随机导引，因事启沃，宽心平气以薰陶之，俟其感发兴起，而后开之以其说，是故为力易而收效溥。不然，将有扞格不胜之患，而且为君子爱人之累，不知尊意以为何如耶？

病疏已再上，尚未得报。果遂此图，舟过嘉禾，面话有日。

与陆原静 丙子

书来，知贵恙已平复，甚喜！书中勤勤问学，惟恐失坠，足知进修之志不怠，又甚喜！异时发挥斯道，使来者有所兴起，非吾子谁望乎？所问《大学》、《中庸》注，向尝略具草稿，自以所养未纯，未免务外欲速之病，寻已焚毁。近虽觉稍进，意亦未敢便以为至，姑俟异日山中，与诸贤商量共成之,故皆未有书。其意旨大略,则固平日已为清伯言之矣。因是益加体认研究,当自有见;汲汲求此,恐犹未免旧日之病也。

"博学"之说,向已详论。今犹牵制若此,何邪?此亦恐是志不坚定,为世习所挠之故。使在我果无功利之心,虽钱谷兵甲,搬柴运水,何往而非实学?何事而非天理?况子、史、诗、文之类乎?使在我尚存功利之心,则虽日谈道德仁义,亦只是功利之事,况子、史、诗、文之类乎?"一切屏绝"之说,是犹泥于旧习,平日用功未有得力处,故云尔。请一洗俗见,还复初志,更思平日饮食养身之喻,种树栽培灌溉之喻,自当释然融解矣。"物有本末,事有终始,知所先后,则近道矣。"吾子之言,是犹未是终始本末之一致也,是不循本末终始天然之序,而欲以私意速成之也。

二 戊寅

尚谦至,闻原静志坚信笃,喜慰莫逾!人在仕途,如马行淖田中,纵复驰逸,足起足陷,其在驽下,坐见沦没耳。乃今得还故乡,此亦譬之小歇田塍。若自此急寻平路,可以直去康庄,驰骋万里。不知到家功夫却如何也。自曰仁没后,吾道益孤,致望原静者亦不浅。子夏,圣门高弟,曾子数其失,则曰:"吾过矣!吾离群而索居,亦已久矣!"夫离群索居之在昔贤,已不能无过,况吾侪乎?以原静之英敏,自应未即摧堕山间。切磋砥砺,还复几人?深造自得,便间亦可为写寄否?

尚谦至此,日有所进。自去年十二月到今已八逾月,尚未肯归视其室。非其志有所专,宜不能声音笑貌及此也。区区两疏辞乞,尚未得报。决意两不允则三,三不允则五则六,必得而后已。若再一举,辄须三月,二举则又六七月矣。计吾舟东抵吴越,原静之旆当已北指幽、冀;会晤未期,如之何则可!

与希颜台仲明德尚谦原静 丁丑

闻诸友皆登第,喜不自胜。非为诸友今日喜,为野夫异日山中得良伴喜也。入仕之始，意况未免摇动。如絮在风中，若非粘泥贴网，恐自张主未得。不知诸友却何如想？平时功夫，亦须有得力处耳。野夫失脚落渡船，未知何时得到彼岸。且南赣事极多掣肘，缘地连四省，各有抚镇，乃今亦不过因仍度日，自古未有事权不一而能有成者。告病之兴虽动，恐成虚文，未敢轻举，欲俟地方稍靖。今又得诸友在，吾终有望矣。曰仁春来颇病，闻之极忧。念昨书来，欲与二三友去田雪上，因寄一诗。今录去，聊同此怀也。

与杨仕德薛尚谦 丁丑

即日已抵龙南，明日入巢，四路兵皆已如期并进，贼有必破之势。某向在横水，尝寄书仕德云："破山中贼易，破心中贼难。"区区剪除鼠窃，何足为异？若诸贤扫荡心腹之寇，以收廓清平定之功，此诚大丈夫不世之伟绩。数日来谅已得必胜之策，捷奏有期矣。何喜如之！

曰孚美质，诚可与共学，此时计已发舟。倘未行，出此同致意。廨中事以累尚谦，想不厌烦琐。小儿正宪，犹望时赐督责。

寄闻人邦英邦正 戊寅

昆季敏而好学，吾家两弟得以朝夕亲资磨励，闻之甚喜。得书，备见向往之诚，尤极浣慰。家贫亲老，岂可不求禄仕？求禄仕而不工举业，却是不尽人事而徒责天命，无是理矣。但能立志坚定，随事尽道，不以得失动念，则虽勉习举业，亦自无妨圣贤之学。若是原无求为圣贤之志，虽不业举，日谈道德，亦只成就得务外好高之病而已。此昔人所以有"不患妨功，惟患夺志"之说也。夫谓之夺志，则已有志可夺；倘若未有可夺之志，却又不可以不深思疑省而早图之。每念贤弟资质之美，未尝不切拳拳。夫美质难得而易坏，至道难闻而易失，盛年难遇而易过，习俗难革而易流。昆玉勉之！

二 戊寅

　　得书，见昆季用志之不凡，此固区区所深望者，何幸何幸！世俗之见，岂足与论？君子惟求其是而已。"仕非为贫也，而有时乎为贫"，古之人皆用之，吾何为独不然？然谓举业与圣人之学相戾者，非也。程子云："心苟不忘，则虽应接俗事，莫非实学，无非道也。"而况于举业乎？谓举业与圣人之学不相戾者，亦非也，程子云："心苟忘之，则虽终身由之，只是俗事。"而况于举业乎？忘与不忘之间，不能以发，要在深思默识所指谓不忘者果何事耶，知此则知学矣。贤弟精之熟之，不使有毫厘之差，千里之谬，可也。

三 庚辰

　　书来，意思甚恳切，足慰远怀。持此不解，即吾立志之说矣。"源泉混混，不舍昼夜，盈科而后进。放乎四海，有本者如是。"立志者，其本也。有有志而无成者矣，未有无志而能有成者也。贤弟勉之！色养之暇，怡怡切切，可想而知，交修罔怠，庶吾望之不孤矣。地方稍平，退休有日，预想山间讲习之乐，不觉先已欣然。

与薛尚谦 戊寅

　　沿途意思如何？得无亦有走作否？数年切磋，只得立志辩义利。若于此未有得力处，却是平日所讲，尽成虚语，平日所见，皆非实得，不可以不猛省也！经一蹶者长一智，今日之失，未必不为后日之得，但已落第二义。须从第一义上着力，一真，一切真。若这些子既是，更无讨不是处矣。

　　此间朋友聚集渐众，比旧颇觉兴起。尚谦既去，仕德又往，欧阳崇一病归，独惟乾留此，精神亦不足。诸友中未有倚靠得者，苦于接济乏人耳。

　　乞休本至今未回，未免坐待。尚谦更静养几月，若进步欠力，更来火坑中乘凉如何？

二

得书，知日孚停舟郁孤，迟迟未发，此诚出于意望之外。日孚好学如此，豪杰之士必有闻风而起者矣。何喜如之！何喜如之！

昨见太和报效人，知欧、王二生者至，不识曾与一言否？欧生有一书，可谓有志。中间述子晦语颇失真，恐亦子晦一时言之未莹尔。大抵功夫须实落做去，始能有见，料想臆度，未有不自误误人者矣。

此间贼巢乃与广东山后诸贼相连，余党往往有从遁者，若非斩绝根株，意恐日后必相联而起，重为两省之患。故须更迟迟旬日，与之剪除。兵难遥度，不可预料，大抵如此。

小儿劳诸公勤开诲，多感多感！昔人谓教小儿有四益，验之果何如耶？正之闻已到，何因复归？区区欠顿于外，徒劳诸友往返，念之极切悬悬。今后但有至者，须诸君为我尽意吐露，纵彼不久留，亦无负其来可也。

三

日来因兵事纷扰，贱躯怯弱，以此益见得功夫有得力处。只是从前大段未曾实落用力，虚度虚说过了。自今当与诸君努力鞭策，誓死进步，庶亦收之桑榆耳。

日孚停馆郁孤，恐风气太高，数日之留则可，倘更稍久，终恐早晚寒暖欠适。区区初拟日下即回，因从前征剿，撤兵太速，致遗今日之患。故且示以久屯之形，正恐后之罪今，亦犹今之罪昔耳。但从征官属已萌归心，更相倡和，已有不必久屯之说。天下事不能尽如人意。大抵皆坐此辈，可叹可叹！

闻仕德失调，意思何如？大抵心病愈则身病亦自易去。纵血气衰弱，未便即除，亦自不能为心患也。

小儿劳开教，驽骀之质，无复望其千里，但得帖然于皂枥之间，斯已矣。门户勤早晚，得无亦厌琐屑否？不一。

寄诸弟 戊寅

屡得弟辈书，皆有悔悟奋发之意，喜慰无尽！但不知弟辈果出于诚心乎？亦谩为之说云尔。

本心之明，皎如白日，无有有过而不自知者，但患不能改耳。一念改过，当时即得本心。人孰无过？改之为贵。蘧伯玉，大贤也，惟曰"欲寡其过而未能"。成汤、孔子，大圣也，亦惟曰"改过不吝，可以无大过"而已。人皆曰人非尧舜，安能无过？此亦相沿之说，未足以知尧舜之心。若尧舜之心而自以为无过，即非所以为圣人矣。其相授受之言曰："人心惟危，道心惟微，惟精惟一，允执厥中。"彼其自以为人心之惟危也，则其心亦与人同耳。危即过也，惟其兢兢业业，尝加"精一"之功，是以能"允执厥中"而免于过。古之圣贤，时时自见己过而改之，是以能无过，非其心果与人异也。"戒慎不睹，恐惧不闻"者，时时自见己过之功。吾近来实见此学有用力处，但为平日习染深痼，克治欠勇，故切切预为弟辈言之。毋使亦如吾之习染即深，而后克治之难也。

人方少时，精神意气既足鼓舞，而身家之累尚未切心，故用力颇易。迨其渐长，世累日深，而精神意气亦日渐以减，然能汲汲奋志于学，则犹尚可有为。至于四十五十，即如下山之日，渐以微灭，不复可挽矣。故孔子云："四十五十而无闻焉，斯亦不足畏也已。"又曰："及其老也，血气既衰，戒之在得。"吾亦近来实见此病，故亦切切预为弟辈言之。宜及时勉力，毋使过时而徒悔也。

与安之 己卯

闻安之肯向学，不胜欣愿！得奋励如此，庶不负彼此相爱之情也。留都时，偶因饶舌，遂致多口攻之者环四面。取朱子晚年悔悟之说，集为定论，聊藉以解纷耳。门人辈近刻之雩都，初闻甚不喜，然士夫见之，乃往往遂有开发者，无意中得此一助，亦颇省颊舌之劳。近年篁墩诸公，尝有《道一》等编见者，先怀党同伐异之念，故卒不能有入，反激而怒。

今但取朱子所自言者表章之，不加一辞，虽有褊心，将无所施其怒矣。尊意以为何如耶？聊往数册，有志向者一出指示之。所须文字，非不欲承命，荒疏既久，无下笔处耳。贫汉作事大难，富人岂知之！

答甘泉 己卯

旬日前，杨仕德人来，领手教及《答子莘书》，具悉造诣用功之详。喜跃何可言！盖自是而吾党之学归一矣。此某之幸！后学之幸也！

来简勤勤训责，仆以久无请益，此吾兄爱仆之厚，仆之罪也。此心同，此理同，苟知用力于此，虽百虑殊途，同归一致。不然，虽字字而证，句句而求，其始也毫厘，其末也千里。老兄造诣之深，涵养之久，仆何敢望？至其向往直前，以求必得乎此之志，则有不约而契、不求而合者。其间所见，时或不能无小异，然吾兄既不屑屑于仆，而仆亦不以汲汲于兄者。正以志向既同，如两人同适京都，虽所由之途，间有迂直，知其异日之归终同耳。向在龙江舟次，亦尝进其《大学》旧本及格物诸说，兄时未以为然，而仆亦遂置不复强聒者，知兄之不久自当释然于此也。乃今果获所愿，喜跃何可言！昆仑之源，有时而伏流，终必达于海也。仆媭人也，虽获夜光之璧，人将不信，必且以谓其为妄为伪。金璧入于猗顿之室，自此至宝得以昭明天下，仅亦免于遗璧之罪矣。虽然，是喻犹二也。夜光之璧，外求而得也。此则于吾所固有，无待于外也，偶遗忘之耳；未尝遗忘也，偶蒙翳之耳。

叔贤所进超卓，海内诸友实罕其俦。同处西樵，又资丽泽，所造可量乎！仆年未半百，而衰疾已如六七十翁，日夜思归阳明，为夕死之图，疏三上而未遂。欲弃印长往，以从大夫之后，恐形迹大骇，必俟允报，则须冬尽春初乃可遂也。一一世事，如狂风骤雨中落叶，倏忽之间，宁复可定所耶！两承楚人之诲，此非骨肉，念不及此，感刻！祖母益耄，思一见，老父亦书来促归，于是情思愈恶。所幸吾兄道明德立，宗盟有人，用此可以自慰。其诸所欲请，仕德能有述。有所未当，便间不惜指示。

二 庚辰

得正月书，知大事已毕，当亦稍慰纯孝之思矣。近承避地发履冢下，进德修业，善类幸甚。传闻贵邑盗势方张，果尔，则远去家室，独留旷寂之野，恐亦未可长也。某告病未遂，今且蹙告归省，去住亦未可必。悠悠尘世，毕竟作何税驾？当亦时时念及，幸以教之！

叔贤志节，远出流俗。渭先虽未久处，一见知为忠信之士。乃闻不时一相见，何耶？英贤之生，何幸同时共地，又可虚度光阴，容易失却此大机会，是使后人而复惜后人也！二君曾各寄一书，托宋以道转致，相见幸问之。

答方叔贤 己卯

近得手教及与甘泉往复两书，快读一过，洒然如热者之濯清风，何子之见超卓而速也！真可谓一日千里矣。《大学》旧本之复，功尤不小，幸甚幸甚！其论象山处，举孟子"放心"数条，而甘泉以为未足，复举"东西南北海有圣人出，此心此理同"，及"宇宙内事皆己分内事"数语。甘泉所举，诚得其大，然吾独爱西樵子之近而切也。见其大者，则其功不得不近而切，然非实加切近之功，则所谓大者，亦虚见而已耳。自孟子道性善，心性之原，世儒往往能言，然其学卒入于支离外索而不自觉者，正以其功之未切耳。此吾所以独有喜于西樵之言，固今时对证之药也。古人之学，切实为己，不徒事于讲说。书札往来，终不若面语之能尽，且易使人溺情于文辞，崇浮气而长胜心。求其说之无病，而不知其心病之已多矣。此近世之通患，贤知者不免焉，不可以不察也。

杨仕德去，草草复此，诸所欲言，仕德能悉。

与陈国英 庚辰

别久矣。虽彼此音问阔疏，而消息动静时时及闻。国英天资笃厚，加以静养日久，其所造，当必大异于畴昔，惜无因一面叩之耳。凡人之学，不日进者必日退。譬诸草木，生意日滋，则日益畅茂；苟生意日息，则亦日就衰落矣。国英之于此学，且十余年矣，其日益畅茂者乎？其日就衰落者乎？君子之学，非有同志之友日相规切，则亦易以悠悠度日，而无有乎激励警发之益。山中友朋，亦有以此学日相讲求者乎？孔子云："德之不修，学之不讲，是吾忧也。"而况于吾侪乎哉？

复唐虞佐 庚辰

承示诗二韵五章，语益工，兴寄益无尽，深叹多才，但不欲以是为有道者称颂耳。"撤讲慎择"之喻，爱我良多，深知感作。但区区之心，亦自有不容已者。圣贤之道，坦若大路，夫妇之愚，可以与知。而后之论者，忽近求远，舍易图难，遂使老师宿儒皆不敢轻议。故在今时，非独其庸下者自分以为不可为，虽高者特达，皆以此学为长物，视之为虚谈赘说，亦许时矣。当此之时，苟有一念相寻于此，真所谓"空谷足音，见似人者喜矣"。况其章缝而来者，宁不忻忻然以接之乎？然要其间，亦岂无滥竽假道之弊！但在我不可以此意逆之，亦将于此以求其真者耳。正如淘金于沙，非不知沙之汰而去者且十九，然亦未能即舍沙而别以淘金为也。孔子云："与其进也，不与其退也，唯何甚。"孟子云："君子之设科也，来者不拒，往者不追。"苟以是心至，斯受之而已矣。盖"不愤不启"者，君子施教之方；"有教无类"，则其本心焉耳。多病之躯，重为知己忧，惓惓惠喻及此，感爱何有穷已。然区区之心，亦不敢不为知己一倾倒也。行且会面，悉所未尽。

卷五　文录二

书二 始正德辛巳至嘉靖乙酉

与邹谦之 辛巳

别后德闻日至,虽不相面,嘉慰殊深。近来此意见得益亲切,国裳亦已笃信得,谦之更一来,愈当沛然矣。适吴守欲以府志奉渎,同事者于中、国裳、汝信、惟浚,遂令开馆于白鹿。醉翁之意盖有在,不专以此烦劳也。区区归遁有日,圣天子新政英明,如谦之亦宜束装北上,此会宜急图之,不当徐徐而来也。蔡希渊近已主白鹿,诸同志须仆已到山,却来相讲,尤妙。此时却匆匆不能尽意也,幸以语之!

二 乙酉

乡人自广德来,时常得闻动履,兼悉政教之善,殊慰。倾想远使吊赙,尤感忧念之深。所喻"猝临盘错,盖非独以别利器,正以精吾格致之功耳",又能以怠荒自惧,其进可知矣。近时四方来游之士颇众,其间虽甚鲁钝,但以良知之说略加点掇,无不即有开悟,以是益信得此二字真吾圣门正法眼藏。谦之近来所见,不审又如何矣?南元善益信此学,日觉有进,其见诸施设，亦大非其旧。便间更相奖掖之，固朋友切磋之心也。方治葬事，使还，草草疏谢不尽。

与夏敦夫 辛巳

不相见者几时，每念吾兄忠信笃厚之资，学得其要，断能一日千里。惜无因亟会，亲睹其所谓历块过都者以为快耳。

昔夫子谓子贡曰："赐也，汝以予为多学而识之者与？"对曰："然。非与？"子曰："非也。予一以贯之。"然则圣人之学，乃不有要乎！彼释氏之外人伦，遗物理，而堕于空寂者，固不得谓之明其心矣；若世儒之外务讲求考索，而不知本诸其心者，其亦可以谓穷理乎？此区区之心，深欲就正于有道者。因便辄及之，幸有以教我也。

区区两年来血气亦渐衰，无复用世之志。近始奉敕北上，将遂便道归省老亲，为终养之图矣。冗次不尽所怀。

与朱守忠 辛巳

乍别忽旬余。沿途人事扰扰，每得稍暇，或遇景感触，辄复兴怀。赍诏官来，承手札，知警省不懈，幸甚幸甚！此意不忘，即是时时相见，虽别非别矣。道之不明，皆由吾辈明之于口而不明之于身，是以徒腾颊舌，未能不言而信。要在立诚而已。向日谦虚之说，其病端亦起于不诚。使能如好好色，如恶恶臭，亦安有不谦不虚时邪？虞佐相爱之情甚厚，别后益见其真切，所恨爱莫为助。但愿渠实落做个圣贤，以此为报而已。相见时，以此意规之。谦之当已不可留，国裳亦时时相见否？学问之益，莫大于朋友切磋，聚会不厌频数也。明日当发玉山，到家渐可计日，但与守忠相去益远，临纸怅然！

与席元山 辛巳

向承教札及《鸣冤录》，读之见别后学力所到卓然，斯道之任庶几乎天下非之而不顾，非独与世之附和雷同，从人非笑者，相去万万而已。喜幸何极！中间乃有须面论者，但恨无因一会。近闻内台之擢，决知必从铅山取道，而仆亦有归省之便，庶得停舟途次，为信宿之谈，使人候于分水，乃未有前驱之报。驻信城者五日，怅怏而去。天之不假缘也，可如何哉！

大抵此学之不明，皆由吾人入耳出口，未尝诚诸其心身。譬之谈饮说食，何由得见醉饱之实乎？仆自近年来，始实见得此学，真有百世以俟圣人而不惑者。朋友之中，亦渐有三数辈笃信不回。其疑信相半，顾瞻不定者，多以旧说沉痼，且有得失毁誉之虞，未能专心致志以听，亦坐相处不久，或交臂而别，无从与之细说耳。象山之学，简易直截，孟子之后一人。其学问思辩、致知格物之说，虽亦未免沿袭之累，然其大本大原，断非余子所及也。执事素能深信其学，此亦不可不察。正如求精金者必务煅炼足色，勿使有纤毫之杂，然后可无亏损变动。盖是非之悬绝，所争毫厘耳。

用熙近闻已赴京，知公故旧之情极厚，倘犹未出，亦劝之学问而已。存心养性之外，无别学也。相见时，亦望遂以此言致之。

答甘泉 辛巳

世杰来，承示《学庸测》，喜幸喜幸！中间极有发明处，但于鄙见尚大同小异耳。"随处体认天理"是真实不诳语，鄙说初亦如是，及根究老兄命意发端处，却似有毫厘未协，然亦终当殊途同归也。修齐治平，总是格物，但欲如此节节分疏，亦觉说话太多。且语意务为简古，比之本文反更深晦，读者愈难寻求，此中不无亦有心病？莫若明白浅易其词，略指路径，使人自思得之，更觉意味深长也。高明以为何如？致知之说，鄙见恐不可易，亦望老兄更一致意，便间示知之。此是圣学传心之要，于此既明，其余皆洞然矣。意到恳切处，不得不直，幸不罪其僭妄也！

叔贤《大学》、《洪范》之说，其用力已深，一时恐难转移，此须面论，始有可辩正耳，会间先一及之。去冬有方叟者过此，传示高文，其人习于神仙之说，谓之志于圣贤之学，恐非其本心。人便草草不尽。

答伦彦式 辛巳

往岁仙舟过赣，承不自满足，执礼谦而下问恳，古所谓"敏而好学"，于吾彦式见之。别后连冗，不及以时奉问，极切驰想！近令弟过省，复承惠教，志道之笃，趋向之正，学愈有加，浅薄何以当此？悚息悚息！

谕及"学无静根，感物易动，处事多悔"，即是三言，尤是近时用功之实。仆罔所知识，何足以辱贤者之问！大抵三言者，病亦相因。惟学而别求静根，故感物而惧其易动；感物而惧其易动，是故处事而多悔也。心，无动静者也。其静也者，以言其体也；其动也者，以言其用也。故君子之学，无间于动静。其静也，常觉而未尝无也，故常应；其动也，常定而未尝有也，故常寂；常应常寂，动静皆有事焉，是之谓集义。集义故能无祗悔，所谓动亦定，静亦定者也，心一而已。静，其体也，而复求静根焉，是挠其体也；动，其用也，而惧其易动焉，是废其用也。故求静之心即动也，恶动之心非静也，是之谓动亦动，静亦动，将迎起伏，相寻于无穷矣。故循理之谓静，从欲之谓动。欲也者，非必声色货利外诱也，有心之私皆欲也。故循理焉，虽酬酢万变，皆静也。濂溪所谓"主静"，无欲之谓也，是谓集义者也。从欲焉，虽心斋坐忘，亦动也。告子之强制，正助之谓也，是外义者也。虽然，仆盖从事于此而未之能焉，聊为贤者陈其所见云尔。以为何如？便间示知之。

与唐虞佐侍御 辛巳

相与两年，情日益厚，意日益真，此皆彼此所心喻，不以言谢者。别后又承雄文追送，称许过情，末又重以传说之事，所拟益非其伦，感怍何既！虽然，故人之赐也，敢不拜受！果如是，非独进以有为，将退而隐于岩穴之下，要亦不失其为贤也已，敢不拜赐！昔人有言："投我以木桃，报之以琼瑶。"今投我以琼瑶矣，我又何以报之？报之以其所赐，可乎？

说之言曰："学于古训乃有获。"夫谓学于古训者，非谓其通于文辞，讲说于口耳之间，义袭而取诸其外也。获也者，得之于心之谓，非外铄也。必如古训，而学其所学焉，诚诸其身，所谓"默而成之"，"不言而信"，乃为有得也。夫谓逊志务时敏者，非谓其饰情卑礼于其外，汲汲于事功声誉之间也。其逊志也，如地之下而无所不承也，如海之虚而无所不纳也；其时敏也，一于天德，戒惧于不睹不闻，如太和之运而不息也。夫然，百世以俟圣人而不惑，溥博渊泉而时出之，言而民莫不信，行而民莫不悦，施及蛮貊，而道德流于无穷，斯固说之所以为说也。以是为报，虞佐其能以却我乎？孟氏云："责难之谓恭"。吾其敢以后世文章之士期虞佐乎？颜氏云："舜，何人也？予，何人也？"虞佐其能不以说自期乎？人还，灯下草草为谢。相去益远，临楮怏悒！

答方叔贤 辛巳

承示《大学原》，知用心于此深密矣。道一而已，论其大本大原，则《六经》、《四书》无不可推之而同者，又不特《洪范》之于《大学》而已。此意亦仆平日于朋友中所常言者。譬之草木，其同者，生意也；其花实之疏密，枝叶之高下，亦欲尽比而同之，吾恐化工不如是之雕刻也。今吾兄方自喜以为独见新得，锐意主张是说，虽素蒙信爱如鄙人者，一时论说，当亦未能遽入。且愿吾兄以所见者实体诸身，必将有疑；果无疑，必将有得；果无得，又必有见。然后鄙说可得而进也，学之不明几百年矣。近幸同志如甘泉、如吾兄者，相与切磋讲求，颇有端绪。而吾兄忽复牵滞文义若此，吾又将谁望乎？君子论学，固惟是之从，非以必同为贵。至于入门下手处，则有不容于不辩者，所谓毫厘之差，千里之谬矣。致知格物，甘泉之说与仆尚微有异，然不害其为大同。若吾兄之说，似又与甘泉异矣。相去远，恐辞不足以达意，故言语直冒，不复有所逊让。

近与甘泉书亦道此，当不以为罪也。

二 癸未

　　此学蓁芜，今幸吾侪复知讲求于此，固宜急急遑遑，并心同志，务求其实，以身明道学。虽所入之途稍异，要其所志而同，斯可矣。不肖之谬劣，已无足论。若叔贤之于甘泉，亦乃牵制于文义，纷争于辩说，益重世人之惑，以启哓哓者之口，斯诚不能无憾焉！忧病中不能数奉问，偶有所闻，因谦之去，辄附此言，无伦次。渭先相见，望并出此。

与杨仕鸣 辛巳

　　差人来，知令兄已于去冬安厝，墓有宿草矣，无由一哭，伤哉！所委志铭，既病且冗，须朋友中相知深者一为之，始能有发耳。

　　喻及"日用讲求功夫，只是各依自家良知所及，自去其障，扩充以尽其本体，不可迁就气习以趋时好。"幸甚幸甚！果如是，方是致知格物，方是明善诚身。果如是，德安得而不日新！业安得而不富！有谓"每日自检，未有终日浑成片段"者，亦只是致知功夫间断。夫仁，亦在乎熟之而已。又云："以此磨勘先辈文字同异，功夫不合，常生疑虑。"又何为其然哉？区区所论致知二字，乃是孔门正法眼藏，于此见得真的，直是建诸天地而不悖，质诸鬼神而无疑，考诸三王而不谬，百世以俟圣人而不惑！知此者，方谓之知道；得此者，方谓之有德。异此而学，即谓之异端；离此而说，即谓之邪说；迷此而行，即谓之冥行。虽千魔万怪，眩瞀变幻于前，自当触之而碎，迎之而解，如太阳一出，而鬼魅魍魉自无所逃其形矣。尚何疑虑之有，而何异同之足惑乎！所谓"此学如立在空中，四面皆无倚靠，万事不容染着，色色信他本来，不容一毫增减。若涉些安排，着些意思，便不是合一功夫"，虽言句时有未莹，亦是仕鸣见得处，足可喜矣。但须切实用力，始不落空。若只如此说，未免亦是议拟仿象，已后只做得一个弄精魄的汉，虽与近世格物者症候稍有不同，其为病痛，一而已矣。诗文之习，儒者虽亦不废，孔子所谓"有德者必有言"也。若着意安排组织，未有不起于胜心者，先辈号为有志斯道，而亦复如是，亦只是习心未除耳。仕鸣既知致知之说，此等处自当一勘而破，瞒他些子不得也。

二 癸未

别后极想念，向得尚谦书，知仕鸣功夫日有所进，殊慰所期。大抵吾党既知学问头脑，已不虑无下手处，只恐客气为患，不肯实致其良知耳。后进中如柯生辈，亦颇有力量可进，只是客气为害亦不小。行时尝与痛说一番，不知近来果能克去否？书至，来相见，出此共勉之。前辈之于后进，无不欲其入于善，则其规切砥砺之间，亦容有直情过当者，却恐后学未易承当得起。既不我德，反以我为仇者，有矣，往往无益而有损。故莫若且就其力量之所可及者，诱掖奖劝之。往时亦尝与仕鸣论及此，想能不忘也。

三 癸未

前者是备录区区之语，或未尽区区之心，此册乃直述仕鸣所得，反不失区区之见，可见学贵乎自得也。古人谓"得意忘言"，学苟自得，何以言为乎？若欲有所记札，以为日后印证之资，则直以己意之所得者书之而已，不必一一拘其言辞，反有所不达也。中间词语，时有未莹，病中不暇细为点检。

与陆原静 辛巳

赍奏人回，得佳稿及手札，殊慰。闻以多病之故，将从事于养生，区区往年盖尝弊力于此矣。后乃知其不必如是，始复一意于圣贤之学。大抵养德养身只是一事。原静所云"真我"者，果能戒谨不睹，恐惧不闻，而专志于是，则神住气住精住，而仙家所谓长生久视之说，亦在其中矣。神仙之学与圣人异，然其造端托始，亦惟欲引人于道，《悟真篇后序》中所谓"黄老悲其贪着，乃以神仙之术渐次导之"者。原静试取而观之，其微旨亦自可识。自尧、舜、禹、汤、文、武，至于周公、孔子，其仁民爱物之心，盖无所不至，苟有可以长生不死者，亦何惜以示人？如老子、彭篯之徒，乃其禀赋有若此者，非可以学而至。后世如白玉蟾、丘长春之属，皆是彼学中所称述以为祖师者，其得寿皆不过五六十，则所谓长生之说，当必有所指矣。原静气弱多病，但遗弃声名，清心寡欲，一意圣贤，如前所谓"真我"之说。不宜轻信异道，徒自惑乱聪明，弊精劳神，废靡岁月。久而不返，将遂为病狂丧心之人不难矣。昔人谓"三折肱为良医"，区区非良医，盖尝"三折肱"者。原静其慎听毋忽！

区区省亲，本闻部中已准覆，但得旨，即当长遁山泽。不久朝廷且大赉，则原静推封亦有日。果能访我于阳明之麓，当能为原静决此大疑也。

二 壬午

某不孝不忠，延祸先人，酷罚未敷，致兹多口，亦其宜然。乃劳贤者触冒忌讳，为之辩雪，雅承道谊之爱，深切恳至，甚非不肖孤之所敢望也。"无辩止谤"，尝闻昔人之教矣，况今何止于是！四方英杰以讲学异同之故，议论方兴，吾侪可胜辩乎？惟当反求诸己，苟其言而是欤，吾斯尚有所未信欤，则当务求其是，不得辄是已而非人也。使其言而非欤，吾斯既已自信欤，则当益致其践履之实，以务求于自谦，所谓"默而成之，不言而信"者也。然则今日之多口，孰非吾侪动心忍性，砥砺切磋之地乎！且彼议论之兴，非必有所私怨于我，彼其为说，亦将自以为卫夫道也。况其说本自出于先儒之绪论，固各有所凭据，而吾侪之言骤异于昔，反若凿空杜撰者。乃不知圣人之学本来如是，而流传失真，先儒之论，所以日益支离，则亦由后学沿习乖谬积渐所致。彼既先横不信之念，莫肯虚心讲究，加以吾侪议论之间，或为胜心浮气所乘，未免过为矫激，则固宜其非笑而骇惑矣。此吾侪之责，未可专以罪彼为也。

嗟乎！吾侪今日之讲学，将求异其说于人邪？亦求同其学于人邪？

将求以善而胜人邪？亦求以善而养人邪？知行合一之学，吾侪但口说耳，何尝知行合一邪？推寻所自，则如不肖者为罪尤重。盖在平时徒以口舌讲解，而未尝体诸其身，名浮于实，行不掩言，己未尝实致其知，而谓昔人致知之说未有尽。如贫子之说金，乃未免从人乞食。诸君病于相信相爱之过，好而不知其恶，遂乃共成今日纷纷之议，皆不肖之罪也。虽然，昔之君子，盖有举世非之而不顾，千百世非之而不顾者，亦求其是而已矣。岂以一时毁誉而动其心邪！惟其在我者有未尽，则亦安可遂以人言为尽非？伊川、晦庵之在当时，尚不免于诋毁斥逐，况在吾辈行有所未至，则夫人之诋毁斥逐，正其宜耳。凡今争辩学术之士，亦必有志于学者也，未可以其异己而遂有所疏外。是非之心，人皆有之，彼其但蔽于积习，故于吾说卒未易解。就如诸君初闻鄙说时，其间宁无非笑诋毁之者？久而释然以悟，甚至反有激为过当之论者矣。又安知今日相诋之力，不为异时相信之深者乎！

衰经哀苦中，非论学时，而道之兴废，乃有不容于泯默者，不觉叨叨至此。言无伦次，幸亮其心也！

致知之说，向与惟浚及崇一诸友极论于江西，近日杨仕鸣来过，亦尝一及，颇为详悉。今原忠、宗贤二君复往，诸君更相与细心体究一番，当无余蕴矣。孟子云：“是非之心，知也。”"是非之心，人皆有之"，即所谓良知也。孰无是良知乎？但不能致之耳。《易》谓"知至，至之"，知至者，知也；至之者，致知也。此知行之所以一也。近世格物致知之说，只一知字尚未有下落，若致字功夫，全不曾道著矣。此知行之所以二也。

答舒国用 癸未

来书足见为学笃切之志。学患不知要，知要矣，患无笃切之志。国用既知其要，又能立志笃切如此，其进也，孰御！中间所疑一二节，皆功夫未熟，而欲速助长之为病耳。以国用之所志向而去其欲速助长之心，循循日进，自当有至。前所疑一二节，自将涣然冰释矣，何俟于予言？

譬之饮食，其味之美恶，食者自当知之，非人之能以其美恶告之也。虽然，国用所疑一二节者，近时同志中往往皆有之，然吾未尝以告也，今且姑为国用一言之。

夫谓"敬畏之增，不能不为洒落之累"，又谓"敬畏为有心，如何可以无心？而出于自然，不疑其所行"。凡此皆吾所谓欲速助长之为病也。夫君子之所谓敬畏者，非有所恐惧忧患之谓也，乃戒慎不睹，恐惧不闻之谓耳。君子之所谓洒落者，非旷荡放逸，纵情肆意之谓也，乃其心体不累于欲，无入而不自得之谓耳。夫心之本体，即天理也。天理之昭明灵觉，所谓良知也。君子之戒慎恐惧，惟恐其昭明灵觉者或有所昏昧放逸，流于非僻邪妄而失其本体之正耳。戒慎恐惧之功，无时或间，则天理常存，而其昭明灵觉之本体，无所亏蔽，无所牵扰，无所恐惧忧患，无所好乐忿懥，无所意必固我，无所歉馁愧怍。和融莹彻，充塞流行，动容周旋而中礼，从心所欲而不逾，斯乃所谓真洒落矣。是洒落生于天理之常存，天理常存生于戒慎恐惧之无间。孰谓"敬畏之增，乃反为洒落之累"耶？惟夫不知洒落为吾心之体，敬畏为洒落之功，歧为二物而分用其心，是以互相牴牾，动多拂戾而流于欲速助长。是国用之所谓"敬畏"者，乃《大学》之"恐惧忧患"，非《中庸》"戒慎恐惧"之谓矣。程子常言："人言无心，只可言无私心，不可言无心。"戒慎不睹，恐惧不闻，是心，不可无也。有所恐惧，有所忧患，是私心，不可有也。尧舜之兢兢业业，文王之小心翼翼，皆敬畏之谓也，皆出乎其心体之自然也。出乎心体，非有所为而为之者，自然之谓也。敬畏之功无间于动静，是所谓"敬以直内，义以方外"也。敬义立而天道达，则不疑其所行矣。

所寄《作说》，大意亦好。以此自励可矣，不必以责人也。君子不蕲人之信也，自信而已；不蕲人之知也，自知而已。因先茔未毕功，人事纷沓，来使立候，冻笔潦草无次。

与刘元道 癸未

来喻："欲入坐穷山，绝世故，屏思虑，养吾灵明。必自验至于通昼夜而不息，然后以无情应世故。"且云："于静求之，似为径直，但勿流于空寂而已。"观此足见任道之刚毅，立志之不凡。且前后所论，皆不为无见者矣。可喜可喜！夫良医之治病，随其疾之虚实、强弱、寒热、内外，而斟酌加减。调理补泄之要，在去病而已。初无一定之方，不问证候之如何，而必使人人服之也。君子养心之学，亦何以异于是！元道自量其受病之深浅，气血之强弱，自可如其所云者而斟酌为之，亦自无伤。但专欲绝世故，屏思虑，偏于虚静，则恐既已养成空寂之性，虽欲勿流于空寂，不可得矣。大抵治病虽无一定之方，而以去病为主，则是一定之法。若但知随病用药，而不知因药发病，其失一而已矣。闲中且将明道《定性书》熟味，意况当又不同。忧病不能一一，信笔草草无次。

答路宾阳 癸未

忧病中，远使惠问，哀感何已！守忠之讣，方尔痛心，而复不起，惨割如何可言！死者已矣，生者益子立寡助。不及今奋发砥砺，坐待澌尽灯灭，固将抱恨无穷。自来山间，朋友远近至者百余人，因此颇有警发，见得此学益的确简易，真是考诸三王而不谬，百世以俟圣人而不惑者。惜无因复与宾阳一面语耳。郡务虽繁，然民人社稷，莫非实学。以宾阳才质之美，行之以忠信，坚其必为圣人之志，勿为时议所摇，近名所动，吾见其德日近而业日广矣。荒愦不能多及，心亮！

与黄勉之 甲申

屡承书惠，兼示述作，足知才识之迈，向道恳切之难得也。何幸何幸！然未由一面，鄙心之所欲效者，尚尔郁而未申，有负盛情多矣！

君子学以为己。成己成物，虽本一事，而先后之序有不容紊。孟子云："学问之道无他，求其放心而已矣。"诵习经史，本亦学问之事，不可废者。而忘本逐末，明道尚有玩物丧志之戒，若立言垂训，尤非学者所宜汲汲矣。所示《格物说》、《修道注》，诚荷不鄙之盛，切深惭悚，然非浅劣之所敢望于足下者也。且其为说，亦于鄙见微有未尽。何为合并当悉其义，愿且勿以示人。孔子云："五十以学《易》，可以无大过矣。"充足下之才志，当一日千里，何所不可到？而不胜骏逸之气。急于驰骤奔放，抵突若此，将恐自蹶其足，非任重致远之道也。古本之释，不得已也。然不敢多为辞说，正恐葛藤缠绕，则枝干反为蒙翳耳。短序亦尝三易稿，石刻其最后者，今各往一本，亦足以知初年之见，未可据以为定也。

二 甲申

勉之别去后，家人病益狼狈，贱躯亦咳逆泄泻相仍，曾无间日，人事纷沓未论也。用是《大学》古本，曾无下笔处，有辜勤勤之意。然此亦自可徐徐图之，但古本白文之在吾心者，未能时时发明，却有可忧耳。来问数条，实亦无暇作答，缔观简末恳恳之诚，又自不容已于言也。

来书云："以良知之教涵泳之，觉其彻动彻静，彻昼彻夜，彻古彻今，彻生彻死，无非此物。不假纤毫思索，不得纤毫助长，亭亭当当，灵灵明明，触而应，感而通，无所不照，无所不觉，无所不达，千圣同途，万贤合辙。无他如神，此即为神；无他希天，此即为天；无他顺帝，此即为帝。本无不中，本无不公。终日酬酢，不见其有动；终日闲居，不见其有静。真乾坤之灵体，吾人之妙用也。窃又以为《中庸》诚者之明，即此良知为明；诚之者之戒慎恐惧，即此良知为戒慎恐惧。当与恻隐羞恶一般，俱是良知条件。知戒慎恐惧，知恻隐，知羞恶，通是良知，亦即是明。"云云。

此节论得已甚分晓。知此，则知致知之外无余功矣。知此，则知所谓建诸天地而不悖，质诸鬼神而无疑，百世以俟圣人而不惑者，非虚语矣。诚明戒惧，效验功夫，本非两义。即知彻动彻静，彻死彻生，无非此物，则诚明戒惧与恻隐羞恶，又安得别有一物为之欤？

来书云:"阴阳之气,诉合和畅而生万物。物之有生,皆得此和畅之故。故人之生理,本自和畅,本无不乐。观之鸢飞鱼跃,鸟鸣兽舞,草木欣欣向荣,皆同此乐。但为客气物欲搅此和畅之气,始有间断不乐。孔子曰'学而时习之',便立个无间断功夫,悦则乐之萌矣。朋来则学成,而吾性本体之乐复矣。故曰'不亦乐乎'。在人虽不我知,吾无一毫愠怒以间断吾性之乐,圣人恐学者乐之有息也,故又言此。所谓'不怨''不尤',与夫'乐在其中','不改其乐',皆是乐无间断否。"云云。

乐是心之本体。仁人之心,以天地万物为一体,诉合和畅,厚无间隔。来书谓"人之生理,本自和畅,本无不乐,但为客气物欲搅此和畅之气,始有间断不乐"是也。时习者,求复此心之本体也。悦,则本体渐复矣。朋来,则本体之诉合和畅,充周无间。本体之诉合和畅,本来如是,初未尝有所增也。就使无朋来,而天下莫我知焉,亦未尝有所减也。来书云"无间断"意思亦是。圣人亦只是至诚无息而已,其功夫只是时习。时习之要,只是谨独。谨独即是致良知。良知即是乐之本体。此节论得大意亦皆是,但不宜便有所执著。

来书云:"韩昌黎'博爱之谓仁'一句,看来大段不错,不知宋儒何故非之?以为爱自是情,仁自是性,岂可以爱为仁?愚意则曰:性即未发之情,情即已发之性,仁即未发之爱,爱即已发之仁。如何唤爱作仁,不得言爱则仁在其中矣。孟子曰:'恻隐之心,仁也。'周子曰:'爱曰仁。'昌黎此言,与孟、周之旨无甚差别,不可以其文人而忽之也。"云云。

博爱之说,本与周子之旨无大相远。樊迟问仁,子曰:"爱人。"爱字何尝不可谓之仁欤?昔儒看古人言语,亦多有因人重轻之病,正是此等处耳。然爱之本体,固可谓之仁,但亦有爱得是与不是者,须爱得是,方是爱之本体,方可谓之仁。若只知博爱而不论是与不是,亦便有差处。吾尝谓博字不若公字为尽。大抵训释字义,亦只是得其大概,若其精微奥蕴,在人思而自得,非言语所能喻。后人多有泥文著相,专在字眼上穿求,却是心从法华转也。

来书云："《大学》云：'如好好色，如恶恶臭。'所谓恶之云者，凡见恶臭，无处不恶，固无妨碍。至于好色，无处不好，则将凡美色之经于目也，亦尽好之乎？《大学》之训，当是借流俗好恶之常情，以喻圣贤好善恶恶之诚耳。抑将好色亦为圣贤之所同好，经于目，虽知其姣，而思则无邪，未尝少累其心体否乎？《诗》云'有女如云'，未尝不知其姣也。其姣也，'匪我思存'，言匪我见存，则思无邪而不累其心体矣。如见轩冕金玉，亦知其为轩冕金玉也，但无歆羡希觊之心，则可矣。如此看，不知通否。"云云。

人于寻常好恶，或亦有不真切处，惟是好好色，恶恶臭，则皆是发于真心，自求快足，曾无纤假者。《大学》是就人人好恶真切易见处，指示人以好善恶恶之诚当如是耳，亦只是形容一诚字。今若又于好色字上生如许意见，却未免有执指为月之病。昔人多有为一字一句所牵蔽，遂致错解圣经者，正是此症候耳，不可不察也。中间云"无处不恶，固无妨碍"，亦便有受病处，更详之。

来书云："有人因薛文清'过思亦是暴气'之说，乃欲截然不思者。窃以孔子曰：'吾尝终日不食，终夜不寝以思'，亦将谓孔子过而暴其气乎？以愚推之，惟思而外于良知，乃谓之过。若念念在良知上体认，即如孔子终日终夜以思，亦不为过。不外良知，即是何思何虑，尚何过哉。"云云。

"过思亦是暴气"，此语说得亦是。若遂欲截然不思，却是因噎而废食者也。来书谓"思而外于良知，乃谓之过，若念念在良知上体认，即终日终夜以思，亦不为过。不外良知，即是何思何虑"，此语甚得鄙意。孔子所谓"吾尝终日不食，终夜不寝以思，无益，不如学也"者，圣人未必然，乃是指出徒思而不学之病以诲人耳。若徒思而不学，安得不谓之过思与！

答刘内重 乙酉

书来警发良多，知感知感！腹疾，不欲作答，但内重为学功夫，尚有可商量者，不可以虚来意之辱，辄复书此耳。

程子云："所见所期，不可不远且大。然而为之亦须量力有渐，志大心劳，力小任重，恐终败事。"夫学者既立有必为圣人之志，只消就自己良知明觉处朴实头致了去，自然循循日有所至，原无许多门面折数也。外面是非毁誉，亦好资之以为警切砥砺之地，却不得以此稍动其心，便将流于心劳日拙而不自知矣。内重强刚笃实，自是任道之器，然于此等处尚须与谦之从容一商量，又当有见也。眼前路径须放开阔，才好容人来往，若太拘窄，恐自己亦无展足之地矣。圣人之行，初不远于人情。鲁人猎较，孔子亦猎较。乡人傩，朝服而立于阼阶。难言之互乡，亦与进其童子。在当时固不能无惑之者矣。子见南子，子路且有不悦。夫子到此如何更与子路说得是非？只好矢之而已。何也？若要说见南子是，得多少气力来说？且若依着子路认个不是，则子路终身不识圣人之心，此学终将不明矣。此等苦心处，惟颜子便能识得，故曰"于吾言无所不悦"。此正是大头脑处，区区举似内重，亦欲内重谦虚其心，宏大其量，去人我之见，绝意必之私，则此大头脑处，自将卓尔有见，当有"虽欲从之，末由也已"之叹矣！大抵奇特斩绝之行，多后世希高慕大者之所喜，圣贤不以是为贵也。故索隐行怪，则后世有述焉，依乎中庸，固有遯世不见知者矣。学绝道丧之余，苟有以讲学来者，所谓空谷之足音，得似人者可矣。必如内重所云，则今之可讲学者，止可如内重辈二三人而止矣。然如内重者，亦不能时时来讲也，则法堂前草深一丈矣。内重有进道之资，而微失之于隘。吾固不敢避饰非自是之嫌而叨叨至此。内重宜悉此意，弗徒求之言语之间可也。

与王公弼 乙酉

前王汝止家人去，因在妻丧中，草草未能作书。人来，远承问惠，得闻动履，殊慰殊慰！书中所云"斯道广大，无处欠缺，动静穷达，无往非学。自到任以来，钱谷狱讼，事上接下，皆不敢放过。但反观于独，犹未是夭寿不贰根基，毁誉得丧之间，未能脱然"。足知用功之密。只此自知之明，便是良知。致此良知以求自慊，便是致知矣。殊慰殊慰！师伊、师颜兄弟，久居于此。黄正之来此亦已两月余。何廷仁到亦数日。朋友聚此，颇觉有益。惟齐不得力而归。此友性气殊别，变化甚难，殊为可忧尔。间及之。

答董沄萝石 乙酉

问："某赋性平直守分，每遇能言之士，则以己之迟钝为惭，恐是根器弱甚。"

此皆未免有外重内轻之患。若平日能集义，则浩然之气至大至公，充塞天地，自然富贵不能淫，贫贱不能移，威武不能屈；自然能知人之言，而凡诐淫邪遁之词，皆无所施于前矣。况肯自以为惭乎！集义，只是致良知。心得其宜为义，致良知，则心得其宜矣。

问："某因亲弟粮役，与之谋，败，致累多人。因思皆不老实之过也。如何？"

谓之老实，须是实致其良知始得，不然却恐所谓老实者，正是老实不好也。昔人亦有为手足之情受污辱者，然不致知，此等事于良知亦自有不安。

问："某因海宁县丞卢珂居官廉甚而极贫，饥寒饿死，遂走拜之，赠以诗、袜，归而胸次帖帖然，自以为得也。只此自以为得也，恐亦不宜。"

知得自以为得之非宜，只此便是良知矣。民之秉彝也，故好是懿德。又多着一分意思。不得多着一分意思，便是私矣。

问："某见人有善行，每好录之，时以展阅。常见二医，一姓韩一姓郭者，以利相让，亦必录之。"

录善人以自勉，此亦多闻多见而识，乃是致良知之功。此等人只是欠学问，恐不能到头如此。吾辈中亦未易得也。

与黄宗贤 癸未

南行想亦从心所欲，职守闲静，益得专志于学，闻之殊慰！贱躯入夏来山中感暑痢，归卧两月余，变成痰咳。今虽稍平，然咳尚未已也。四方朋友来去无定，中间不无切磋砥砺之益，但真有力量能担荷得，亦自少见。大抵近世学者，只是无有必为圣人之志。近与尚谦、子莘、诚甫讲《孟子》"乡愿狂狷"一章，颇觉有所省发，相见时试更一论如何？闻接引同志孜孜不怠，甚善甚善！但论议之际，必须谦虚简明为佳。若自处过任而词意重复，却恐无益有损。在高明断无此。因见旧时友朋往往不免斯病，谩一言之。

寄薛尚谦 癸未

承喻："自咎罪疾，只缘轻傲二字累倒。"足知用力恳切。但知得轻傲处，便是良知；致此良知，除却轻傲，便是格物。致知二字，是千古圣学之秘，向在虔时终日论此，同志中尚多有未彻。近于古本序中改数语，颇发此意，然见者往往亦不能察。今寄一纸，幸熟味！此是孔门正法眼藏，从前儒者多不曾悟到，故其说卒入于支离。仕鸣过虔，常与细说，不审闲中曾论及否？谕及甘泉论仕德处，殆一时意有所向而云，益亦未见其止之叹耳。仕德之学，未敢便以为至，即其信道之笃，临死不贰，眼前曾有几人？所云"心心相持，如髡如钳"，正恐同辈中亦未见有能如此者也。书来，谓仕鸣、海崖大进此学，近得数友，皆有根力，处久当能发挥。幸甚！闻之喜而不寐也。海崖为谁氏？便中寄知之。

卷六　文录三

书三始嘉靖丙戌至戊子

寄邹谦之丙戌

比遭家多难，功夫极费力，因见得良知两字，比旧愈加亲切。真所谓大本达道，舍此更无学问可讲矣。"随处体认天理"之说，大约未尝不是，只要根究下落，即未免捕风捉影，纵令鞭辟向里，亦与圣门致良知之功尚隔一尘。若复失之毫厘，便有千里之谬矣。四方同志之至此者，但以此意提掇之，无不即有省发，只是着实能透彻者甚，亦不易得也。世间无志之人，既已见驱于声利词章之习，间有知得自己性分当求者，又被一种似是而非之学兜绊羁縻，终身不得出头。缘人未有真为圣人之志，未免挟有见小欲速之私，则此种学问，极足支吾眼前得过。是以虽在豪杰之士，而任重道远，志稍不力，即且安顿其中者多矣。谦之之学，既以得其大原，近想涉历弥久，则功夫当益精明矣。无因接席一论，以资切劚，倾企如何！范祠之建，实亦有裨风教。仆于大字，本非所长，况已久不作，所须祠扁，必大笔自挥之，乃佳也。使还，值岁冗，不欲尽言。

二 丙戌

承示谕《俗礼要》，大抵一宗《文公家礼》而简约之，切近人情，甚善甚善！非吾谦之诚有意于化民成俗，未肯汲汲为此也！古礼之存于世者，老师宿儒，当年不能穷其说，世之人苦其烦且难，遂皆废置而不行。故今之为人上而欲导民于礼者，非详且备之为难，惟简切明白而使人易行之为贵耳。中间如四代位次及祔祭之类，固区区向时欲稍改以从俗者，今皆斟酌为之，于人情甚协。

盖天下古今之人，其情一而已矣。先王制礼，皆因人情而为之节文，是以行之万世而皆准。其或反之吾心而有所未安者，非其传记之讹阙，则必古今风气习俗之异宜者矣。此虽先王未之有，亦可以义起，三王之所以不相袭礼也。若徒拘泥于古，不得于心，而冥行焉，是乃非礼之礼，行不著而习不察者矣。后世心学不讲，人失其情，难乎与之言礼！然良知之在人心，则万古如一日。苟顺吾心之良知以致之，则所谓不知足而为屦，我知其不为蒉矣。非天子不议礼制度，今之为此，非以议礼为也，徒以末世废礼之极，聊为之兆以兴起之。故特为此简易之说，欲使之易知易从焉耳。冠、婚、丧、祭之外，附以乡约，其于民俗，亦甚有补。至于射礼，似宜别为一书以教学者，而非所以求谕于俗。今以附于其间，却恐民间以非所常行，视为不切，又见其说之难晓，遂并其冠、婚、丧、祭之易晓者而弃之也。《文公家礼》所以不及于射，或亦此意也欤？幸更裁之！

令先公墓表，决不负约，但向在纷冗忧病中，近复咳患盛作，更求假以日月耳。施、濮两生知解甚利，但已经炉鞴，则煅炼为易，自此益淬砺之，吾见其成之速也。书院新成，欲为诸生择师，此诚盛德之事。但刘伯光以家事促归，魏师伊乃兄适有官务，仓卒往视，何廷仁近亦归省，惟黄正之尚留。彼意以登坛说法，非吾谦之身自任之不可。须事定后，却与二三同志造访，因而连留旬月，相与砥砺开发，效匡翼之劳，亦所不辞也。祠堂位次祔祭之义，往年曾与徐曰仁备论。曰仁尝记其略，今使录一通奉览,以备采择。

或问:"《文公家礼》,高、曾、祖、祢之位皆西上,以次而东。于心切有未安。"阳明子曰:"古者庙门皆南向,主皆东向。合祭之时,昭之迁主列于北牖,穆之迁主列于南牖,皆统于太祖东向之尊。是故西上,以次而东。今祠堂之制,既异于古,而又无太祖东向之统,则西上之说,诚有所未安。"曰:"然则今当何如?"曰:"礼以时为大,若事死如事生,则宜以高祖南向,而曾、祖、祢东西分列,席皆稍降而弗正对,似于人心为安。曾见浦江郑氏之祭,四代考妣,皆异席。高考妣南向,曾、祖、祢考皆西向,妣皆东向,名依世次,稍退半席。其于男女之列,尊卑之等,两得其宜。今吾家亦如此行。但恐民间厅事多浅隘,而器物亦有所不备,则不能以通行耳。"又问:"无后者之祔,于己之子侄,固可下列矣。若在祖宗之行,宜何如祔?"阳明子曰:"古者大夫三庙,不及其高矣;适士二庙,不及其曾矣。今民间得祀高、曾,盖亦体顺人情之至,例以古制,则既为僭,况在其行之无后者乎!古者士大夫无子,则为之置后,无后者鲜矣。后世人情偷薄,始有弃贫贱而不问者。古所为无后,皆殇子之类耳。《祭法》:'王下祭殇五:適子、適孙、適曾孙、適玄孙、適来孙。诸侯下祭三,大夫二,適士及庶人祭子而止。'则无后之祔,皆子孙属也。今民间既得假四代之祀,以义起之,虽及弟侄可矣。往年湖湘一士人家,有曾伯祖与堂叔祖皆贤而无后者,欲为立嗣,则族众不可;欲弗祀,则思其贤,有所不忍也。以问于某,某曰:不祀二三十年矣,而追为之嗣,势人所不行矣。若在士大夫家,自可依古族属之义,于春、秋二社之次,特设一祭:凡族之无后而亲者,各以昭穆之次配祔之,于义亦可也。"

三 丙戌

教札时及,足慰离索。兼示《论语讲章》,明白痛快,足以发朱注之所未及。诸生听之,当有油然而兴者矣。后世人心陷溺,祸乱相寻,皆由此学不明之故。只将此学字头脑处指掇得透彻,使人洞然知得是自己生身立命之原，不假外求，如木之有根，畅茂条达，自有所不容已，则所谓悦乐不愠者，皆不待言而喻。书院记文，整严精确，迥尔不群，皆是直写胸中实见，一洗近儒影响雕饰之习，不徒作矣。

某近来却见得良知两字日益真切简易。朝夕与朋辈讲习，只是发挥此两字不出。缘此两字，人人所自有，故虽至愚下品，一提便省觉。若致其极，虽圣人天地不能无憾，故说此两字，穷劫不能尽。世儒尚有致疑于此，谓未足以尽道者，只是未尝实见得耳。近有乡大夫请某讲学者云："除却良知，还有甚么说得？"某答云："除却良知，还有甚么说得！"不审迩来谦之于此两字，见得比旧又如何矣？无因一面，扣之以快倾渴。正之去，当能略尽鄙怀，不能一一。

后世大患，全是士夫以虚文相诳，略不知有诚心实意。流积成风，虽有忠信之质，亦且迷溺其间，不自知觉。是故以之为子则非孝；以之为臣则非忠。流毒扇祸，生民之乱，尚未知所抵极。今欲救之，惟有返朴还淳，是对症之剂。故吾侪今日用功，务在鞭辟近里，删削繁文始得。然鞭辟近里，删削繁文，亦非草率可能，必须讲明致良知之学。每以言于同志，不识谦之亦以为何如也？讲学之后，望时及之。

四 丙戌

正之归，备谈政教之善，勤勤恳恳，开诱来学，毅然以斯道为己任，其为喜幸，如何可言！前书"虚文相诳"之说，独以慨夫后儒之没溺词章、雕镂文字，以希世盗名，虽贤知有所不免，而其流毒之深，非得根器力量如吾谦之者，莫能挽而回之也！而谦之顾犹歉然，欲以猛省寡过，此正吾谦之之所以为不可及也。欣叹欣叹！

学绝道丧之余，苟有兴起向慕于是学者，皆可以为同志，不必铢称寸度而求其尽合，于此以之待人可也。若在我之所以为造端立命者，则不容有毫发之或爽矣。道一而已，仁者见之谓之仁，知者见之谓之知。释氏之所以为释，老氏之所以为老，百姓日用而不知，皆是道也，宁有二乎？今古学术之诚伪邪正，何啻碔砆美玉！然有眩惑终身而不能辩者，正以此道之无二，而其变动不拘，充塞无间，纵横颠倒，皆可推之而通。世之儒者，各就其一偏之见，而又饰之以比拟仿像之功，文之以章句假借之训，其为习熟既足以自信，而条目又足以自安，此其所以诳己诳人，终身没溺而不悟焉耳！然其毫厘之差，而乃致千里之谬。非诚有求为圣人之志，而从事于惟精惟一之学者，莫能得其受病之源，而发其神奸之所由伏也。若某之不肖，盖亦尝隐陷于其间者几年，佽佽然既自以为是矣。赖天之灵，偶有悟于良知之学，然后悔其向之所为者，固包藏祸机，作伪于外，而心劳日拙者也。十余年来，虽痛自洗剔创艾，而病根深痼，萌蘖时生。所幸良知在我，操得其要，譬犹舟之得舵，虽惊风巨浪颠沛不无，尚犹得免于倾覆者也。夫旧习之溺人，虽已觉悔悟，而其克治之功，尚且其难若此，又况溺而不悟，日益以深者，亦将何所抵极乎！以谦之精神力量，又以有觉于良知，自当如江河之注海，沛然无复能有为之障碍者矣！默成深造之余，必有日新之得，可以警发昏惰者，便间不惜款款示及之。

五 丙戌

张、陈二生来，适归余姚祭扫，遂不及相见，重负深情也。随事体认天理，即戒慎恐惧功夫，以为尚隔一尘，为世之所谓事事物物皆有定理而求之于外者言之耳。若致良知之功明，则此语亦自无害，不然，即犹未免于毫厘千里也。来喻以为恐主于事者，盖已深烛其弊矣。寄示甘泉《尊经阁记》，甚善甚善！其间大意亦与区区《稽山书院》之作相同。《稽山》之作，向尝以寄甘泉，自谓于此学颇有分毫发明。今甘泉乃谓"今之谓聪明知觉，不必外求诸经者，不必呼而能觉"之类，则似急于立言，而未暇细察鄙人之意矣。后世学术之不明，非为后人聪明识见之不及古人，大抵多由胜心为患，不能取善相下。明明其说之已是矣，而又务为一说以高之，是以其说愈多而惑人愈甚。凡今学术之不明，使后学无所适从，徒以致人之多言者，皆吾党自相求胜之罪也。今良知之说，已将学问头脑说得十分下落，只是各去胜心，务在共明此学，随人分限，以此循循善诱之，自当各有所至。若只要自立门户，外假卫道之名，而内行求胜之实，不顾正学之因此而益荒，人心之因此而愈悍，党同伐异，覆短争长，而惟以成其自私自利之谋，仁者之心有所不忍也！甘泉之意，未必由此，因事感触，辄漫及之。盖今时讲学者，大抵多犯此症，在鄙人亦或有所未免，然不敢不痛自克治也。如何如何？

答友人 丙戌

　　君子之学，务求在己而已。毁誉荣辱之来，非独不以动其心，且资之以为切磋砥砺之地。故君子无入而不自得，正以其无入而非学也。若夫闻誉而喜，闻毁而戚，则将惶惶于外，惟日之不足矣，其何以为君子！

　　往年驾在留都，左右交谗某于武庙。当时祸且不测，僚属咸危惧，谓群疑若此，宜图所以自解者。某曰："君子不求天下之信己也，自信而已。吾方求以自信之不暇，而暇求人之信己乎？"某于执事为世交，执事之心，某素能信之，而顾以相讯若此，岂亦犹有未能自信也乎？虽然，执事之心，又焉有所不自信者！至于洪范之外，意料所不及，若校人之于子产者，亦安能保其必无。则执事之恳恳以询于仆，固君子之严于自治，宜如此也。昔楚人有宿于其友之家者，其仆窃友人之履以归，楚人不知也。适使其仆市履于肆，仆私其直而以窃履进，楚人不知也。他日，友人来过，见其履在楚人之足，大骇曰："吾固疑之，果然窃吾履。"遂与之绝。逾年而事暴，友人踵楚人之门而悔谢曰："吾不能知子，而缪以疑子，吾之罪也。请为友如初。"今执事之见疑于人，其有其无，某皆不得而知。纵或有之，亦何伤于执事之自信乎？不俟逾年，吾见有踵执事之门而悔谢者矣。执事其益自信无怠，固将无入而非学，亦无入而不自得也矣！

答友人问 丙戌

问：自来先儒皆以学问思辩属知，而以笃行属行，分明是两截事。今先生独谓知行合一，不能无疑。

曰：此事吾已言之屡屡。凡谓之行者，只是着实去做这件事。若着实做学问思辩的功夫，则学问思辩亦便是行矣。学是学做这件事，问是问做这件事，思辩是思辩做这件事，则行亦便是学问思辩矣。若谓学问思辩之，然后去行，却如何悬空先去学问思辩得？行时又如何去得个学问思辩的事？行之明觉精察处，便是知；知之真切笃实处，便是行。若行而不能精察明觉，便是冥行，便是"学而不思则罔"，所以必须说个知；知而不能真切笃实，便是妄想，便是"思而不学则殆"，所以必须说个行。元来只是一个功夫。凡古人说知行，皆是就一个功夫上补偏救弊说，不似今人截然分作两件事做。某今说知行合一，虽亦是就今时补偏救弊说，然知行体段亦本来如是。吾契但着实就身心上体履，当下便自知得。今却只从言语文义上窥测，所以牵制支离，转说转糊涂，正是不能知行合一之弊耳。

问：象山论学与晦庵大有同异，先生尝称象山"于学问头脑处见得直截分明"。今观象山之论，却有谓学有讲明，有践履，及以致知格物为履明之事，乃与晦庵之说无异，而与先生知行合一之说，反有不同。何也？

曰：君子之学，岂有心于同异？惟其是而已。吾于象山之学有同者，非是苟同；其异者，自不掩其为异也。吾于晦庵之论有异者，非是求异；其同者，自不害其为同也。假使伯夷、柳下惠与孔、孟同处一堂之上，就其所见之偏，全其议论，断亦不能皆合，然要之不害其同为圣贤也。若后世论学之士，则全是党同伐异，私心浮气所使，将圣贤事业作一场儿戏看了也。

又问：知行合一之说，是先生论学最要紧处。今既与象山之说异矣，敢问其所以同。

曰：知行原是两个字说一个功夫，这一个功夫，须著此两个字方说得完全无弊病。若头脑处见得分明，见得原是一个头脑，则虽把知行分作两个说，毕竟将来做那一个功夫，则始或未便融会，终所谓百虑而一致矣。若头脑见得不分明，原看做两个字，则虽把知行合作一个说，亦恐终未有凑泊处，况又分作两截去做，则是从头至尾更没讨下落处也。

又问：致良知之说，真是百世以俟圣人而不惑者。象山已于头脑上见得分明，如何于此尚有不同？"

曰：致知格物，自来儒者皆相沿如此说，故象山亦遂相沿得来，不复致疑耳。然此毕竟亦是象山见得未精一处，不可掩也。

又曰：知之真切笃实处，便是行；行之明觉精察处，便是知。若知时，其心不能真切笃实，则其知便不能明觉精察；不是知之时只要明觉精察，更不要真切笃实也。行之时，其心不能明觉精察，则其行便不能真切笃实；不是行之时只要真切笃实，更不要明觉精察也。知天地之化育，心体原是如此。乾知大始，心体亦原是如此。

答南元善 丙戌

别去忽逾三月，居尝思念，辄与诸生私相慨叹。计归程之所及，此时当到家久矣。太夫人康强，贵眷无恙，渭南风景，当与柴桑无异，而元善之识见兴趣，则又有出于元亮之上者矣。近得中途寄来书，读之恍然如接颜色。勤勤恳恳，惟以得闻道为喜，急问学为事，恐卒不得为圣人为忧，亹亹千数百言，略无一字及于得丧荣辱之间，此非真有朝闻夕死之志者，未易以涉斯境也。浣慰何如！诸生递观传诵，相与叹仰歆服，因而兴起者多矣。

世之高抗通脱之士，捐富贵，轻利害，弃爵禄，决然长往而不顾者，亦皆有之。彼其或从好于外道诡异之说，投情于诗酒山水技艺之乐，又或奋发于意气，感激于愤悱，牵溺于嗜好，有待于物以相胜，是以去彼取此，而后能及其所之。既倦，意衡心郁，情随事移，则忧愁悲苦随之而作。果能捐富贵，轻利害，弃爵禄，快然终身，无入而不自得已乎？夫惟有道之士，真有以见其良知之昭明灵觉，圆融洞澈，廓然与太虚而同体。太虚之中，何物不有？而无一物能为太虚之障碍。盖吾良知之体，本自聪明睿知，本自宽裕温柔，本自发强刚毅，本自斋庄中正、文理密察，本自溥博渊泉而时出之，本无富贵之可慕，本无贫贱之可忧，本无得丧之可欣戚，爱憎之可取舍。盖吾之耳而非良知，则不能以听矣，又何有于聪？目而非良知，则不能以视矣，又何有于明？心而非良知，则不能以思与觉矣，又何有于睿知？然则又何有于宽裕温柔乎？又何有于发强刚毅乎？又何有于斋庄中正、文理密察乎？又何有于溥博渊泉而时出之乎？故凡慕富贵，忧贫贱，欣戚得丧，爱憎取舍之类，皆足以蔽吾聪明睿知之体，而窒吾渊泉时出之用。若此者，如明目之中而翳之以尘沙，聪耳之中而塞之以木楔也。其疾痛郁逆，将必速去之为快，而何能忍于时刻乎？故凡有道之士，其于慕富贵，忧贫贱，欣戚得丧而取舍爱憎也，若洗目中之尘而拔耳中之楔。其于富贵、贫贱、得丧、爱憎之相值，若飘风浮霭之往来变化于太虚，而太虚之动，固常廓然其无碍也。元善今日之所造，其殆庶几于是矣乎！是岂有待于物以相胜而去彼取此，激昂于一时之意气者所能强而声音笑貌以为之乎？元善自爱！元善自爱！

关中自古多豪杰，其忠信沈毅之质，明达英伟之器，四方之士，吾见亦多矣，未有如关中之盛者也。然自横渠之后，此学不讲，或亦与四方无异矣。自此关中之士，有所振发兴起，进其文艺于道德之归，变其气节为圣贤之学，将必自吾元善昆季始也。今日之归，谓天为无意乎？谓天为无意乎？

元贞以病，不及别简，盖心同道同而学同，吾所以告之亦不能有他说也。亮之亮之！

二 丙戌

五月初，得苏州书，后月，适遇王驿丞去，草草曾附短启。其时私计行筛，到家必已久矣。是月三日，余门子回，复领手教，始知六月尚留汴城。世途之险涩难料，每每若此也。贱躯入夏咳作，兼以毒暑大旱，舟楫无所往，日与二三子讲息池傍小阁中。每及贤昆玉，则喟然兴叹而已！郡中今岁之旱，比往年尤甚。河渠曾蒙开浚者，百姓皆得资灌溉之利，相与啧啧追颂功德，然已控吁无及矣。彼奸妒憸人，号称士类者，乃独谗疾排构，无所不至，曾细民之不若，亦独何哉！亦独何哉！色养之暇，埙篪协奏，切磋讲习，当日益深造矣。里中英俊相从论学者几人？学绝道丧且几百年，居今之时，而苟知趋向于是，正所谓空谷之足音，皆今之豪杰矣。便中示知之。

窃尝喜晦翁涵育薰陶之说，以为今时朋友相与必有此意，而后彼此交益。近来一二同志与人讲学，乃有规砺太刻，遂相愤戾而去者，大抵皆不免于以善服人之病耳。楚国实又尔忧去，子京诸友亦不能亟相会，一齐众楚。"道之不明也，我知之矣。"虽然，"风雨如晦，鸡鸣不已"，"至诚而不动者，未之有也"。非贤昆玉，畴足以语于斯乎！其余世情，真若浮虚之变态，亮非元善之所屑闻者也，遂不一一及。

答季明德 丙戌

书惠远及，以咳恙未平，忧念备至，感愧良深！食姜太多，非东南所宜。诚然，此亦不过暂时劫剂耳。近有一友，为易"贝母丸"服之，颇亦有效，乃终不若来谕"用养生之法拔去病根"者，为得本源之论。然此又不但治病为然，学问之功亦当如是矣。

承示："立志益坚，谓圣人必可以学而至。兢兢焉，常磨炼于事，为朋友之间，而厌烦之心，比前差少。"喜幸殊极！又谓："圣人之学，不能无积累之渐。"意亦切实。中间以尧、舜、文王、孔、老诸说，发明"志学"一章之意，足知近来进修不懈。居有司之烦而能精思力究若此，非朋辈所及。然此在吾明德自以此意奋起其精神，砥切其志意，则可矣。必欲如此节节分疏引证，以为圣人进道一定之阶级，又连掇数圣人纸上之陈迹，而入之以此一款条例之中，如以尧之试鲧为未能不惑，子夏之"启予"为未能耳顺之类，则是尚有比拟牵滞之累。以此论圣人之亦必由学而至，则虽有所发明，然其阶级悬难，反觉高远深奥，而未见其为人皆可学。乃不如末后一节，谓："至其极而矩之不逾，亦不过自此志之不已所积。而'不逾'之上，亦必有学可进，圣人岂绝然与人异哉！"又云："善者，圣之体也。害此善者，人欲而已。人欲，吾之所本无。去其本无之人欲，则善在我而圣体全。圣无有余，我无不足，此以知圣人之必可学也。然非有求为圣人之志，则亦不能以有成。"只如此论，自是亲切简易。以此开喻来学，足以兴起之矣。若如前说，未免使柔怯者畏缩而不敢当，高明者希高而外逐，不能无弊也。圣贤垂训，固有书不尽言、言不尽意者。凡看经书，要在致吾之良知，取其有益于学而已。则千经万典，颠倒纵横，皆为我之所用。一涉拘执比拟，则反为所缚。虽或特见妙诣，开发之益，一时不无，而意必之见，流注潜伏，盖有反为良知之障蔽，而不自知觉者矣。其云"善者圣之体"，意固已好，善即良知，言良知则使人尤为易晓。故区区近有"心之良知是谓圣"之说。其间又云："人之为学，求尽乎天而已。"此明德之意，本欲合天人而为一，而未免反离而二之也。人者，天地万物之心也；心者，天地万物之主也。心即天，言心，则天地万物皆举之矣，而又亲切简易。故不若言："人之为学，求尽乎心而已。"

　　知行之答，大段切实明白，词气亦平和，有足启发人者。惟贤一书，识见甚进，间有语疵，则前所谓"意必之见流注潜伏"者之为病。今既照破，久当自融释矣。

　　以"效"训"学"之说，凡字义之难通者，则以一字之相类而易晓者释之。若今学字之义，本自明白，不必训释。今遂以效训学，以学训效，皆无不可，不必有所拘执。但效字终不若学字之混成耳。率性而行，则性谓之道；修道而学，则道谓之教。谓修道之为教可也；谓修道之为学亦可也。自其道之示人无隐者而言，则道谓之教；自其功夫之修习无违者而言，则道谓之学。教也，学也，皆道也，非人之所能为也。知此，则又何训释之有！所须《学记》，因病未能著笔，俟后便为之。

与王公弼 丙戌

来书比旧所见益进，可喜可喜！中间谓"弃置富贵，与轻于方父兄之命，只是一事。"当弃富贵，即弃富贵，只是致良知；当从父兄之命，即从父兄之命，亦只是致良知。其间权量轻重，稍有私意，于良知便自不安。凡认贼作子者，缘不知在良知上用功，是以有此。若只在良知上体认，所谓"虽不中，不远矣"。

二 丁亥

老年得子，实出望外。承相知爱念，勤惓若此，又重之以厚仪，感愧何可当也！两广之役，积衰久病之余，何能堪此！已具本辞免，但未知遂能得允否耳。

来书"提醒良知"之说，甚善甚善！所云"困勉之功"，亦只是提醒功夫未能纯熟，须加人一己百之力，然后能无间断，非是提醒之外，别有一段困勉之事也。

与欧阳崇一 丙戌

正之诸友下第归，备谈在京相与之详，近虽仕途纷扰中，而功力略无退转，甚难甚难！得来书，自咎真切，论学数条，卓有定见，非独无退转，且大有所进矣。文蔚所疑，良不为过。孟子谓"有诸己之谓信"，今吾未能有诸己，是未能自信也，宜乎文蔚之未能信我矣。乃劳崇一逐一为我解嘲，然又不敢尽谓崇一解嘲之言为口给。但在区区，则亦未能一一尽如崇一之所解者，为不能无愧耳！固不敢不勉力也！

寄陆原静 丙戌

原静虽在忧苦中，其学问功夫，所谓"颠沛必于是"者，不言可知矣，奚必论说讲究而后可以为学乎？南元善曾将原静后来论学数条刊入《后录》中，初心甚不欲渠如此，近日朋辈见之，却因此多有省悟。始知古人相与辩论穷诘，亦不独要自己明白，直欲共明此学于天下耳。盖此数条，同志中肯用功者，亦时有疑及之，然非原静，则亦莫肯如此披豁吐露。就欲如此披豁吐露，亦不能如此曲折详尽。故此原静一问，其有益于同志良不浅浅也。自后但有可相启发者，不惜时寄及之，幸甚幸甚！

近得施聘之书，意向卓然，出于流辈。往年尝窃异其人，今果与俗不同也。闲中曾相往复否？大事今冬能举得，便可无他绊系，如聘之者，不妨时时一会。穷居独处，无朋友相砥切，最是一大患也。贵乡有韦友名商臣者，闻其用功笃实，尤为难得，亦曾一相讲否？

答甘泉 丙戌

音问虽疏，道德之声无日不闻于耳，所以启瞆消鄙者多矣。向承狂生之谕，初闻极骇，彼虽愚悖之甚，不应遽至于尔。既而细询其故，良亦有因。近复来此，始得其实。盖此生素有老佛之溺，为朋辈所攻激，遂高自矜大，以夸愚泄愤。盖亦不过怪诞妖妄，如近世方士呼雷斩蛟之说之类，而闻者不察，又从而增饰之耳。近已与之痛绝，而此生深自悔责，若无所措其躬。赖其资性颇可，或自此遂能改创，未可知也。学绝道丧之余，苟以是心至，斯受之矣。忠信明敏之资，绝不可得。如生者，良亦千百中之一二，而又复不免于陷溺若此，可如何哉！可如何哉！龚生来访，自言素沐教极深，其资性甚纯谨，惜无可以进之者。今复远求陶铸，自此当见其有成也。

答魏师说 丁亥

师伊至，备闻日新之功，兼得来书，志意恳切，喜慰无尽！所云"任情任意，认作良知，及作意为之，不依本来良知，而自谓良知者，既已察识其病矣。"意与良知,当分别明白。凡应物起念处,皆谓之意。意则有是有非,能知得意之是与非者,则谓之良知。依得良知,即无有不是矣。所疑拘于体面,格于事势等患,皆是致良知之心未能诚切专一。若能诚切专一,自无此也。凡作事不能谋始与有轻忽苟且之弊者,亦皆致知之心未能诚一,亦是见得良知未透彻。若见得透彻,即体面事势中,莫非良知之妙用。除却体面事势之外,亦别无良知矣。岂得又为体面所局,事势所格?即已动于私意,非复良知之本然矣。今时同志中,虽皆知得良知无所不在,一涉酬应,便又将人情物理与良知看作两事,此诚不可以不察也。

与马子莘 丁亥

连得所寄书,诚慰倾渴!缔观来书,其字画文彩,皆有加于畴昔,根本盛而枝叶茂,理固宜然。然草木之花,千叶者无实,其花繁者,其实鲜矣。迩来子莘之志,得无微有所溺乎?是亦不可以不省也!良知之说,往时亦尝备讲,不审迩来能益莹彻否?明道云:"吾学虽有所受,然天理二字,却是自家体认出来。"良知即是天理。体认者,实有诸己之谓耳。非若世之想像讲说者之为也。近时同志,莫不知以良知为说,然亦未见有能实体认之者,是以尚未免于疑惑。盖有谓良知不足以尽天下之理,而必假于穷索以增益之者,又以为徒致良知,未必能合于天理,须以良知讲求其所谓天理者,而执之以为一定之则,然后可以率由而无弊。是其为说,非实加体认之功而真有以见夫良知者,则亦莫能辩其言之似是而非也。莆中故多贤,国英及志道二三同志之外,相与切磋砥砺者,亦复几人?良知之外,更无知;致知之外,更无学。外良知以求知者,邪妄之知矣;外致知以为学者,异端之学矣。道丧千载,良知之学久为赘疣,今之友朋知以此事日相讲求者,殆空谷之足音欤!想念虽切,无因面会一罄此怀,临书惘惘不尽。

与毛古庵宪副 丁亥

亟承书惠,既荷不遗,中间歉然下问之意,尤足以仰见贤者进修之功勤勤不懈,喜幸何可言也!无因促膝一陈鄙见,以求是正,可胜瞻驰!

凡鄙人所谓致良知之说,与今之所谓体认天理之说,本亦无大相远,但微有直截迂曲之差耳。譬之种植,致良知者,是培其根本之生意,而达之枝叶者也;体认天理者,是茂其枝叶之生意而求以复之根本者也。然培其根本之生意,固自有以达之枝叶矣;欲茂其枝叶之生意,亦安能舍根本而别有生意可以茂之枝叶之间者乎?吾兄忠信近道之资,既自出于侪辈之上,近见胡正人,备谈吾兄平日功夫,又皆笃实恳切,非若世之徇名远迹,而徒以支离于其外者。只如此用力不已,自当循循有至,所谓殊途而同归者也。亦奚必改途易业,而别求所谓为学之方乎!惟吾兄益就平日用功得力处进步不息,譬之适京都者,始在偏州僻壤,未免经历于傍蹊曲径之中,苟志往不懈,未有不达于通衢大路者也。病躯咳作,不能多及,寄去鄙录末后论学一书,亦颇发明鄙见,暇中幸示及之!

与黄宗贤 丁亥

人在仕途,比之退处山林时,其功夫之难十倍,非得良友时时警发砥砺,则其平日之所志向,鲜有不潜移默夺,驰然日就于颓靡者。近与诚甫言,在京师相与者少,二君必须预先相约定,彼此但见微有动气处,即须提起致良知话头,互相规切。凡人言语正到快意时,便截然能忍默得;意气正到发扬时,便翕然能收敛得;愤怒嗜欲正到腾沸时,便廓然能消化得。此非天下之大勇者不能也。然见得良知亲切时,其功夫又自不难。缘此数病,良知之所本无,只因良知昏昧蔽塞而后有,若良知一提醒时,即如白日一出,而魍魉自消矣。《中庸》谓"知耻近乎勇"。所谓知耻,只是耻其不能致得自己良知耳。今人多以言语不能屈服得人为耻,意气不能陵轧得人为耻,愤怒嗜欲不能直意任情得为耻,殊不知此数病者，皆是蔽塞自己良知之事，正君子之所宜深耻者。今乃反以不能蔽塞自己良知为耻，正是耻非其所当耻，而不知耻其所当耻也。可不大哀乎！诸君皆平日所知厚者，区区之心，爱莫为助，只愿诸君都做个古之大臣。古之所谓大臣者，更不称他有甚知谋才略，只是一个断断无他技，休休如有容而已。诸君知谋才略，自是超然出于众人之上，所未能自信者，只是未能致得自己良知，未全得断断休休体段耳。今天下事势，如沉疴积痿，所望以起死回生者，实有在于诸君子。若自己病痛未能除得，何以能疗得天下之病！此区区一念之诚，所以不能不为诸君一竭尽者也。诸君每相见时，幸默以此意相规切之，须是克去己私，真能以天地万物为一体，实康济得天下，挽回三代之治，方是不负如此圣明之君，方能报得如此知遇，不枉了因此一大事来出世一遭也。病卧山林，只好修药饵，苟延喘息。但于诸君出处，亦有痛痒相关者，不觉缕缕至此。幸亮此情也！

答以乘宪副丁亥

此学不明于世久矣，而旧闻旧习，障蔽缠绕，一旦骤闻吾说，未有不非诋疑议者。然此心之良知，昭然不昧，万古一日。但肯平心易气，而以吾说反之于心，亦未有不洞然明白者。然不能即此奋志进步，勇脱窠臼，而犹依违观望于其间，则旧闻旧习，又从而牵滞蔽塞之矣。此近时同志中，往往皆有是病，不识以乘别后意思却如何耳。昔有十家之村，皆荒其百亩，而日惟转籴于市，取其赢余以赡朝夕者。邻村之农劝之曰："尔朝夕转籴，劳费无期，曷若三年耕，则余一年之食，数年耕可积而富矣。"其二人听之，舍籴而田。八家之人竞相非沮遏，室人老幼亦交遍归谪曰："我朝不籴，则无以为饔；暮不籴，则无以为餐。朝夕不保，安能待秋而食乎？"其一人力田不顾，卒成富家；其一人不得已，复弃田而籴，竟贫馁终身焉。今天下之人，方皆转籴于市，忽有舍籴而田者，宁能免于非谪乎！要在深信弗疑，力田而不顾，乃克有成耳。两承书来，皆有迈往直进相信不疑之志，殊为浣慰！人还，附知，少致切劘之诚，当不以为迂也。

与戚秀夫 丁亥

　　德洪诸友，时时谈及盛德深情，追忆留都之会，恍若梦寐中矣。盛使远辱，兼以书仪，感怍何既！此道之在人心，皎如白日，虽阴晴晦明，千态万状，而白日之光，未尝增减变动。足下以迈特之资，而能笃志问学，勤勤若是，其于此道真如扫云雾而睹者白日耳。奚假于区区之为问乎？

　　病废既久，偶承两广之命，方具辞疏。使还，正当纷沓，草草不尽鄙怀。

与陈惟浚 丁亥

　　江西之会，极草草，尚意得同舟旬日，从容一谈，不谓既入省城，人事纷沓，及登舟时，惟浚已行矣。沿途甚怏怏。抵梧后，即赴南宁，日不暇给，亦欲遣人相期来此，早晚略暇时可闲话。而此中风土绝异，炎瘴尤不可当，家人辈到此，无不病者。区区咳患，亦因热大作，痰痫肿毒交攻。度惟浚断亦不可以居此，又复已之。

　　近得聂文蔚书，知已入漳。患难困苦之余，所以动心忍性，增益其所不能者，宜必日有所进。养之以福，正在此时，不得空放过也。

　　圣贤论学，无不可用之功，只是致良知三字，尤简易明白，有实下手处，更无走失。近时同志亦已无不知有致良知之说，然能于此实用功者绝少，皆缘见得良知未真，又将致字看太易了，是以多未有得力处。虽比往时支离之说稍有头绪，然亦只是五十步百步之间耳。就中亦有肯精心体究者，不觉又转入旧时窠臼中，反为文义所牵滞，功夫不得洒脱精一，此君子之道所以鲜也。此事必须得师友时时相讲习切劘，自然意思日新。

　　自出山来，不觉便是一年。山中同志结庐相待者，尚数十人，时有书来，尽令人感动。而地方重务，势难轻脱，病躯又日狼狈若此，不知天意竟如何也！文蔚书中所论，迥然大进，真有一日千里之势，可喜可喜！颇有所询，病中草草答大略。见时可取视之，亦有所发也。

寄安福诸同志 丁亥

诸友始为惜阴之会，当时惟恐只成虚语。迩来乃闻远近豪杰，闻风而至者，以百数，此可以见良知之同然，而斯道大明之几，于此亦可以卜之矣。喜慰可胜言耶！

得虞卿及诸同志寄来书，所见比旧又加亲切，足验功夫之进，可喜可喜！只如此用功去，当不能有他歧之惑矣。明道有云："宁学圣人而不至，不以一善而成名。"此为有志圣人而未能真得圣人之学者，则可如此说。若今日所讲良知之说，乃真是圣学之的传，但从此学圣人，却无有不至者。惟恐吾侪尚有一善成名之意，未肯专心致志于此耳。在会诸同志，虽未及一一面见，固已神交于千里之外。相见时，幸出此共勉之。

王子茂寄问数条，亦皆明切。中间所疑，在子茂亦是更须诚切用功。到融化时，并其所疑亦皆释然沛然，不复有相阻碍，然后为真得也。凡功夫只是要简易真切。愈真切，愈简易；愈简易，愈真切。病咳中不能多及，亦不能一一备列姓字，幸以意亮之而已！

与钱德洪、王汝中 丁亥

家事赖廷豹纠正，而德洪、汝中又相与薰陶切劘于其间，吾可以无内顾矣。绍兴书院中同志，不审近来意向如何？德洪、汝中既任其责，当能振作接引，有所兴起。会讲之约，但得不废，其间纵有一二懈驰，亦可因此夹持，不致遂有倾倒。余姚又得应元诸友作兴鼓舞，想益日异而月不同。老夫虽出山林，亦每以自慰。诸贤皆一日千里之足，岂俟区区有所警策？聊亦以此示鞭影耳。即日已抵肇庆，去梧不三四日可到。方入冗场，未能多及，千万心亮！绍兴书院及余姚各会同志诸贤，不能一一列名字，幸亮！

二 戊子

地方事幸遂平息，相见渐可期矣。近来不审同志叙会如何？得无法堂前今已草深一丈否？想卧龙之会，虽不能大有所益，亦不宜遂致荒落。且存饩羊后，或兴起亦未可知。余姚得应元诸友相与倡率，为益不小。近有人自家乡来，闻龙山之讲，至今不废，亦殊可喜。书到，望为寄声，益相与勉之。九、十弟与正宪辈，不审早晚能来亲近否？或彼自勉望，且诱掖接引之。谅与人为善之心，当不俟多喋也。魏廷豹决能不负所托，儿辈或不能率教，亦望相与夹持之。人行匆匆，百不一及。诸同志不能尽列姓字，均致此意。

三 戊子

德洪、汝中书来，见近日功夫之有进，足为喜慰！而余姚、绍兴诸同志，又能相聚会讲切，奋发兴起，日勤不懈。吾道之昌，真有火然泉达之机矣。喜幸当何如哉！喜幸当何如哉！此间地方悉已平靖，只因二三大贼巢，为两省盗贼之根株渊薮，积为民患者，心亦不忍不为一除剪，又复迟留二三月。今亦了事矣，旬月间，便当就归途也。守俭、守文二弟，近承夹持启迪，想亦渐有所进。正宪尤极懒惰，若不痛加针砭，其病未易能去。父子兄弟之间，情既迫切，责善反难，其任乃在师友之间。想平日骨肉道义之爱，当不俟于多嘱也。书院规制，近闻颇加修葺，是亦可喜。寄去银二千两，稍助工费。墙垣之未坚完，及一应合整备者，酌量为之。余情面话不久。

答何廷仁 戊子

区区病势日狼狈，自至广城，又增水泻，日夜数行不得止，今遂两足不能坐立。须稍定，即逾岭而东矣。诸友皆不必相候。果有山阴之兴，即须早鼓钱塘之舵，得与德洪、汝中辈一会聚，彼此当必有益。区区养病本去已三月，旬日后必得旨，亦遂发舟而东。纵未能遂归田之愿，亦必得一还阳明，与诸友一面而别，且后会又有可期也。千万勿复迟疑，徒耽误日月。总及随舟而行，沿途官吏送迎请谒，断亦不能有须臾之暇，宜悉此意。书至，即拨冗。德洪、汝中辈亦可促之早为北上之图。伏枕潦草。

卷七　文录四

序记说

别三子序 丁卯

自程、朱诸大儒没，而师友之道遂亡。"六经"分裂于训诂，支离芜蔓于辞章业举之习，圣学几于息矣。有志之士思起而兴之，然卒徘徊嗟咨，逡巡而不振。因弛然自废者，亦志之弗立，弗讲于师友之道也。夫一人为之，二人从而翼之，已而翼之者益众焉，虽有难为之事，其弗成者鲜矣。一人为之，二人从而危之，已而危之者益众焉，虽有易成之功，其克济者亦鲜矣。故凡有志之士，必求助于师友。无师友之助者，志之弗立弗求者也。自予始知学，即求师于天下，而莫予诲也；求友于天下，而与予者寡矣；又求同志之士，二三子之外，邈乎其寥寥也。殆予之志有未立邪？盖自近年而又得蔡希颜、朱守忠于山阴之白洋，得徐曰仁于余姚之马堰。曰仁，予妹婿也。希颜之深潜，守忠之明敏，曰仁之温恭，皆予所不逮。三子者，徒以一日之长视予以先辈，予亦居之而弗辞。非能有加也，姑欲假三子者而为之证，遂忘其非有也。而三子者，亦姑欲假予而存师友之饩羊，不谓其不可也。当是之时，其相与也，亦渺乎难哉！予有归隐之图，方将与三子就云霞，依泉石，追濂、洛之遗风，求孔、颜之真趣。洒然而乐，超然而游，忽焉而忘吾之老也。

今年三子者为有司所选，一举而尽之。何予得之之难，而有司者袭取之之易也！予未暇以得举为三子喜，而先以失助为予憾；三子亦无喜于其得举，而方且戚于其去予也。漆雕开有言："吾斯之未能信。"斯三子之心欤？曾点志于咏歌浴沂，而夫子喟然与之，斯予与三子之冥然而契，不言而得之者欤？三子行矣，遂使举进士，任职就列，吾知其能也，然而非所欲也。使遂不进而归，咏歌优游有日，吾知其乐也，然而未可必也。天将降大任于是人，必先违其所乐而投之于其所不欲，所以衡心拂虑而增其所不能。是玉之成也，其在兹行欤！三子则焉往而非学矣，而予终寡于同志之助也！三子行矣。"深潜刚克，高明柔克"，非箕子之言乎？温恭，亦沉潜也，三子识之，焉往而非学矣。苟三子之学成，虽不吾迩，其为同志之助也，不多乎哉！

增城湛原明宦于京师，吾之同道友也，三子往见焉，犹吾见也已。

赠林以吉归省序 辛未

阳明子曰：求圣人之学而弗成者，殆以志之弗立欤！天下之人，志轮而轮焉，志裘而裘焉，志巫医而巫医焉，志其事而弗成者，吾未之见也。轮、裘、巫医遍天下，求圣人之学者，间数百年而弗一二见，为其事之难欤？亦其志之难欤？弗志其事而能有成者，吾亦未之见也。

林以吉将求圣人之事，过予而论学。予曰："子盍论子之志乎？志定矣，而后学可得而论。子闽也，将闽是求，而予言子以越之道路，弗之听也。予越也，将越是求，而子言予以闽之道路，弗之听也。夫久溺于流俗，而骤语以求圣人之事，其始也，必将有自馁而不敢当；已而旧习牵焉，又必有自眩而不能决；已而外议夺焉，又必有自沮而或以懈。夫馁而求有以胜之，眩而求有以信之，沮而求有以进之，吾见立志之难能也已。志立而学半，四子之言，圣人之学备矣。苟志立而于是乎求焉，其切磋讲明之益，以吉自取之，尚其有穷也哉？见素先生，子诸父也，子归而以予言正之，且以为何如？"

送宗伯乔白岩序 辛未

大宗伯白岩乔先生将之南都，过阳明子而论学。阳明子曰："学贵专。"先生曰："然。予少而好弈，食忘味，寝忘寐，目无改观，耳无改听。盖一年而诎乡之人，三年而国中莫有予当者。学贵专哉！"阳明子曰："学贵精。"先生曰："然。予长而好文词，字字而求焉，句句而鸠焉，研众史，核百氏。盖始而希迹于宋、唐，终焉浸入于汉、魏。学贵精哉！"阳明子曰："学贵正。"先生曰："然。予中年而好圣贤之道。弈吾悔焉，文词吾愧焉，吾无所容心矣。子以为奚若？"阳明子曰："可哉！学弈则谓之学，学文词则谓之学，学道则谓之学，然而其归远也。道，大路也。外是荆棘之蹊，鲜克达矣。是故专于道，斯谓之专；精于道，斯谓之精。专于弈而不专于道，其专溺也；精于文词而不精于道，其精僻也。夫道广矣大矣，文词技能于是乎出。而以文词技能为者，去道远矣。是故非专则不能以精；非精则不能以明；非明则不能以诚。故曰'惟精惟一'。精，精也，专一也。精则明矣，明则诚矣。是故明，精之为也，诚，一之基也。一，天下之大本也；精，天下之大用也。知天地之化育，而况于文词技能之末乎？"先生曰："然哉！予将终身焉，而悔其晚也。"阳明子曰："岂易哉？公卿之不讲学也久矣。昔者卫武公年九十，而犹诏于国人曰：'毋以老耄而弃予。'先生之年半于武公，而功可倍之也。先生其不愧于武公哉？某也敢忘国士之交警！"

赠王尧卿序 辛未

终南王尧卿，为谏官三月，以病致其事而去，交游之赠言者以十数，而犹乞言于予。甚哉，吾党之多言也！夫言日茂而行益荒，吾欲无言也久矣。自学术之不明，世之君子以名为实。凡今之所谓务乎其实，皆其务乎其名者也，可无察乎！尧卿之行，人皆以为高矣；才，人皆以为美矣；

学，人皆以为博矣。是可以无察乎！自喜于一节者，不足与进于全德之地；求免于乡人者，不可以语于圣贤之途。气浮者，其志不确；心粗者，其造不深；外夸者，其中日陋。已矣，吾恶夫言之多也！虎谷有君子类无言者。尧卿过焉，其以予言质之。

别张常甫序 辛未

太史张常甫将归省，告别于司封王某曰："期之别也，何以赠我乎？"某曰："处九月矣，未尝有言焉，期之别，又多乎哉？"常甫曰："斯邦，期之过也。虽然，必有以赠我。"某曰："工文词，多论说，广探极览以为博也，可以为学乎？"常甫曰："知之。""辩名物，考度数，释经正史以为密也，可以为学乎？"常甫曰："知之。""整容色，修辞气，言必信，动必果，谈说仁义以为行也，可以为学乎？"常甫曰："知之。"曰："去是三者，而恬淡其心，专一其气，廓然而虚，湛然而定，以为静也，可以为学乎？"常甫默然良久，曰："亦知之。"某曰："然知之。古之君子惟有所不知也，而后能知之；后之君子惟无所不知，是以容有不知也。夫道有本而学有要。是非之辩精矣，义利之间微矣，斯吾未之能信焉。曷亦姑无以为知之也，而姑疑之，而姑思之乎？"常甫曰："唯。吾姑无以为知之，而姑疑之，而姑思之。期而见，吾有以复于子。"

别湛甘泉序 壬申

颜子没而圣人之学亡。曾子唯一贯之旨，传之孟轲，终又二千余年而周、程续。自是而后，言益详，道益晦，析理益精，学益支离无本，而事于外者，益繁以难。盖孟氏患杨、墨，周、程之际，释、老大行。今世学者，皆知宗孔、孟，贱杨、墨，摈释、老，圣人之道，若大明于世。然吾从而求之，圣人不得而见之矣。其能有若墨氏之兼爱者乎？其能有若杨氏之为我者乎？其能有若老氏之清净自守、释氏之究心性命者乎？吾何以杨、墨、老、释之思哉？彼于圣人之道异，然犹有自得也。而世之学者，章绘句琢以夸俗，诡心色取，相饰以伪，谓圣人之道劳苦无功，非复人之所可为，而徒取辩于言词之间。古之人有终身不能究者，今吾皆能言其略，自以为若是亦足矣，而圣人之学遂废。则今之所大患者，岂非记诵词章之习！而弊之所从来，无亦言之太详、析之太精者之过欤！夫杨、墨、老、释，学仁义，求性命，不得其道而偏焉，固非若今之学者，以仁义为不可学，性命之为无益也。居今之时，而有学仁义，求性命，外记诵辞章而不为者，虽其陷于杨、墨、老、释之偏，吾犹且以为贤，彼其心犹求以自得也。夫求以自得，而后可与之言学圣人之道。某幼不问学，陷溺于邪僻者二十年，而始究心于老、释。赖天之灵，因有所觉，始乃沿周、程之说求之，而若有得焉。顾一二同志之外，莫予翼也，岌岌乎仆而后兴。晚得友于甘泉湛子，而后吾之志益坚，毅然若不可遏，则予之资于甘泉多矣。甘泉之学，务求自得者也。世未之能知，其知者且疑其为禅。诚禅也，吾犹未得而见，而况其所志卓尔若此。则如甘泉者，非圣人之徒欤！多言又乌足病也！夫多言不足以病甘泉，与甘泉之不为多言病也，吾信之。吾与甘泉友，意之所在，不言而会；论之所及，不约而同；期于斯道，毙而后已者。今日之别，吾容无言。夫惟圣人之学，难明而易惑，习俗之降，愈下而益不可回，任重道远，虽已无俟于言，顾复于吾心，若有不容已也。则甘泉亦岂以予言为缀乎？

别方叔贤序 辛未

予与叔贤处二年，见叔贤之学凡三变，始而尚辞，再变而讲说，又再变而慨然有志圣人之道。方其辞章之尚，于予若冰炭焉；讲说矣，则违合者半；及其有志圣人之道，而沛然于予同趣。将遂去之西樵山中，以成其志，叔贤亦可谓善变矣。圣人之学，以无我为本，而勇以成之。予始与叔贤为僚，叔贤以郎中，故事位吾上。及其学之每变，而礼予日恭，卒乃自称门生，而待予以先觉。此非脱去世俗之见，超然于无我者，不能也。虽横渠子之勇撤皋比，亦何以加于此！独愧予之非其人，而何以当之！夫以叔贤之善变，而进之以无我之勇，其于圣人之道也何有。斯道也，绝响于世，余三百年矣。叔贤之美有若是，是以乐为吾党道之。

别王纯甫序 辛未

王纯甫之掌教应天也，阳明子既勉之以孟氏之言。纯甫谓"未尽也"，请益曰："道未之尝学，而以教为职，鳏官其罪矣。敢问教何以哉？"阳明子曰："其学乎！尽吾之所以学者而教行焉耳。"曰："学何以哉？"曰："其教乎！尽吾之所以教者而学成焉耳。古子君之，有诸己而后求诸人也。"曰："刚柔淳漓之异质矣，而尽之我，教其可一乎？"曰："不一，所以一之也。天之于物也，巨微修短之殊位，而生成之，一也。惟技也亦然，弓冶不相为能，而其足于用，亦一也。匠斫也，陶垣也，圬墁也，其足以成室，亦一也。是故立法而考之，技也。各诣其巧矣，而同足于用。因人而施之，教也。各成其材矣，而同归于善。仲尼之答仁孝也，孟氏之论货色也，可以观教矣。"曰："然则教无定法乎？昔之辩者则何严也？"曰："无定矣。而以之必天下，则弓焉而冶废，匠焉而陶圬废。圣人不欲人人而圣之乎？然而质人人殊。故辩之严者，曲之致也。是故或失则隘，或失则支，或失则流矣。是故因人而施者，定法矣；同归于善者，定法矣。因人而施，质异也；同归于善，性同也。夫教，以复其性而已。自尧、舜而来未之有改，而谓无定乎？"

别黄宗贤归天台序 壬申

君子之学，以明其心。其心本无昧也，而欲为之蔽，习为之害。故去蔽与害而明复，匪自外得也。心犹水也，污入之而流浊，犹鉴也，垢积之而光昧。孔子告颜渊"克己复礼为仁"，孟轲氏谓"万物皆备于我"、"反身而诚"。夫己克而诚，固无待乎其外也。世儒既叛孔孟之说，昧于《大学》"格致"之训，而徒务博乎其外，以求益乎其内，皆入污以求清，积垢以求明者也，弗可得已。守仁幼不知学，陷溺于邪僻者二十年。疾疚之余，求诸孔子、子思、孟轲之言，而恍若有见，其非守仁之能也。宗贤于我，自为童子，即知弃去举业，励志圣贤之学。循世儒之说，而穷之愈勤而益难，非宗贤之罪也。学之难易失得也有原，吾尝为宗贤言之。宗贤于吾言，犹渴而饮，无弗入也，每见其溢于面。今既豁然，吾党之良，莫有及者。谢病去，不忍予别而需予言。夫言之而莫予听，倡之而莫予和，自今失吾助矣！吾则忍于宗贤之别而容无言乎？宗贤归矣，为我结庐天台雁荡之间，吾将老焉。终不使宗贤之独往也！

赠周莹归省序 乙亥

永康周莹德纯，尝学于应子元忠，既乃复见阳明子而请益。阳明子曰："子从应子之所来乎？"曰："然。""应子则何以教子？"曰："无他言也，惟日诲之以希圣、希贤之学，毋溺于流俗。且曰：'斯吾所尝就正于阳明子者也。子而不吾信，则盍亲往焉。'莹是以不远千里而来谒。"曰："子之来也，犹有所未信乎？"曰："信之。"曰："信之而又来，何也？"曰："未得其方也。"阳明子曰："子既得其方矣。无所事于吾。"周生悚然有间，曰："先生以应子之故，望卒赐之教。"阳明子曰："子既得之矣。无所事于吾。"周生悚然而起，茫然有间，曰："莹愚，不得其方。先生毋乃以莹为戏，幸卒赐之教！"阳明子曰："子之自永康而来也，程几何？"曰："千里而遥。"曰："远矣。从舟乎？"曰："从舟，而又登陆也。"曰："劳矣。当兹六月，亦暑乎？"曰："途之暑特甚也。"曰："难矣。具资粮、从童仆乎？"曰："中途而仆病，乃舍贷而行。"曰："兹益难矣。"曰："子之来既远且劳，其难若此也，何不遂返，而必来乎？将亦无有强子者乎？"曰："莹至于夫子之门，劳苦艰难，诚乐之。宁以是而遂返，又俟乎人之强之也乎？"曰："斯吾之所谓子之既得其方也。子之志，欲至于吾门也，则遂至于吾门，无假于人。子而志于圣贤之学，有不至于圣贤者乎？而假于人乎？子之舍舟从陆，捐仆贷粮，冒毒暑而来也，则又安所从受之方也？"生跃然起拜曰："兹乃命之方也已！抑莹由于其方而迷于其说，必俟夫子之言而后跃如也，则何居？"阳明子曰："子未睹乎热石以求灰者乎？火力具足矣，乃得水而遂化。子归，就应子而足其火力焉，吾将储担石之水，以俟子之再见。"

赠林典卿归省序 乙亥

林典卿与其弟游于大学，且归，辞于阳明子曰："元叙尝闻立诚于夫子矣。今兹归，敢请益。"阳明子曰："立诚。"典卿曰："学固此乎？天地之大也，而星辰丽焉，日月明焉，四时行焉；引类而言之，不可穷也。人物之富也，而草木蕃焉，禽兽群焉，中国夷狄分焉，引类而言之，不可尽也。夫古之学者，殚智虑，弊精力，而莫究其绪焉；靡昼夜，极年岁，而莫竟其说焉；析蚕丝，擢牛尾，而莫既其奥焉。而曰立诚，立诚尽之矣乎？"阳明子曰："立诚尽之矣。夫诚，实理也。其在天地，则其丽焉者，则其明焉者，则其行焉者，则其引类而言之不可穷焉者，皆诚也；其在人物，则其蕃焉者，则其群焉者，则其分焉者，则其引类而言之不可尽焉者，皆诚也。是故殚智诚，弊精力，而莫究其绪也；靡昼夜，极年岁，而莫竟其说也；析蚕丝，擢牛尾，而莫既其奥也。夫诚，一而已矣，故不可复有所益。益之是为二也，二则伪，故诚不可益。不可益，故至诚无息。"典卿起拜曰："吾今乃知夫子之教若是其要也！请终身事之，不敢复有所疑。"阳明子曰："子归，有黄宗贤氏者，应元忠氏者，方与讲学于天台、雁荡之间，倘遇焉，其遂以吾言谂之。"

赠陆清伯归省序 乙亥

陆清伯澄归归安，与其友二三子论绎所学赠处焉。二三子或曰："清伯之学日进矣。始吾见清伯，其气扬扬然若浮云，其言滔滔然若流波。今而日默默尔，日慊慊尔，日雍雍尔，日休休尔，有大径庭焉。以是知其进也。"或曰："清伯始见夫子，一月一至；既而旬一至；又既而五六日三四日而一至；又既而迁居于夫子之傍，后乃请于夫子扫庾下之室而旦暮侍焉。夫德莫淑于尊贤，学莫邃于亲师。故趋权门者日进于势，游市肆者日进于利。清伯于夫子之道，日加亲附焉。吾未遑其他，即是可以知其学之进也矣。"清伯曰："有是哉？澄则以为日退也。澄闻夫子之教而茫然，已而欿然，忽耿然而疑，已而大疑焉，又闪然大骇，乃忽闯然若有睹也。当是时，则亦几有所益矣。自是且数月，盖悠焉游焉，业不加修焉，反而求焉，伥伥然，颓颓然，昏蔽扩而愈进，私累息而愈兴，众妄攻而愈固，如上滩之舟，屡失屡下，力挽而不能前，以为日退也。"明日，又辞于阳明子，二三子偕焉，各言其所以。阳明子曰："其然乎！其然乎！谓己为日退者，进修之励，善日进矣。谓人为日进者，与人为善者，其善亦日进矣。虽然，谓己为日退也，而意阻焉，能无日退乎？谓人为日进也，而气歉焉，亦能无日退乎？斯又进退之机，吉凶之所由分也，可无慎乎！"

赠周以善归省序 乙亥

江山周以善，究心格物致知之学有年矣，苦其难而不能有所进也。闻阳明子之说而异之，意其或有见也，就而问之。闻其说，戚然若有所省；归，求其故而不合，则迟疑旬日。又往闻其说，则又戚然若有所省。归，求其故而不合，则又迟疑者旬日。如是往复数月，求之既无所获，去之又弗能也，乃往告之以其故。阳明子曰："子未闻昔人之论弈乎？'弈之为数，小数也，不专心致志，则亦不可以得也。'今子入而闻吾之说，出而有鸿鹄之思焉，亦何怪乎勤而弗获矣？"于是退而斋洁，而以弟子之礼请。阳明子与之坐。盖默然良久，乃告之以立诚之说，耸然若仆而兴也。明日，又言之加密焉，证之以《大学》。明日，又言之加密焉，证之以《论》、《孟》。明日，又言之加密焉，证之以《中庸》。乃跃然喜，避席而言曰："积今而后，无疑于夫子之言；而后知圣贤之教若是其深切简易也；而后知所以格物致知以诚吾之身。吾喜焉，吾悔焉，十年之攻，徒以毙精神而乱吾之心术也，悲夫！积将以夫子之言告同志，俾及时从事于此，无若积之底于悔也。庶以报夫子之德，而无负于夫子之教！"居月余，告归。阳明子叙其言以遗之，使无忘于得之之难也。

赠郭善甫归省序 乙亥

郭子自黄来学，逾年而告归，曰："庆闻夫子立志之说，亦既知所从事矣。今兹将远去，敢请一言以为夙夜勖。"阳明子曰："君子之于学也，犹农夫之于田也，既善其嘉种矣，又深耕易耨，去其螟螣，时其灌溉，早作而夜思，皇皇惟嘉种之是忧也，而后可望于有秋。夫志犹种也，学问思辩而笃行之，是耕耨灌溉以求于有秋也。志之弗端，是萁稗也。志端矣，而功之弗继，是五谷之弗熟，弗如萁稗也。吾尝见子之求嘉种矣，然犹惧其或萁稗也，见子之勤耕耨矣，然犹惧其萁稗之弗如也。夫农，春种而秋成，时也。由志学而至于立，自春而徂夏也；由立而至于不惑，去夏而秋矣。已过其时，犹种之未定，不亦大可惧乎？过时之学，非人一己百，未之敢望，而犹或作辍焉，不亦大可哀乎？从吾游者众矣，虽开说之多，未有出于立志者。故吾于子之行，卒不能舍是而别有所说。子亦可以无疑于用力之方矣。"

赠郑德夫归省序 乙亥

西安郑德夫将学于阳明子，闻士大夫之议者，以为禅学也，复已之，则与江山周以善者，姑就阳明子之门人而考其说。若非禅者也则又姑与就阳明子亲听其说焉。盖旬有九日，而后释然于阳明子之学非禅也，始具弟子之礼师事之。问于阳明子曰："释与儒孰异乎？"阳明子曰："子无求其异同于儒、释，求其是者而学焉可矣。"曰："是与非孰辨乎？"曰："子无求其是非于讲说，求诸心而安焉者是矣。"曰："心又何以能定是非乎？"曰："无是非之心，非人也。口之于甘苦也，与易牙同；目之于妍媸也，与离妻同；心之于是非也，与圣人同。其有昧焉者，其心之于道，不能如口之于味、目之于色之诚切也，然后私得而蔽之。子务立其诚而已。子惟虑夫心之于道，不能如口之于味、目之于色之诚切也，而何虑夫甘苦妍媸之无辩也乎？"曰："然则《五经》之所载、《四书》之所传，其皆无所用乎？"曰："孰为而无所用乎？是甘苦妍媸之所在也。使无诚心以求之，是谈味论色而已也，又孰从而得甘苦妍媸之真乎？"既而告归，请阳明子为书其说，遂书之。

紫阳书院集序 乙亥

豫章熊侯世芳之守徽也，既敷政其境内，乃大新紫阳书院，以明朱子之学，萃七校之秀而躬教之。于是校士程曾氏采摭书院之兴废为集，而弁以白鹿之规，明政教也。来请予言，以谂多士。

夫为学之方，白鹿之规尽矣；警劝之道，熊侯之意勤矣；兴废之故，程生之集备矣。又奚以予言为乎？然予闻之，德有本而学有要，不于其本，而泛焉以从事，高之而虚无，卑之而支离，终亦流荡失宗，劳而无得矣。是故君子之学，惟求得其心。虽至于位天地，育万物，未有出于吾心之外也。孟氏所谓"学问之道无他，求其放心而已矣"者，一言以蔽之。故博学者，学此者也；审问者，问此者也；慎思者，思此者也；明辩者，辩此者也；笃行者，行此者也。心外无事，心外无理，故心外无学。是故于父子尽吾心之仁；于君臣尽吾心之义；言吾心之忠信，行吾心之笃敬。惩心忿，窒心欲，迁心善，改心过，处事接物，无所往而非求尽吾心以自慊也。譬之植焉，心其根也，学也者，其培拥之者也，灌溉之者也，扶植而删锄之者也，无非有事于根焉耳矣。朱子白鹿之规，首之以五教之目，次之以为学之方，又次之以处事接物之要，若各为一事而不相蒙者。斯殆朱子平日之意，所谓"随事精察而力行之"，庶几一旦贯通之妙也欤？然而世之学者，往往遂失之支离琐屑，色庄外驰，而流入于口耳声利之习。岂朱子之教使然哉？故吾因诸士之请，而特原其本以相勖。庶几乎操存讲习之有要，亦所以发明朱子未尽之意也。

朱子晚年定论序 戊寅

洙泗之传，至孟子而息。千五百余年，濂溪、明道始复追寻其绪。自后辩析日详，然亦日就支离决裂，旋复湮晦。吾尝深求其故，大抵皆世儒之多言有以乱之。

守仁蚤岁业举，溺志辞章之习，既乃稍知从事正学，而苦于众说之纷挠疲苶，茫无可入，因求诸老、释，欣然有会于心，以为圣人之学在此矣。然于孔子之教，间相出入，而措之日用，往往阙漏无归。依违往返，且信且疑。其后谪官龙场，居夷处困，动心忍性之余，恍若有悟。体验探求，再更寒暑，证诸《六经》、《四子》，沛然若决江河而放之海也。然后叹圣人之道坦如大路，而世之儒者妄开窦径，踏荆棘，堕坑堑，究其为说，反出二氏之下。宜乎世之高明之士，厌此而超彼也！此岂二氏之罪哉？间尝以此语同志，而闻者竞相非议，自以为立异好奇，虽每痛反深抑，务自搜剔斑瑕，而愈益精明的确，洞然无复可疑，独于朱子之说，有相牴牾，恒疚于心。切疑朱子之贤，而岂其于此尚有未察？及官留都，复取朱子之书而检求之，然后知其晚岁固已大悟旧说之非，痛悔极艾，至以为自诳诳人之罪不可胜赎。世之所传《集注》、《或问》之类，乃其中年未定之说，自咎以为旧本之误，思改正而未及。而其诸《语类》之属，又其门人挟胜心以附己见，固于朱子平日之说犹有大相缪戾者。而世之学者局于见闻，不过持循讲习于此，其于悟后之论，概乎其未有闻。则亦何怪乎予言之不信，而朱子之心无以自暴于后世也乎？

予既自幸其说之不缪于朱子，又喜朱子之先得我心之同然，且慨夫世之学者徒守朱子中年未定之说，而不复知求其晚岁既悟之论，竞相呶呶，以乱正学，不自知其已入于异端。辄采录而裒集之，私以示夫同志。庶几无疑于吾说，而圣学之明可冀矣。

别梁日孚序 戊寅

圣人之道若大路，虽有跋鳖，行而不已，未有不至。而世之君子，顾以为圣人之异于人，若彼其甚远也，其为功，亦必若彼其甚难也，而浅易若此，岂其可及乎！则从而求之艰深恍惚，溺于支离，骛于虚高，率以为圣人之道必不可至，而甘于其质之所便，日以沦于污下。有从而求之者，竞相嗤讪，曰狂诞不自量者也。呜呼！其弊也，亦岂一朝一夕之故哉！孟子云："徐行后长者谓之弟，疾行先长者谓之不弟。"夫徐行者，岂人所不能哉？所不为也。世之人不知咎其不为，而归咎其不能，其亦不思而已矣。

进士梁日孚携家谒选于京，过赣，停舟见予。始与之语，移时而别。明日又来，与之语，日昃而别。又明日又来，日入而未忍去。又明日，则假馆而请受业焉。同舟之人强之北者，开譬百端，日孚皆笑而不应。莫不器且异。其最亲爱者曰："子有万里之行，戒僮仆，聚资斧，具舟楫，又挈其家室，经营阅岁而始就道。行未数百里而中止，此不有大苦，必有大乐者乎？子亦可以语我乎？"日孚笑曰："吾今则有大苦，亦诚有大乐者，然未易以语子也。子见病狂丧心者乎？方其昏逸瞶乱，赴汤火，蹈荆棘，莫不恬然自信，以为是也。比遇良医，沃之以清冷之浆，而投之以神明之剂，始苏然以醒。告之以其向之所为，又始骇然发苦；示之以其所从归之途，又始欣然以喜，且恨遇斯人之晚也。彼病狂不复者，反从而哂喧之，以为是变其常。今吾与子之事，亦何以异于此矣！"居无何，予以军旅之役出，而远日孚者且两月，谓日孚既去矣。及旋，而日孚居然以待！既以委其资斧于逆旅，归其家室于故乡，泊然而乐，若将终身焉。扣其学，日有所明而月有所异矣。然后益叹圣人之学，非夫自暴自弃，未有不可由之而至。而日孚出于流俗，殆孟子所谓"豪杰之士"者矣。复留余三月，其母使人来谓曰："姑北行，以毕吾愿，然后从尔所好。"知日孚者亦交以是劝。日孚请曰："焯焉能一日而去夫子！将复赴汤火，蹈荆棘矣！"予曰："其然哉？子以圣人之道为有方体乎？为可拘之以时，限之以地乎？世未有即醒之人而复赴汤火，蹈荆棘者。子务醒其心，毋徒汤火荆棘之为惧！"日孚良久曰："焯近之矣。圣人之道，求之于心，故不滞于事；出之以理，故不泥于物；根之以性，故不拘以时；

动之以神，故不限以地。苟知此矣，焉往而非学也！奚必恒于夫子之门乎？焞请暂辞而北，疑而复求正。"予莞尔而笑曰："近之矣！近之矣！"

大学古本序 戊寅

《大学》之要，诚意而已矣。诚意之功，格物而已矣。诚意之极，止至善而已矣。止至善之则，致知而已矣。正心，复其体也；修身，著其用也。以言乎己，谓之明德；以言乎人，谓之亲民；以言乎天地之间，则备矣。是故至善也者，心之本体也。动而后有不善，而本体之知，未尝不知也。意者，其动也。物者，其事也。至其本体之知，而动无不善。然非即其事而格之，则亦无以致其知。故致知者，诚意之本也。格物者，致知之实也。物格则知致意诚，而有以复其本体，是之谓止至善。圣人惧人之求之于外也，而反覆其辞。旧本析而圣人之意亡矣。是故不务于诚意而徒以格物者，谓之支；不事于格物而徒以诚意者，谓之虚；不本于致知而徒以格物诚意者，谓之妄。支与虚与妄，其于至善也远矣。合之以敬而益缀，补之以传而益离。吾惧学之日远于至善也，去分章而复旧本，傍为之什，以引其义。庶几复见圣人之心，而求之者有其要。噫！乃若致知，则存乎心悟；致知焉，尽矣。

礼记纂言序 庚辰

礼也者，理也；理也者，性也；性也者，命也。"维天之命，于穆不已"，而其在于人也，谓之性，其粲然而条理也，谓之礼，其纯然而粹善也，谓之仁，其截然而裁制也，谓之义，其昭然而明觉也，谓之知，其浑然于其性也，则理一而已矣。故仁也者，礼之体也；义也者，礼之宜也；知也者，礼之通也。经礼三百，曲礼三千，无一而非仁也，无一而非性也。天叙天秩，圣人何心焉？盖无一而非命也。故克己复礼，则谓之仁，穷理，则尽性以至于命，尽性，则动容周旋中礼矣。后之言礼者，吾惑矣。纷纭器数之争，而牵制刑名之末；穷年矻矻，弊精于祝史之糟粕，而忘其所谓"经纶天下之大经,立天下之大本"者。"礼云礼云,玉帛云乎!"而人之不仁也,其如礼何哉?故老庄之徒,外礼以言性,而谓礼为道德之衰,仁义之失,既已坠于空虚漭荡。而世儒之说,复外性以求礼,遂谓礼止于器数制度之间,而议拟仿像于影响形迹,以为天下之礼尽在是矣。故凡先王之礼,烟蒙灰散,而卒以煨烬于天下,要亦未可专委罪于秦火者。僭不自度,尝欲取《礼记》之所载,揭其大经大本,而疏其条理节目,庶几器道本末之一致。又惧其德之弗任,而时亦有所未及也。间尝为之说,曰:"礼之于节文也,犹规矩之于方圆也。非方圆无以见规矩之用,非节文则亦无从而睹所谓礼矣。然方圆者,规矩之所出,而不可遂以方圆为规矩。故执规矩以为方圆,则方圆不可胜用。舍规矩以为方圆,而遂以方圆为之规矩,则规矩之用息矣。故规矩者,无一定之方圆;而方圆者,有一定之规矩。此学礼之要,盛德者之所以动容周旋而中也。"

宋儒朱仲晦氏,慨《礼经》之芜乱,尝欲考正而删定之,以《仪礼》为之经,《礼记》为之传,而其志竟亦弗就。其后吴幼清氏因而为《纂言》,亦不数数于朱说,而于先后轻重之间,固已多所发明。二子之见,其规条指画,则既出于汉儒矣,其所谓"观其会通,以行其典礼之原",则尚恨吾生之晚,而未及与闻之也。虽然,后圣而有作,则无所容言矣;后圣而未有作也,则如《纂言》者,固学礼者之箕裘筌蹄,而可以少之乎?姻友胡汝登,忠信而好礼,其为宁国也,将以是而施之。刻《纂言》以敷其说,而属序于予。予将进汝登之道而推之于其本也,故为序之若此云。

象山文集序 庚辰

圣人之学,心学也。尧、舜、禹之相授受曰:"人心惟危,道心惟微,惟精惟一,允执厥中。"此心学之源也。中也者,道心之谓也;道心精一之谓仁,所谓中也。孔孟之学,惟务求仁,盖精一之传也。而当时之弊,固已有外求之者,故子贡致疑于多学而识,而以博施济众为仁。夫子告之以一贯,而教以能近取譬,盖使之求诸其心也。迨于孟氏之时,墨氏之言仁,至于摩顶放踵,而告子之徒,又有"仁内义外"之说,心学大坏。孟子辟义外之说,而曰:"仁,人心也。学问之道无他,求其放心而已矣。"又曰:"仁义礼智,非由外铄我也,我固有之,弗思耳矣。"盖王道息而伯术行,功利之徒,外假天理之近似以济其私,而以欺于人,曰:天理固如是。不知既无其心矣,而尚何有所谓天理者乎?自是而后,析心与理而为二,而精一之学亡。世儒之支离外索于刑名器数之末,以求明其所谓物理者。而不知吾心即物理,初无假于外也。佛、老之空虚,遗弃其人伦事物之常,以求明其所谓吾心者,而不知物理即吾心,不可得而遗也。至宋周、程二子,始复追寻孔、颜之宗,而有"无极而太极","定之以仁义,中正而主静"之说,"动亦定,静亦定,无内外,无将迎"之论,庶几精一之旨矣。自是而后,有象山陆氏,虽其纯粹和平,若不逮于二子,而简易直截,真有以接孟子之传。其议论开阖,时有异者,乃其气质意见之殊,而要其学之必求诸心,则一而已。故吾尝断以陆氏之学,孟氏之学也。而世之议者,以其尝与晦翁之有同异,而遂诋以为禅。夫禅之说,弃人伦,遗物理,而要其归极,不可以为天下国家。苟陆氏之学而果若是也,乃所以为禅也。今禅之说,与陆氏之说,其书具存,学者苟取而观之,其是非同异,当有不待于辩说者。而顾一倡群和,剿说雷同,如矮人之观场,莫知悲笑之所自,岂非贵耳贱目,不得于言而勿求诸心者之过欤!夫是非同异,每起于人持胜心、便旧习而是已见。故胜心旧习之为患,贤者不免焉。

抚守李茂元氏将重刊象山之文集,而请一言为之序,予何所容言哉?惟读先生之文者,务求诸心,而无以旧习己见先焉,则糠秕精凿之美恶,入口而知之矣。

观德亭记 戊寅

君子之于射也,内志正,外体直,持弓矢审固,而后可以言中。故古者射以观德。德也者,得之于其心也。君子之学,求以得之于其心,故君子之于射，以存其心也。是故慄于其心者，其动妄；荡于其心者，其视浮；歉于其心者，其气馁；忽于其心者，其貌惰；傲于其心者，其色矜。五者，心之不存也。不存也者，不学也。君子之学于射，以存其心也。是故心端则体正；心敬则容肃；心平则气舒；心专则视审；心通故时而理；心纯故让而恪；心宏故胜而不张，负而不驰。七者备而君子之德成。君子无所不用其学也，于射见之矣。故曰："为人君者，以为君鹄；为人臣者，以为臣鹄；为人父者，以为父鹄；为人子者，以为子鹄。"射也者，射己之鹄也；鹄也者，心也。各射己之心也，各得其心而已。故曰：可以观德矣。作《观德亭记》。

重修文山祠记 戊寅

宋丞相文山文公之祠，旧在庐陵之富田。今螺川之有祠，实肇于我孝皇之朝，然亦因废为新，多缺陋而未称。正德戊寅，县令邵德容始恢其议于郡守伍文定，相与白诸巡抚、巡按、守巡诸司，皆以是为风化之所系也，争措财鸠工，图拓而新之。协守令之力，不再逾月而工萃。圮者完，隘者辟，遗者举，巍然焕然，不独庙貌之改观。而吉之人士奔走瞻叹，翕然益起其忠孝之心，则是举之有益于名教也诚大矣！使来请记。

呜呼！公之忠，天下之达忠也。结椎异类，犹知敬慕，而况其乡之人乎！逆旅经行，犹存尸祝，而况其乡之士乎！凡有职守，皆知尊尚，而况其土之官乎！然而乡人之慕之也，三有司之崇尚之也。文公之没，今且三百年矣。吉士之以气节行义，后先炳耀，谓非闻公之风而兴不可也。然忠义之降，激而为气节；气节之弊，流而为客气。其上焉者，无所为而为，固公所谓成仁取义者矣。其次有所为矣，然犹其气之近于正者也。迨其弊也，遂有凭其愤戾粗鄙之气，以行其娼嫉褊骛之私；士流于矫拂，民入于健讼；人欲炽而天理灭，而犹自视以为气节。若是者，容有之乎？则于公之道，非所谓操戈入室者欤？吾故备而论之，以勖夫兹乡之后进，使之去其偏以归于全，克其私以反于正，不愧于公而已矣。

今巡抚暨诸有司之表励崇饰，固将以行其好德之心，振扬风教，《诗》所谓"民之秉彝，好是懿德"者也。人亦孰无是心？苟能充之，公之忠义在我矣，而又何羡乎！然而时之表励崇饰，有好其实而崇之者，有慕其名而崇之者，有假其迹而崇之者。忠义有诸己，思以喻诸人，因而表其祠宇，树之风声，是好其实者也。知其美而未能诚诸身，姑以修其祠宇，彰其事迹，是慕其名者也。饰之祠宇而坏之于其身，矫之文具而败之于其行，奸以掩其外，而袭以阱其中，是假其迹者也。若是者，容有之乎？则于公之道，非所谓毁瓦画墁者欤？吾故备而论之，以勖夫后之官兹土者，使无徒慕其名而务求其实，毋徒修公之祠而务修公之行，不愧于公而已矣。

某尝令兹邑，睹公祠之圮陋而未能恢，既有愧于诸有司；慨其风声习气之或弊，而未能讲去其偏，复有愧于诸人士。乐兹举之有成也，推其愧心之言而为之记。

从吾道人记 乙酉

海宁董萝石者，年六十有八矣，以能诗闻江湖间。与其乡之业诗者十数辈为诗社，旦夕操纸吟鸣，相与求句字之工，至废寝食，遗生业。时俗共非笑之，不顾，以为是天下之至乐矣。嘉靖甲申春，萝石来游会稽，闻阳明子方与其徒讲学山中，以杖肩其瓢笠诗卷来访。入门，长揖上坐。阳明子异其气貌，且年老矣，礼敬之。又询知其为董萝石也，与之语，连日夜。萝石辞弥谦，礼弥下，不觉其席之弥侧也。退，谓阳明子之徒何生秦曰："吾见世之儒者支离琐屑，修饰边幅，为偶人之状；其下者贪饕争夺于富贵利欲之场，而尝不屑其所为，以为世岂真有所谓圣贤之学乎，直假道于是，以求济其私耳！故遂笃志于诗，而放浪于山水。今吾闻夫子良知之说，而忽若大寐之得醒，然后知吾向之所为，日夜弊精劳力者，其与世之营营利禄之徒，特清浊之分，而其间不能以寸也。幸哉！吾非至于夫子之门，则几于虚此生矣。吾将北面夫子而终身焉，得无既老而有所不可乎？"秦起拜贺曰："先生之年则老矣，先生之志何壮哉！"入以请于阳明子。阳明子喟然叹曰："有是哉？吾未或见此翁也！虽然，齿长于我矣。师友一也，苟吾言之见信，奚必北面而后为礼乎？"萝石闻之，曰："夫子殆以予诚之未积欤？"辞归两月，弃其瓢笠，持一缣而来。谓秦曰："此吾老妻之所织也。吾之诚积若此缕矣。夫子其许我乎？"秦入以请。阳明子曰："有是哉？吾未或见此翁也！今之后生晚进，苟知执笔为文辞，稍记习训诂，则已侈然自大，不复知有从师学问之事。见有或从师问学者，则哄然共非笑，指斥若怪物。翁以能诗训后进，从之游者遍于江湖，盖居然先辈矣。一旦闻予言，而弃去其数十年之成业如敝屣，遂求北面而屈礼焉，岂独今之时而未见，若人将古之记传所载，亦未多数也。夫君子之学，求以变化其气质焉尔。气质之难变者，以客气之为患，而不能以屈下于人，遂至自是自欺，饰非长敖，卒归于凶顽鄙倍。故凡世之为子而不能孝，为弟而不能敬，为臣而不能忠者，其始皆起于不能屈下，而客气之为患耳。敬惟理是从，而不难于屈下，则客气消而天理行。非天下之大勇，不足以与于此！则如萝石，固吾之师也，而吾岂足以师萝石乎？"萝石曰："甚哉！夫子之拒我也。吾不能以俟请矣。"入而强纳拜焉。阳明子固辞不获，则许之以师友之间。与之探禹穴，登炉峰，陟秦望，寻兰亭之遗迹，倘佯于云门、若耶、鉴湖、剡曲。萝石日有所闻，益充然有得，欣然乐而忘归也。其乡党之子弟亲友，与其平日之为社者，或笑而非，或为诗而招之返，且曰："翁老矣，何乃自苦若是耶？"萝石笑曰："吾方幸逃于苦海，方知悯若之自苦也，顾以吾为苦耶？吾方扬鬐于渤澥，而振羽于云霄之上，安能复投网罟而入樊笼乎？去矣，吾将从吾之所好！"遂自号曰"从吾道人"。阳明子闻之，叹曰："卓哉萝石！'血气既衰，戒之在得'矣，孰能挺特奋发，而复若少年英锐者之为乎？真可谓之能'从吾所好'矣。世之人从其名之好也，而竞以相高；从其利之好也，而贪以相取；从其心意耳目之好也，而诈以相欺。亦皆自以为从吾所好矣，而岂知吾之所谓真吾者乎！夫吾之所谓真吾者，良知之谓也。父而慈焉,子而孝焉,吾良知所好也。不慈不孝焉,斯恶之矣。言而忠信焉,行而笃敬焉,吾良知所好也。不忠信焉,不笃敬焉,斯恶之矣。故夫名利物欲之好,私吾之好也,天下之所恶也;良知之好,真吾之好也,天下之所同好也。是故从私吾之好,则天下之人皆恶之矣,将心劳日拙而忧苦终身,是之谓物之役。从真吾之好,则天下之人皆好之矣,将家、国、天下,无所处而不当;富贵、贫贱、患难、夷狄,无入而不自得。斯之谓能从吾之所好也矣。夫子尝曰:'吾十有五,而志于学',是从吾之始也。'七十而从心所欲,不逾矩',则从吾而化矣。萝石逾耳顺而始知从吾之学,毋自以为既晚也。充萝石之勇,其进于化也何有哉?呜呼!世之营营于物欲者,闻萝石之风,亦可以知所适从也乎!"

亲民堂记 乙酉

南子元善之治越也,过阳明子而问政焉。阳明子曰:"政在亲民。"曰:"亲民何以乎?"曰:"在明明德。"曰:"明明德何以乎?"曰:"在亲民。"曰:"明德、亲民,一乎?"曰:"一也。明德者,天命之性,灵昭不昧,而万理之所从出也。人之于其父也,而莫不知孝焉;于其兄也,而莫不知弟焉;于凡事物之感,莫不有自然之明焉。是其灵昭之在人心,亘万古而无不同,无或昧者也,是故谓之明德。其或蔽焉,物欲也。明之者,去其物欲之蔽,以全其本体之明焉耳,非能有以增益之也。"曰:"何以在亲民乎?"曰:"德不可以徒明也。人之欲明其孝之德也,则必亲于其父,而后孝之德明矣;欲明其弟之德也,则必亲于其兄,而后弟之德明矣。君臣也,夫妇也,朋友也,皆然也。故明明德,必在于亲民,而亲民乃所以明其明德也。故曰一也。"曰:"亲民以明其明德,修身焉可矣,而何家、国、天下之有乎?"曰:"人者,天地之心也;民者,对己之称也;曰民焉,则三才之道举矣。是故亲吾之父以及人之父,而天下之父子莫不亲矣;亲吾之兄以及人之兄,而天下之兄弟莫不亲矣。君臣也,夫妇也,朋友也,推而至于鸟兽草木也,而皆有以亲之,无非求尽吾心焉,以自明其明德也。是之谓明明德于天下，是之谓家齐国治天下平。"曰："然则乌在其为止至善者乎？""昔之人固有欲明其明德矣，然或失之虚罔空寂，而无有乎家国天下之施者，是不知明明德之在于亲民，而二氏之流是矣。固有欲亲其民者矣，然或失之知谋权术，而无有乎仁爱恻怛之诚者，是不知亲民之所以明其明德，而五伯功利之徒是矣。是皆不知止于至善之过也。是故，至善也者，明德亲民之极则也。天命之性，粹然至善。其灵昭不昧者，皆其至善之发见，是皆明德之本体，而所谓良知者也。至善之发见，是而是焉，非而非焉，固吾心天然自有之则，而不容有所拟议加损于其间也。有所拟议加损于其间，则是私意小智，而非至善之谓矣。人惟不知至善之在吾心，而用其私智以求之于外，是以昧其是非之则，至于横骛决裂，人欲肆而天理亡，明德亲民之学大乱于天下。故止至善之于明德亲民也，犹之规矩之于方圆也，尺度之于长短也，权衡之于轻重也。方圆而不止于规矩，爽其度矣；长短而不止于尺度，乖其制矣；轻重而不止于权衡，失其准矣；明德亲民而不止于至善，亡其则矣。夫是之谓大人之学。大人者，以天地万物为一体也。夫然后能以天地万物为一体。"元善喟然而叹曰："甚哉！大人之学若是其简易也。吾乃今知天地万物之一体矣！吾乃今知天下之为一家、中国之为一人矣！'一夫不被其泽，若己推而内诸沟中'，伊尹其先得我心之同然乎！"于是名其莅政之堂曰"亲民"，而曰："吾以亲民为职者也，吾务亲吾之民以求明吾之明德也夫！"爱书其言于壁而为之记。

万松书院记 乙酉

万松书院在浙省南门外，当湖山之间。弘治初，参政周君近仁因废寺之址而改为之，庙貌规制略如学宫，延孔氏之裔以奉祀事。近年以来，有司相继缉理，地益以胜，然亦止为游观之所，而讲诵之道未备也。嘉靖乙酉，侍御潘君景哲奉命来巡，宪度丕肃，文风聿新。既简乡闱，收一省之贤，而上之南宫矣，又以遗才之不能尽取为憾，思有以大成之。

乃增修书院，益广楼居斋舍为三十六楹；具其器用，置赡田若干顷；揭白鹿之规，抡彦选俊，肄习其间，以倡列郡之士，而以属之提学佥事万君汝信。汝信曰："是固潮之责也。"藩臬诸君咸赞厥成，使知事严纲董其役，知府陈力、推官陈簏辈相协。经理阅月逾旬，工讫事举，乃来请言，以记其事。

惟我皇明，自国都至于郡邑，咸建庙学，群士之秀，专官列职而教育之。其于学校之制，可谓详且备矣。而名区胜地，往往复有书院之设，何哉？所以匡翼夫学校之不逮也。夫三代之学，皆所以明人伦，今之学宫皆以"明伦"名堂，则其所以立学者，固未尝非三代意也。然自科举之业盛，士皆驰骛于记诵辞章，而功利得丧，分惑其心，于是师之所教，弟子之所学者，遂不复知有明伦之意矣。怀世道之忧者，思挽而复之，卒亦未知所措其力。譬之兵事，当玩弛偷惰之余，则必选将阅伍，更其号今旌旗，悬非格之赏，以倡敢勇，然后士气可得而振也。今书院之设，固亦此类也欤？士之来集于此者，其必相与思之曰："既进我于学校矣，而复优我于是，何为乎？宁独以精吾之举业而已乎？便吾之进取而已乎？则学校之中，未尝不可以精吾之业。而进取之心，自吾所汲汲，非有待于人之从而趋之也。是必有进于是者矣。是固期我以古圣贤之学也。"古圣贤之学，明伦而已。尧、舜之相授受曰："人心惟危，道心惟微，惟精惟一，允执厥中。"斯明伦之学矣。道心也者，率性之谓也，人心则伪矣。不杂于人伪，率是道心而发之于用也，以言其情，则为喜怒哀乐；以言其事，则为中节之和，为三千三百经曲之礼；以言其伦，则为父子之亲，君臣之义，夫妇之别，长幼之序，朋友之信，而三才之道尽此矣。舜使契为司徒以教天下者，教之以此也。是固天下古今圣愚之所同具，其或未焉者，物欲蔽之。非其中之所有不备，而假求之于外者也。是固所谓不虑而知，其良知也；不学而能，其良能也。孩提之意，无不知爱其亲者也。孔子之圣，则曰所求乎子以事父，未能也。是明伦之学，孩提之童亦无不能，而及其至也，虽圣人有所不能尽也。人伦明于上，小民亲于下，家齐国治而天下平矣。是故明伦之外无学矣。外此而学者，谓之异端；非此而论者，谓之邪说；假此而行者，谓之伯术；饰此而言者，谓之文辞；背此而驰者，谓之功利之徒，乱世之政。虽今之举业，必自此而精之，而谓不愧于敷奏明试；虽今之仕进，必由此而施之，而后无忝于行义达道。斯固国家建道之初意，诸君缉书院以兴多士之盛心也，故为多士诵之。

稽山书院尊经阁记 乙酉

经，常道也。其在于天谓之命，其赋于人谓之性，其主于身谓之心。心也，性也，命也，一也。通人物，达四海，塞天地，亘古今，无有乎弗具，无有乎弗同，无有乎或变者也。是常道也，其应乎感也，则为恻隐，为羞恶，为辞让，为是非；其见于事也，则为父子之亲，为君臣之义，为夫妇之别，为长幼之序，为朋友之信。是恻隐也，羞恶也，辞让也，是非也；是亲也，义也，序也，别也，信也，一也。皆所谓心也，性也，命也。通人物，达四海，塞天地，亘古今，无有乎弗具，无有乎弗同，无有乎或变者也，是常道也。是常道也，以言其阴阳消息之行焉，则谓之《易》；以言其纪纲政事之施焉，则谓之《书》；以言其歌咏性情之发焉，则谓之《诗》；以言其条理节文之著焉，则谓之《礼》；以言其欣喜和平之生焉，则谓之《乐》；以言其诚伪邪正之辩焉，则谓之《春秋》。是阴阳消息之行也，以至于诚伪邪正之辩也，一也。皆所谓心也，性也，命也。通人物，达四海，塞天地，亘古今，无有乎弗具，无有乎弗同，无有乎或变者也，夫是之谓"六经"。"六经"者非他，吾心之常道也。故《易》也者，志吾心之阴阳消息者也；《书》也者，志吾心之纪纲政事者也；《诗》也者，志吾心之歌咏性情者也；《礼》也者，志吾心之条理节文者也；《乐》也者，志吾心之欣喜和平者也；《春秋》也者，志吾心之诚伪邪正者也。君子之于"六经"也，求之吾心之阴阳消息而时行焉，所以尊《易》也；求之吾心之纪纲政事而时施焉，所以尊《书》也；求之吾心之歌咏性情而时发焉，所以尊《诗》也；求之吾心之条理节文而时著焉,所以尊《礼》也;求之吾心之欣喜和平而时生焉,所以尊《乐》也;求之吾心之诚伪邪正而时辩焉,所以尊《春秋》也。

盖昔者圣人之扶人极,忧后世,而述"六经"也,犹之富家者之父祖,虑其产业库藏之积,其子孙者或至于遗忘散失,卒困穷而无以自全也,而记籍其家之所有以贻之,使之世守其产业库藏之积而享用焉,以免于困穷之患。故"六经"者,吾心之记籍也,而"六经"之实则具于吾心。犹之产业库藏之实积,种种色色,具存于其家。其记籍者,特名状数目而已。而世之学者,不知求"六经"之实于吾心,而徒考索于影响之间,牵制于文义之末,硁硁然以为是"六经"矣。是犹富家之子孙,不务守视享用其产业库藏之实积,日遗忘散失,至于窭人丐夫,而犹嚣嚣然指其记籍曰:"斯吾产业库藏之积也,何以异于是!"呜呼!"六经"之学,其不明于世,非一朝一夕之故矣。尚功利,崇邪说,是谓乱经;习训诂,传记诵,没溺于浅闻小见,以涂天下之耳目,是谓侮经;侈淫辞,竞诡辩,饰奸心盗行,逐世垄断而犹自以为通经,是谓贼经。若是者,是并其所谓记籍者而割裂弃毁之矣,宁复知所以为尊经也乎!

越城旧有稽山书院,在卧龙西冈,荒废久矣。郡守渭南南君大吉,既敷政于民,则慨然悼末学之支离,将进之以圣贤之道。于是使山阴令吴君瀛拓书院而一新之,又为"尊经"之阁于其后。曰:"经正,则庶民兴;庶民兴,斯无邪慝矣。"阁成,请予一言以谂多士。予既不获辞,则为记之若是。呜呼!世之学者既得吾说而求诸其心焉,其亦庶乎知所以为尊经也矣。

重修山阴县学记 乙酉

山阴之学,岁久弥敝。教谕汪君瀚辈以谋于县尹顾君铎,而一新之,请所以诏士之言于予。时予方在疚,辞未有以告也。已而顾君入为秋官郎,洛阳吴君瀛来代,复增其所未备而申前之请。昔予官留都,因京兆之请,记其学而尝有说焉。其大意以为朝廷之所以养士者,不专于举业,而实望之以圣贤之学。今殿庑堂舍，拓而辑之；饩廪条教，具而察之者，是有司之修学也。求天下之广居安宅者而修诸其身焉，此为师、为弟子者之修学也。其时闻者皆惕然有省，然于凡所以为学之说，则犹未之及详。今请为吾越之士一言之。

夫圣人之学，心学也。学以求尽其心而已。尧、舜、禹之相授受曰："人心惟危，道心惟微，惟精惟一，允执厥中。"道心者，率性之谓，而未杂于人。无声无臭，至微而显，诚之源也。人心，则杂于人而危矣，伪之端矣。见孺子之入井而恻隐，率性之道也；从而内交于其父母焉，要誉于乡党焉，则人心矣。饥而食，渴而饮，率性之道也；从而极滋味之美焉，恣口腹之饕焉，则人心矣。惟一者，一于道心也。惟精者，虑道心之不一，而或二之以人心也。道无不中，一于道心而不息，是谓"允执厥中"矣。一于道心，则存之无不中，而发之无不和。是故率是道心而发之于父子也，无不亲；发之于君臣也，无不义；发之于夫妇、长幼、朋友也，无不别、无不序、无不信；是谓中节之和，天下之达道也。放四海而皆准，亘古今而不穷，天下之人，同此心，同此性，同此达道也。舜使契为司徒，而教以人伦，教之以此达道也。当是之时，人皆君子而比屋可封，盖教者惟以是教，而学者惟以是为学也。圣人既没，心学晦而人伪行，功利、训诂、记诵辞章之徒纷沓而起，支离决裂，岁盛月新，相沿相袭，各是其非，人心日炽而不复知有道心之微。间有觉其纰缪而略知反本求源者，则又哄然指为禅学而群訾之。呜呼！心学何由而复明乎！夫禅之学与圣人之学，皆求尽其心也，亦相去毫厘耳。圣人之求尽其心也，以天地万物为一体也。吾之父子亲矣，而天下有未亲者焉，吾心未尽也；吾之君臣义矣，而天下有未义者焉，吾心未尽也；吾之夫妇别矣，长幼序矣，朋友信矣，而天下有未别、未序、未信者焉，吾心未尽也。吾之一家饱暖逸乐矣，而天下有未饱暖逸乐者焉，其能以亲乎？义乎？别、序、信乎？吾心未尽也。故于是有纪纲政事之设焉，有礼乐教化之施焉，凡以裁成辅相、成己成物，而求尽吾心焉耳。心尽而家以齐，国以治，天下以平。故圣人之学，不出乎尽心。禅之学,非不以心为说,然其意以为是达道也者,固吾之心也,吾惟不昧吾心于其中,则亦已矣,而亦岂必屑屑于其外;其外有未当也,则亦岂必屑屑于其中。斯亦其所谓尽心者矣,而不知已陷于自私自利之偏。是以外人伦,遗事物,以之独善,或能之,而要之不可以治家国天下。盖圣人之学,无人己,无内外,一天地万物以为心。而禅之学起于自私自利,而未免于内外之分,斯其所以为异也。今之为心性之学者,而果外人伦,遗事物,则诚所谓禅矣。使其未尝外人伦,遗事物,而专以存心养性为事,则固圣门精一之学也,而可谓之禅乎哉!世之学者,承沿其举业词章之习,以荒秽戕伐其心,既与圣人尽心之学相背而驰,日骛日远,莫知其所抵极矣。有以心性之说而招之来归者,则顾骇以为禅,而反仇雠视之,不亦大可哀乎!夫不自知其为非,而以非人者,是旧习之为蔽,而未可遽以为罪也。有知其非者矣,藐然视人之非而不以告人者,自私者也。既告之矣,既知之矣,而犹冥然不以自反者,自弃者也。吾越多豪杰之士,其特然无所待而兴者,为不少矣,而亦容有蔽于旧习者乎?故吾因诸君之请而特为一言之。呜呼!吾岂特为吾越之士一言之而已乎?

梁仲用默斋说 辛未

仲用识高而气豪,既举进士,锐然有志天下之务。一旦责其志曰:"於呼!予乃太早。乌有己之弗治而能治人者!"于是专心为己之学,深思其气质之偏,而病其言之易也,以"默"名庵,过予而请其方。予亦天下之多言人也,岂足以知默之道!然予尝自验之,气浮则多言,志轻则多言。气浮者耀于外,志轻者放其中。予请诵古之训而仲用自取之。

夫默有四伪。疑而不知问,蔽而不知辩,冥然以自罔,谓之默之愚;以不言饰人者,谓之默之狡;虑人之觇其长短也,掩覆以为默,谓之默之诬;深为之情,厚为之貌,渊毒阱狠,自托于默以售其奸者,谓之默之贼。夫是之谓四伪。又有八诚焉。孔子曰:"君子耻其言而过其行。古者言之不出,耻躬之不逮也。"故诚知耻,而后知默。又曰:"君子欲讷于言而敏于行。"夫诚敏于行，而后欲默矣。仁者言也，讱非以为默而默存焉。又曰："默而识之。"是故必有所识也，终日不违如愚者也。"默而成之"，是故必有所成也，退而省其私，亦足以发者也。故善默者莫如颜子。"暗然而日章"，默之积也。"不言而信"，而默之道成矣。"天何言哉？四时行焉，万物生焉。"而默之道至矣。非圣人其孰能与于此哉！夫是之谓八诚。仲用盍亦知所以自取之？

示弟立志说 乙亥

予弟守文来学，告之以立志。守文因请次第其语，使得时时观省。且请浅近其辞，则易于通晓也。因书以与之。

夫学，莫先于立志。志之不立，犹不种其根而徒事培拥灌溉，劳苦无成矣。世之所以因循苟且，随俗习非，而卒归于污下者，凡以志之弗立也。故程子曰："有求为圣人之志，然后可与共学。"人苟诚有求为圣人之志，则必思圣人之所以为圣人者安在？非以其心之纯乎天理而无人欲之私欤？圣人之所以为圣人，惟以其心之纯乎天理而无人欲，则我之欲为圣人，亦惟在于此心之纯乎天理而无人欲耳。欲此心之纯乎天理而无人欲，则必去人欲而存天理。务去人欲而存天理，则必求所以去人欲而存天理之方。求所以去人欲而存天理之方，则必正诸先觉，考诸古训，而凡所谓学问之功者，然后可得而讲。而亦有所不容已矣。

夫所谓正诸先觉者，既以其人为先觉而师之矣，则当专心致志，惟先觉之为听。言有不合，不得弃置，必从而思之；思之不得，又从而辩之。务求了释，不敢辄生疑惑。故《记》曰："师严然后道尊；道尊然后民知敬学。"苟无尊崇笃信之心，则必有轻忽慢易之意。言之而听之不审，犹不听也；听之而思之不慎，犹不思也；是则虽曰师之，独不师也。

夫所谓考诸古训者，圣贤垂训，莫非教人去人欲而存天理之方，若《五经》、《四书》是已。吾惟欲去吾之人欲，存吾之天理，而不得其方，是以求之于此，则其展卷之际，真如饥者之于食，求饱而已；病者之于药，求愈而已；暗者之于灯，求照而已；跛者之于杖，求行而已。曾有徒事记诵讲说，以资口耳之弊哉！

夫立志亦不易矣。孔子，圣人也，犹曰："吾十有五，而志于学。三十而立。"立者，志立也。虽至于"不逾矩"，亦志之不逾矩也。志岂可易而视哉！夫志，气之帅也，人之命也，木之根也，水之源也。源不浚则流息，根不植则木枯，命不续则人死，志不立则气昏。是以君子之学，无时无处而不以立志为事。正目而视之，无他见也；倾耳而听之，无他闻也。如猫捕鼠，如鸡覆卵，精神心思凝聚融结，而不复知有其他，然后此志常立，神气精明，义理昭著。一有私欲，即便知觉，自然容住不得矣。故凡一毫私欲之萌，只责此志不立，即私欲便退；听一毫客气之动，只责此志不立，即客气便消除。或怠心生，责此志，即不怠；忽心生，责此志，即不忽；懆心生，责此志，即不懆；妒心生，责此志，即不妒；忿心生，责此志，即不忿；贪心生，责此志，即不贪；傲心生，责此志，即不傲；吝心生，责此志，即不吝。盖无一息而非立志责志之时，无一事而非立志责志之地。故责志之功，其于去人欲，有如烈火之燎毛，太阳一出而魍魉潜消也。

自古圣贤因时立教，虽若不同，其用功大指，无或少异。《书》谓"惟精惟一"，《易》谓"敬以直内，义以方外"，孔子谓"格致诚正，博文约礼"，曾子谓"忠恕"，子思谓"尊德性而道问学"，孟子谓"集义养气，求其放心"，虽若人自为说，有不可强同者，而求其要领归宿，合若符契。何者？夫道一而已。道同则心同，心同则学同。其卒不同者，皆邪说也。

后世大患，尤在无志，故今以立志为说。中间字字句句，莫非立志。盖终身问学之功，只是立得志而已。若以是说而合精一，则字字句句皆精一之功；以是说而合敬义，则字字句句皆敬义之功。其诸"格致"、"博约"、"忠恕"等说，无不吻合。但能实心体之，然后信予言之非妄也。

约斋说 甲戌

滁阳刘生韶既学于阳明子，乃自悔其平日所尝致力者泛滥而无功，琐杂而不得其要也。思得夫简易可久之道而固守之，乃以"约斋"自号，求所以为约之说于予。予曰："子欲其约，乃所以为烦也。其惟循理乎！理一而已，人欲则有万其殊。是故一则约，万则烦矣。虽然，理亦万殊也，何以求其一乎？理虽万殊而皆具于吾心，心固一也，吾惟求诸吾心而已。求诸心而皆出乎天理之公焉，斯其行之简易，所以为约也已。彼其胶于人欲之私，则利害相攻，毁誉相制，得失相形，荣辱相缠，是非相倾，顾瞻牵滞。纷纭舛戾，吾见其烦且难也。然而世之知约者鲜矣。孟子曰：'学问之道无他，求其放心而已'，其知所以为约之道欤！吾子勉之！吾言则亦以烦。"

见斋说 乙亥

辰阳刘观时学于潘子，既有见矣，复学于阳明子。尝自言曰："吾名观时，观必有所见，而吾犹懵懵无睹也。"扁其居曰"见斋"以自励。问于阳明子曰："道有可见乎？"曰："有，有而未尝有也。"曰："然则无可见乎？"曰："无，无而未尝无也。"曰："然则何以为见乎？"曰："见而未尝见也。"观时曰："弟子之惑滋甚矣。夫子则明言以教我乎？"阳明子曰："道不可言也，强为之言而益晦；道无可见也，妄为之见而益远。夫有而未尝有，是真有也；无而未尝无，是真无也；见而未尝见，是真见也。子未观于天乎？谓天为无可见，则苍苍耳，昭昭耳，日月之代明，四时之错行，未尝无也。谓天为可见，则即之而无所，指之而无定，执之而无得，未尝有也。夫天，道也；道，天也。风可捉也，影可拾也，道可见也。"曰："然则吾终无所见乎？古之人则亦终无所见乎？"曰："神无方而道无体，仁者见之谓之仁，知者见之谓之知。是有方体者也，见之而未尽者也。颜子则如有所立，卓尔。夫谓之'如'，则非有也；谓之'有'，则非无也。是故虽欲从之，末由也已。故夫颜氏之子为庶几也。文王望道而未之见，斯真见也已。"曰："然则吾何所用心乎？"曰："沦于无者，无所用其心者也，荡而无归；滞于有者，用其心于无用者也，劳而无功。夫有无之间，见与不见之妙，非可以言求也。而子顾切切焉，吾又从而强言其不可见，是以瞽导瞽也。夫言饮者不可以为醉，见食者不可以为饱。子求其醉饱，则盍饮食之？子求其见也，其惟人之所不见乎？夫亦戒慎乎其所不睹也已，斯真睹也已，斯求见之道也已。"

矫亭说 乙亥

君子之行，顺乎理而已，无所事乎矫。然有气质之偏焉。偏于柔者矫之以刚，然或失则傲；偏于慈者矫之以毅，然或失则刻；偏于奢者矫之以俭，然或失则陋。凡矫而无节则过，过则复为偏。故君子之论学也，不曰"矫"而曰"克"。克以胜其私，私胜而理复，无过不及矣。矫犹未免于意必也，意必亦私也。故克己则矫不必言，矫者未必能尽于克己之道也。虽然，矫而当其可，亦克己之道矣。行其克己之实，而矫以名焉，何伤乎！古之君子也，其取名也廉；后之君子，实未至而名先之，故不曰"克"而曰"矫"，亦矫世之意也。

方君时举以"矫"名亭，请予为之说。

谨斋说 乙亥

君子之学，心学也。心，性也；性，天也。圣人之心纯乎天理，故无事于学。下是，则心有不存而汩其性，丧其天矣，故必学以存其心。学以存其心者，何求哉？求诸其心而已矣。求诸其心何为哉？谨守其心而已矣。博学也，审问也，慎思也，明辨也，笃行也，皆谨守其心之功也。谨守其心者，无声之中而常若闻焉，无形之中而常若睹焉。故倾耳而听之，惟恐其或缪也；注目而视之，惟恐其或逸也。是故至微而显，至隐而见，善恶之萌而纤毫莫遁，由其能谨也。谨则存，存则明，明则其察之也精，其存之也一。昧焉而弗知，过焉而弗觉，弗之谨也已。故谨守其心于其善之萌焉，若食之充饱也；若抱赤子而履春冰，惟恐其或陷也；若捧万金之璧而临千仞之崖，惟恐其或坠也。其不善之萌焉，若鸩毒之投于羹也；若虎蛇横集而思所以避之也；若盗贼之侵陵而思所以胜之也。

古之君子所以凝至道而成盛德，未有不由于斯者。虽尧、舜、文王之圣，然且兢兢业业，而况于学者乎！后之言学者，舍心而外求，是以支离决裂，愈难而愈远，吾甚悲焉！

吾友侍御杨景瑞以"谨"名其斋，其知所以为学之要矣。景瑞尝游白沙陈先生之门，归而求之，自以为有见。又二十年而忽若有得，然后知其向之所见犹未也。一旦告病而归，将从事焉，必底于成而后出。君之笃志若此，其进于道也孰御乎！君遣其子思元从予学，亦将别予以归，因论君之所以名斋之义以告思元，而遂以为君赠。

夜气说 乙亥

天泽每过，辄与之论夜气之训，津津既有所兴起。至是告归，请益。复谓之曰："夜气之息，由于旦昼所养，苟梏亡之反复，则亦不足以存矣。今夫师友之相聚于兹也，切磋于道义而砥砺乎德业，渐而入焉，反而愧焉，虽有非僻之萌，其所滋也亦已罕矣。迨其离群索居，情可得肆而莫之警也，欲可得纵而莫之泥也，物交引焉，志交丧焉，虽有理义之萌，其所滋也亦罕矣。故曰：'苟得其养，无物不长；苟失其养，无物不消。'夫人亦孰无理义之心乎？然而不得其养者多矣，是以若是其寥寥也。天泽勉之！"

修道说 戊寅

率性之谓道，诚者也；修道之谓教，诚之者也。故曰："自诚明，谓之性；自明诚，谓之教。"《中庸》为诚之者而作，修道之事也。道也者，性也，不可须臾离也。而过焉，不及焉，离也。是故君子有修道之功。戒慎乎其所不睹，恐惧乎其所不闻，微之显，诚之不可掩也。修道之功若是其无间，诚之也夫！然后喜怒哀乐之未发谓之中，发而皆中节谓之和，道修而性复矣。致中和，则大本立而达道行，知天地之化育矣。非至诚尽性，其孰能与于此哉！是修道之极功也。而世之言修道者离矣，故特著其说。

自得斋说 甲申

孟子云："君子深造之以道，欲其自得之也。自得之，则居之安；居之安，则资之深；资之深，则取之左右逢其源。故君子欲其自得之也。"夫率性之谓道。道，吾性也；性，吾生也。而何事于外求？世之学者，业辞章，习训诂，工技艺，探赜而索隐，弊精极力，勤苦终身，非无所谓深造之者。然亦辞章而已耳，训诂而已耳，技艺而已耳。非所以深造于道也，则亦外物而已耳，宁有所谓自得逢原者哉！古之君子，戒慎不睹，恐惧不闻，致其良知而不敢须臾或离者，斯所以深造乎是矣。是以大本立而达道行，天地以位，万物以育，于左右逢源乎何有？

黄勉之省曾氏，以"自得"名斋，盖有志于道者。请学于予而蕲为之说。予不能有出于孟氏之言也，为之书孟氏之言。嘉靖甲申六月朔。

博约说 乙酉

南元真之学于阳明子也，闻致知之说而恍若有见矣。既而疑于博约先后之训，复来请曰："致良知以格物，格物以致其良知也，则既闻教矣。敢问先博我以文，而后约我以礼也，则先儒之说，得无亦有所不同欤？"阳明子曰："理，一而已矣；心，一而已矣。故圣人无二教，而学者无二学。博文以约礼，格物以致其良知，一也。故先后之说，后儒支缪之见也。夫礼也者，天理也。天命之性具于吾心，其浑然全体之中，而条理节目，森然毕具，是故谓之天理。天理之条理谓之礼。是礼也，其发见于外，则有五常百行，酬酢变化，语默动静，升降周旋，隆杀厚薄之属；宜之于言而成章，措之于为而成行，书之于册而成训，炳然蔚然，其条理节目之繁，至于不可穷诘，是皆所谓文也。是文也者，礼之见于外者也；礼也者，文之存于中者也。文，显而可见之礼也；礼，微而难见之文也。是所谓体用一源，而显微无间者也。是故君子之学也，于酬酢变化、语默动静之间，而求尽其条理节目焉，非他也，求尽吾心之天理焉耳矣。于升降周旋、隆杀厚薄之间，而求尽其条理节目焉，非他也，求尽吾心之天理焉耳矣。求尽其条理节目焉者，博文也；求尽吾心之天理焉者，约礼也。文散于事而万殊者也，故曰博；礼根于心而一本者也，故曰约。博文而非约之以礼，则其文为虚文，而后世功利辞章之学矣；约礼而非博学于文，则其礼为虚礼，而佛、老空寂之学矣。是故约礼必在于博文，而博文乃所以约礼。二之而分先后焉者，是圣学之不明，而功利异端之说乱之也。

昔者颜子之始学于夫子也，盖亦未知道之无方体形像也，而以为有方体形像也；未知道之无穷尽止极也，而以为有穷尽止极也；是犹后儒之见事事物物皆有定理者也，是以求之仰赞瞻忽之间，而莫得其所谓。及闻夫子博约之训，既竭吾才以求之，然后知天下之事虽千变万化，而皆不出于此心之一理；然后知殊途而同归，百虑而一致，然后知斯道之本无方体形像，而不可以方体形像求之也；本无穷尽止极，而不可以穷尽止极求之也。故曰：'虽欲从之，末由也已。'盖颜子至是而始有真实之见矣。博文以约礼，格物以致其良知也，亦宁有二学乎哉？"

惜阴说 丙戌

同志之在安成者，间月为会五日，谓之"惜阴"，其志笃矣。然五日之外，孰非惜阴时乎？离群而索居，志不能无少懈，故五日之会，所以相稽切焉耳。

呜呼！天道之运，无一息之或停；吾心良知之运，亦无一息之或停。良知即天道，谓之"亦"，则犹二之矣。知良知之运无一息之或停者，则知惜阴矣；知惜阴者，则知致其良知矣。"子在川上曰：逝者如斯夫！不舍昼夜。"此其所以学如不及，至于发愤忘食也。尧舜兢兢业业，成汤日新又新，文王纯亦不已，周公坐以待旦，惜阴之功，宁独大禹为然？子思曰："戒慎乎其所不睹，恐惧乎其所不闻，知微之显，可以入德矣。"或曰："鸡鸣而起，孳孳为利。凶人为不善，亦惟日不足，然则小人亦可谓之惜阴乎？

卷八　文录五

杂著

书汪汝成格物卷 癸酉

予于汝成"格物致知"之说、"博文约礼"之说、"博学笃行"之说、"一贯忠恕"之说，盖不独一论再论，五六论、数十论不止矣。汝成于吾言，始而骇以拂，既而疑焉，又既而大疑焉，又既而稍释焉，而稍喜焉，而又疑焉。最后与予游于玉泉，盖论之连日夜，而始快然以释，油然以喜，冥然以契。不知予言之非汝成也？不知汝成之言非予言也？于戏！若汝成，可谓不苟同于予，亦非苟异于予者矣。

卷首汝成之请，盖其时尚有疑于予。今既释然，予可以无言也已。叙其所以而归之。

书石川卷 甲戌

先儒之学，得有浅深，则其为言，亦不能无同异。学者惟当反之于心，不必苟求其同，亦不必故求其异，要在于是而已。今学者于先儒之说苟有未合，不妨致思。思之而终有不同，固亦未为甚害，但不当因此而遂加非毁，则其为罪大矣。同志中往往似有此病，故特及之。程先生云："贤且学他是处，未须论他不是处。"此言最可以自警。

见贤思齐焉，见不贤而内自省，则不至于责人已甚，而自治严矣。

议论好胜，亦是今时学者大病。今学者于道，如管中窥天，少有所见，即自足自是，傲然居之不疑。与人言论，不待其辞之终，而已先怀轻忽非笑之意，訑訑之声音颜色，拒人于千里之外。不知有道者从旁视之，方为之竦息汗颜，若无所容。而彼悍然不顾，略无省觉，斯亦可哀也已！近时同辈中往往亦有是病者，相见时可出此以警励之。

某之于道，虽亦略有所见，未敢尽以为是也。其于后儒之说，虽亦时有异同，未敢尽以为非也。朋友之来问者，皆相爱者也，何敢以不尽吾所见！正期体之于心，务期真有所见，其孰是孰非而身发明之，庶有益于斯道也。若徒入耳出口，互相标立门户，以为能学，则非某之初心，其所以见罪之者至矣。近闻同志中亦有类此者，切须戒勉，乃为无负！孔子云："默而识之，学而不厌。"斯乃深望于同志者也。

与傅生凤 甲戌

祁生傅凤，志在养亲，而苦于贫。徐曰仁之为祁也，悯其志，尝育而教之。及曰仁去祁，生乃来京师谒予，遂从予而南。闻予言，若有省，将从事于学。然痛其亲之贫且老，其继母弟又瞽而愚，无所资以为养，乃记诵训诂，学文辞，冀以是于升斗之禄。日夜不息，遂以是得危疾，几不可救。同门之士百计宽譬之，不能已，乃以质于予。予曰："嘻！若生者亦诚可怜者也。生之志，诚出于孝亲，然已陷于不孝而不之觉矣。若生者亦诚可怜者也！"生闻之悚然，来问曰："家贫亲老，而不为禄仕，得为孝乎？"予曰："不得为孝矣。欲求禄仕而至于成疾，以殒其躯，得为孝乎？"生曰："不得为孝矣。""殒其躯而欲读书学文，以求禄仕，禄仕可得乎？"生曰："不可得禄仕矣。"曰："然则尔何以能免于不孝？"于是泫然泣下，甚悔，且曰："凤何如而可以免于不孝？"予曰："保尔精，毋绝尔生；正尔情，毋辱尔亲；尽尔职，毋以得失为尔惕；安尔命，毋以外物戕尔性。斯可以免矣。"其父闻其疾危，来视，遂欲携之同归。予怜凤之志而不能成也，哀凤之贫而不能赈也，悯凤之去而不能留也。临别，书此遗之。

书王天宇卷 甲戌

徐曰仁数为予言天宇之为人，予既知之矣。今年春，始与相见于姑苏，话通宵，益信曰仁之言。天宇诚忠信者也，才敏而沉潜者也。于是乎慨然有志于圣贤之学，非豪杰之士能然哉！出兹卷，请予言。予不敢虚，则为诵古人之言曰："圣，诚而已矣。"君子之学以诚身格物致知者，立诚之功也。譬之植焉，诚，其根也；格致，其培壅而灌溉之者也。后之言格致者，或异于是矣。不以植根而徒培壅焉、灌溉焉，敝精劳力而不知其终何所成矣。是故闻日博而心日外，识益广而伪益增，涉猎考究之愈详而所以缘饰其奸者愈深以甚。是其为弊亦既可睹矣，顾犹泥其说而莫之察也，独何欤？今之君子或疑予言之为禅矣，或疑予言之求异矣，然吾不敢苟避其说，而内以诬于己，外以诬于人也。非吾天宇之高明，其孰与信之！

书王嘉秀请益卷 甲戌

仁者以天地万物为一体，莫非己也，故曰："己欲立，而立人，己欲达，而达人。"古之人所以能见人之善若己有之，见人之不善则恻然若己推而纳诸沟中者，亦仁而已矣。今见善而妒其胜己，见不善而疾视轻蔑不复比数者，无乃自陷于不仁之甚而弗之觉者邪？夫可欲之谓善，人之秉彝，好是懿德，故凡见恶于人者，必其在己有未善也。瑞凤祥麟，人争快睹；虎狼蛇蝎，见者持挺刃而向之矣。夫虎狼蛇蝎，未必有害人之心，而见之必恶，为其有虎狼蛇蝎之形也。今之见恶于人者，虽其自取，未必尽恶，无亦在外者犹有恶之形欤？此不可以不自省也。

君子之学，为己之学也。为己故必克己，克己则无己。无己者，无我也。

世之学者，执其自私自利之心，而自任以为为己，潦焉入于隳堕断灭之中，而自任以为无我者，吾见亦多矣。呜呼！自以为有志圣人之学，乃堕于末世佛、老邪僻之见而弗觉，亦可哀也！夫"有一言而可以终身行之者，其恕乎"，"强恕而行，求仁莫近焉"，"恕"之一言，最学者所吃紧。其在吾子，则犹对病之良药，宜时时勤服之也。"见贤思齐焉，见不贤而内自省。"夫能见不贤而内自省，则躬自厚而薄责于人矣，此远怨之道也。

书孟源卷 乙亥

圣贤之学，坦如大路，但知所从入，苟循循而进，各随分量，皆有所至。后学厌常喜异，往往时入断蹊曲径，用力愈劳，去道愈远。向在滁阳论学，亦惩末俗卑污，未免专就高明一路开导引接。盖矫枉救偏，以拯时弊，不得不然；若终迷陋习者，已无所责。其间亦多兴起感发之士，一时趋向，皆有可喜。近来又复渐流空虚，为脱落新奇之论，使人闻之，甚为足忧。虽其人品高下，若与终迷陋习者亦微有间，然究其归极，相去能几何哉！

孟源伯生复来金陵请益，察其意向，不为无进；而说谈之弊，亦或未免，故因其归而告之以此。遂使归告同志，务相勉于平实简易之道，庶无负相期云耳。

书杨思元卷 乙亥

杨生思元自广来学，既而告归，曰："夫子之教，思元既略闻之。惧不克任，请所以砭其疾者而书诸绅。"予曰："子强明者也，警敏者也。强明者病于矜高，是故亢而不能下；警敏者病于浅陋，是故浮而不能实。砭子之疾，其谦默乎！谦则虚，虚则无不容，是故受而不溢，德斯聚矣；默则慎，慎则无不密，是故积而愈坚，诚斯立矣。彼少得而自盈者，不知谦者也；少见而自衒者，不知默者也。自盈者，吾必恶之，自衒者，吾必耻之。而人有不我恶者乎？有不我耻者乎？故君子之观人而必自省也。其谦默乎！"

书玄默卷 乙亥

玄默志于道矣，而犹有诗文之好，何耶？弈，小技也，不专心致志则不得，况君子之求道，而可分情于他好乎？孔子曰："辞达而已矣。"盖世之为辞章者，莫不以是藉其口，亦独不曰"有德者必有言，有言者不必有德"乎？德，犹根也；言，犹枝叶也。根之不植，而徒以枝叶为者，吾未见其能生也。予别玄默久，友朋得玄默所为诗者，见其辞藻日益以进。其在玄默，固所为根盛而枝叶茂者耶？

玄默过留都，示予以斯卷，书此而遗之。玄默尚有以告我矣。

书顾维贤卷 辛巳

维贤以予将远去，持此卷求书警戒之辞。只此"警戒"二字，便是予所最叮咛者。今时朋友大患不能立志，是以因循懈驰，散漫度日。若立志，则警戒之意当自有不容已。故警戒者，立志之辅。能警戒，则学问思辩之功、切磋琢磨之益，将日新又新，沛然莫之能御矣。程先生云："学者为气所胜、习所夺，只好责志。"又云："凡为诗文，亦丧志。"又言："且省外事，但明乎善，惟尽诚心，其文章虽不中，不远矣。所守不约，泛滥无功。学问之道，《四书》中备矣。"后儒之论，未免互有得失。其得者不能出于《四书》之外，失者遂有毫厘千里之谬，故莫如专求之《四书》。《四书》之言简实，苟以忠信进德之心求之，亦自明白易见。与不善人居，如入鲍鱼之肆，久而不觉其臭，则与之俱化。孔子大圣，尚赖"三益"之资，致"三损"之戒。吾侪从事于学，顾随俗同污，不思辅仁之友，欲求致道，恐无是理矣。非笑诋毁，圣贤所不免。伊川有涪州之行，孔子尚微服过宋，今日风俗益偷，人心日以沦溺，苟欲自立，违俗拂众，指摘非笑纷然而起，势所必至，亦多由所养未深，高自标榜所至。学者便不当自立门户，以招谤速毁；亦不当故避非毁，同流合污。维贤温雅，朋友中最为难得，似非微失之弱，恐诋笑之来，不能无动；才为所动，即依阿隐忍，久将沦胥以溺。每到此，便须反身，痛自切责。为己之志未能坚定，亦便志气激昂奋发。但知明己之善，立己之诚，以求快足乎己，岂暇顾人非笑指摘？故学者只须责自家为己之志未能坚定，志苟坚定，则非笑诋毁不足动摇，反皆为砥砺切磋之地矣。今时人多言人之非毁，亦当顾恤，此皆随俗习非之久，相沿其说，莫知以为非。不知里许尽是私意，为害不小，不可以不察也。

壁帖 壬午

守仁鄙劣，无所知识，且在忧病奄奄中，故凡四方同志之辱临者，皆不敢相见。或不得已而相见，亦不敢有所论说，各请归而求诸孔孟之训可矣。夫孔孟之训，昭如日月。凡支离决裂，似是而非者，皆异说也。有志于圣人之学者，外孔孟之训而他求，是舍日月之明而希光于萤爝之微也，不亦缪乎！有负远来之情，聊此以谢。荒迷不次。

书王一为卷 癸未

王生一为自惠负笈来学，居数月，皆随众参谒，默然未尝有所请。视其色，津津若有所喜。然一日，众皆退，乃独复入堂下而请曰："致知之训，千圣不传之秘也，一为既领之矣。敢请益。"予曰："千丈之木，起于肤寸之萌芽。子谓肤寸之外有所益欤，则何以至于千丈？子谓肤寸之外有所益欤，则肤寸之外，子将何以益之？"一为跃然起拜曰："闻教矣。"又三月，思其母老于家，告归省视，因书以与之。

书朱守谐卷 甲申

守谐问为学，予曰："立志而已。"问立志，予曰："为学而已。"守谐未达。予曰："人之学为圣人也，非有必为圣人之志，虽欲为学，谁为学？有其志矣，而不日用其力以为之，虽欲立志，亦乌在其为志乎！故立志者，为学之心也；为学者，立志之事也。譬之弈焉，弈者，其事也；'专心致志'者，其心一也；'以为鸿鹄将至'者，其心二也；'惟弈秋之为听',其事专也;'思援弓缴而射之',其事分也。"守谐曰:"人之言曰:'知之未至,行之不力。'予未有知也,何以能行乎?"予曰:"是非之心,知也,人皆有之。子无患其无知,惟患不肯知耳;无患其知之未至,惟患不致其知耳。故曰:'知之非艰行之惟艰。'今执途之人而告之以凡为仁义之事,彼皆能知其为善也;告之以凡为不仁不义之事,彼皆能知其为不善也。途之人皆能知之,而子有弗知乎?如知其为善也,致其知为善之知而必为之,则知至矣;如知其为不善也,致其知为不善之知而必不为之,则知至矣。知犹水也,人心之无不知,犹水之无不就下也,决而行之,无有不就下者。决而行之者,致知之谓也。此吾所谓知行合一者也。吾子疑吾言乎?夫道一而已矣。"

书诸阳伯卷 甲申

妻侄诸阳伯复请学,既告之以格物致知之说矣。他日,复请曰:"致知者,致吾心之良知也,是既闻教矣。然天下事物之理无穷,果惟致吾之良知而可尽乎?抑尚有所求于其外也乎?"复告之曰:"心之体,性也,性即理也。天下宁有心外之性?宁有性外之理乎?宁有理外之心乎?外心以求理,此告子'义外'之说也。理也者,心之条理也。是理也,发之于亲则为孝,发之于君则为忠,发之于朋友则为信。千变万化,至不可穷竭,而莫非发于吾之一心。故以端庄静一为养心,而以学问思辩为穷理者,析心与理而为二矣。若吾之说,则端庄静一,亦所以穷理,而学问思辩,亦所以养心,非谓养心之时,无有所谓理,而穷理之时,无有所谓心也。此古人之学所以知行并进,而收合一之功,后世之学所以分知行为先后,而不免于支离之病者也。"曰:"然则朱子所谓如何而为'温清之节',如何而为'奉养之宜'者,非致知之功乎?"曰:"是所谓知矣,而未可以为致知也。知其如何而为温清之节,则必实致其温清之功,而后吾之知始至;知其如何而为奉养之宜,则必实致其奉养之力,而后吾之知始至。如是乃可以为致知耳。若但空然知之为如何温清奉养,而遂谓之致知，则孰非致知者耶？《易》曰：'知至，至之。'知至者，知也；至之者，致知也。此孔门不易之教，百世以俟圣人而不惑者也。"

书张思钦卷 乙酉

三原张思钦元相将葬其亲，卜有日矣，南走数千里而来请铭于予。予之不为文也久矣，辞之固，而请弗已，则与之坐而问曰："子之乞铭于我也，将以图不朽于其亲也，则亦宁非孝子之心乎？虽然，子以为孝子之图不朽于其亲也，尽于是而已乎？将犹有进于是者也？夫图之于人也，则曷若图之于子乎？传之于其人之口也，则曷若传之于其子之身乎？故子为贤人也，则其父为贤人之父矣；子为圣人也，则其父为圣人之父矣。其与托之于人之言也孰愈，夫叔梁纥之名，至今为不朽矣。则亦以仲尼之为子耶？抑亦以他人为之铭耶？"思钦蹴然而起，稽颡而后拜曰："元相非至于夫子之门，则几失所以图不朽于其亲者矣。"明日，入而问圣人之学，则语以格致之说焉；求格致之要，则语之以良知之说焉。思钦跃然而起，拜而复稽曰："元相苟非至于夫子之门，则尚未知有其心，又何以图不朽于其亲乎！请归葬吾亲，而来卒业于夫子之门，则庶几其不朽之图矣。"

书中天阁勉诸生 乙酉

"虽有天下易生之物，一日暴之，十日寒之，未有能生者也。"承诸君之不鄙，每予来归，咸集于此，以问学为事，甚盛意也。然不能旬日之留，而旬日之间，又不过三四会。一别之后，辄复离群索居，不相见者动经年岁。然则岂惟十日之寒而已乎？若是而求萌叶之畅茂条达，不可得矣。故予切望诸君勿以予之去留为聚散。或五六日、八九日，虽有俗事相妨，亦须破冗一会于此。务在诱掖奖劝，砥砺切磋，使道德仁义之习，日亲日近，则世利纷华之染，亦日远日疏，所谓"相观而善，百工居肆以成其事"者也。相会之时，尤须虚心逊志，相亲相敬。大抵朋友之交，以相下为益。或议论未合，要在从容涵育，相感以诚，不得动气，求胜长傲遂非。务在默而成之，不言而信。其或矜己之长，攻人之短，粗心浮气，矫以沽名，讦以为直，扶胜心而行愤嫉，以圮族败群为志，则虽日讲时习于此，亦无益矣。诸君念之念之！

书朱守乾卷 乙酉

黄州朱生守乾请学而归，为书"致良知"三字。夫良知者，即所谓"是非之心，人皆有之"，不待学而有，不待虑而得者也。人孰无是良知乎？独有不能致之耳。自圣人以至于愚人，自一人之心以达于四海之远，自千古之前以至于万代之后，无有不同。是良知也者，是所谓"天下之大本"也。致是良知而行，则所谓"天下之达道"也。天地以位，万物以育，将富贵贫贱，患难夷狄，无所入而弗自得也矣。

书正宪扇 乙酉

今人病痛，大段只是傲。千罪百恶，皆从傲上来。傲则自高自是，不肯屈下人。故为子而傲，必不能孝；为弟而傲，必不能弟；为臣而傲，必不能忠。象之不仁，丹朱之不肖，皆只是一"傲"字，便结果了一生，做个极恶大罪的人，更无解救得处。汝曹为学，先要除此病根，方才有地步可进。"傲"之反为"谦"。"谦"字便是对症之药。非但是外貌卑逊，须是中心恭敬，撙节退让，常见自己不是，真能虚己受人。故为子而谦，斯能孝；为弟而谦，斯能弟；为臣而谦，斯能忠。尧舜之圣，只是谦到至诚处，便是允恭克让，温恭允塞也。汝曹勉之敬之，其毋若伯鲁之简哉！

书魏师孟卷 乙酉

心之良知，是谓圣。圣人之学，惟是致此良知而已。自然而致之者，圣人也；勉然而致之者，贤人也；自蔽自昧而不肯致之者，愚不肖者也。愚不肖者，虽其蔽昧之极，良知又未尝不存也。苟能致之，即与圣人无异矣。此良知所以为圣愚之同具,而人皆可以为尧舜者,以此也。是故致良知之外无学矣。自孔孟既没,此学失传几千百年。赖天之灵,偶复有见,诚千古之一快,百世以俟圣人而不惑者也。每以启夫同志,无不跃然以喜者,此亦可以验夫良知之同然矣。间有听之而疑者,则是支离之习,没溺既久,先横不信之心而然。使能姑置其旧见,而平气以绎吾说,盖亦未有不幡然而悔悟者也。

南昌魏氏兄弟,旧学于予,既皆有得于良知之说矣。其季良贵师孟,因其诸兄而来请。其资禀甚颖,而意向甚笃,然以偕计北上,不得久从于此。吾虽略以言之而未能悉也,故特书此以遗之。

书朱子礼卷 甲申

子礼为诸暨宰,问政,阳明子与之言学而不及政。子礼退而省其身,惩己之忿,而因以得民之所恶也;窒己之欲,而因以得民之所好也;舍己之利,而因以得民之所趋也;惕己之易,而因以得民之所忽也;去己之蠹,而因以得民之所患也;明己之性,而因以得民之所同也;三月而政举。叹曰:"吾乃今知学之可以为政也已!"

他日,又见而问学,阳明子与之言政而不及学。子礼退而修其职,平民之所恶,而因以惩己之忿也;从民之所好,而因以窒己之欲也;顺民之所趋,而因以舍己之利也;警民之所忽,而因以惕己之易也;拯民之所患,而因以去己之蠹也;复民之所同,而因以明己之性也。期年而化行。叹曰:"吾乃今知政之可以为学也已!"

他日,又见而问政与学之要。阳明子曰:"明德、亲民,一也。古之人明明德以亲其民,亲民所以明其明德也。是故明明德,体也;亲民,用也。而止至善,其要矣。"子礼退而求至善之说,炯然见其良知焉,曰:"吾乃今知学所以为政,而政所以为学,皆不外乎良知焉。信乎,止至善其要也矣!"

书林司训卷 丙戌

林司训年七十九矣，走数千里，谒予于越。予悯其既老且贫，愧无以为济也。嗟乎！昔王道之大行也，分田制禄，四民皆有定制。壮者修其孝弟忠信，老者衣帛食肉，不负戴于道路；死徙无出乡；出入相友，疾病相抚持，乌有耄耋之年而犹走衣食于道路者乎！周衰而王迹熄，民始有无恒产者。然其时圣学尚明，士虽贫困，犹有固穷之节；里间族党，犹知有相恤之义。逮其后世，功利之说日浸以盛，不复知有明德亲民之实。士皆巧文博词以饰诈，相规以伪，相轧以利，外冠裳而内禽兽，而犹或自以为从事于圣贤之学。如是而欲挽而复之三代，呜呼！其难哉！吾为此惧，揭知行合一之说，订致知格物之谬，思有以正人心，息邪说，以求明先圣之学，庶几君子闻大道之要，小人蒙至治之泽。而哓哓者皆视以为狂惑丧心，诋笑訾怒。予亦不自知其力之不足，日挤于颠危，莫之救以死而不顾也。不亦悲夫！

予过彭泽时，尝悯林之穷，使邑令延为社学师。至是又失其业。于归也，不能有所资给，聊书此以遗之。

书黄梦星卷 丁亥

潮有处士黄翁保号坦夫者，其子梦星来越从予学。越去潮数千里，梦星居数月，辄一告归省其父，去二三月辄复来。如是者屡屡。梦星性质温然，善人也，而甚孝。然禀气差弱，若不任于劳者。窃怪其乃不惮道途之阻远，而勤苦无已也，因谓之曰："生既闻吾说，可以家居养亲而从事矣。奚必往来跋涉若是乎？"梦星蹙而言曰："吾父生长海滨，知慕圣贤之道，而无所从求入。既乃获见吾乡之薛、杨诸子者，得夫子之学，与闻其说而乐之。乃以责梦星曰：'吾衰矣，吾不希汝业举以干禄。汝但能若数子者，一闻夫子之道焉，吾虽啜粥饮水，死填沟壑，无不足也矣。'梦星是以不远数千里而来从。每归省，求为三月之留以奉菽水，不许；求为逾月之留，亦不许。居未旬日，即已具资粮，戒童仆，促之启行。

梦星涕泣以请,则责之曰:'唉!儿女子欲以是为孝我乎?不能黄鹄千里,而思为翼下之雏,徒使吾心益自苦。'故亟游夫子之门者,固梦星之本心。然不能久留于亲侧,而倏往倏来,吾父之命,不敢违也。"予曰:"贤哉,处士之为父!孝哉,梦星之为子也!勉之哉!卒成乃父之志,斯可矣。"

今年四月上旬,其家忽使人来讣云,处士没矣。呜呼惜哉!呜呼惜哉!圣贤之学,其久见弃于世也,不啻如土苴。苟有言论及之,则众共非笑诋斥,以为怪物。惟世之号称贤士大夫者,乃始或有以之而相讲究,然至考其立身行己之实,与其平日家庭之间所以训督期望其子孙者,则又未尝不汲汲焉惟功利之为务;而所谓圣贤之学者,则徒以资其谈论、粉饰文具于其外,如是者常十而八九矣。求其诚心一志,实以圣贤之学督教其子如处士者,可多得乎!而今亡矣,岂不惜哉!岂不惜哉!

阻远无由往哭,遥寄一奠,以致吾伤悼之怀,而叙其遣子来学之故若此,以风励夫世之为父兄者,亦因以益励梦星,使之务底于有成,以无忘乃父之志。

卷九　别录一

奏疏一

陈言边务疏 弘治十二年，时进士。

迩者窃见皇上以彗星之变，警戒修省，又以虏寇猖獗，命将出师，宵旰忧勤，不遑宁处。此诚圣主遇灾能警，临事而惧之盛心也。当兹多故，主忧臣辱，孰敢爱其死！况有一二之见而忍不以上闻耶？

臣愚以为今之大患，在于为大臣者，外托慎重老成之名，而内为固禄希宠之计，为左右者，内挟交蟠蔽壅之资，而外肆招权纳贿之恶。习以成俗，互相为奸。忧世者，谓之迂狂；进言者，目以浮躁。沮抑正大刚直之气，而养成怯懦因循之风。故其衰耗颓塌，将至于不可支持而不自觉。今幸上天仁爱，适有边陲之患，是忧虑警省，易辕改辙之机也。此在陛下，必宜自有所以痛革弊源、惩艾而振作之者矣。新进小臣，何敢僭闻其事，以干出位之诛？至于军情之利害，事机之得失，苟有所见，是固刍荛之所可进，卒伍之所得言者也，臣亦何为而不可之有？虽其所陈，未必尽合时论，然私心窃以为必宜如此，则又不可以苟避乖剌而遂已于言也。谨陈便宜八事，以备采择：一曰蓄材以备急；二曰舍短以用长；三曰简师以省费；四曰屯田以足食；五曰行法以振威；六曰敷恩以激怒；

七曰捐小以全大；八曰严守以乘弊。

何谓蓄材以备急？臣惟将者，三军之所恃以动，得其人则克以胜，非其人则败以亡，其可以不豫蓄哉？今者边方小寇，曾未足以辱偏裨，而朝廷会议推举，固已仓皇失措，不得已而思其次，一二人之外，曾无可以继之者矣。如是而求其克敌致胜，其将何恃而能乎！夫以南宋之偏安，犹且宗泽、岳飞、韩世忠、刘锜之使，以为之将，李纲之徒，以为之相，尚不能止金人之冲突。今以一统之大，求其任事如数子者，曾未见有一人。万如虏寇长驱而入，不知陛下之臣，孰可使以御之？若之何其犹不寒心而早图之也！臣愚以为，今之武举仅可以得骑射搏击之士，而不足以收韬略统驭之才。今公侯之家，虽有教读之设，不过虚应故事，而实无所裨益。诚使公侯之子皆聚之一所，择文武兼济之才，如今之提学之职者一人以教育之，习之以书史骑射，授之以韬略谋猷；又于武学生之内，岁升其超异者于此，使之相与磨砻砥砺，日稽月考，别其才否，比年而校试，三年而选举。至于兵部，自尚书以下，其两侍郎，使之每岁更迭巡边，于科道部属之内，择其通变特达者二三人以从，因使之得以周知道里之远近，边关之要害，虏情之虚实，事势之缓急，无不深谙熟察于平日，则一旦有急，所以遥度而往莅之者，不虑无其人矣。孟轲有云："苟为不畜，终身不得。"臣愿自今畜之也。

何谓舍短以用长？臣惟人之才能，自非圣贤，有所长，必有所短，有所明，必有所蔽。而人之常情亦必有所惩于前，而后有所警于后。吴起杀妻，忍人也，而称名将；陈平受金，贪夫也，而称谋臣；管仲被囚而建霸，孟明三北而成功，顾上之所以驾驭而鼓动之者何如耳。故曰：用人之仁，去其贪；用人之智，去其诈；用人之勇，去其怒。夫求才于仓卒艰难之际，而必欲拘于规矩绳墨之中，吾知其必不克矣。臣尝闻诸道路之言，曩者边关将士以骁勇强悍称者，多以过失罪名摈弃于闲散之地。夫有过失罪名，其在平居无事，诚不可使处于人上。至于今日之多事，则彼之骁勇强悍，亦诚有足用也。且被摈弃之久，必且悔艾前非，以思奋励。今诚委以数千之众，使得立功自赎，彼又素熟于边事，加之以积惯之余，其与不习地利、志图保守者，功宜相远矣。古人有言："使功不如使过。"是所谓"使过"也。

何谓简师以省费？臣闻之兵法曰："日费千金，然后十万之师举。"夫古之善用兵者，取用于国，因粮于敌，犹且"日费千金"；今以中国而御夷虏，非漕挽则无粟，非征输则无财，是故固不可以言"因粮于敌"矣。然则今日之师可以轻出乎？臣以公差在外，甫归旬日，遥闻出师，窃以为不必然者。何则？北地多寒，今炎暑渐炽，虏性不耐，我得其时，一也；虏恃弓矢，今大雨时行，觔胶解弛，二也；虏逐水草以为居，射生畜以为食，今已蜂屯两月，边草殆尽，野无所猎，三也。以臣料之，官军甫至，虏迹遁矣。夫兵固有先声而后实者，今师旅既行，言已无及，惟有简师一事，犹可以省虚费而得实用。夫兵贵精不贵多，今速诏诸将，密于万人之内，取精健足用者三分之一，而余皆归之京师。万人之声既扬矣，今密归京师，边关固不知也，是万人之威犹在也，而其实又可以省无穷之费。岂不为两便哉？况今官军之出，战则退后，功则争先，亦非边将之所喜。彼之请兵，徒以事之不济，则责有所分焉耳。今诚于边塞之卒，以其所以养京军者而养之，以其所以赏京军者而赏之，旬日之间，数万之众可立募于帐下，奚必自京而出哉？

何谓屯田以给食？臣惟兵以食为主，无食，是无兵也。边关转输，水陆千里，踣顿捐弃，十而致一。故兵法曰："国之贫于师者远输，远输则百姓贫；近师贵卖，贵卖则百姓财竭。"此之谓也。今之军官既不堪战阵，又使无事坐食，以益边困，是与敌为谋也。三边之戍，方以战守，不暇耕农。诚使京军分屯其地，给种授器，待其秋成，使之各食其力。寇至则授甲归屯，遥为声势，以相犄角；寇去仍复其业，因以其暇，缮完虏所拆毁边墙、亭堡，以遏冲突。如此，虽未能尽给塞下之食，亦可以少息输馈矣。此诚持久俟时之道，王师出于万全之长策也。

何谓行法以振威？臣闻李光弼之代子仪也，张用济斩于辕门；狄青之至广南也，陈曙戮于戏下。是以皆能振疲散之卒，而摧方强之房。今边臣之失机者，往往以计幸脱。朝丧师于东陲，暮调守于西鄙，罚无所加，兵因纵弛。如此，则是陛下不惟不置之罪，而复为曲全之地也，彼亦何惮而致其死力哉？夫法之不行，自上犯之也。今总兵官之头目，动以一二百计，彼其诚以武勇而收录之也，则亦何不可之有！然而此辈非势家之子弟，即豪门之夤缘，皆以权力而强委之也。彼且需求刻剥，骚扰道路，仗势以夺功，无劳而冒赏，懈战士之心，兴边戎之怨。为总兵者且复资其权力以相后先，其委之也，敢以不受乎？其受之也，其肯以不庇乎？苟戾于法，又敢斩之以殉乎？是将军之威，固已因此辈而索然矣，其又何以临师服众哉！臣愿陛下手敕提督等官，发令之日，即以先所丧师者斩于辕门，以正军法。而所谓头目之属，悉皆禁令发回，毋使渎扰侵冒，以挠将权，则士卒奋励，军威振肃。克敌制胜，皆原于此。不然，虽有百万之众，徒以虚国劳民，而亦无所用之也。

何谓敷恩以激怒？臣闻杀敌者，怒也。今师方失利，士气消沮。三边之戍，其死亡者非其父母子弟，则其宗族亲戚也。今诚抚其疮痍，问其疾苦，恤其孤寡，振其空乏，其死者皆无怨尤，则生者自宜感动。然后简其强壮，宣以国恩，喻以房仇，明以天伦，激以大义；悬赏以鼓其勇，暴恶以深其怒；痛心疾首，日夜淬砺；务与之俱杀父兄之仇，以报朝廷之德。则我之兵势日张，士气日奋，而区区丑房，有不足破者矣。

何谓捐小以全大？臣闻之兵法曰："将欲取之，必固与之。"又曰："佯北勿从，饵兵勿食。"皆捐小全大之谓也。今房势方张，我若按兵不动，彼必出锐以挑战；挑战不已，则必设诈以致师，或捐弃牛马而伪逃，或掩匿精悍以示弱，或诈溃而埋伏，或潜军而请和，是皆诱我以利也。信而从之，则堕其计矣。然今边关守帅，人各有心；房情虚实，事难卒办。当其挑诱之时，畜而不应，未免必有剽掠之虞。一以为当救，一以为可邀。从之，则必陷于危亡之地；不从，则又惧于坐视之诛。此王师之所以奔逐疲劳，损失威重，而丑房之所以得志也。今若恣其操纵，许以便宜，其纵之也，不以其坐视；其捐之也，不以为失机。养威为愤，惟欲责以大成，而小小挫失，皆置不问，则我师常逸而兵威无损，此诚胜败存亡之机也。

何谓严守以乘弊？臣闻古之善战者，先为不可胜，以待敌之可胜。盖中国工于自守，而胡虏长于野战。今边卒新破，虏势方剧，若复与之交战，是投其所长而以胜予敌也。为今之计，惟宜婴城固守，远斥候以防奸，勤间谍以谋虏，熟训练以用长，严号令以肃惰，而又频加犒享，使皆畜力养锐。譬之积水，俟其盈满充溢，而后乘怒急决之，则其势并力骤，至于崩山漂石而未已。昔李牧备边，日以牛酒享士，士皆乐为一战，而牧屡抑止之；至其不可禁遏，而始奋威并出，若不得已而后从之，是以一战而破强胡。今我食既足，我威既盛，我怒既深，我师既逸，我守既坚，我气既锐，则是周悉万全，而所谓不可胜者，既在于我矣。由是，我足，则虏日以匮；我盛，则虏日以衰；我怒，则虏日以曲；我逸，则虏日以劳；我坚，则虏日以虚；我锐，则虏日以钝。索情较计，必将疲罢奔逃；然后用奇设伏，悉师振旅，出其所不趋，趋其所不意，迎邀夹攻，首尾横击。是乃以足当匮，以盛敌衰，以怒加曲，以逸击劳，以坚破虚，以锐攻钝。所谓胜于万全，立于不败之地，而不失敌之败者也。

右臣所陈，非有奇特出人之见，固皆兵家之常谈，今之为将者之所共见也。但今边关将帅，虽或知之而不能行，类皆视为常谈，漫不加省。势有所轶，则委于无可奈何；事惮烦难，则为因循苟且。是以玩习弛废，一至于此。陛下不忽其微，乞敕兵部将臣所奏，熟议可否，传行提督等官，即为斟酌施行。毋使视为虚文，务欲责以实效，庶于军机必有少补。臣不胜为国惓惓之至！

乞养病疏 十五年八月，时官刑部主事。

臣原籍浙江绍兴府余姚县人，由弘治十二年二甲进士，弘治十三年六月除授前职，弘治十四年八月奉命前往直隶、淮安等府会同各该巡按、御史审决重囚，已行遵奉奏报外，切缘臣自去岁三月，忽患虚弱咳嗽之疾，剂灸交攻，入秋稍愈。遽欲谢去药石，医师不可，以为病根既植，当复萌芽，勉强服饮，颇亦臻效。及奉命南行，渐益平复。遂以为无复他虑，竟废医言，捐弃药饵。冲冒风寒，恬无顾忌，内耗外侵，旧患仍作。及事竣北上，行至扬州，转增烦热，迁延三月，尫羸日甚。心虽恋阙，势不能前，追诵医言，则既晚矣。先民有云："忠言逆耳利于行，良药苦口利于病。"臣之致此，则是不信医者逆耳之言，而畏难苦口之药之过也。今虽悔之，其可能乎！

臣自惟田野竖儒，粗通章句；遭遇圣明，窃禄部署。未效答于涓埃，惧遂填于沟壑。蝼蚁之私，期得暂离职任，投养幽闲，苟全余生，庶申初志。伏望圣恩垂悯，乞敕吏部容臣暂归原籍，就医调治。病痊之日，仍赴前项衙门办事，以图补报。臣不胜迫切愿望之至！

乞宥言官去权奸以章圣德疏 正德元年，时官兵部主事。

臣闻君仁则臣直。大舜之所以圣，以能隐恶而扬善也。臣迩者窃见陛下以南京户科给事中戴铣等上言时事，特敕锦衣卫差官校拿解赴京。臣不知所言之当理与否，意其间必有触冒忌讳，上干雷霆之怒者。但以铣等职居谏司，以言为责。其言而善，自宜嘉纳施行；如其未善，亦宜包容隐覆，以开忠谠之路。乃今赫然下令，远事拘囚，在陛下之心，不过少示惩创，使其后日不敢轻率妄有论列，非果有意怒绝之也。下民无知，妄生疑惧，臣切惜之！今在廷之臣，莫不以此举为非宜，然而莫敢为陛下言者，岂其无忧国爱君之心哉？惧陛下复以罪铣等者罪之，则非惟无补于国事，而徒足以增陛下之过举耳。然则自是而后，虽有上关宗社危疑不制之事，陛下孰从而闻之？陛下聪明超绝，苟念及此，宁不寒心！况今天时冻沍，万一差去官校督束过严，铣等在道或致失所，遂填沟壑，使陛下有杀谏臣之名，兴群臣纷纷之议，其时陛下必将追咎左右莫有言者，则既晚矣。伏愿陛下追收前旨，使铣等仍旧供职，扩大公无我之仁，明改过不吝之勇。圣德昭布，远迩人民胥悦，岂不休哉！

臣又惟君者，元首也；臣者，耳目手足也。陛下思耳目之不可使壅塞，手足之不可使痿痹，必将恻然而有所不忍。臣承乏下僚，僭言实罪。伏睹陛下明旨，有"政事得失，许诸人直言无隐"之条，故敢昧死为陛下一言。伏惟俯垂宥察，不胜干冒战栗之至！

自劾乞休疏 十年，时官鸿胪寺卿。

臣由弘治十二年进士，历任今职，盖叨位窃禄十有六年，中间瘝旷之罪多矣。迩者朝廷举考察之典，拣汰群僚。臣反顾内省，点检其平日，正合摈废之列。虽以阶资稍崇，偶幸漏网，然其不职之罪，臣自知之，不敢重以欺陛下。况其气体素弱，近年以来，疾病交攻，非独才之不堪，亦且力有不任。夫幸人之不知，而鼠窜苟免，臣之所甚耻也。淑慝混淆，使劝惩之典不明，臣之所甚惧也。伏惟陛下明烛其罪，以之为显罚，使天下晓然知不肖者之不得以幸免，臣之愿，死且不朽。若从未减，罢归田里，使得自附于乞休之末，臣之大幸，亦死且不朽。臣不胜惶恐待罪之至！

乞养病疏 十年八月

顷者臣以朝廷举行考察，自陈不职之状，席藁待罪，其时臣疾已作。然不敢以疾请者，人臣瘝旷废职，自宜摈逐以彰国法，疾非所言矣。陛下宽恩曲成，留使供职，臣虽冥顽，亦宁不知感激自奋！及其壮齿，陈力就列，少效犬马。然臣病侵气弱，力不能从其心。臣自往岁投窜荒夷，往来道路，前后五载，蒙犯障雾，魑魅之兴游，蛊毒之与处。其时虽未即死，而病劳因仍，渐肌入骨，日以深积。后值圣恩汪汃，掩瑕纳垢，复玷清班；收敛精魂，旋回光泽；其实内病潜滋，外强中槁。顷来南都，寒暑失节，病遂大作。且臣自幼失母，鞠于祖母岑，今年九十有六，耄甚不可迎侍，日夜望臣一归为诀。臣之疾痛，抱此苦怀，万无生理。陛下至仁天覆，惟恐一物不遂其生。伏乞放臣暂回田里，就医调治，使得目见祖母之终，臣虽殒越下土，永衔犬马帷盖之恩！倘得因是苟延残喘，复为完人，臣齿未甚衰暮，犹有图效之日。臣不胜恳切愿望之至！

谏迎佛疏 稿具未上

臣自七月以来，切见道路流传之言，以为陛下遣使外夷，远迎佛教，郡臣纷纷进谏，皆斥而不纳。臣始闻不信，既知其实，然独窃喜幸，以为此乃陛下圣智之开明，善端之萌蘖。郡臣之谏，虽亦出于忠爱至情，然而未能推原陛下此念之所从起。是乃为善之端，作圣之本，正当将顺扩充，逆流求原。而乃狃于世儒崇正之说，徒尔纷争力沮，宜乎陛下之有所拂而不受，忽而不省矣。愚臣之见独异于是，乃惟恐陛下好佛之心有所未至耳。诚使陛下好佛之心，果已真切恳至，不徒好其名而必务得其实，不但好其末而必务求其本，则尧、舜之圣可至，三代之盛可复矣。岂非天下之幸，宗社之福哉！臣请为陛下言其好佛之实。

陛下聪明圣知，昔者青宫，固已播传四海。即位以来，偶值多故，未暇讲求五帝、三王神圣之道。虽或时御经筵，儒臣进说，不过日袭故事，就文敷衍。立谈之间，岂能遽有所开发？陛下听之，以为圣贤之道不过如此，则亦有何可乐？故渐移志于骑射之能，纵观于游心之乐。盖亦无所用其聪明，施其才力，而偶托寄于此。陛下聪明，岂固遂安于是，而不知此等皆无益有损之事也哉？驰逐困惫之余，夜气清明之际，固将厌倦日生，悔悟日切。而左右前后，又莫有以神圣之道为陛下言者，故遂远思西方佛氏之教，以为其道能使人清心绝欲，求全性命，以出离生死，又能慈悲普爱，济度群生，去其苦恼而跻之快乐。今灾害日兴，盗贼日炽，财力日竭，天下之民困苦已极。使诚身得佛氏之道而拯救之，岂徒息精养气，保全性命？岂徒一身之乐？将天下万民之困苦，亦可因是而苏息！故遂特降纶音，发币遣使，不惮数万里之遥，不爱数万金之费，不惜数万生灵之困毙，不厌数年往返之迟久，远迎学佛之徒。是盖陛下思欲一洗旧习之非，而幡然于高明光大之业也。陛下试以臣言反而思之，陛下之心，岂不如此乎？然则圣知之开明，善端之萌蘖者，亦岂过为谀言以佞陛下哉！陛下好佛之心诚至，则臣请毋好其名而务得其实，毋好其末而务求其本。陛下诚欲得其实而求其本，则请毋求诸佛而求诸圣人，毋求诸外夷而求诸中国。此又非臣之苟为游说之谈以诳陛下，臣又请得而备言之。

夫佛者，夷狄之圣人；圣人者，中国之佛也。在彼夷狄，则可用佛氏之教以化导愚顽；在我中国，自当用圣人之道以参赞化育，犹行陆者必用车马，渡海者必以舟航。今居中国而师佛教，是犹以车马渡海，虽使造父为御，王良为右，非但不能利涉，必且有沉溺之患。夫车马本致远之具，岂不利器乎？然而用非其地，则技无所施。陛下若谓佛氏之道虽不可以平治天下，或亦可以脱离一身之生死；虽不可以参赞化育，而时亦可以导群品之嚚顽。就此二说，亦复不过得吾圣人之余绪。陛下不信，则臣请比而论之。臣亦切尝学佛，最所尊信，自谓悟得其蕴奥。后乃窥见圣道之大，始遂弃置其说。臣请毋言其短，言其长者。夫西方之佛，以释迦为最；中国之圣人，以尧、舜为最。臣请以释迦与尧、舜比而论之。夫世之最所崇慕释迦者，慕尚于脱离生死，超然独存于世。今佛氏之书具载始末，谓释迦住世说法四十余年，寿八十二岁而没，则其寿亦诚可谓高矣，然舜年百有十岁，尧年一百二十岁，其寿比之释迦则又高也。佛能慈悲施舍，不惜头目脑髓以救人之急难，则其仁爱及物，亦诚可谓至矣，然必苦行于雪山，奔走于道路，而后能有所济。若尧、舜，则端拱无为，而天下各得其所。惟"克明峻德，以亲九族"，则九族既睦；平章百姓，则百姓昭明；协和万邦，则黎民于变时雍；极而至于上下草木鸟兽，无不咸若。其仁爱及物，比之释迦，则又至也。佛能方便说法，开悟群迷，戒人之酒，止人之杀，去人之贪，绝人之嗔，其神通妙用，亦诚可谓大矣，然必耳提面诲而后能。若在尧、舜，则光被四表，格于上下，其至诚所运，自然不言而信，不动而变，无为而成。盖"与天地合其德，与日月合其明，与四时合其序，与鬼神合其吉凶"，其神化无方而妙用无体，比之释迦则又大也。若乃诅咒变幻，眩怪捏妖，以欺惑愚冥，是故佛氏之所深排极诋，谓之外道邪魔，正与佛道相反者。不应好佛而乃好其所相反，求佛而乃求其所排诋者也。陛下若以尧、舜既没，必欲求之于彼，则释迦之亡亦已久矣。若谓彼中学佛之徒能传释迦之道，则吾中国之大，顾岂无人能传尧、舜之道者乎？陛下未之求耳。陛下试求大臣之中，苟其能明尧、舜之道者，日日与之推求讲究，乃必有能明神圣之道，致陛下于尧、舜之域者矣。故臣以为陛下好佛之心诚至，则请毋好其名而务得其实，毋好其末而务求其本。务得其实而求其本，则请毋求诸佛而求诸圣人，毋求诸夷狄而求诸中国者，果非妄为游说之谈以诳陛下者矣。

陛下果能以好佛之心而好圣人，以求释迦之诚而求诸尧、舜之道，则不必涉数万里之遥，而西方极乐，只在目前；则不必縻数万之费，毙数万之命，历数年之久，而一尘不动，弹指之间，可以立跻圣地。神通妙用，随形随足。此又非臣之缪为大言以欺陛下，必欲讨究其说，则皆凿凿可证之言。孔子云："我欲仁，斯仁至矣。""一日克己复礼，而天下归仁。"孟轲云："人皆可以为尧、舜。"岂欺我哉？陛下反而思之，又试以询之大臣，询之群臣。果臣言出于虚缪，则甘受欺妄之戮。

臣不知讳忌，伏见陛下善心之萌，不觉踊跃喜幸，辄进其将顺扩充之说。惟陛下垂察，则宗社幸甚！天下幸甚！万世幸甚！臣不胜祝望恳切殒越之至！专差舍人某具疏奏上以闻。

辞新任乞以旧职致仕疏 十一年十月，时升南赣佥都御史。

臣原任南京鸿胪寺卿，去岁四月，尝以不职自劾求退，后至八月，又以旧疾交作，复乞天恩赦回调理，皆未蒙准允。黾勉尸素，因循日月，至今年九月十四日，忽接吏部咨文，蒙恩升授前职。闻命惊惶，感泣之余，莫知攸措。窃念臣才本庸劣，性复迂疏，兼以疾病多端，气体羸弱，待罪鸿胪闲散之地，犹惧不称。况兹巡抚重任，其将何才以堪！夫因才器使，朝廷之大政也；量力受任，人臣之大分也。朊仕显官，臣心岂独不愿？一时贪幸苟受，后至溃政偾事，臣一身戮辱，亦奚足惜！其如陛下之事何？况臣疾病未已，精力益衰，平居无事，尚尔奄奄，军旅驱驰，岂复堪任！臣在少年，粗心浮气，狂诞自居，自后涉渐历久，稍知惭沮。逮今思之，悔创靡及。人或未考其实，臣之自知，则既审矣，又何敢崇饰旧恶，以误国事？伏愿陛下念朝廷之大政，不可轻地方之重寄，不可苟体物情之有短长，悯凡愚之所不逮，别选贤能，委以兹任。悯臣之愚，不加谪逐，容令仍以鸿胪寺卿退归田里，以免负乖之诛。臣虽颠殒，敢忘衔结！

臣自幼失慈，鞠于祖母岑，今年九十有七，旦暮思臣一见为诀。去岁乞休，虽迫疾病，实亦因此。臣敢辄以蝼蚁苦切之情控于陛下，冀得便道先归省视岑疾，少伸反哺之私，以俟矜允之命。臣衷情迫切，不自知其触昧条宪。臣不胜受恩感激，渎冒战惧，哀恳祈望之至！

谢恩疏 十二年正月二十六日

臣原任南京鸿胪寺卿，正德十一年九月十四日，准吏部咨，为缺官事，该部题："奉圣旨，王守仁升都察院左佥都御史，巡抚南、赣、汀、漳等处地方，写敕与他。钦此。钦遵"。臣自以菲才多病，惧不胜任，以致偾事，当具本乞恩辞免，容令原职致仕。随于十月二十四日节该钦奉敕谕："尔前去巡抚江西南安、赣州，福建汀州、漳州，广东南雄、韶州、惠州、潮州各府及湖广郴州地方。抚安军民，修理城池，禁革奸弊。一应地方贼情、军马、钱粮事宜，小则径自区画，大则奏请定夺。钦此。"钦遵外，十一月十四日续准兵部咨，为紧急贼情事，内开都御史文森迁延误事，见奉敕书切责："乃敢托疾避难，奏回养病。见今盗贼劫掠，民遭荼毒。万一王守仁因见地方有事，假托辞免，不无愈加误事？"该本部题："奉圣旨，既地方有事，王守仁着上紧去，不许辞避迟误，钦此。"闻报忧惭，不遑宁处。一面扶疾候旨，至浙江杭州府地方，于十二月初二日复准吏部咨："该臣奏为乞恩辞免新任，仍照旧职致仕事，奏奉圣旨：王守仁不准休致。南、赣地方见今多事，着上紧前去，用心巡抚，钦此。"备咨到臣，感恩惧罪之余，不敢冒昧复请。随于本月初三日起程，至次年正月十六日，已抵赣州接管巡抚外，伏念臣气体羸弱，质性迂疏，聊为口耳之学，本非折冲之才。鸿胪闲散，尚以疾病而不堪；巡抚繁难，岂其精力之可任！但前官以辞疾招议，适踵效尤之嫌。而圣旨以多事为言，恐蹈避难之罪。遂尔冒于负乘，不暇虚于覆悚。龟勉莅事，忽已逾旬。受恩思效，每废寝食。顾兵粮耗竭之余，加之以师旅，而盗贼残破之后，方苦于疮痍。尚尔一筹之未展，敢云期月而可观？况炎毒旧侵，惧复中于瘴疠，尪衰日积，忧不任于驱驰。心有余而才不逮，足欲进而力不前；徒切感恩之报，莫申效死之诚。臣敢不勉其智之所不足，竭砥砺于己；尽其力之所可为，付利钝于天。亮无补于河岳，亦少至其涓埃。稍俟狐鼠巢穴之平，终遂麋鹿山林之请。臣不胜受恩感激！

给由疏 十二年二月二十五日

臣见年四十六岁，系浙江绍兴府余姚县民籍。由进士，弘治十三年二月内除授刑部云南清吏司主事。弘治十五年八月内告回原籍养病。弘治十七年七月内病痊赴部，改除兵部武选清吏司主事。正德元年十二月内，为宥言官去权奸以彰圣德事，蒙恩降授贵州龙场驿驿丞。正德五年三月内，蒙升江西吉安府庐陵县知县。本年十月内，升南京刑部四川清吏司主事。正德六年正月内，调吏部验封清吏司主事。本年十月内，升本部文选清吏司员外郎。正德七年三月内，升本部考功清吏司郎中。本年十二月初八日，蒙升南京太仆寺少卿，正德八年十月二十二日到任，至正德九年四月二十一日止，历俸六个月。本日到任吏部札付，蒙升南京鸿胪寺卿，本月二十五日到任，至正德十一年九月十四日止，连闰历俸二十九个月零十二日。本日准吏部咨，蒙恩升都察院右佥都御史，巡抚南、赣、汀、漳等府，于正德十二年正月十六日前到地方行事，支俸起，扣至本月二十五日止，又历俸十日。连前共辏历三十六个月。三年考满，例应给由。缘臣系巡抚官员，见在福建漳州等府地方督调官军，夹剿漳、浦等处流贼，未敢擅离。缘系三年给由事理，为此具本奏闻。

参失事官员疏 十二年三月十五日

据江西按察司整饬兵备带管分巡领北道副使杨璋呈："据赣州府信丰县及信丰守御千户所各报称，正德十二年二月初七日，有龙南强贼突来地名崇仙屯扎。已经差委兴国县义民萧承会同信丰、龙南官兵相议剿捕。续据申报，强贼突来本县小河住扎，离县约有四十余里，乞要发兵策应。又据申报，本月初九日，有龙南流贼六百余人突至城下，除严督军兵固守城池，缘本所县无兵御敌，诚恐前贼攻城，卒难止遏，乞调峰山弩手并该县兵夫救护。又经差委南安府经历王祚、南康县县丞舒富统领弩手杀手，前去约会二县掌印官，并领官兵相机攻围，去后。续据县丞舒富呈，'本月初十日，蒙委统领杀手陈礼鲂、打手吴尚能等共五百名，经历王祚、义民萧承统领峰山、加善、双秀弩手各三百名，先后到于信丰县会剿。至十一日，止有该所管屯千户林节带兵四十余名出城。据乡导、马客等报称，止有强贼六百余人在地名花园屯扎。当同各官将兵分布扎定，只见前贼一阵止有百十余徒先出。有前哨义民萧承领兵就与敌杀，斩获贼级四颗，夺获白旗一面。顷刻众贼出营，分为三哨，约有二千余徒。瞰知龙南反招贼首黄秀魁，纠合广东龙川县浰头贼首池大鬓、贼首池大安、新总并池大昇，共为一阵，贼首杨金巢自为一阵，势甚猖獗。卑职督统本哨兵快，奋勇交锋，杀死贼徒二十余人。不意贼众一涌前冲，杀手陈礼鲂、百长钟德昇等见势难当，俱各不听约束，先行漫散。有南康县报效义士杨习举等仍与前贼死敌不退，俱被戳伤身死。及有经历王祚上马不便，亦被执去。贼势得胜，仍要攻城，随与萧承、林节等收集众兵，退至南营山把截。遇蒙本道亲临该县督剿，各贼闻知，退至牛州，离城少远。至十二日，前贼差人告招。十三日，蒙本道差萧承前去招抚，就将经历王祚放回。贼往原巢去讫'"等因,到道,备呈到臣。随据龙南县知县卢凤呈称:"本县捕盗主簿周政,会同镇抚刘铠、千户洪恩,统领机兵旗军,于本月十八日前去信丰县截捕,探得强贼池大鬓、黄秀魁等从鸦鹊隘越过安远县住扎。本职督兵追截,前贼已往广东龙川县,复回原巢浰头去讫。"据安远县知县刘瑀禀称:"于本月十九日统领水元、大石等保民兵弩手,前去龙泉等保截剿,各贼遁回原巢去讫,难以穷追。以此挈兵回县"缘由。

查得先据该道及信丰县所各禀报前事,已经批仰该道兵备等官急调招抚义官叶芳协同石背兵夫断贼归路;及调峰山弩手,与南康打手人等,责委县丞舒富统领前后夹击。又看得此贼既离巢穴,利在速战,仍仰该府急行所属邻近官司,俱要乘险设伏,厚集以待;及于各乡村往来路径多张疑兵,使贼不敢轻易奔突。仍调安远县知县刘瑀星夜起集水元、大石等保民兵一千,横接龙南,邀其不备。若贼犹屯信丰,急自龙南直趋浰头,捣其巢穴。贼进无所获,退无所处,不过旬日,可以坐擒。仰各遵照施行去后,今据前因,参看得县丞舒富,承委督剿,不能相度机宜,轻率骤进,以致杀伤兵快。原其心,虽出奋勇,责以师律,均为败事。经历王祚临阵溃奔,为贼所执,后虽幸免,终系失机。信丰所县知县黄天爵、千户郑铎、巡捕副千户朱诚,惟知固城自守,不肯发兵应援。龙南知县卢凤、捕盗主簿周政、提备镇抚刘铠、千户洪恩,地当关隘,正可防遏,坐视前贼往来,略不出兵邀击。千户林节,即其兵力之寡,似难全责,究其失律之罪,亦宜分受。安远县知县刘瑀,承调追袭,缓不及事,俱属违法。南康县百长钟德昇等,临阵不前,故违约束,先行溃散,失误军机,应合处以军法。该道兵备副使杨璋、守备都指挥同知王泰,俱属提督欠严,但杨璋往来调度,卒能招抚前贼,计其功劳,可以赎罪。及照广东龙川县掌印、捕盗等官,明知首贼池大鬓等在彼地方为巢,却亦不行时尝巡逻,纵其过境劫掠,又各不行乘机追捕,俱属故违。

所据前项失事官员,俱属遵奉敕谕事理,即行提问。但前项贼徒,拥众数千，变诈百出，今虽阳受招抚，其实阴怀异图。况其党与根连三省，万一乘间复出，为患必大。正系紧关用人提备之际，除将百长钟德昇等查勘的确，处以军法，及方面军职另行参究外，其余前项各官，且量加督责，姑令戴罪提备，各自相机行事，勉图后功，以赎前罪。仍一面委官前去信丰县地方，查勘前项杀死兵快数目，及有无隐匿别项事情，另行参奏。缘系地方紧急贼情，及参失事官员事理，未敢擅便，为此具本请旨。

闽广捷音疏 十二年五月初八日

据福建按察司整饬兵备兼管分巡漳南道佥事胡琏呈："会同分守右参政艾洪、经理军务左参政陈策、副使唐泽、将领都指挥佥事李胤、督据河头等哨委官指挥徐麒、知县施祥、知事曾瑶等呈称，各职统领军兵五千余人进至长富村等处，见得贼众地险，巢穴数多，兼且四路装伏，势甚猖獗。克期于正德十二年正月十八日，等各分哨路，从长富村至阔竹洋、新洋、大丰、五雷、大小峰等处与贼交锋。前后大战数合，擒斩首从贼犯黄烨等，共计四百三十二名颗，俘获贼属一百四十六名口，烧毁房屋四百余间，夺获马牛等项。被贼杀死老人许六、打手黄富璘等六名。余贼俱各奔聚象湖山拒守，各职又统官兵追至莲花石，与贼对扎。诚恐贼众我寡，呈乞添兵策应"等因到道。行据大溪哨指挥高伟呈报："统兵约会连花石官兵攻打象湖山，适遇广东委官指挥王春等领兵亦至彼境大伞地方。卑职与指挥覃桓、县丞纪镛领兵前去会剿。不意大伞贼徒突出，卑职等奋勇抵战。覃桓、纪镛马陷深泥，与军人易成等七名、兵快李崇静等八名，俱被贼伤身死，卑职亦被戳二枪。势难抵敌，只得收兵暂回听候。缘象湖山系极高绝险，自来官兵所不能攻，今贼势日盛，若不添调狼兵，稍俟秋冬会举夹攻，恐生他变。通行呈禀间，续奉本院纸牌，为进兵方略事，备行各职遵奉密谕，佯言犒众退师，俟秋再举。密切部勒，诸军乘懈奋击。依蒙密差义官曾崇秀爪探虚实，乘贼怠弛，会选精兵一千五百名当先，重兵四千二百名继后，分作三路。各职统领俱于二月十九日夜衔枚直趋，三路并进，直捣象湖山，夺其隘口。各贼虽已失险，但其间贼徒类皆骁勇精悍，犹能凌堑绝谷，超跃如飞。复据上层峻险，四面飞打滚木礌石，以死拒敌。我兵奋勇鏖战，自辰至午，呼声震天，撼摇山谷。三司所发奇兵，复从间道鼓噪突登，贼始惊溃大败。我兵乘胜追杀，擒斩大贼首黄猫狸、游四并广东大贼首萧细弟、郭虎等二百九十一名颗，俘获贼属一百三十三名口，其间坠崖堕壑死者不可胜计。夺回水黄牛、赃银、枪刀等物，烧毁房屋五百余间。余贼溃散，复入流恩山冈等巢，与诸贼合势，亦被各贼杀死头目赖颐、打手杨缘等一十四名。次早，各职分兵追剿，指挥高伟、推官胡宁道亦由大丰领兵来会。仍与前贼交锋大战，擒斩首从贼犯巫姐旺等一百六十三名颗，俘获贼属一百六名口。余贼败走，各又遁入广东交界黄蜡溪、上下漳溪大山去讫。"又据金丰三团哨委官指挥王铠、李诚、通判龚震等各呈称："贼首詹师富等恃居可塘洞山寨，聚粮守险，势甚强固。各职依奉会议，分兵五路，连日攻打，生擒大贼首詹师富、江嵩、范克起、罗招贤等四名，余贼败走，复入竹子洞等处大山啸聚。随又分兵追袭，与贼连战，擒首从贼犯范兴长第二百三十五名颗，俘获贼属八十二名口，夺回被虏男妇五名口，夺获马牛等物。亦被各贼杀死老人胡文政一名，戳伤乡夫叶永旺等五名。"又据指挥徐麒等呈称："黄蜡溪、上下漳溪与广东饶平县并本省永定县，山界相连。遵依约会广东官兵并金丰哨指挥韦鉴、大溪哨推官胡宁道等，于三月二十一日子时发兵，齐至黄蜡。广东义民饶四等领兵亦至，会合我兵，三路进攻。贼出，拒战甚锐，我兵奋勇大噪而前，擒斩首从贼犯温宗富等九十一名颗，俘获贼属一十三名口，余贼败走。各兵乘胜追至赤石岩，仍与大战良久，贼复大败。又擒斩首从贼犯游宗成等一百四十六名颗，俘获贼属九十名口。"又据中营委官指挥张铖、百户吕希良等呈称："领兵追赶黄蜡溪等处逃贼，至地名陈吕村，遇贼拒战，当阵擒斩首从贼犯朱老叔等六十六名颗，俘获贼属八名口。"各另呈解到道，转解审验纪功外，续据委官知府钟湘呈称："蒙调官兵，先后两月之间，攻破长富村等处巢穴三十余处，擒斩首从贼犯一千四百二十余名颗，俘获贼属五百七十余名口，夺回被掳男妇五名口，烧毁房屋二千余间，夺获牛马赃仗无算。即今胁从余党，悉愿携带家口出官投首，听抚安插。本职遵照兵部奏行勘合并巡抚都察院节行案牌事理，出给告示，发委知县施祥、县丞余道招抚胁从贼人朱宗玉、翁景璘等一千二百三十五名，家口二千八百二十八名口，俱经审验安插复业。"缘由呈报到道，转呈到臣。及据广东按察司分巡岭东道兵备佥事等官顾应祥等会呈："遵依本院案验，委官统领军兵，会同福建，克期进剿。随奉本院进兵方略，当即遵依，扬言班师，一面出其不意，从牛皮石、岭脚隘等处分为三哨，鼓噪并进。贼瞻顾不暇，望风瓦解。节据指挥杨昂、王春、通判徐玑、陈策、义官余黄孟等各报称，于本年正月二十四等日克破古村、未窖、禾村、大水山、柘林等巢，生擒大贼首张大背、刘乌嘴、萧乾爻、范端、萧王即萧五显、蓟钊、苏瑢、赖隆等，并擒斩首从贼犯。乘胜前进，会同福建官军克期夹攻。间探知大伞贼徒溃围，杀死指挥覃相、县丞纪镛等情，当即进兵策应。各贼畏我兵势，烧巢奔走。生擒贼首罗圣钦，余贼退入箭灌大寨，合势乘险，并力拒敌。蒙委知县张戬督同指挥张天杰分哨，由别路进兵，攻破白土村、赤口岩等巢，直捣箭灌大寨。诸贼迎战，我兵奋勇合击，遂破箭灌。当阵斩获首从贼犯共计二百二十四名颗，俘获贼属八十四名口，及牛马赃仗等物。各寨贼党闻风奔窜，已散复聚，愈相连结，各设机险，以死拒守。各职统兵分兵并进，于三月二十等日攻破水竹、大重坑、苦宅溪、靖泉溪、白罗、南山等巢，直捣洋竹洞、三角湖等处，前后大战十余，生擒贼首温火烧、张大背、雷振、蔡晟、赖英等，并擒斩贼犯共一千四十八名颗，俘获贼属八百三十八名口，夺获马牛、赃银、铜钱、衣帛、器仗、蕉纱等物。前后共计生擒大贼首一十四名。擒斩贼犯一千二百五十八名颗，俘获贼属九百二十二名口，夺获水黄牛、马一百三十九头匹，赃仗衣布等物共二千一百五十七件匹，葛蕉纱九十六斤一两，赃银三十二两四钱八分，铜钱一百四十二文，各开报到道收审。"缘由呈报前来，卷查先为急报贼情事，准兵部咨，该本部题："已经福建、广东总镇巡按等衙门都御史陈金、御史胡文静等会议区画，各该守巡兵备等官钦遵。"整备粮饷，起调军兵，约会进剿间，臣于本年正月十六日始抵赣州地方行事。先于本月初三日于南昌地方据两省各官呈禀，师期不同，事体参错，诚恐彼此推调，致误军机。当臣备遵该部咨来事理，具开进兵方略，行仰各官协同上紧，密切施行去后，续据福建右参政等官艾洪等会呈："指挥覃桓、县丞纪镛被大伞贼众突出，马陷深泥，被伤身死。"及据各哨呈称："贼寨险恶，天气渐暄，我兵遭挫，贼势日甚，乞要奏添狼兵，候秋再举。"备呈到臣，参看得各官顿兵不进，致此败衄，显是不奉节制，故违方略。及照奏调狼兵，非惟日久路遥，缓不及事，兼恐师老财费，别生他虞。且胜败由人，兵贵善用。当此挫折，各官正宜协愤同奋，因败求胜，岂可辄自退阻，倚调狼兵，坐失机会？臣当日即自赣州起程，亲率诸军进屯长汀、上杭等处。一面督令各官密照方略，火速进剿，立功自赎，敢有支吾推调，定以军法论处；一面查勘失事缘由，另行参奏间。随据各呈捷音到臣，参照闽广贼首詹师富、温火烧等恃险从逆已将十年，党恶聚徒，动以万计。鼠狐得肆跳梁，蛇豕渐无纪极；却剽焚驱，数郡遭其荼毒；转输征调，三省为之骚然。臣等奉行诛剿，三月之内，遂克歼取渠魁，扫荡巢穴，百姓解倒悬之苦，列郡获再生之安。此非朝廷威德，庙堂成算，何以及此！及照福建领兵各官，始虽疏于警备，稍损军威，终能戮力协谋，大致克捷；论过虽有，计功亦多。其间福建如佥事胡琏、参政陈策、副使唐泽、知府钟湘，广东如佥事顾应祥、都指挥佥事杨戆、知县张戬，才调俱优，劳勋尤著。伏乞俯从惟重之典，以作敢战之风。除将二省兵快量留防守，其余悉令归农。及将功次另行勘报外，原系捷音事理，为此具本题奏。

申明赏罚以励人心疏 十二年五月初八日

据江西按察司整饬兵备带管分巡岭北道副使杨璋呈："伏睹《大明律》

内该载'失误军事'条:'领兵官已承调遣,不依期进兵策应,若承差告报军期而违限,因而失误军机者,并斩。''从军违期'条:'若军临敌境,托故违期三日不至者,斩。''主将不固守'条:'官军临阵先退,及围困越城而逃者,斩。'此皆罚典也。及查得原拟直隶、山东、江西等处征剿流贼升赏事例,一人并二人为首,就阵擒斩以次剧贼一名者,五两;二名者,十两;三名者,赏实授一级,不愿者,赏十两;阵亡者,升一级,俱世袭,不愿者,赏十两;擒斩从贼六名以上至九名者止,升实授二级,余功加赏;不及六名,除升一级之外,扣算赏银;三人四人五人以上共擒斩以次剧贼一名者,赏银十两均分;从贼一名者,赏五两均分;领军把总等官自斩贼级,不准升赏;部下获功七十名以上者,升署一级;五百名者,升实授一级;不及数者,量赏;一人捕获从贼一名者,赏银四两;二名者,赏八两;三名者,升一级;以次剧贼一名者,升署一级,俱不准世袭,不愿者,赏五两。此皆赏格也。赏罚如此,宜乎人心激劝,功无不立;然而有未能者,盖以赏罚之典虽备,然罚典止行于参提之后,而不行于临阵封敌之时;赏格止行于大军征剿之日,而不行于寻常用兵之际故也。且以岭北一道言之,四省连络,盗贼渊薮。近年以来,如贼首谢志珊、高快马、黄秀魁、池大鬓之属,不时攻城掠乡,动辄数千余徒。每每督兵追剿,不过遥为声势,俟其解围退散,卒不能取决一战者,以无赏罚为之激劝耳。令无申明赏罚之典,今后但遇前项贼情,领兵官不拘军卫有司,所领兵众有退缩不用命者,许领兵官军前以军法从事;领兵官不用命者,许总统兵官军前以军法从事。所统兵众,有能对敌擒斩功次,或赴敌阵亡,从实开报,覆勘是实,转达奏闻,一体升赏。至若生擒贼徒,鞫问明白,即时押赴市曹,斩首示众。庶使人知警畏,亦与见行事例决不待时,无相悖戾。如此,则赏罚既明,人心激励,盗贼生发,得以即时扑灭。粮饷可省,事功可见矣。"具呈到臣。

卷查三省贼盗,二三年前,总计不过三千有余。今据各府州县兵备守备等官所报,已将数万,盖已不啻十倍于前。臣尝深求其故。寻诸官僚,访诸父老，采诸道路，验诸田野，皆以为盗贼之日滋，由于招抚之太滥；招抚之太滥，由于兵力之不足；兵力之不足，由于赏罚之不行。诚有如副使杨璋所议者。臣请因是为陛下略言其故。

盗贼之性虽皆凶顽，固亦未尝不畏诛讨。夫惟为之而诛讨不及，又从而招抚之，然后肆无所忌。盖招抚之议，但可偶行于无辜胁从之民，而不可常行于长恶怙终之寇；可一施于回心向化之徒，而不可屡施于随招随叛之党。南、赣之盗，其始也，被害之民恃官府之威令，犹或聚众而与之角，鸣之于官；而有司者以为既招抚之，则皆置之不问。盗贼习知官府之不彼与也，益从而仇胁之。民不任其苦，知官府之不足恃，亦遂靡然而从贼。由是，盗贼益无所畏，而出劫日频，知官府之必将己招也；百姓益无所恃，而从贼日众，知官府之必不能为己地也。夫平良有冤苦无伸，而盗贼乃无求不遂；为民者困征输之剧，而为盗者获犒赏之勤；则亦何苦而不彼从乎？是故近贼者为之战守，远贼者为之乡导；处城郭者为之交援，在官府者为之间谍；其始出于避祸，其卒也从而利之。故曰"盗贼之日滋，由于招抚之太滥"者，此也。

夫盗贼之害，神怒人怨，孰不痛心！而独有司者，必欲招抚之，亦岂得已哉？诚使强兵悍卒，足以歼渠魁而荡巢穴，则百姓之愤雪，地方之患除；功成名立，岂非其所欲哉！然而南、赣之兵，素不练养，类皆脆弱骄惰，每遇征发，追呼拒摄，旬日而始集；约束赍遣，又旬日而始至；则贼已稇载归巢矣。或犹遇其未退，望贼尘而先奔，不及交锋而已败。以是御寇，犹驱群羊而攻猛虎也，安得不以招抚为事乎？故凡南、赣之用兵，不过文移调遣，以苟免坐视之罚；应名剿捕，聊为招抚之媒。求之实用，断有不敢。何则？兵力不足，则剿捕未必能克；剿捕不克，则必有失律之咎，则必征调日繁，督责日至；纠举论劾者四面而起，往往坐视而至于落职败名者有之。招抚之策行，则可以安居而无事，可以无调发之劳，可以无戴罪杀贼之责，无地方多事不得迁转之滞。夫如是，孰不以招抚为得计！是故宁使百姓之荼毒，而不敢出一卒以抗方张之遣；

宁使孤儿寡妇之号哭，颠连疾苦之无告，而不敢提一旅以忤及招之贼。盖招抚之议，其始也，出于不得已；其卒也，遂守以为常策。故曰"招抚之太滥，由于兵力之不足"者，此也。

古之善用兵者，驱市人而使战，收散亡之卒以抗强虏。今南、赣之兵尚足以及数千，岂尽无可用乎？然而金之不止，鼓之不进；未见敌而亡，不待战而北。何者？进而效死，无爵赏之劝；退而奔逃，无诛戮之及；则进有必死而退有幸生也，何苦而求必死乎？吴起有云："法令不明，赏罚不信，虽有百万，何益于用？凡兵之情，畏我则不畏敌，畏敌则不畏我。"今南、赣之兵，皆"畏敌而不畏我"，欲求其用，安可得乎！故曰"兵力之不足，由于赏罚之不行"者，此也。

今朝廷赏罚之典，固未尝不具，但未申明而举行耳。古者赏不逾时，罚不后事。过时而赏，与无赏同；后事而罚，与不罚同。况过时而不赏，后事而不罚，其亦何以齐一人心而作兴士气？是虽使韩、白为将，亦不能有所成。况如臣等腐儒小生，才识昧劣，而素不知兵者，亦复何所冀乎？议者以南、赣诸处之贼，连络数郡，蟠据四省，非奏调狼兵，大举夹攻，恐不足以扫荡巢穴。是固一说也。然臣以为狼兵之调，非独所费不赀，兼其所过残掠，不下于盗。大兵之兴，旷日持久，声势彰闻。比及举事，诸贼渠魁，悉已逃遁。所可得者，不过老弱胁从，无知之氓。于是乎有横罹之惨，于是乎有妄杀之弊。班师未几，而山林之间复已呼啸成群。此皆往事之已验者。臣亦近拣南、赣之精锐，得二千有余，部勒操演，略有可观。诚使得以大军诛讨之，赏罚而行之，平时假臣等以便宜行事，不限以时而惟成功是责，则比于大军之举，臣窃以为可省半费而收倍功。臣请以近事证之。臣于本年正月十五日抵赣，卷查兵部所咨申明律例：今后地方但有草贼生发，事情紧急，该管官司即便依律调拨官军乘机剿捕；应合会捕者，亦就调拨策应；但系军情，火速差人申奏。敢有迟延隐匿，巡抚巡按三司官即便参问，依律罢职充军等项发落。虽不系聚众草贼，但系有名强盗，肆行劫掠，贼势凶恶，或白昼拦截，或明火持杖，不拘人数多少，一面设法缉捕，即时差人申报合干上司，并具申本部知会处置。如有仍前朦胧隐蔽，不即申报，以致聚众滋蔓，贻患地方，从重参究，决不轻贷等因，题奉钦依，备行前来。时以前官久缺，未及施行，臣即刊印数千百纸，通行所属，布告远近。未及一月，而大小衙门以贼情来报者接踵，亦遂屡有斩获一二人或五六人七八人者。何者？兵得随时调用，而官无观望执肘，则自然无可推托逃避，思效其力。由此言之，律例具存，前此惟不申明而举行耳。今使赏罚之典悉从而申明之，其获效亦未必不如是之速也。伏望皇上念盗贼之日炽，哀民生之日蹙，悯地方荼毒之愈甚，痛百姓冤愤之莫伸，特敕兵部，俯采下议，特假臣等令旗令牌，使得便宜行事。如是而兵有不精，贼有不灭，臣等亦无以逃其死。夫任不专，权不重，赏罚不行，以至于偾军败事，然后选重臣，假以总制之权而往拯之，纵善其后，已无救于其所失矣。

臣才识浅昧，且体弱多病，自度不足以办此，行从陛下乞骸骨，苟全余喘于林下。但今方待罪于此，心知其弊，不敢不为陛下尽言。陛下从臣之请，使后来者得效其分寸，收讨贼之功，臣亦得以少逭死罪于万一。缘系申明赏罚以励人心事理，为此具本请旨。

攻治盗贼二策疏 十二年五月二十八日

据江西按察司整饬兵备带管分巡岭北道副使杨璋呈奉臣批："据南安府申大庾县报，正德十二年四月内，被峯贼四百余人前来打破下南等寨，续被上犹、横水等贼七百余徒截路打寨，劫杀居民。又据南康县报，峯贼一伙突来龙句保房劫居民；续被峯贼三百余徒突来坊民郭加琼等家，掳捉男妇八十余口，耕牛一百余头。又有峯贼一阵，掳劫上长龙乡耕牛三百余头，男妇子女不知其数。又据上犹县申，被横水等村峯贼，纠同逃民，四散房劫人财。续据三门总甲萧俊报，峯贼与逃民约有数百，在于地名梁滩房牵人牛。本月十六日，准本县捕盗主簿利昱牒报，峯贼劫打头里、茶坑等处，驻扎未散，已关统兵官县丞舒富等前去追剿，贼已退回横水等巢。"去讫。各申本院，批兵备道议处回报。案照四月初五日据南康府呈同前事，彼时本院见在福建漳州督兵未回，未知前贼向往，行查未报。续据龙南县禀，被广东浰头等处强贼池大鬓等三千余徒，突来攻围总甲王受寨所，又经会委义官萧承调兵前去会剿。随据本县呈，前贼退去讫等因，又查得先据南康县申呈，上犹贼首谢志珊纠合广东贼首高快马，统众二千余徒，攻围南康县治，杀损官兵。已经议委知府邢珣等查勘失事缘由呈报外，续该兵部题咨："巡抚都御史孙燧，会同南赣都御史王守仁，同前项贼犯谢志珊等，量调官军，设法剿捕，务期尽绝。应该会同两广镇巡官行事，照例约会施行。题奉钦依。"转行查勘前贼，见今有无出没及曾否集有兵粮，相度机宜，即今可否剿捕。惟复应会两广调集军马，待时而动，务要查议明白，处置停当，具由呈报。仍督各该地方牢固把截，用心防守，以备不虞等因。随奉本院案验，议照前贼连络三省，盘据千里，必须三省之兵克期并进，庶可成功。但今湖广已有偏桥苗贼之征，广东又有府江瑶㣑之伐，虽欲约会夹攻，目今已是春深，雨水连绵，草木茂盛，非惟缓不及事，抑且虚糜粮饷。合无一面募兵练武，防守愈严，积谷贮粮，军需大备；告招者，抚顺其情，暂且招安；肆恶者，乘其间隙，量捣其穴。候三省约会停当，然后大举，庶有备无患，事出万全。通行呈详去后，今奉前因，随会同分守左参议黄宏、守备都指挥同知王泰，查勘得南安府所属大庾、南康、上犹三县，除贼巢小者未计，其大者总计三十余处，有名大贼首有谢志珊、志海、志全、杨积荣、赖文英、蓝瑶、陈曰能、蔡积昌、赖文聪、刘通、刘受、萧居谟、陈尹诚、简永广、蔡积庆、蔡西、薛文高、洪祥、徐华、张祥、刘清才、谭曰真、苏景祥、蓝清奇、朱积厚、黄金瑞、蓝天凤、蓝文亨、钟鸣、钟法官、王行、雷明聪、唐洪、刘元满，所统贼众约有八千余徒，且与湖广之桂阳、桂东、鱼黄、聂水、老虎、神仙、秀才等巢，广东之乐昌，巢穴相联，盘据流劫三省，为害多年。赣州之龙南，因与广东之龙川、浰头贼巢接境，被贼首池大鬓、大安、大升纠合龙南贼首黄秀魁、赖振禄、钟万光、王金巢、钟万贵、古兴凤、陈伦、钟万璇、杜思碧、孙福荣、黄万珊、黄秀珏、罗积善、王金、曾子奈、王金奈、王洪、罗凤璇、黎用璇、黄本瑞、郑文钺、陈秀玹、陈珪、刘经、蓝斌、黄积秀等，所统贼众约有五千余徒，不时越境流劫信丰、龙南、安远等县。已经夹攻三次，俱被漏网。所据前贼，占据居民田土数千万顷，杀虏人民，尤难数计。攻围城池，敌杀官兵，焚烧屋庐，奸污妻女。其为荼毒，有不忍言。神人之所共怒，天讨所当必加者也。今闻广、湖二省用兵将毕，夹攻之举，亦惟其时，但深山茂林，东奔西窜，兼之本道兵粮寡弱，必须那借京库折银三万余两，动调狼兵数千前来协力，约会三省并进夹攻，庶可噍类无遗，等因。又据广东乐昌县知县李增禀称："本年二月内，有东山贼首高快马等八百余徒，在地名柜头村行劫。"又据乳源县禀报："贼徒千余，在洲头街等处打劫。"备申照详。及据湖广整饬郴桂等处兵备副使陈璧呈称："本年二月内，据黄砂保走报，广东强贼三百余徒突出攻劫。"又据宜章所飞报："乐昌县山峒苗贼二千余众出到九阳等处搜山捉人，未散。"又报："东西二山首贼发票会集四千余徒，声言要出桂阳等处攻城。"又报："江西长流等峒峯贼六百余徒，又一起四百余徒，各出劫掠。"及据桂东县申报："强贼一起七百余徒，前到本县杀人祭旗，捉掳男妇，未散。"又据桂阳县报："强贼六百余徒，声言要来攻寨。"等因，各禀报到道。看得前项苗贼四山会集，报到之数，将及万余。我兵寡弱，防守尚且不足，敌战将何以支？况郴桂所属永兴等县，原无城池，防守地方重计，实难为处。伏望轸念荼毒，请军追捕，等因。又据郴州桂阳县申："本县四面，俱系贼巢。正德三年以来，贼首龚福全等作耗，杀死守备都指挥邓旻；虽蒙征剿，恶党犹存。正德七年，兵备衙门计将贼首龚福全招抚，给与冠带，设为瑶官。贼首高仲仁、李宾、黎稳、梁景聪、扶道全、刘付兴、李玉景、陈宾、李聪、曹永通、谢志珊，给与巾衣，设为老人。未及两月，已出要路劫杀军民。动辄百千余徒，号称'高快马'、'游山虎'、'金钱豹'、'过天星'、'密地蜂'、'总兵'等名目，随处流劫。正德十一年七月内，龚福全张打旗号，僭称'廷溪王',李宾、李稳、梁景聪僭称'总兵''都督''将军'名目,各穿大红,虏民抬轿,展打凉伞,摆列头踏响器。其余瑶贼,俱乘马匹。千数余徒,出劫乐昌及江西南康等县,拒敌官军。后蒙抚谕,将贼首高仲仁、李宾给与冠带,重设瑶官。未宁半月,仍前出劫。本年正月十六日,一起八百余徒出劫乐昌县,虏捉知县韩宗尧,劫库劫狱;又一起七百余徒,打劫生员谭明浩家;一起六百余徒,从老虎等峒出劫;一起五百余徒,从兴宁等县出劫。切思前贼阳从阴背,随抚随叛。目今瑶贼万余,聚集山峒,声言要造吕公大车,攻打州县城池。官民徬徨,呈乞转达,请调三省官军夹剿"等情,各备申到臣。除备行江西、广东、湖广三省该道守巡、兵备、守备等官,严督各该府州县所掌印、巡捕、巡司、把隘、提备等官,起集兵快人等,加谨防御,相机截捕去后。查得先因地方盗贼日炽,民被荼毒,窃计兵力寡弱,既不足以防遏贼势,事权轻挠,复不足以齐一人心。乞要申明赏罚,假臣等令旗令牌,使得便宜行事,庶几举动如意,而事功可成。已经具题间,今复据各呈申前因,臣等参看得前项贼徒,恶贯已盈,神怒人怨。譬之疽瘫之在人身,若不速加攻治,必至溃肺决肠。

  然而攻治之方,亦有二说。若陛下假臣等以赏罚重权,使得便宜行事,期于成功,不限以时,则兵众既练,号令既明,人知激励,事无掣肘,可以伸缩自由,相机而动,一寨可攻则攻一寨,一巢可扑则扑一巢。量其罪恶之浅深而为抚剿,度其事势之缓急以为后先。如此,亦可以省供馈之费,无征调之扰;日剪月削,使之澌尽灰灭。此则如昔人拨齿之喻,日渐动摇,齿投而儿不觉者也。然而今此下民之情,莫不欲大举夹功,以快一朝之忿,盖其怨恨所激,不复计虑其他。必须南调两广之狼达,西调湖湘之土兵,四路并进,一鼓成擒,庶几数十年之大患可除,千万人之积怨可雪。然此以兵法"十围五攻"之例,计贼二万,须兵十万,日费千金。殆于道路不得操事者七十万家,积粟料财,数月而事始集;刻期举谋,又数月而兵始交;声迹彰闻,贼强者设险以拒敌,黠者挟类而深逃,迨于锋刃所加,不过老弱胁从。且狼兵所过,不减于盗;转输之苦，重困于民。近年以来，江西有姚源之役，疮痍甫起；福建有汀漳之寇，军旅未旋；府江之师方集于两广；偏桥之讨未息于湖湘。兼之杼柚已轻，种不入土；而营建所输，四征未已；诛求之刻，百出方新。若复加以大兵，民将何以堪命？此则一拔去齿而儿亦随毙者也。夫由前之说，则如臣之昧劣，实惧不足以堪事，必择能者任之而后可。若大举夹攻，诚可以分咎而薄责，然臣不敢以身谋而废国议。惟陛下择其可否，断而行之。缘系地方紧急贼情事理，为此具本请旨。

类奏擒斩功次疏 十二年五月二十八日

据江西按察司整饬兵备带管分巡岭北道副使杨璋呈："正德十二年二月二十等日，据赣州府龙南县申，总甲王受等呈，蒙差各役领兵与同已招大贼首黄秀玑等前往安远截捕流贼赖振禄等，行至地名湖江背，不料黄秀玑反招，主令伊弟黄大满、黄细满等沿途打抢民财，放火烧毁民人刘必甫等房屋，仍与贼首赖振禄等连谋行劫。本役督率兵快人等前到地名黎坑祭下与贼对敌，当阵杀获贼首黄秀玑、黄大满、黄细满、黄积瑜首级四颗，夺获黄黑旗二面，杀死贼徒三十余名。本年四月初九日，又有广东浰头老贼首池大鬓串同反招贼首黄秀魁、陈秀显等，纠众四百余徒，打劫千长何甫等家。本役又率兵夫至地名陈坑水与贼交锋，杀获首从贼人陈秀显等一十二颗，夺获红旗一面，大小黄牛五头。余贼归巢去讫。及据南安府申，据大庾县隘长张德报称，湖广桂阳县鱼黄峒峯贼首唐飞剑、总兵严宗清、千总赖必等纠众劫房，当起兵夫追至界首南流拗，与贼对敌，杀获唐飞剑、严宗清首级二颗。及南安县申，准县丞舒富关，峯贼三百余人出劫，当有保长王万湖等带领乡兵擒捕，杀获贼级一颗，生擒贼二名，夺回被房人口三名口，夺获黄牛二头，各解报到道，审验明白。"等因。又据广东按察司分巡岭南道佥事黄昭呈："韶州府乳源县知县沈渊申称，本年二月十八日，有东山瑶贼首高快马等众突来城外，并附近乡村打劫，欲行攻陷南城。当即起集乡兵及打手民壮，固守城池，及相机与敌，射伤贼徒三名，各贼退在北城外扎营，随调深峒等处土兵协力，奋勇与贼交锋，射伤贼徒二十余名，射死贼徒一十六名，夺回被掳人口三十二名口。"又据捕盗老人梁真等杀获贼级二颗，生擒贼徒一名。及据乐昌县知县李增申："强贼六百余徒出劫，当集打手兵壮前去截捕，到地名云门寺与贼交锋，斩获贼级二十四颗，生擒贼徒二名，夺获马七匹。"又据曲江县瑶总盘宗兴等擒获贼徒一名，夺获马一匹。各呈解到道，审验是实。等因。并据潮州府揭阳县申："流贼劫长乐、海丰等县黄义官等家，随调兵快，行至地名长门径，与贼对敌，擒获贼徒张宏福、王本四等一十六名，俘获贼妇二口。"及据惠州府申："准捕盗通判徐玑牒称，流贼一伙约有八十余徒，围劫新地屯徐百户等家，当督兵快打手追杀至地名马骏迳，擒获贼徒杜栋等四名，杀获贼级一颗；又督总甲郑全等在地名葵头障，擒获贼徒张仔等一十二名；及千长彭伯璿等率兵擒获贼徒黄贵等一十五名，杀获贼级一颗，俘获贼妇一口。又有总甲黄廷珠追获贼徒雷进保等八名。俱解赴岭东道审验。"等因。及据湖广郴桂等处兵备副使陈璧、守备指挥同知李璋各呈，广东苗贼一千余徒出劫兴宁等处，当起郴州杀手，令闲住千户孔世杰等管领追袭，至地名大田桥，遇贼，当阵擒斩首从贼人庞广等三十二名颗，夺获赃仗四十七件，马骡五匹，夺回被掳人口二百五十名口。并据老人刘宣等，捕获贼徒雷克怒等六名，俘获妇女三口。申报到道，审验明白。各备由呈申开报到臣。

先为巡抚地方事，节该钦奉敕："命尔巡抚江西南安、赣州、福建汀州、漳州、广东南雄、韶州、惠州、潮州各府及湖广郴州地方，但有贼盗生发，即便设法剿捕。钦此。"钦遵。已经备行道守巡、兵备、守备等官，严督府、卫、所、州、县掌印、捕盗等官，集起父子乡兵，及顾募打手、杀手、弩手人等，各于贼行要路去处加谨防御，遇有盗兵出没，就便相机截捕，获功呈报，以靖地方。今据各呈，除行各该兵备等官将斩获贼级阅验明白，发仰枭首、生擒贼犯，问招回报；俘获贼属并牛马赃物俱变卖价银入官，与器械俱贮库；被掳人口给亲完聚；获功人员照例量行给赏外，缘系擒获功次事理，为此具本题知。

添设清平县治疏 十二年五月二十八日

据福建按察司兵备佥事胡琏呈："奉本院批，据漳州府呈：'准知府钟湘关据南靖县儒学生员张浩然等连名呈称，南靖县治僻在一隅，相离卢溪、平和、长乐等处，地里遥远，政教不及，小民罔知法度，不时劫掠乡村，肆无忌惮，酿成大祸。今日动三军之众，合二省之威，虽曰歼厥渠魁，扫除党类，此特一时之计，未为久远之规。乞于河头、中营处所，添设县治，引带汀、潮，喉襟清、宁。人烟辏集，道路适均；政教既敷，盗贼自息。考之近日，龙岩添设漳平而寇盗以靖，上杭添设永定而地方以宁，此皆明验。今若添设县治，可以永保无虞等情。又据南靖县义民乡老曾敦立、林大俊等呈称，河头地方北与户溪流恩山岗接境，西南与平和象湖山接境，而平和等乡又与广东饶平县大伞、箭灌等乡接境，皆系穷险贼巢。两省居民，相距所属县治各有五日之程，名虽分设都图，实则不闻政教。往往相诱出劫，一呼数千，所过荼毒，有不忍言。正德二年，虽蒙统兵剿捕，未曾设有县治；不过数月，遗党复兴。今蒙调兵剿抚，虽少宁息，诚恐漏网之徒复踵前弊，呈乞添设县治，以控制贼巢；建立学校，以移风易俗。庶得久安长治等因。蒙漳南道督同本职，与南靖县知县施祥带领耆民曾敦立等，并山人洪钦顺等，亲诣河头地方，踏得大洋陂背山面水，地势宽平，周围量度可六百余丈，西接广东饶平，北联三团卢溪，堪以建设县治。合将南靖县清宁、新安等里，漳浦县二三等都，分割管摄，随地粮差。及看得卢溪枋头坂地势颇雄，宜立巡检司以为防御，就将小溪巡检司移建，仍量加编弓兵，点选乡夫，协同巡逻。遇有盗贼，随即扑捕。再三审据通都民人合词，执称南靖地方极临边境，盗贼易生，上策莫如设县。况今奏凯之后，军饷钱粮尚有余剩，各人亦愿凿山采石，挑土筑城，砍伐树木，烧造砖瓦，数月之内，工可告成。为照南靖县相离卢溪等处，委的窎远，难以提防管束，今欲于河头添设县治，枋头坂移设巡检司，外足以控制饶平邻境，内足以压服卢溪诸巢。又且民皆乐从，不烦官府督责，诚亦一劳永逸，事颇相应。具呈到道，呈乞照详。'等因。奉批：'看得开建县治，控制两省瑶寨，以奠数邑民居，实亦一劳永逸之图。但未经查勘奏请，仍仰该道会同始议各官，再行该府拘集父老子弟及地方新旧居民，审度事体，斟酌利害。如果远近无不称便，军民又皆乐从，事已举兴，势难中辍。即便具由呈来，以凭奏请定夺。仍一面俯顺民情，相度地势，就于建县地内，预行区画，街衢井巷，务要均适端方，可以永久无弊；听从愿从新旧人民，各先占地建屋，任便居住；其县治、学校、仓场，及一应该设衙门，姑且规留空址，待奏准命下之日，以次建立；仍一面通行镇巡等衙门，公同会议。此系设县安民、地方重事，各官务要计处周悉，经画审当，毋得苟且雷同，致贻后悔。批呈作急勘报。'等因。依蒙拘集坊郭父老，及河头新旧居民再三询访，各交口称便。有地者愿归官丈量，以建城池；有山者愿听上砍伐，以助木石；有人力者又皆忻然相聚，挑筑土基，业已垂成。惟恐上议中止，下情难遂。"等情，具呈到臣。

为照建立县治，固系御盗安民之长策，但当大兵之后，继以重役，窃恐民或不堪。臣时督兵其地，亲行访询父老，辄咨道路，众口一词，莫不举首愿望，仰心乐从，旦夕皇皇，惟恐或阻。臣随遣人私视其地，官府未有教令，先已伐木畚土，杂然并作，裹粮趋事，相望于道。究其所以，皆缘数邑之民积苦盗贼。设县控御之议，父老相沿已久，人心冀望甚渴，皆以为必须如此，而后百年之盗可散，数邑之民可安，故其乐事劝工，不令而速。臣观河头形势，实系两省贼寨咽喉。今象湖、可塘、大伞、箭灌诸巢虽已破荡，而遗孽残党，亦宁无有逃遁山谷者？旧因县治不立，征剿之后，浸复归据旧巢。乱乱相承，皆原于此。今诚于其地开设县治，正所谓抚其背而扼其喉，盗将不解自散，行且化为善良。不然，不过年余，必将复起。其时再举两省之兵，又縻数万之费，图之已无及矣。臣窃以为开县治于河头，以控制群巢，于势为便。虽使民甚不欲，犹将强而从之，况其祝望欣趋若此，亦何惮而不为！至于移巡司于枋头坂，亦于事势有不容已。盖河头者，诸巢之咽喉；枋头者，河头之唇齿；势必相须。兼其事体已有成规，不过迁移之劳，所费无几。臣等皆已经画区处，大略已备，不过数月，可无督促而成。民之所未敢擅为者，惟县治学校，须命下之日，乃举行耳。伏愿陛下俯念一方荼毒之久，深惟百姓永远之图，下臣等所议于该部，采而行之。设县之后，有不如议，臣无所逃其责。今新抚之民，群聚于河头者二千有余，皆待此以息其反侧。若失今不图，众心一散，不可以复合；事机一去，不可以复追。后有噬脐之悔，徒使臣等得以为辞，然已无救于事矣。缘系添设县治永保地方事理，为此具本请旨。

疏通盐法疏 十二年六月十五日

据江西按察司整饬兵备带管分巡岭北道副使杨璋呈："奉巡抚江西右副都御史孙燧案验，准兵部咨：'行移各该巡抚官员，今岁俱免赴京议事，各要在彼修举职业。若有重大军务，应议事件，益于政体，便于军民者，明白条陈，听会官计议奏请。'等因，已经行仰所属查访去后，随据吉安、临江、袁州等府，万安、泰和、清江、宜春等县商民彭拱、刘常、郭闰、彭秀连名状告：'正德六年，蒙上司明文行令赣州府起立抽分盐厂，告示商民，但有贩到闽、广盐课，由南雄府曾经折梅亭，纳过劝借银两，止在赣州府发卖者，免其抽税；愿装至袁、临、吉三府卖者，每十引抽一引。闽盐自汀州过会昌羊角水，广盐自黄田江、九渡水来者，未经折梅亭，在赣州府发卖，每十引抽一引；愿装至袁、临、吉三府发卖，每十引又抽一引。疏通四年，官商两便。正德九年十月内，又蒙赣州府告示，该奉勘合开称，广盐止许南、赣二府发卖，其袁、临、吉不系旧例行盐地方，不许越境。以致数年广盐禁绝，淮盐因怯河道逆流，滩石险阻，止于省城。三府居民受其高价之苦，客商阻塞买卖之源。乞赐俯念吉、临等府与赣州地里相连，自昔至今，惟食广盐，一向未经禁革。况广盐许于南、赣二府发卖，原亦不系洪武旧制，乃是正统年间为建言民情事，奉总督两广衙门奏行新例。如蒙将广盐查照南、赣事例，照旧疏通下流发卖，万民幸甚。'等因。又据赣州府抽分厂委官照磨汪德进呈：'近奉勘合禁止广盐、止许南、赣发卖，不许下流。但赣州、吉安地理相连，水路不过一日之程。今年夏骤雨泛涨，虽有桥船阻隔，水势汹恶，冲断桥索，以致奸商计乘水势，聚积百船，执持凶器，用强越过。后虽拿获数起，问罪不过十之一二。又有投托势要官豪，夹带下流发卖者；又有挑担驮载，从兴国、赣县、南康等处小路越过发卖者。其弊多端，不禁则违事例，禁止则势所难行，呈乞议处。'等因。卷查正德六年，奉总制江西等处地方军务左都御史陈金批：'据江西布政司呈，准本司右布政使任汉咨称，查得江西十三府俱系两淮行盐地方，湖西、岭北二道滩石险恶，淮盐因而不到。商人往往越境私贩广盐，射利肥己。先蒙总督衙门奏准广盐许行南、赣二府发卖，仰令南雄照引追米纳价，类解梧州军门，官商两便，军饷充足。当时止是奏行南、赣，不曾开载袁、临、吉三府。合无遵照敕谕，便宜处置，暂许广盐得下袁、临、吉三府地方发卖，立厂盘掣，以助军饷。及据江西按察司兵备副使王秩亦呈前事。随该三司布政等官刘昊等议得委果于事有益，于法无碍，呈详，批允，前来遵照立厂，照例抽税'外。正德九年十月内，准户部咨，该巡抚都御史周南题，该本部覆议，内开广东盐课，仍照正德三年题奉钦依事理。有引官盐，许于南、赣二府发卖，不许再行抽税。袁、临、吉不系旧例行盐地方，不许到彼。如有犯者，不分有引无引，俱照律例问罪没官。又经行仰禁革去后，今据前因，随查得正德六年十一月二十七日设立抽分厂起，至正德九年五月终止，共抽过税银四万八百四十余两。陆续奉抚镇衙门，明文支发三省夹攻大帽山等处赏功军饷，并犒劳过狼兵官军士兵口粮，并取赴饶州征剿姚源军前应用，及起造抽分厂厅浮桥，修理城池，买谷上仓，预备赈济，及遵巡抚军门批申，借支赣州卫官军月粮等项，支过税银三万八千二百九十余两。由此观之，则地方粮饷之用，岁费不赀而仰给于商税独重。前项商税所入，诸货虽有，而取足于盐利独多。及查得近为紧急贼情事，该兵部题奉钦依，转行议处停当，具由呈报。该本道会同分守守备衙门议得贼首谢志珊有名大寨三十余处，拥众数万，盘据三省，穷凶极恶，神怒人怨。已经呈详转达奏闻，动调三省官兵会剿去后，及议得本省动调官兵以三万为率，半年为期，粮饷等费，约用数万。查得赣州府库收贮前项税银，除支用外，止余二千九百余两。又是节催起解赴部之数，续收银两，止有一千六百余两。但恐不日命下，克期进剿，军行粮食，所当预处。及查得广东所奏前项盐法，准行南、赣二府贩卖，果系一时权宜，不系洪武年间旧例，合无查照先年总制都御史陈金便宜事例，一面行令前商，许于袁、临、吉三府贩卖，所收银两，少为助给；一面别行议处，以备军饷。庶使有备无患，不致临期缺乏。候事少宁，另行具题禁止。庶袁、临、吉三府无乏盐之苦，南、赣二府军门得军饷之利，而关津把截去处，免阻隔意外之变，诚为一举而三得矣，等因。已经备由呈奉巡抚都御史孙燧批："看得所议盐税，既不重累商人，抑且有裨军饷，舆情允协，事体颇宜。但其至赣州府十取其一，吉、临等府十而取二，似乎过重。仰行再加详议，斟酌适中。回报。"依奉，访得商民贩盐，下至三府发卖者，倍取其利，即许越境贩卖，乃其心悦诚服，并无税重之辞。又经呈详，奉批："看得所议盐税事情，商贾疏通，军饷有赖，一举两得，合遵照钦奉敕谕便宜处置事理，仰行各道并该府县遵奉。仍禁革奸徒，不许乘机作弊，因而瞒官射利，扰害地方。"具由缴申。今照本院抚临，理合再行呈请照详。"等因，据呈到臣。

　　看得赣、南二府，闽、广喉襟，盗贼渊薮。即今具题夹攻，不日且将命下；粮饷之费，委果缺乏；计无所措，必须仰给他省。但闻广东以府江之师，库藏渐竭；湖广以偏桥之讨，称贷既多。亦皆自给不赡，恐无羡余可推。若不请发内帑，未免重科贫民。然内帑以营建方新，力或不逮；贫民则穷困已极，势难复征。及照前项盐税，商人既已心服，公私又皆两便，庶亦所谓不加赋而财足，不扰民而事办。臣除遵照敕谕，径自区画事理，批行该道，暂且照议施行。候地方平定之日，将抽过税银、支用过数目，另行具奏。抽分事宜，照例仍旧停止外，缘系地方事理，为此具本题知。

卷十　别录二

奏疏二

议夹剿兵粮疏正德十二年七月初五日

准兵部咨，该本部题，职方清吏司案呈奉本部送兵科抄出，巡抚湖广地方兼赞理军务都察院右副都御史秦金题称："会同巡按御史王度督同都、布、按三司掌印署都指挥佥事文恭、左布政使周季凤、副使恽巍等，议照湖广郴、桂等处所属地方，与广东乐昌、江西上犹等处县瑶贼密尔联络。彼处有名贼首龚福全、高仲仁、李斌、庞文亮、蓝友贵等，素恃巢穴险固，聚众行劫。先年用兵征剿，各贼漏殄未除，遂致祸延今日。臣等仰体皇上好生之心，设法抚处，冀图靖安，以成止戈之武。奈犬羊之性，变诈不同；豺狼之心，贪噬无厌。阳虽听招，阴实肆毒。今乃攻打县堡，虏官杀人，穷凶极恶，神人共愤。虽经各官兵擒斩数辈，稍惧归巢，缘其种类繁多，出没尚未可料。若非三省合兵，大彰天讨，恶孽终不殄除，疆宇何由宁谧！所据各官会呈，乞要大举。臣等再三筹议，非敢轻启兵端，但审时度势，诚有不容已者。况彼巢峒既多，贼党亦众，东追西窜，此出彼藏。必须调发本省土汉官军民兵杀手人等，共三万员名，分立哨道，刻期进剿。其两广、南、赣，仍须各调官军狼兵，把截夹攻，协济大事。臣等计算兵粮重大，区处艰难，抑且本省兵荒相继，财力匮乏，前项合用钱粮，预须计处。今将应调土汉官军数目，供给粮饷事宜，及战攻方略，开坐具奏。"该本部覆称："阃外兵权，贵在专委；征伐事宜，切忌遥制。今郴、桂瑶贼，为害日炽，既该湖广镇巡三司官会议兵不可已，要行克期进剿，朝廷若复犹预不决，往返会议，必致误事。但七月进兵，天气尚炎。况今五月将中，三省约会，期限太迫。再请敕两广总督等官左都御史陈金等，及请教巡抚南赣左佥都御史王守仁，各照议定事理，钦遵会合行事，不许违期失误及改拟。九月中取齐进兵，庶三省路远，不误约会。"本年五月十一日，少保兼太子太保本部尚书王琼等具题奉钦依。备咨到臣。除钦遵外，卷查先据江西岭北道副使杨璋及湖广郴、桂兵备副使陈璧，并广东韶州府各呈申前事，臣参看得前贼恶贯已盈，神怒人怨，天讨在所必加。但近年以来，江西有桃源之役，疮痍甫起；福建有汀、漳之寇，军旅未旋。府江之师，方集于两广，偏桥之讨，未息于湖、湘。若复继以大兵，惟恐民不堪命。合无申明赏罚，容臣等徐为之图。惟复约会三省，并举夹攻。已经开陈两端，具本上请去后，今准前因，则巡抚湖广右副都御史秦金所题夹攻事理，既奉有成命矣。臣谨将南、赣二府议处兵粮事宜开坐。缘系地方紧急贼情事理，为此具本请旨。

计开：

一、南安府所属大庾、南康、上犹三县，各有贼巢，联络盘据，有众数千，西接湖广桂阳等县，南接广东韶州府乐昌等县。三省夹攻，必须湖广自桂阳、桂东等处进，广东自乐昌县进；在南安者，必须三县地方并进。赣州府所属，惟龙南县贼巢与广东惠州府龙川县浰头接境。浰头系大贼池大鬓等巢穴，有众数千，比之他贼，势尤猖獗。前此二次夹攻，俱被漏网。龙南虽有贼徒数伙，除之稍易。但其倚借浰头兵力以为声援，攻之则奔入浰头，兵退则复出为害。必须广东兵自龙川进，赣州兵自龙南进，庶可使无奔溃。

一、上犹去龙南几四百里，两处进兵，必须一时并举，庶无惊溃之患。大约计之，亦须用兵一万二千名。今拟调南康、上犹二县机兵、打手一千二百名；大庾县机兵、打手一千二百名；赣州府所属，除石城县外，宁都、信丰二县机兵、打手各一千名；其余七县，机兵、打手三千名；龙泉县机兵、打手一千名；安远县招安义民叶芳、老人梅南春等，龙南县招安新民王受、谢钺等，兵共二千名；汀州府上杭县打手一千名；潮州府程乡县打手一千名；共辏一万二千之数。但广、湖两省之兵，皆狼土精悍，贼所素畏，势必偏奔江西。江西之兵，最为怯懦，望贼而溃，乃其素习。今所拟调，皆新习未练。若使严以军法处治，庶几人心齐一，事功可成。

一、兵一万二千余名，每名日给米三升，一日该米三百七十余石。间日折支银一分五厘，一日该银一百八十余两。以六个月为率，约用米三万三千余石，用银二万余两。领哨、统兵、旗牌等官并使客合用廪给及赏功犒劳牛酒、银牌、花红、鱼、盐、火药等费，约用银二万余两。通前二项，约共用银五万两。二府商税银两，集兵以来，日有所费，见存银止有四千余两。二府并赣县、大庾、南康、上犹四县积谷，约计有七八万石，但贮积年久，恐舂米不及其数。见在前银不足支用，就欲别项区处，但恐缓不及事。查得江西布政司并各府县别无蓄积，止有该解南京折粮银两贮库未解，并一应纸米赃罚银两，合无行巡抚江西都御史孙燧转行布政司并行各府，照数借给应用。候事宁之日，或将以后抽掣商税，或开中盐引，另为计处，奏请补还，庶克有济。

一、合用本省巡按御史随军纪功，管理钱粮。及统兵、领哨官员，除本省三司分守、分巡、兵备、守备并南、赣二府官员临时定委外，访得九江府知府汪赖、吉安府知府伍文定、汀州府知府唐淳、惠州府知府陈祥，俱各才识练达；程乡县知县张戬、抚州府东乡县知县黄堂、建昌府新城县知县黄文鹭、袁州府萍乡县知县高桂、吉安府龙泉县知县陈允谐，俱有才名，俱各堪以领兵。候命下之日，听臣等取用。

臣等窃照师期已迫，自今七月上旬至九月中旬，仅余两月，中间合用前项钱粮器仗，及拟调兵快、应委官员之类，悉皆百未有措；又事干各省，道途相去，近者半月，远者月余，万一各官之中违抗推托，不肯遵依约束，临期误事，罪将安归！乞照湖广巡抚都御史秦金所奏该部题准事理，各官之中敢有抗违失误者，许臣等即以军法从事，庶几警惧，事可易集。

南赣擒斩功次疏 十二年七月初五日

据江西按察司整饬兵备带管分巡岭北道副使杨璋呈："据统兵等官南安府知府季斅呈：解生擒大贼首一名陈曰能，从贼林杲等二十七名，斩获首级十六颗，俘获贼属男女十三口，及马牛等物。并开称：捣过禾沙坑、船坑、石圳、上龙、狐狸、朱雀、黄石等贼巢七处，烧死贼徒不计其数，并房屋禾仓三百余间。南康县县丞舒富呈：解生擒大贼首一名钟明贵，从贼曾能志等二十一名，斩获贼级四十五颗，杀死未取首贼一百一十七名，俘获贼属男女一十六名口，及牛、马、驴等物。并开称：捣过石路坑、白水峒、杞州坑、旱坑、茶潭、竹坝、皮袍、樟木坑等贼巢八处，烧死贼徒三百四十六名，并烧毁房屋禾仓四百七十余间。赣县义官萧庚呈：解生擒大贼首一名唐洪，从贼蒲仁祥等六名，斩获首级并射死贼从一百三十八名，烧毁贼巢房屋禾仓一百二十间，乃俘获牛羊、器械等物。并开称，捣过长龙、鸡湖、杨梅、新溪等处贼巢四处。各缘由到道。随据统兵官员并乡导人等各呈称：自本年正月，蒙本院抚临以来，募兵练卒；各贼探知消息，将家属妇女什物俱各寄屯山寨林木茂密之处，其各精壮贼徒，昼则下山耕作，夜则各遁山寨。依奉本院方略，于六月二十日子时，各哨克期进剿。每巢止有二三十人或四五十人看守巢穴，见兵举火奋击，俱各惊溃；间有射伤药弩，即时身死，坠于深岩。及据县丞舒富、义官萧庚各回呈：止有上犹县白水峒、石路坑二巢，南康县鸡湖一巢险峻，巢内贼属颇多，被兵四面放火进攻，贼无出路，烧死数多。天明看视，止存骸骨，头面烧毁莫辨，以此难取首级，等因。案照先为紧急贼情事，据上犹县申称：四月间被峯巢贼徒不时房掠耕牛人口，请兵追剿，乡民稍得昔苛插。今早谷将登，又闻各巢修整战具出劫，乞为防遏，庶得收割聊生，等因。并据县丞舒富及南安府呈：大庾县申，同前事。该本道查得上犹县邻近巢穴，则有旱坑、茶潭、杞州坑、樟木坑、石路坑、白水峒、竹潭、川坳、阴木潭等巢，南安县则有长龙、鸡湖、杨梅、新溪等巢，大庾县则有狐狸坑、船坑、禾沙坑、石圳、上龙、朱雀、黄石坑等巢，多则三五百名，少则七八十名。合无将本院选集之兵，委官统领，分投剿遏，等因。已经呈奉本院批：'看得各贼名号日渐僭拟，恶毒日加纵肆，若果遂其奸谋，得以乘虚入广，其为患害，关系匪轻。除密行南、韶等府分兵防截外，仰该道即便部勒诸军，定哨分委。仍密召各巢附近被害知因之人堪为乡导者，前来分引各兵，出城之时，不得张扬。今正当换班之月，就令俱以下班为名，昼伏夜行，克期各至分地，掩贼不备，同时举事。分领各官，务要严密奋勇，竭忠以副委托。如或推托误事，及军士之中敢有后期退缩者，悉以军法从事，决不轻贷。该道亦要亲帅重兵，随后继进，密屯贼巢要害处所，相机接应，以防不测。一应机宜，务须慎密周悉。仍要严缉各兵所获真正贼徒，不许滥加良善。'等因。遵奉，统领各兵，刻期进剿，及加谨防遏。今据复呈前因，通查得各哨共计生擒大贼首三名，首从贼徒五十四名；斩获首级六十八颗；杀死射死贼徒二百四十余名；烧死贼徒二百余名；捣过巢穴一十九处；烧毁房屋禾仓八百九十余间；俘获贼属男女二十九名口，水黄牛、马、骡、羊一百四十四头匹只。所据各该领兵等官所报擒斩之贼，数固不多，而巢穴已空，无可栖身；积聚已焚，无可仰给。就使屯集横水、桶冈大巢，将来人多食少，大举夹攻，为力已易。"等因，转呈到臣。

卷查先据副使杨璋呈称："据南安府并上犹等县及县丞舒富各呈申，访得大贼首谢志珊号'征南王'，纠率大贼首钟明贵、萧规模、陈曰能、唐洪、刘允昌等，约会乐昌高快马等，大修战具，并造吕公车，欲先将南康县打破。闻知广东官兵尽调征剿府江，就行乘虚入广。"等因，已经批仰该道部勒诸军，酌量贼巢强弱，派定哨分，选委谋勇属官统兵，密召知因乡导引领，昼伏夜行，刻定于六月二十日子时，入各贼巢，同时举火，并力奋击，务使噍类无遗，去后。今据前因，覆勘得前项贼巢，委果荡平殆尽，蓄积委果焚毁无遗。获功解报虽少，杀伤烧死实多；猖獗之势少摧，不轨之谋暂阻；居民得以秋获，地方亦为一宁。此皆遵依兵部申明律例事理，仰仗天威，官兵用命之所致，非臣之知谋所能及也。

臣惟南、赣之兵，素不练养，见贼而奔，则其常态。今各官乃能夜入贼巢，奋勇追击，在他所，未为可异之功，于南、赣，则实创见之事。及照副使杨璋，区画赞理，比于各官，劳勋尤多。今夹攻在迩，伏乞皇上特加劝赏，以作兴勇敢之风。庶几日后大举，臣等得以激励人心。除将获功人员量加犒赏，生擒贼徒监候审决，首级枭示，俘获贼属领养，牛马赏兵，有功人员，查审的确，造册奏缴外，缘系斩获功次事理，为此具本题知。

议夹剿方略疏 十二年九月十五日

据江西岭北道副使杨璋呈："奉臣案验，准兵部咨，该巡抚湖广都御史秦金题，为紧急贼情事，备行计处兵粮，约会三省，将上犹县等处贼巢，克期九月中进剿，等因，遵依。随将本道兵粮事宜计呈本院转达奏闻定夺外，随据南安府上犹、大庾等县申称：'各县乡民早谷将登，各巢輋贼修整战具，要行出劫。'并据南康县县丞舒富呈：'访得大贼首谢志珊号征南王，纠率桶冈等巢贼首钟明贵等，约会广东大贼首高快马等，大修战具，并吕公车，欲要先将南康县打破。闻知广东官兵尽调府江，就行乘虚入广流劫，乞要早为扑剿。'等因。已经呈蒙本院密受方略，行委知府季斅、县丞舒富等领兵分剿。共生擒大贼首陈曰能等三名，首从贼徒五十四名，斩获贼首级六十八颗，杀死射死贼徒二百四十余名，烧死贼徒二百余名，捣过巢穴一十九处，烧毁房屋禾仓八百九十余间，俘获贼属二十九名口，水黄牛、马、羊、骡一百四十四头匹，通经呈报。又蒙本院虑，贼必将乘间复出，行委知府季斅、指挥来春等统兵屯南安，指挥姚玺、县丞舒富统兵屯上犹，指挥谢昶、千户林节统兵屯南康，各于要害去处往来防剿。至七月二十五日，贼首谢志珊果复统众一千五百余徒，攻打南安府城。各官督兵迎敌，生擒贼犯杨銮等七名，斩获首级四十五颗，贼众大败而去。八月二十五日，贼首谢志珊又统领二千余徒，复来攻打南安府城。各官督兵迎敌，生擒贼犯龙正等四十二名，斩获首级一百五十七颗，贼又大败而去。即今贼势少挫，若乘此机会直捣其巢，旬月之间，可期扫荡。但闻湖广之兵，既已齐集，而广东因府江班师未久，复调狼兵，未有定期。谨按地图，江西之南安，有上犹、大庾、桶冈等处贼巢，与湖广桂东、桂阳接境。夹攻之举，止该江西与湖广会合，而广东止于仁化县要害把截，夹攻不与焉。赣州之龙南有浰头贼巢，与广东龙川接境。夹攻之举，止该江西与广东会合，而湖广不与焉。广东乐昌乳源贼巢，与湖广宜章县接境。惠州贼巢，与湖广临武县接境；仁化县贼巢，与湖广桂阳县接境；夹攻之举，止该湖广、广东二省会合，而江西止于大庾县要害把截，夹攻不与焉。名虽三省大举，其实自有先后，举动次第，不相妨碍。若不此之察，必欲通待三省之兵齐集，然后进剿，则老师废财，为害匪细。合将前项事宜，约会三省，以次渐举，庶兵力不竭，粮饷可省。"等因，据呈到臣。看得三省夹攻，必须彼此克期定日，同时并举，斯乃事体之常。然兵无定势，谋贵从时，苟势或因地而异便，则事宜量力以乘机。三省贼巢，连络千里，虽声势相因，而其间亦自有种类之分、界限之隔。利则争趋，患不相顾，乃其性习。诚使三省之兵，皆已齐备，约会并进，夫岂不善？但今广东狼兵，方自府江班师而归，欲复调集，恐非旬月所能。两省之兵既集，久顿而不进，贼必惊疑愈生，其奸悍者奔突，黠者潜逃。老师费财，意外之虞，乘间而起,虽有智者,难善其后。诚使先合湖广、江西之兵,并力而举上犹诸贼。逮事之毕,广东之兵亦且集矣,则又合湖广、广东之兵,并力而举乐昌诸处。逮事之毕,江西之兵又得以少息矣,则又合广东、江西之兵,并力而举龙川。方其并力于上犹,则姑遣人佯抚乐昌诸贼,以安其心。彼见广东既未有备,而湖广之兵又不及己,苟幸旦夕之生,必不敢越界以援上犹。及夫上犹既举,而湖广移兵以合广东,则乐昌诸贼,其势已孤。二省兵力益专,其举之益易。当是之时,龙川贼巢相去辽绝,自以为风马牛不相及,彼见江西之兵又撤,意必不疑。班师之日,出其不意,回军合击,蔑有不济者矣。臣窃以为因地之宜,先后合击之便,除臣遵照兵部咨来题奉钦依,会兵征剿,亦听随宜会议施行事理,已将前项事宜移咨广东、湖广总督、巡抚等官知会,一面相机行事外,缘系地方紧急贼情事理,为此具本题知。

换敕谢恩疏 十二年九月十五日

近准兵部咨,为申明赏罚以励人心事,该臣奏,该本部覆题,节奉圣旨:"是,王守仁著提督南、赣、汀、漳等处军务,换敕与他,钦此。"备咨到臣。本年九月十一日,节该钦奉敕谕:"江西南安、赣州地方,与福建汀、漳二府,广东南、韶、潮、惠四府及湖广郴州桂阳县,壤地相接,山岭相连,其间盗贼不时生发,东追则西窜,南捕则北奔。盖因地分各省,事无统属,彼此推调,难为处置。先年尝设有都御史一员,巡抚前项地方,就令督剿盗贼。但责任不专,类多因循苟且,不能申明赏罚以励人心,致令盗贼滋多,地方受祸。今因所奏及该部覆奏事理,特改命尔提督军务,抚安军民,修理城池,禁革奸弊。一应军马钱粮事宜,俱听便宜区画,以足军饷。但有盗贼生发,即便设法调兵剿杀,不许踵袭旧弊,招抚蒙蔽,重为民患。其管领兵快人等官员,不问文职武职,若在军前违期,并逗遛退缩者,俱听军法从事。生擒盗贼,鞫问明白,亦听就行斩首示众。斩获贼级,行令各该兵备守巡官,即时纪验明白,备行江西按察司,造册奏缴，查照升赏激劝。钦此。"俱钦遵外。窃念臣以凡庸，缪膺重寄。思逃罪责，深求祸源，始知盗贼之日炽，由于招抚之太滥；招抚之太滥，由于兵力之不足；兵力之不足，由于赏罚之不明。辄敢忘其僭妄，为陛下一陈其梗概。其实言不量力，请非其分，方虞戮辱之及，陛下特采该部之议，不惟不加咎谪，而又悉与施行；不惟悉与施行，而又隆以新命。是盖曲从试可之请，不忍以人废言也。

敕谕宣布之日，百姓填衢塞道，悚然改观易虑，以为圣天子明见万里，动察幽微，占群策之毕举，知国议之有人。莫不警惧振发，强息其暴，伪息其奸；怯者思奋而勇，后者思效而前；三军之气自倍，群盗之谋自阻。所谓舞于格苗运于庙堂之上，而震乎蛮貊之中者也。

夫过其言而不酬，有志者之所耻也；冒宠荣而不顾，自好者不为也。臣固谫劣，亦宁草木无知，不思鞭策以报知遇！虽其才力有所难强，而蝼蚁之诚决能自尽；虽于利钝不可逆睹，而狐兔之穴断期扫平。臣不胜感恩激切之至！

交收旗牌疏 十二年九月二十五日

准工部咨，该本部题称："看得兵部咨开都御史王守仁奉敕提督军务，应合照例给与旗牌，以振军威一节，既查有例，又奉钦依。合无于本部收有内，给与旗牌八面副，就令原来百户尹麟前去交与本官督军应用，务加爱惜，不得轻易损坏。候到，先将收领过日期号数，径自奏报查考，等因，具题奉圣旨：是，钦此。"钦遵。备咨到臣。随于本年九月十六日，据百户尹麟领赍令旗令牌八副面前来，除照数收领，调度军马应用，务加爱惜，不敢轻易损坏外，缘系交收旗牌事理，为此今将收领过日期、缘由并号数开坐，具本题知。

议南赣商税疏 十二年九月二十五日

据江西按察司分巡岭北道兵备副使杨璋呈："奉巡抚江西地方右副都

御史孙燧案验，备行各道兵备等官，有地方重大军务，益于政体，便于军民，果系应议事件，即便条列呈报，以凭施行，等因，随据南安府呈缴本年春季分折梅亭抽分商税循环文簿，看得该府造报册内，某日共抽税银若干，不见开有某商人某货若干、抽银若干，中间不无任意抽报情弊，及看得一季总数倍少于前。原其所自，盖因抽分官员，止是典史、仓官、义民等项，不惜名节，惟嗜贪污；兼以官职卑微，人心玩视，以致过往客商，或假称权要而挟放，或买求官吏而带过；及被店牙通同客商，买求书算，以多作少，以有作无，奸弊百端。卷查前项抽分，创于巡抚都御史金泽，一则苏大庾过山之夫，一则济南赣军饷之用。题奉钦依，遵行年久。及查赣州龟角尾设立抽分厂，建白于总制都御史陈金，自正德六年十一月二十七日起，至九年七月终止，共抽过商税银四万二千六百八十六两六钱三分七毫五忽。本省大帽山、姚源、华林盗贼四起，大举夹攻，一应军饷，俱仰给于此，并未奏动内帑之积，亦未科派小民之财。以此而观，则商税之有益地方多矣。缘赣州之税，正德十一年该给事中黄重奏称，广货自南雄经南安折梅亭，已两税矣，赣州之税，不无重复，已经勘明停止赣河之税。近复大举夹攻，军饷仰给，全在折梅亭之税。今所入如此，非惟军饷无益，实惟奸宄是资。随会同分守左参议黄宏，议照合将南安之税，移于龟角尾抽分，既有分巡道之监临，又有巡抚之统驭。访察数多，奸弊自少。其大庾县顾夫银两，合令该县每季具印信领状赴道，批行赣州府支领。支尽查算，准令复支。如此，非惟大庾过岭之夫不缺，而军饷之用大增。合就会案呈详。"等因，据呈到臣。

看得南、赣二府商税，皆因给军饷、裕民力而设。折梅亭之税，名虽为夫役，而实以给军饷。龟角尾之税，事虽重军饷，而亦以裕民力。两税虽若二事，其实殊途同归。但折梅亭虽已抽分，而龟角尾不复致诘，未免有脱漏之弊。若折梅亭既已抽分，而龟角尾又复致诘，未免有留滞之扰。况监司既远，胥猾得以恣其侵渔。头绪既多，彼此得以容其奸隙。若革去折梅亭之抽分，而总税于龟角尾，则事体归一，奸弊自消，非但有资军饷，抑且便利客商。盖分合虽异，而于商税事体，无改纤毫。转移之间，而于民商利害，相去倍蓰。除臣钦遵节奉敕谕"一应军马钱粮事宜，俱听便宜区画"事理，将副使杨璋等所议行令该府，一面查照施行外，缘系地方事理，为此具本题知。

升赏谢恩疏 正德十二年十月初口日

节该钦奉敕："得尔奏，该福建兵备佥事等官胡琏等，统领军兵，各分哨路，于今年正月十八等日，先后攻破长富村、象湖山、可塘洞等处巢穴，擒斩首从贼级一千四百二十九名颗；及该广东兵备佥事等官顾应祥等，统领军兵，分哨并进，于今年正月二十四等日，克破古村、箭灌、水竹等寨，斩贼级一千二百七十二名颗；各俘获贼属、夺回人口、头畜、器械等数多。贼害既除，良民安堵。盖由尔申严号令，处置有方，以致各该官员奉行成算，有此成功。捷奏来闻，朕心嘉悦。除有功官军民快人等待查勘至日升赏外，升尔俸一级，赏银二十两，纻丝二表里。仍降敕奖励。尔其益竭心力，大展才猷，修明武备，多方计画；务使四省交界之区，数年啸聚之党，抚剿尽绝。地方永获安靖，斯称朕委任之意。毋或狃于此捷，遽生怠玩，致有他虞。钦此。"钦遵。

臣惟赏及微劳，则有功者益劝；罚行亲昵，则有罪者益警。近者闽、广之师幸而成功，其方略议于该部，成算出于朝廷；用命存于诸将，戮力因于士卒。臣不过申严号令，敷布督促之而已。曾有何功？而乃冒蒙褒赏，增其禄秩，锡以金币，臣实不胜惭汗惶恐之至！然臣尝有申明赏罚之奏矣，尝有愿陛下俯从惟重之典，以作敢勇之风之请矣，臣之微劳，惧不免于罪。而陛下曲从该部之议，特赐优渥之恩者，所谓赏及微劳，将以激劝有功也。昔人有云："死马且买之，千里马将至矣。"臣敢畏避冒赏之戮，苟为逊让，以仰孤陛下激励作兴之盛心乎？受命之余，感惧交集，誓竭犬马之力，以效涓埃之报！臣不胜受恩感激之至！

横水桶冈捷音疏十二年闰十二月初二日

据江西布、按二司巡守岭北道兵备副使杨璋、左参议黄宏会呈："据一哨统兵赣州府知府邢珣呈：'督同兴国县典史区澄等官兵，于十月十二等日，攻破磨刀坑等巢；十一月初一等日，攻破桶冈洞等巢；二十三日，会兵击贼于上新地寨，共十四处。共擒斩大贼首雷鸣聪、蓝文亨、梁伯安等六名颗，贼从王礼生等二百四十一名颗；俘获贼属，并夺回被掳男妇二百五十七名口；烧毁贼巢房屋一百七十七间；及夺马牛赃仗等项。'二哨统兵福建汀州府知府唐淳呈：'督同上杭县县丞陈秉等官兵，于十月十二等日，攻破左溪等巢；十一月初一等日，攻破十八磊等巢；共十二处。共擒斩大贼首蓝天凤、蓝八、苏景祥等四名颗，贼从廖欧保等二百六十四名颗；俘获贼属，并夺回被掳男妇五百四十四名口；烧毁贼巢房屋七百一十二间；及夺获马牛、器械、赃银等项。'三哨统兵南安府知府季斅呈：'督同同知朱宪、推官徐文英等官兵，于十月十二等日，攻破稳下等巢；十二月初三日，击贼于朱雀坑等巢；共八处。生擒大贼首高文辉、何文秀等五名；擒斩贼从杨礼等三百六十一名颗；俘获贼属，并夺回被掳男妇一百七十一名口；烧毁贼巢房屋五百七十八间；夺获牛马赃仗等物。及先于七月二十五等日，二次被贼拥众攻打本府城池，统领本营官兵会同指挥来春、冯翔，与贼对敌。本职下官兵舍人共擒斩贼从龙正等一百三名颗；来春下官兵擒斩贼从王伯崇等二十五名颗；冯翔下官兵擒斩贼从刘保等一百三十五名颗。'四哨统兵江西都司都指挥佥事许清开称：'督领千户林节等官兵，于十月十二等日，攻破鸡湖等巢，共九处。共擒斩大贼首唐洪、刘允昌、叶志亮、谭祐、李斌等共一十名颗，贼从王志成等一百四十六名颗；俘获贼属，并夺回被掳男妇一百三名口；烧毁贼巢房屋二百间；及夺牛马赃仗等物。'五哨统兵守备南、赣二府地方以都指挥体统行事指挥使郑文呈：'督领安远县义官唐廷华官兵，于十月十二等日，攻破狮子寨等巢；二十三日，会兵击贼于上新地寨。斩获首贼蓝文昭等三名颗；

擒斩贼从许受仔等一百六十六名颗；俘获贼属，并夺回被掳男妇九十八名口；烧毁贼巢房屋四百一十二间；及夺获牛马器械等项。'六哨统兵赣州卫指挥余恩呈：'统领龙南县新民王受等兵，于十月十二等日，攻破长流坑等巢，共五处。擒斩大贼首陈贵诚、薛文高、刘必深三名颗，贼从郭彦秀等一百七十七名颗；俘获贼属，并夺回被掳男妇九十九名口；烧毁贼巢房屋五百一十七间；及夺获马驴、器械、赃银等物。'七哨统兵宁都县知县王天与呈：'督同典史梁仪等官兵，于十月十二等日，攻破樟木坑等巢，共三处。擒斩大贼首邓崇泰、王孔洪等八名颗；擒斩贼从陈荣汉等一百三十九名颗；俘获贼属，并夺回被掳男妇二百七十五名口；烧毁贼巢房屋一百六间；及夺获牛马赃物等项。'八哨统兵南康县县丞舒富呈：'统领上犹县义官胡述等兵，于十月十二等日，攻破箬坑等巢，共五处。擒斩贼从康仲荣等四百一十九名颗；俘获贼属，并夺回被掳男妇一百八十三名口；烧毁贼巢房屋九百九十三间；及夺获牛马赃银等项。及先于九月二十一等日，大贼首谢志田等攻打白面寨，随督发寨长廖惟道等，擒斩首从贼徒谢志田等三十五名颗。'九哨统兵广东潮州府程乡县知县张戬呈：'统领本县新民等兵，于十月二十四日等，攻破杞州坑等巢；十一月初一等日，攻破西山界、桶冈等巢。共九处。擒斩大贼首萧贵富、钟得昌等六名颗，贼从何景聪等二百五十七名颗；俘获贼属，并夺回被掳男妇一百五十七名口；及夺获牛马、器械、赃银等物。'十哨统兵吉安府知府伍文定呈：'统领庐陵县等官兵刘显等，于十月二十四等日，攻破寨下等巢；十一月初一等日，攻破上池等巢；二十日击贼于稳下等巢。共十二处。擒斩大贼首谢志册、叶三等二十名颗，贼从王福儿等二百三十八名颗；俘获贼属，并夺回被掳男妇二百八十四名口；烧毁贼巢房屋一百三十三间；及夺获赃仗等物。'中营随征参随等官推官危寿、指挥谢昶等各呈：'蒙提督军门亲统各职等官兵，于十月十二等日，攻破长龙、横水大巢及庵背等巢，共七处。生擒大贼首萧贵模等一十四名；擒斩贼从萧容等四百六十五名颗；俘获贼属，并夺回被掳男妇二百四十八名口；烧毁贼巢房屋二百二间；及夺获牛马、金银、赃仗等项。'各呈报到道。

查得先为地方紧急贼情事，节奉提督军门案验，备仰本道计处兵粮，约会三省官兵，将上犹等处贼巢克期进剿。奏请定夺外，本年六月初五日，据大庾、上犹等县申，并据南康县县丞舒富呈称："大贼首谢志珊号'征南王'，纠率桶冈等巢贼首钟明贵等，约会广东大贼首高快马等，大修战具，并造吕公车，欲要先将南康县打破，就行乘虚入广。乞早为扑捕。"等因，备呈。本院行委知府季斅等分兵剿捕获功，呈报奏闻讫。又经本院行委知府季斅、指挥来春、姚玺、谢昶、冯翔、县丞舒富、千户林节，各于要害防遏。擒斩功次，俱发仰本道纪验，解送本院枭示外，随该本道会同分守参议黄宏，议照江西地方，惟桶冈一处该与湖广约会夹攻，龙川一县该与广东约会夹攻。其余三县腹心之贼，不时奔冲，难以止遏，合无以次剿捕等因，具呈本院。移文广东、湖广镇巡衙门，约会以次攻剿间，随奉本院分定哨道，指授方略。将知府邢珣等刻期进剿，备仰各道不妨职事，照旧军前纪验赞画等因，依奉催督各营官兵进攻，去后。今呈前因，除将擒斩贼徒首级俱类送巡按衙门会审纪验明白，生擒仍解提督军门处决，并贼级照例枭示，被掳人口给亲完聚，贼属男女并牛马骡变卖银两，收候赏功支用，器械赃物俱发赣县贮库外，职等议照上犹等县横水等巢大贼首谢志珊、谢志田、谢志富、谢志海、萧贵模、萧贵富、徐华、谭曰志、雷俊臣，桶冈大贼首蓝天凤、蓝八苏、蓝文昭、胡观、雷明聪、蓝文亨，鸡湖大贼首唐洪，新溪大贼首刘允昌，杨梅大贼首叶志亮，左溪大贼首薛文高、高涌、冯祥，朱雀坑大贼首何文秀，下关大贼首苏景祥，义安大贼首高文辉，密溪大贼首高玉瑄、康永，三丝茅坝大贼首唐曰富、刘必深，长河坝大贼首蔡积富、叶三梅，伏坑大贼首陈贵诚，鳖坑大贼首蓝通海，赤坑大贼首谭曰荣，双坝大贼首谭祐、李斌等，冥顽凶毒，恃险为恶，僭拟王号，伪称总兵；聚集党类数千，肆行流毒三省；攻围南安、南康府县城池，杀害千户主簿等官；流劫湖广桂阳、酃县、宜章，吉安府龙泉、万安、泰和、永新等县。良民子女，被其奴戮；房屋仓廪，被其焚烧；道路田土，被其阻荒占夺者，以千万顷；赋税屯粮，负累军民陪纳者，以千万石。其大贼首谢志珊、蓝天凤，各又自称'盘皇子孙'，收有传流宝印画像，蛊惑群贼，悉归约束。即其妖狐酷鼠之辈，固知决无所就。而原其封豕长蛇之心，实已有不可言。比之姚源之王浩八，华林之胡雪二，东乡之徐仰四，建昌之徐九龄，均为贼首，而奸雄实倍之。今则渠魁授首，巢穴荡平，擒斩既多，俘获亦尽。数十年之祸害已除，三省之冤愤顿释。悉皆仰仗朝廷怜念地方之荼毒，大兴征讨之王师，并提督军门指授成算，号令严明，亲临督阵，身先士卒，以致各哨官兵，用命争先，捐躯赴敌，或臻是捷。拟合会案呈详施行。"等因，据呈到臣。

卷查先准兵部咨，为申明赏罚以励人心事，该本部覆议请敕："南赣等处都御史假以提督军务名目，给与旗牌应用，以振军威。一应军马钱粮事宜，径自便宜区画；文职五品以下，武职三品以下，径自拿问发落。如遇盗贼入境，即便调兵剿杀，不许踵袭旧弊招抚，重为民患。所部官军，若在军前违期逗遛退缩，俱听以军法从事。题奉圣旨：是，王守仁著提督南、赣、汀、漳等处军务，换敕与他。其余事宜，各依拟行。钦此。"及为地方紧急贼情事，准兵部咨："看得所奏攻治贼盗二说，合无行文交与都御史王守仁，悉依前项申明赏罚事理，便宜行事，期于成功，不限以时等因。题奉圣旨：是，这申明赏罚事宜，还行于王守仁知道。钦此。"又准兵部咨，该巡抚湖广都御史秦金题，该本部覆题："看得郴、桂等处与广东、江西所辖瑶峒密迩联络，若非三省会兵夹攻，贼必遁散。合无请敕两广并南赣总督、巡抚等官会同行事，克期进兵等因。节奉圣旨：是，都依拟行。钦此。"又该巡按江西监察御史屠侨奏，要会同湖广、江西抚镇等官，各量起兵，约会克期夹剿。又该本部覆题："奉圣旨：是，这南赣地方贼情，只照依恁部里原拟事宜，着都御史王守仁自行量调官军，设法剿捕。如有该与江西、两广巡抚、总督等官会兵征剿的，听随会议施行。钦此。"续准兵部咨，该臣题开计处南、赣二府兵粮事宜，及合用本省巡按、御史纪功缘由，该本部覆题："奉圣旨：是，都依拟行。钦此。"俱钦遵。陆续备咨到臣，俱经行江西、广东、湖广各道兵备、守巡等官一体钦遵，调取官军兵快，克期夹攻。及咨巡抚江西都御史孙燧，并行巡按御史屠侨各查照外，续据领兵县丞舒富等呈称：各峒贼首闻知湖广土兵将到，集众据险，四出杀掠，猖炽日甚，乞为急处等因到臣。当将进兵机宜，督同兵备副使杨璋、分守参议黄宏、统兵知府等官邢珣等，议得桶冈、横水、左溪诸贼，荼毒三省，其患虽同，而事势各异。以湖广言之，则桶冈诸巢，为贼之咽喉，而横水、左溪诸巢，为之腹心；以江西言之，则横水、左溪诸巢，为贼之腹心，而桶冈诸巢，为之羽翼。今不先去横水、左溪腹心之患，而欲与湖广夹攻桶冈，进兵两寇之间，腹背受敌，势必不利。今议者纷纷，皆以为必须先攻桶冈，而湖广克期，乃在十一月初一日，贼见我兵未集，而师期尚远，且以为必先桶冈，势必观望未备。今若出其不意，进兵速击，可以得志。已破横水、左溪，移兵而临桶冈，破竹之势，蔑不济矣。于是，臣等乃决意先攻横水、左溪，密切分布哨道，使都指挥佥事许清率兵千余，自南康县所溪入；知府邢珣率兵千余，自上犹县石人坑入；知县王天与率兵千余，自上犹县白面入；令其皆会横水。使守备指挥郏文率兵千余，自大庾县义安入；知府唐淳率兵千余，自大庾县聂都入；知府季斅率兵千余，自大庾县稳下入；县丞舒富率兵千余，自上犹县金坑入；令其皆会左溪。知府伍文定、知县张戬，候各兵齐集，令其亦从上犹、南康分入，以遏奔冲。臣亦亲率兵千余，自南康进屯至坪，期直捣横水，以与诸军会；而使兵备副使杨璋、分守参议黄宏，监督各营官兵，往来给饷，以促其后。分布既定，乃于十月初七日夜，各哨齐发；初九日，臣兵至南康；初十日，进屯至坪。使间谍四路分探，皆以为诸贼不虞官兵猝进，各巢皆鸣锣聚众，往来呼噪奔走，为分投御敌之状，势甚张皇；然已于各险隘皆设有滚木礌石。度此时贼已据险，势未可近。臣兵乘夜遂进。十一日小饷，未至贼巢三十里，止舍，使人伐木立栅，开堑设堠，示以久屯之形。夜使报效听选官雷济、义民萧庚，分率乡兵及樵竖善登山者四百人，各与一旗，赍铳炮钩镰，使由间道攀崖悬壁而上，分列远近极高山顶以觇贼。张立旗帜，爇茅为数千灶；度我兵且至险，则举炮燃火相应。十二日早，臣兵进至十八面隘。贼方据险迎敌，骤闻远近山顶礁声如雷，烟焰四起；我兵复呼噪奋逼，铳箭齐发。贼皆惊溃失措，以为我兵已尽入破其巢穴，遂弃险退走。臣预遣千户陈伟、高睿分率壮士数十，缘崖上夺贼险，尽发其滚木礌石。我兵乘胜骤进，声震天地。指挥谢昶、冯廷瑞兵由间道先入，尽焚贼巢。贼退无所据，乃大败奔溃。遂破长龙巢，破入八面隘巢，破先鹅头巢，破狗脚岭巢，破庵背巢，破白蓝、横水大巢。

先是，大贼首谢志珊、萧贵模等，皆以横水居众险之中，倚以为固。闻官兵四进，仓卒分众扼险，出御甚力。至是，见横水烟焰障天，铳炮之声撼摇山谷，亦各失势，弃险走。各哨官兵乘之，皆奋勇力战而入。知府邢珣遂破磨刀坑巢，破茶坑巢，破茶潭巢；知县王天与破樟木坑巢，破石王巢；都指挥许清破鸡湖巢，破新溪巢，破杨梅巢，俱至横水；知府唐淳破羊牯脑巢，破上关巢，破下关巢，破左溪大巢；守备指挥郏文破狮寨巢，破义安巢，破苦竹坑巢；指挥余恩破长流坑巢，破牛角窟巢，破龟坑巢；县丞舒富破箸坑巢，破赤坑巢，破竹坝巢；知府季斆破上西峰巢，破狐狸坑巢，破铅厂巢，俱至左溪。守巡各官亦随后督兵而至。是日，擒斩首从贼人、贼级并俘获贼属男妇、夺回被掳人口、牛马、赃仗数多，其余自相蹂践，堕岸填谷而死者，不可胜计。当是时，贼路所由入，皆刊崖倒树，设阱埋签，不可行。我兵昼夜涉深涧，蹈丛棘。遇险绝，则挂绳崖树，鱼贯而上，猿臂而下，往往失足堕深谷。幸而不死，经数日始能出。各兵已至横水、左溪，皆困甚，不复能驱逐。会日已暮，遂令收兵屯扎。次日，大雾，雨，咫尺不辨，连数日不开。乃令各营休兵享士，而使乡导数十人分探溃贼所往，并未破巢穴动静。十五日，得各乡导报，谓诸贼分阵，预于各山绝险崖壁立有栅寨，为退保之计，有复合聚于未破之巢者，俱不意我兵骤入，未及搬运粮谷。若分兵四散追击，可以尽获。臣等窃计湖、广夹攻在十一月初一，期已渐迫。此去桶冈尚百余里，山路险峻，三日始能达。若此中之贼围之不克，而移兵桶冈，势分备多，前后瞻顾，非计之得。乃今各营皆分兵为奇正二哨，一攻其前，一袭其后，冒雾速进，分投急击。十六日，知府邢珣攻破旱坑巢，鸾井巢；知府季斅、守备指挥郏文攻破稳下巢，李家巢。十七日，知府唐淳攻破丝茅坝巢。十八日，都指挥许清攻破朱雀坑巢，村头坑巢，黄竹坳巢，观音山巢。十九日，指挥余恩攻破梅伏坑巢，石头坑巢。二十日，知府邢珣又攻破白封龙巢，芒背巢；知县王天与攻破黄泥坑巢，大富湾巢。二十二日，县丞舒富攻破白水洞巢。本日，知府伍文定、知县张戬兵亦至。二十四日，知府伍文定攻破寨下巢，知县张戬攻破杞州坑巢。二十五日，知县张戬又破朱坑巢，知府伍文定破杨家山巢。二十六日，知府季斅又破李坑巢，都指挥许清又破川坳巢。二十七日，守备指挥郏文又破长河洞巢。连日各擒斩首从贼人、贼级并俘获贼属男妇，夺回被虏人口、牛马、赃仗数多。

是日，各营官兵请乘胜进攻桶冈。臣复议得桶冈天险，四面青壁万仞，中盘百余里，连峰参天，深林绝谷，不睹日月。中所产旱谷、薯芋之类，足饷凶岁。往者亦尝夹攻，坐困数月，不能俘其一卒，竟以招抚为名而罢。及询访乡导，其所由入，惟锁匙龙、葫芦洞、茶坑、十八磊、新地五处，然皆架栈梯堑，夤悬绝壁而上。贼使数人于崖巅，坐发礧石，可无执兵而御我师。惟上章一路稍平，然深入湖广，迂回取道，半月始至。湖兵既从彼入，而我师复往，事皆非便。今横水、左溪余贼皆已奔入其中，同难合势，为守必力。善战者，其势险，其节短。今我欲乘全胜之锋，兼三日之程，长驱百余里而争利，彼若拒而不前，顿兵幽谷之底，所谓强弩之末，不能穿鲁缟矣。今若移屯近地，休兵养锐，振扬威声，先使人谕以祸福，彼必惧而请服。其或有不从者，乘其犹豫，袭而击之，乃可以逞。乃使素与贼通戴罪义官李正岩、医官刘福泰，释其罪，并纵所获桶冈贼钟景，于二十八日夜悬壁而入，期以初一日早，使人于锁匙龙受降。贼方甚恐，见三人至，皆喜，乃集众会议。而横水、左溪奔入之贼，果坚持不可，往复迟疑，不暇为备。臣遣县丞舒富率数百人屯锁匙龙，促使出降；而使知府邢珣入茶坑，知府伍文定入西山界，知府唐淳入十八磊，知县张戬入葫芦洞；皆于三十日乘夜各至分地。遇大雨，不得进。初一日早，冒雨疾登。大贼首蓝天凤方就锁匙龙聚议，闻各兵已入险，皆惊愕散乱，犹驱其众男妇千余人，据内隘绝壁，隔水为阵以拒。知府邢珣之兵渡水前击，张戬之兵冲行其右，伍文定之兵自张戬右悬崖而下，绕贼傍击。贼不能支，且战且却。及午，雨霁，各兵鼓奋而前，乃败走。县丞舒富、知县王天与所领兵，闻前山兵已入，亦从锁匙龙并登。各军乘胜擒斩，贼悉奔十八磊。知府唐淳之兵复严阵迎贼，又败。然会日晚，犹扼险相持。次早，诸军复合势并击，大战良久，遂大败。知府邢珣破桶冈大巢，破梅伏巢，破乌池巢；知县张戬破西山界巢、锁匙龙巢，破黄竹坑巢；知府唐淳破十八磊巢；知府伍文定破铁木里巢，破土池巢，破葫芦洞巢；知县王天与破员分巢，破背水坑巢；县丞舒富破太王岭巢。擒斩首从贼人、贼级并俘获贼属男妇、夺回被掳人口、牛马、赃仗数多。贼大势虽败，结阵分遁者尚多。是日，闻湖广土兵将至，臣使知府邢珣屯葫芦洞，知府唐淳屯十八磊，知府伍文定屯大水，守备指挥郏文屯下新地，知县张戬屯磜头，县丞舒富屯茶坑，指挥姚玺、知县王天与屯板岭；而副使杨璋巡行磜头、茶坑诸营，监督进止，以继其粮饷。又使知府季斅分屯聂都，以防贼之南奔；都指挥许清留屯横水，指挥余恩留屯左溪，以备腹心遗漏之贼；而使参议黄宏留扎南安，给粮饷，以为聂都之继。臣亦躬率帐下屯茶寮，使各营分兵，与湖兵相会，夹剿遁贼。初五日，知府邢珣又破上新地巢，破中新地巢，破下新地巢。初七日，知府唐淳又破杉木坳巢，破原陂巢，破木里巢。十一日，知县张戬破板岭巢，破天台庵巢；十三日，又破东桃坑巢，破龙背巢。连日各擒斩俘获数多。其间岩谷溪壑之内，饥饿病疹颠仆死者，不可以数。于是，桶冈之贼略尽。臣以其暇，亲行相视形势，据险立隘，使卒数百，斩木栈崖，凿山开道。又使典史梁仪领卒数百，相视横水，创筑土城；周围千余丈，亦设隘以夺其险。议以其地请建县治，控制三省诸瑶，断其往来之路，事方经营。十六日，据防遏推官徐文英呈称：广东鱼黄等巢被湖兵攻破，贼党男妇千余，突往鸡湖、新地、稳下、朱雀坑等处。臣复遣知府季斆分兵趋朱雀坑等处，知府伍文定趋稳下、鸡湖等处，守备指挥郏文、知府邢珣趋上新等处，各相机急剿。二十日，知府伍文定兵，击贼于稳下寨、西峰寨、苦竹坑寨、长河坝巢、黎坑巢。二十三日，守备指挥郏文、知府邢珣击贼于上新地巢，知府伍文定又追击于鸡湖巢。十二月初三日，知府季斆击贼于朱雀坑寨、狐狸坑巢。擒斩首从贼徒、俘获贼属、夺获赃仗数多。于是奔遁之贼始尽。然以湖、广二省之兵方合，虽近境之贼悉以扫荡，而四远奔突之虞，难保必无。乃留兵二千余，分屯茶寮、横水等隘，而以是月初九日回军近县，以休息疲劳；候二省夹攻尽绝，然后班师。两月之间，通计捣过巢穴八十余处，擒斩大贼首谢志珊、蓝天凤等八十六名颗，从贼首级三千一百六十八名颗，俘获贼属二千三百三十六名口，夺回被虏男妇八十三名口，牛马骡六百八只匹，赃仗二千一百三十一件，金银一百一十三两八钱一分；总计首从贼徒、贼属、牛马、赃仗共八千五百二十五名颗口只件。俱经行令转解纪功官处，审验纪录去后。

今呈前因，参照大贼首蓝天凤、谢志珊等，盘据千里，荼毒数郡；僭拟王号，图谋不轨；基祸种恶，且将数十余年。而虐焰之炽盛，流毒之惨极，亦已数年于兹。前此亦尝夹剿，曾不能损其一毛；屡加招抚，适足以长其桀骜。今乃驱卒不过万余，用费不满三万，两月之间，俘获六千有奇，破巢八十有四；渠魁授首，噍类无遗。此岂臣等能贤于昔人，是皆仰仗朝廷威德之被，庙堂处置得宜；既假臣以赏罚之权，复专臣以提督之任。故臣等得以伸缩自由，举动如志，奉成算以行事，循方略而指挥，将士有用命之美，进止无掣肘之虞，则是追获兽兔之捷，实由发纵指示之功。臣等偶叨任使，亦安敢冒非其绩！夫谋定于帷幄之中，而决胜于千里之外，命出于庙堂之上，而威行于百蛮之表。臣等敢为朝廷国议有人贺，且自幸其所遭，得以苟免覆𫗧之戮也。及照监军副使杨璋、参议黄宏、领兵都指挥佥事许清、都指挥使行事指挥使郏文、知府邢珣、季斅、伍文定、唐淳、知县王天与、张戬、指挥余恩、冯翔、县丞舒富、随征参谋等官指挥谢昶、冯廷瑞、姚玺、明德、同知朱宪、推官危寿、徐文英、知县陈允谐、黄文鸾、宋瑢、陆璈、千户陈伟、高睿等，以上各官，或监军督饷，或领兵随征，悉皆深历危险，备尝艰难，各效勤苦之力，共成克捷之功。俱合甄录，以励将来。伏愿皇上普彰庙堂之大赏，兼收行伍之微劳。激劝既行，功庸益集，自然贼盗寝息，百姓安生，则地方幸甚！臣等幸甚！

立崇义县治疏 十二年闰十二月初五日

据江西巡守岭北道兵备副使杨璋、左参议黄宏会呈："据南安府知府季斅呈：'备所属致仕省祭义官监生杨仲贵等呈称，上犹等县横水、左溪、长流、桶冈、关田、鸡湖等处，贼巢共计八十余处，界乎三县之中，东西南北相去三百余里，号令不及，人迹罕到。其初崒贼，原系广东流来。先年，奉巡抚都御史金泽行令安插于此，不过砍山耕活。年深日久，生长日蕃，羽翼渐多；居民受其杀戮，田地被其占据。又且潜引万安、龙泉等县避役逃民并百工技艺游食之人杂处于内，分群聚党，动以万计。始渐虏掠乡村，后乃攻劫郡县。近年肆无忌惮，遂立总兵，僭拟王号，罪恶贯盈，神人共怒。今幸奏闻征剿，蒙本院亲率诸军，捣其巢穴，擒其首恶，妖氛为之扫荡，地方为之底宁。三县之民欢欣鼓舞，如获更生。访得各县流来之贼，自闻夹攻消息，陆续逃出颇众。但恐大兵撤后，未免复聚为患。合无三县适中去处，建立县治，实为久安长治之策'等因到道。随取各县乡导，于军营研深。查得前项贼巢，系上犹、大庾、南康三县所属。上犹县崇义、上保、雁湖三里，先年多被贼杀戮，田地被其占据。大庾县义安三里，人户间被杀伤，田地贼占一半；南康县至坪一里，人户皆居县城，田地被贼阻荒。总计贼占田地六里有半。随蒙本院委领兵知府邢珣、知县王天与、黄文鸷亲历贼巢踏勘，三县之中适均去处，无如横水。原系上犹县崇义里地方，山水合抱，土地平坦，堪以设县。随会同分守左参议黄宏，议得合无于此建立县治，尽将三县贼人占据阻荒田地，通行割出。缘里分人户数少，查得南康县上龙一里、崇德一里，亦与至坪相接，缘至坪三都虽非全里，然而地方广阔，钱粮数多，堪以拆作一里，合割并属新县。其间人户数少者，田粮尚存，招人佃买，可以复全。县治既设，东去南康尚有一百二十里，要害去处则有长龙；西去湖广桂阳县界二百余里，要害去处则有上保；南去大庾县一百二十余里，要害去处则有铅厂；俱该设立巡检司。查得上犹县过步巡检司，路僻无用，宜改移上保，备由呈详。奉批：'看得横水开建县治，实亦事不容已。但未经奏请，须候命下，方可决议。兼之工程浩大，一时恐未易就。今贼势虽平，漏殄尚有，且宜遵照本院钦奉敕谕随宜处置事理，先于横水建立隘所，以备目前不测之虞。除委典史梁仪等一面竖立木栅，修筑土城，修建营房外，查得横水附近隘所，如至坪、雁湖、赖塘等处，盗贼既平，已为虚设。其附近村寨，如白面、长潭、杰坝、石玉、过步、果木、鸟溪、水眼等处居民，访得多系通贼窝主；及各县城郭村寨，亦多有通贼之人。合将各隘隘夫悉行拨守横水，其通贼人户，尽数查出，编充隘夫，永远把守；其不系通贼者，量丁多寡，抽选编佥，轮班更替，务足一千余名之数。责委属官一员统领，常川守把。遇有残党啸聚出没，即便相机剿捕。候县治既立，人烟辏集，地方果已宁靖，再行议处裁损。其开建县治，本院亲行踏勘，再四筹度，固知事不可已。但举大事，须顺民情，兵革之后，尤宜存恤。仰该道会同分守等官，再行拘集地方父老子弟，多方询访，必须各县人民踊跃鼓舞，争先趋事，然后兴工，庶几事举而人有子来之美，工成而民享偕乐之休。仍呈抚按等衙门公同计议施行。'等因依奉会同参议黄宏遵照批呈事理，先于横水设立隘所，防范不虞。及行该府再行拘集询访外，随据府县各申，拘集父老到官，各交口欢欣，鼓舞趋事，别无民情不便等因，备呈到道。"覆审无异，转呈到臣。会同巡抚江西等处地方都察院右副都御史孙燧、巡按江西监察御史屠侨，议照前项地方，大贼既已平荡，后患所当预防。今议立县治并巡司等衙门，惩前虑后，杜渐防微，实皆地方至计，及查得横水议建县治处所，原系上犹县崇义里，因地名县，亦为相应。如蒙皇上悯念地方屡遭荼毒，乞敕该部俯顺民情，从长议处，早赐施行，并儒学巡司等衙门一体铨选官员，铸给印信。如此，则三省残孽，有控制之所而不敢聚，三省奸民，无潜匿之所而不敢逃。变盗贼强梁之区为礼义冠裳之地，久安长治，无出于此。

卷十一 别录三

奏疏三

乞休致疏 正德十三年三月初四日

臣以菲才，遭逢明盛，荷蒙陛下涤垢掩瑕，曲成器使；既宽尸素之诛，复冒清显之职；增其禄秩，假以赏罚；念其行事之难，授以提督之任，言行计听。感激深恩，每思捐躯，以效犬马。奈何才蹇福薄，志欲前而力不逮，功未就而病已先。臣自待罪鸿胪，即尝以病求退；后惧托疾避难之诛，辄复黾勉来此。驱驰兵革，侵染瘴疠，昼夜忧劳，疾患愈困。自去岁二月，往征闽寇，五月旋师，六月至于九月，俱有地方之警，十月攻横水，十一月破桶冈，十二月旋师。未几，今年正月，又复出剿浰贼。前后一岁有余，往来二三千里之内，上下溪涧，出入险阻，皆扶病从事。然而不敢辄以疾辞者，诚以朝廷初申赏罚之请，再下提督之命，惟恐付托不效，以辜陛下听纳之明，负大臣荐扬之举。且其时盗贼方炽，坐视民之荼毒，而以罪累后人，非仁也；己逃其难，而遗人以艰，非义也；徒有其言，而事之不酬，非忠也。故宁委身以待罪，忍死以效职。

今赖陛下威德，庙堂成算，上犹、南康之贼既已扫荡，而浰寇残党亦复不多。旬日之间，度可底定，决不至于重遗后患，则臣之罪责，亦既可以少逭于万一。但惟臣病月深日亟，百疗罔效，潮热咳嗽，疮痍痛肿，手足麻痹，已成废人。昔人所谓绵弱之才，不堪任重；福薄之人，难与成功。二者臣皆有焉。伏惟陛下覆载生成，不忍一物失所，悯臣舆病讨贼所备尝之苦，哀臣忍死待罪不得已之情，念福薄之有限，怜疾疗之无期，准令旋师之日，放归田里。岂曰保全余息，尚图他日之效。苟遂丘首，臣亦感恩地下，能忘衔结之报乎？臣不胜哀恳祈望之至！

移置驿传疏 正德十三年二月二十五日

据江西按察司分巡岭北道兵备副使杨璋呈：“奉臣批，据南安府大庾县峰山里民朱仕玖等连名告称：'本里先因敌御輋贼，正德十一年，被贼复仇，杀害本里妇男一百余命。各民惊惶，自愿筑砌城垣一座，搬移城内。告申上司，蒙给官银修理三门。今幸完成，居民无虞。正德十二年六月十九日，奉调本里百长谢玉山等五百名前去本府剿贼，已获功次解报，未蒙发回。今风闻輋贼又要前来复仇，但本城缺兵防守。乞赐裁革宰屋、龙华二隘人夫前来守城。其赤口巡检司缺官，就乞委官署掌印信，督兵防遏。及愿出地，迁移小溪驿进城，城池驿舍，俱保无虞。'等情。奉批岭北道议处。依奉，会同左参议黄宏，议将宰屋、龙华二隘人夫拨付该城防守，该府照磨邓华空闲，合委署掌印信，提督该司弓兵并该城兵众，并力防遏。其小溪驿迁移峰山城内一节，合行该府查勘，应否迁移；过往使客，有无便益；南北水路，有无适均；移驿之费，计算几何。缘由呈详本院，奉批：'去隘委官，俱准议行；移驿事，仰行该府作急勘报。'等因。已经行。据南安府呈：'蒙二隘人夫拨付峰山守城，行委照磨邓华署掌赤石巡检司印信。及查议得小溪旧驿止有人烟数家，孤处河边，且与鸡湖等贼巢相近，曾被强贼来驿，执虏官吏，烧毁公厅。见今贼势猖獗，使客辄受惊惶，不敢停歇。往年亦曾建议迁驿，奈小溪人民，俱各包当该驿夫役，积年射利得惯，官吏被其钤制，往往告称移驿不便。况移驿处所虽在城中，离河不远。工程所费亦不过四五十两。如此一举，委果水陆俱便，不惟该驿可保无虞，而往来使客宿歇，亦无惊恐。'等因，回报到道，覆议相同。"据呈到臣，簿查先为前事，已经批仰该道议处。回报去后，今据前因，看得小溪旧驿屡被贼患，移置峰山城内，委果相应。如蒙乞敕该部查议相同，俯从所请，则一劳永逸，实为地方之幸！

浰头捷音疏 十三年四月二十日

据江西按察司分巡岭北道兵备副使杨璋呈："据一哨统兵守备南、赣二府地方以都指挥体统行事指挥使郏文呈称：'统领远安县义民孙洪舜等兵，于本年正月初七日，攻破曲潭等巢；十一日，攻破半径等巢；共五处。二月二十六日，与贼战于水源等处。擒斩大贼首吴积祥、陈秀谦、张秀鼎等七名颗，贼从陈希九等一百二十六名颗；俘获贼属男妇五十六名口；烧毁贼巢房屋禾仓二百五十三间；及夺获器械等物。'二哨统兵赣州府知府邢珣呈称：'督同同知夏克义、知县黄天与、典史梁仪、老人叶秀芳等官兵，于正月初七等日，攻破方竹湖等巢；初九日，攻破黄田坳等巢；共四处。二十五等日，覆贼于白沙；二月十六日，与贼战于芳竹湖等处。擒斩大贼首黄佐、张廷和、王蛮师、刘钦等一十名颗，贼从黄密等二百六十名颗；俘获贼属男妇八十三名口；烧毁贼巢房屋禾仓二百二十二间；及夺获赃仗牛马等项。'三哨领兵广东惠州府知府陈祥呈称：'督同通判徐玑、新民卢琢等官兵，于正月初七等日，攻破热水等巢；初九等日，攻破铁石障等巢；共五处。二十五等日，覆贼于五花障等处；二月初二等日，与贼战于和平等处。擒斩大贼首陈活鹞、黄弘闰。张玉林等十一名颗，贼从李廷祥四百三十一名颗；俘获贼属男妇二百二十名口；烧毁贼巢房屋禾仓五百七十二间；及夺获器械、赃银、牛马等项。'四哨统兵南安府知府季斅呈称：'统领训导蓝铎、百长许洪等官兵，于正月初三等日，攻破右坑等巢；十一日，攻破新田径等巢；共四处。二十七等日，覆贼于北山，又与战于风门奥等处。擒斩大贼首刘成珍等四名颗，贼从胡贵琢等一百三十名颗；俘获贼属男妇一百六十五名口；

烧毁贼巢房屋禾仓七十三间；及夺获赃银等物。'五哨统兵赣州卫指挥佥事余恩呈称：'统领新民百长王受、黄金巢等兵，于正月初七日，会同推官危寿、千户孟俊，攻破上、中、下三浰大巢；十一日，攻破空背等巢；共四处。二十五日，覆贼于银坑水等处。擒斩大贼首赖振禄、王贵洪、李全、邹一惟等九名颗，贼从赖贱仔等三百五十名颗；俘获贼属男妇六十二名口；烧毁贼巢房屋禾仓三百二十一间；及夺获器械牛马等项。'六哨统兵赣州卫指挥佥事姚玺呈称：'统领新民梅南春等兵，于正月初七日，攻破淡方等巢；初九日，攻破岑冈等巢；共四处。二十七日，覆贼于乌虎镇。擒斩大贼首谢銮、曾用奇等五名颗，贼从卢任龙一百九十九名颗；俘获贼属男妇一百一十二名口；烧毁贼巢房屋禾仓三百七十间；及夺获器械牛马等项。'七哨统兵赣州府推官危寿呈称：'统领义官叶方等兵，于正月初七日，会同指挥余恩、千户孟俊，攻破上、中、下三浰大巢；初十等日，攻破镇里寨等巢；共四处。二十七日，覆贼于中村等处。擒斩大贼首池仲宁、高允贤、池仲安、朱万、林根等十二名颗，贼从黄稳等二百一十一名颗；俘获贼属男妇三十三名口；烧毁贼巢房屋禾仓三百二十三间；及夺获赃仗牛马等项。'八哨统兵赣州卫千户孟俊呈称：'统领义官陈英、郑志高、新民卢珂等兵，于正月初七等日，会同指挥余恩、推官危寿，攻破上、中、下三浰大巢；初十等日，攻破大门山等巢；共六处。擒斩大贼首谢凤经、吴宇、张廷与、石荣等九名颗，贼从张角子等一百九十二名颗；俘获贼属男妇一百四十三名口；烧毁贼巢房屋禾仓一百七十三间；及夺获器械、牛马、赃银等项。'九哨统兵南康县县丞舒富呈称：'统领义民赵志标等兵，于正月十一等日，攻破旗领等巢，共二处。二月十四日，与贼战于乾村等处。擒斩贼从刘三等一百七名颗；俘获贼属男妇二十一名口；烧毁贼巢房屋禾仓五十三间；及夺获器械等物。'等因，各呈报到道。

"查得先为地方紧急贼情事，据信丰县所呈称：'正德十二年二月初七日，龙南县贼首黄秀魁，纠合广东贼首池仲容等，突来本县，杀人放火。

见今攻城不退，乞要发兵救援。'等因。该本道议，委经历王祚、县丞舒富领兵剿捕。斩获贼级四颗；被贼杀死报效义士杨习举等十名；执去经历王祚。随该本道新诣该县，暂将各贼招安，拨回原巢；经历王祚送出。参将失事知县王天爵、卢凤、千户郑铎、朱诚、洪恩、主簿周镇、镇抚刘锴等，俱各有罪。及将前贼应剿缘由，呈详转达具奏外，正德十三年正月初三日，奉提督军门纸牌：'议照上犹等县贼巢既平，广东龙川县浰头等处贼巢，奉有成命，应该会剿。其大贼首池仲容等，本院已行计诱擒获。见今军势颇振，若不乘此机会，出其不意，捣其不备，坐视以待广兵之来，未免有失事机之会。本院除遵奉敕谕内自行量调官军设法剿捕事理，部勒兵众，分布哨道，行仰守备指挥并知府等官郏文、陈祥等统领，各授进止方略外，备行本职前去军前纪验功次，及催各哨官兵上紧依期进剿。仍行巡按衙门前来核实施行。'等因，随呈巡按江西监察御史屠侨，批行本道：'先行纪验明白，通候核实施行。'依奉督率各省官兵，依期进剿去后。今据前因，除将前项功次俱类，巡按衙门会审纪验明白，生擒贼犯，解赴提督军门，斩首枭示，贼属男妇变卖银两，器械、赃仗、赃银俱贮库外，参照浰头大贼首池仲容、池仲宁、池仲安、高允贤、李全等，盘据一方，历有岁年，僭称王号，伪设官职；广东翁源、龙川、始兴，江西龙南、信丰、安远、会昌等县，屡被攻围城池，杀害官军，焚烧村寨，虏杀男妇，岁无虚日。曾经狼兵夹攻数次，俱被漏网。是乃众贼奸雄之巨擘，三省群盗之根源也。今幸天夺其魄，仲容束手就擒，仲宁、仲安等一时授首，各巢贼从擒斩殆尽。此皆仰仗朝廷德威远播，庙堂成算无遗，提督军门赏罚以信而号令严明，师出以律而机宜慎密，身先士卒而艰险之不辞，洞见敌情而抚剿之有道。以是数十年之巨寇，一旦削平；连四省之编氓，永期安辑。呈乞照详转达。"等因，据呈到臣。

卷查先为地方紧急贼情事，准兵部咨，该巡按江西监察御史屠侨奏，该本部覆题："节奉圣旨：是，这地方贼情，着都御史王守仁自行量调官军，设法剿捕。钦此。"及为申明赏罚以励人心事，准兵部覆题："请敕南、赣等处都御史,假以提督军务名目,给与旗牌应用,以振军威。一应军马钱粮事宜,径自便宜区画。如遇盗贼入境,即便调兵剿杀,不许踵袭旧弊招抚,重为民患。所部官军,若在军前违期逗留退缩,俱听以军法从事。生擒盗贼,亦听斩首示众。贼级听本处兵备会同该道守巡官,即时纪验明白,备行江西按察司造册奏缴,查照剿杀南方蛮贼见行旧例,议拟升赏等因,具题:奉圣旨:是,王守仁着提督南、赣、汀、漳等处军务,换敕与他。其余事宜,各依拟行。钦此。"又为地方紧急贼情事,准兵部覆题:"看得所奏攻治盗贼二说,就令差来人赍文,交与都御史王守仁,悉依前项申明赏罚事理便宜行事。期于功成,不限以时,相机攻剿等因,具题:节该奉圣旨:是。钦此。"陆续备咨到臣。俱经通行抚属四省各道守巡、兵备、守备等官一体钦遵,并咨总督两广左都御史陈金查照外,续该臣看得南、赣盗贼,其在南安之横水、桶冈诸巢,则接境于湖郴;在赣州之浰头、桶冈诸巢,则连界于闽、广。接境于湖郴者,贼众而势散,恃山溪之险以为固;连界于闽、广者,贼狡而势聚,结党与之助以相援。臣等遵奉敕谕,及查照兵部咨示方略,初议先攻横水,次攻桶冈,而末乃与广东会兵,徐图浰头;如攻坚木,先其易者,后其节目。自正德十二年九月,臣等议将进兵横水,恐浰贼乘虚出扰,思有以沮离其党。臣乃自为告谕,具述祸福利害,使报效生员黄表、义民周祥等往谕各贼,因皆赐以银布。一时贼党亦多感动,各寨酋长黄金巢、刘逊、刘粗眉、温仲秀等,遂皆愿从表等出投。惟大贼首池仲容即池大鬓,独愤然谓其众曰:"我等做贼,已非一年,官府来招,亦非一次,此亦何足为凭!待金巢等到官后,果无他说,我等遣人出投,亦未为晚。"其时臣等兵力既未能分,意且羁縻,令勿出为患,胡亦不复与较。金巢等至,臣乃释其罪,推诚厚抚,各愿出力杀贼立效。于是藉其众五百余,悉以为兵,使从征横水。十月十二日,臣等已破横水,仲容等闻之始惧。计臣等必且以次加兵,于是集其酋豪池仲宁、高飞甲等谋,使其弟池仲安率老弱二百余徒,亦赴臣所投招,求随众立效;意在援兵,因而窥觇虚实,乘间内应。臣逆知其谋，阳许之。及臣进攻桶冈，使领其众截路于上新地，以远其归途。内严警御之备，以防其衅；外示宽假之形，以安其心。阴使人分召邻贼诸县被贼害者，皆诣军门计事，旬日之间，至者数十。问所以攻剿之策，皆以此贼狡诈凶悍，非比他贼，其出劫行剽，皆有深谋，人不能测。自知恶极罪大，国法难容，故其所以扞拒之备，亦极险谲。前此两经夹剿，皆狼兵二三万，竟亦不能大捷。后虽败遁，所杀伤亦略相当。近年以来，奸谋愈熟，恶焰益炽。官府无可奈何，每以调狼兵恐之。彼辄谩曰："狼兵易与耳。纵调他来，也须半年；我纵避他，只消一月。"其意谓狼兵之来不能速，其留不能久也，是以益无忌惮。今已僭号设官，奸计逆谋，尤非昔比。必欲除之，非大调狼兵，事恐难济。臣以为兵无常势，在因敌变化而制胜。今各贼狃于故常，且谓必待狼兵而后敢攻，此所以不必狼兵而可以攻之也。乃为密画方略，使数十人者各归部集，候我兵有期，则据隘遏贼。

十一月，贼闻臣等复破桶冈，益惧，为战守备。臣使人至贼所，赐各酋长牛酒，以察其变。贼度不可隐，则诈称龙川新民卢珂、郑志高等将掩袭之，是以密为之防，非敢虞官兵也。臣亦阳信其言，因复阳怒卢珂、郑志高等擅兵仇杀，移檄龙川，使廉其实；且趣各贼伐木开道，将回兵自浰头取道往讨之。贼闻以为臣等实有为之之意，又恐假道伐之，且喜且惧。因遣来谢，且请无劳官兵，当悉力自防御之。卢珂、郑志高、陈英者，皆龙川旧招新民，有众三千余。远近皆为仲容所胁，而三人者独与之抗，故贼深仇忌之。十二月望，臣兵回至南康，卢珂、郑志高等各来告变，谓池仲容等僭号设官，今已点集兵众，号召远近各巢贼首，授以"总兵"、"都督"等伪官，使候三省夹攻之兵一至，即同时并举，行其不轨之谋。及以伪授卢珂等官爵"金龙霸王"印信文书一纸粘状来首。臣先已谍知其事，及珂等来，即阳怒，以为尔等擅兵仇杀投招之人，罪已当死；今又造此不根之言，乘机诬陷；且池仲容等方遣其弟领兵报效，诚心向化，安得有此。遂收卢珂等，将斩之。时池仲安之属方在营，见珂等入首,大惊惧;至是皆喜,罗拜欢呼,竞诉珂等罪恶。臣因亦阳令具状,谓将并拘其党属尽斩之。于是遂械系卢珂,而使人密喻以阳怒之意,欲以诱致仲容诸贼。且使卢珂等先遣人归,集其众,候珂等既还,乃发。臣又使生员黄表、听选官雷济往喻仲容,使勿以此自疑。密购其所亲信阴说之,使自来投诉。二十日,臣兵已还赣,乃张乐大享将士。下令城中,今南安贼巢皆已扫荡,而浰头新民又皆诚心归化,地方自此可以无虞。民久劳苦,亦宜暂休为乐。遂散兵,使各归农,示不复用。而使池仲安亦领众归,助其兄防守,且云卢珂等虽已系于此,恐其党致怨,或掩尔不虞。仲安归,具言其故,贼众皆喜,遂弛备。臣又使指挥余恩赍历往赐仲容等,令毋撤备,以防卢珂诸党,贼众亦喜。黄表、雷济因复说仲容:"今官府所以安辑劳来尔等甚厚,何可不亲往一谢!况卢珂等日夜哀诉反状,乞官府试拘尔等,若拘而不至者,即可以证反状之实;今若不待拘而往,因面诉珂等罪恶,官府必益信尔无他,而谓珂等为诈,杀之必矣。"所购亲信者复从力赞,仲容然之,乃谓其众曰:"若要伸,先用屈。赣州伎俩,亦须亲往勘破。"遂定议,率其麾下四十余人,自诣赣。臣使人探知仲容已就道,乃密遣人先行属县勒兵,分哨道,候报而发。又使千户孟俊先至龙川,督集卢珂、郑志高、陈英等兵;然以道经浰巢,恐摇诸贼,则别赍一牌,以拘捕卢珂等党属为名。各贼开闻往,果遮迎问故,俊出牌视之,乃皆罗拜,相争导送出境。俊已至龙川,始发牌部勒卢珂等兵。众贼闻之,皆以为拘捕其属,不复为意。

闰十二月二十三日,仲容等至赣,见各营官兵皆已散归,而街市多张灯设戏为乐,信以为不复用兵。密赂狱卒,私往觇卢珂等,又果械系深固。仲容乃大喜,遣人归,报其属曰:"乃今吾事始得万全矣!"臣乃夜释卢珂、郑志高等,使驰归发兵;而令所属官僚次设羊酒,日犒仲容等,以缓其归。正月三日,度卢珂等已至家,所遣属县勒兵当已大集,臣乃设犒于庭,先伏甲士,引仲容入,并其党,悉擒之。出卢珂等所告状,讯鞫皆伏,遂置于狱。而夜使人趋发属县兵,期以初七日同时入巢。于是知府陈祥兵从龙川县和平都入，指挥姚玺兵从龙川县乌虎镇入，千户孟俊兵从龙川县平地水入，指挥余恩兵从龙南县高沙保入，推官危寿兵从龙南县南平入，知府邢珣兵从龙南县太平保入，守备指挥郑文兵从龙南县冷水径入，知府季斅兵从信丰县黄田冈入，县丞舒富兵从信丰县乌径入；臣自率帐下官兵，从龙南县冷水径直捣下浰大巢；而使各哨分路同时并进，会于三浰。

先是，贼徒得池仲容报，谓赣州兵已罢归，他已弛备，散处各巢。至是，骤闻官兵四路并进，皆惊惧失措。乃分投出御，而悉其精锐千余，据险设伏，并势迎敌于龙子岭。我兵聚为三冲，犄角而前。指挥余恩所领百长王受兵首与贼遇，大战良久，贼败却。王受等奋追里许，贼伏兵四起，奋击王受。推官危寿所领义官叶芳兵鼓噪而前，复奋击贼伏兵后；千户孟俊兵从傍绕出冈背，横冲贼伏，与王受合兵。于是贼乃大败奔溃，呼声震山谷。我兵乘胜逐北，遂克上、中、下三浰。各哨官兵遥闻三浰大巢已破，皆奋勇齐进，各贼皆溃败。知府陈祥兵遂破热水巢、五花障巢；指挥姚玺兵遂破淡方巢、石门山巢、上下陵巢；知府邢珣兵遂破芳竹湖、白沙巢；守备指挥郑文兵遂破曲潭巢、赤唐巢；知府季斅兵遂破布坑巢、三坑巢。是日，擒斩首从贼人、贼级，俘获贼属男妇、牛马、器仗数多，其余堕崖填谷死者不可胜计。是夜，贼复奔聚未破巢穴。次日早，乃令各哨官兵探贼所往，分投急击。初九日，知府陈祥兵破铁石障巢、羊角山巢，获贼首"金龙霸王"印信旗袍；知府邢珣兵破黄田坳巢；指挥姚玺兵破岑冈巢；指挥余恩兵破塘合洞巢、溪尾巢。初十日，千户孟俊兵破大门山巢，推官危寿兵破镇里寨巢。十一日，知府邢珣兵破中村巢；守备郑文兵破半径巢、都坑巢、尺八岭巢；知府季斅兵破新田径巢、古地巢；指挥余恩兵破空背巢；县丞舒富兵破旗岭巢、顿冈巢。十三日，千户孟俊兵破狗脚坳巢、水晶洞巢、五湖巢、蓝州巢。十六日，推官危寿兵破风盘巢、茶山巢。连日，各擒斩首从贼人、贼级并俘获贼属男妇、牛马、器仗数多。然各巢奔散之贼，其精悍者尚八百余徒，复哨聚九连大山，扼险自固。当臣看得九连山势极高，横亘数百余里，四面斩绝；我兵既不得进，而其内东接龙门山后诸处，贼巢若百数。以我兵进逼，贼必奔往其间；诱激诸巢，相连而起，势亦难制。然彼中既无把截之兵，欲从傍县潜军，断其后路，必须半月始达，缓不及事。止有贼所屯据崖壁之下一道可通，然贼已据险，自上发石滚木，我兵百无一全。于是，乃选精锐七百余人，皆衣所得贼衣，佯若奔溃者，乘暮直冲贼所据崖下涧道而过。贼以为各巢败散之党，皆从崖下招呼，我兵亦佯与呼应；贼疑，不敢击。已度险，遂扼断其后路。次日，贼始知为我兵，并势冲敌。我兵已据险，从上下击；贼不能支，乃退败。臣度其必溃，预令各哨官兵四路设伏以待。贼果分队潜遁。二十五日，知府陈祥兵覆贼于五花障，知府邢珣兵覆贼于白沙，指挥余恩兵覆贼于银坑水。二十七日，指挥姚玺兵覆贼于乌虎镇，推官危寿兵覆贼于中村，知府季斅兵覆贼于北山，又战于风门奥。其余奔散残党，尚三百余徒，分逃上下坪、黄田坳诸处，各哨官兵复黏踪会追。二月初二日，知府陈祥兵复与贼战于平和。初五日，复战于上坪、下坪。初八日，推官危寿、指挥余恩兵复与贼战于黄坳。十二日，知府陈祥兵复与贼战于铁障山。十四日，县丞舒富兵复与贼战于乾村，又战于梨树。十四日，知府邢珣、季斅兵复与贼战于芳竹湖。二十三日，县丞舒富兵复与贼战于北顺，又战于和洞。二十六日，守备郏文兵复与贼战于水源，战于长吉，战于天堂寨。连日擒斩首从贼人、贼级数多。三月初三日，据乡导人等四路爪探，皆以为各巢积恶凶狡之贼，皆已擒斩略尽；惟余党张仲全等二百余徒，其间多系老弱，及远近村寨一时为贼所驱胁、从恶未久之人，今皆势穷计迫，聚于九连谷口，呼号痛哭，诚心投招。臣遣报效生员黄表往验虚实，果如所探。因引其甲首张仲全等数人前来投见，诉其被胁不得已之情。臣量加责治，随遣知府邢珣往抚其众，籍其名数，遂安插于白沙。

初七日，据知府邢珣等呈称："我兵自去岁二月从征闽寇，迄今一年有余，未获少休。今幸各巢贼已扫荡，余党不多，又蒙俯顺招安；况今阴雨连绵，人多疾疫，兼之农功已动，人怀耕作，合无俯顺下情，还师息众。"及义官叶芳等并各村乡居民亦告前情。臣因亲行相视险易，督同副使杨璋、知府陈祥等经理立县设隘，可以久安长治之策，留兵防守而归。

盖自本年正月初七日起，至三月初八日止，前后两月之间，通共捣过巢穴三十八处，擒斩大贼首二十九名颗，次贼首三十八名颗，从贼二千零九名颗，俘获贼属男妇八百九十名口，夺获牛马一百二十二只匹，器械、赃仗二千八百七十件把，赃银七十两六钱六分。总计擒斩、俘获、夺获共五千九百五十五名颗口只匹件把。俱经行令兵备等官审验纪录，仍行纪功御史核实施行，具由呈报去后。今据前因，臣等会同江西巡按御史屠侨、广东巡按御史毛凤，参照大贼首池仲容等，荼毒万民，骚扰三省，阴图不轨，积有年岁，设官僭号，罪恶滔天；比之上犹诸贼，尤为桀骜难制。盖上犹诸贼，虽有僭窃不轨之名，而徒惟劫掠焚烧是嗜；至于浰头诸贼，虽亦剽劫掳掠是资，而实怀僭拟割据之志。故其招致四方无籍，隐匿远近妖邪；日夜规图，渐成奸计。兼之贼首池仲容、池仲安等，又皆力搏猛虎，捷竞飞猱；凶恶之名久已著闻，四方贼党素所向服；是以负固恃顽，屡征益炽。前此知其无可奈何，亦惟苟且招安，以幸无事；其实无救荼毒之惨，益养奸宄之谋。今乃臣等驱不练之兵，资缺乏之费，不逾两月，而破奸雄不制之虏，除三省数十年之患。此非朝廷威德，庙堂成算，何以及此！臣等切惟天下之事，成于责任之专一，而败于职守之分挠。就今事而言，前此尝夹攻二次，计剿数番；以兵，则前者强，而今者弱，前者数万，而今者数千；以时，则前者期年，而今者两月；以费，则前者再倍，而今者什一；以任事之人，则前者多知谋老练之士，而今者乃若臣之迂疏浅劣。然而计功较绩，顾反有加于昔，何哉？实由朝廷之上，明见万里，洞察往弊，处置得宜。既假臣以赏罚之权，复改臣以提督之任；既以兵忌遥制，而重各省专征之责，又虑事或牵狙，而抑守臣干预之请；授之方略而不拘以制，责其功成而不限以时。以故诏旨一颁，而贼先破胆夺气；咨文一布，而人皆踊跃争先。效谋者，知无沮挠之患而务竟其功；希赏者，知无侵削之弊而毕致其死。是乃所谓"得先胜之算于庙堂，收折冲之功于樽俎"，实用兵之要道，制事之良法也。事每如此，天下之治，有不足成者矣？

臣等偶叨任使，何幸滥竽成功！敢是献捷之余，拜手稽首以贺，伏愿皇上推成功之所自，原发纵之有因，庶无僭赏，以旌始谋。及照兵备副使杨璋，监军给饷，纪功督战，备历辛勤，宜加显擢；守备指挥郏文、知府陈祥、邢珣、季斆、推官危寿、指挥余恩、姚玺及千户孟俊、县丞舒富等，皆身亲行阵，屡立战功，俱合奖擢，庶示激扬，以为后劝。

臣本凡庸，缪当重任；偶逢事机之会，幸免覆𫗧之诛。然功非其才，福已逾分，遂沾痿痹之疾，既成废弃之人。除已别行请罪乞休外，缘系捷音，及该兵部议拟期于成功，不限以时，题奉钦依事理，为此具本题知。

添设和平县治疏 十三年五月初一日

据江西按察司分巡岭北道兵备副使杨璋、广东按察司分巡岭东道兵备佥事朱昂会呈："据赣州府知府邢珣、惠州府知府陈祥呈，奉臣案验，据广东惠州龙川、河源等县省祭监生、生员、耆老陈震、余世美、黄宸等连名呈称：'浰头、岑冈等处叛贼池大鬓等，魁首动以百十，徒党不下数千，始则占耕民田，后遂攻打郡县。谢玉璘、邹训等倡乱于弘治之末，而此贼已为之先锋，徐允富、张文昌继乱于正德之初，而此贼复张其羽翼，荼毒三省。二十余年以来，乃为三省逋逃之主，遂称群贼桀骜之魁。捉河源县之主簿，虏南安府之经历，绑龙南县之县官，戮信丰所之千户，肆然无忌。规图渐广，凶恶日增，僭称王号，伪建元帅、总兵、都督、将军等名目。虽屡蒙上司动调官兵，多方征剿，俱被漏网为患。今蒙提督军门亲捣贼巢，扫荡残党，除数郡之荼毒，雪万姓之冤愤。若不趁此机会，建立县治，以控制三省贼冲之路，切恐流贼复聚，祸根又萌。切见龙川和平地方，山水环抱，土地坦平，人烟辏集，千有余家。东去兴宁、长乐、安远，西抵河源，南界龙川，北际龙南，各有数日之程。其间山林阻隔，地里辽远，人迹既稀，奸宄多萃。查得父老相传，原系循州一州，龙川、雷乡二县，后因地方扰乱，人民稀少，除去循州、雷乡两处，止存龙川一县。洪武初间，龙川尚有五十五里，其后州县既除，声教不及。洪武十九等年，贼首谢仕真等相继作乱，将前项居民尽行杀戮，数百里内，人烟断绝。自此，贼巢日多，民居日耗，始将龙川县都图并作七里。迄于近年，民遭荼毒，遂至此极。如蒙怜念，于和平地方设建县治，以控制瑶洞；兴起学校，以移易风俗；及将和平巡检司改立浰头，屯兵堤备，庶几变盗贼之区为冠裳之地，实为保安至计。'等因，据呈到院。看得东南地方，但系盗贼盘据，即皆深山穷谷，阻险辽绝之区，是以征剿之后，其民类皆愿立县治，以控制要害，敷施政教而渐次化导之。故东南弭盗安民，则建立县治，亦其一策。近该本院亲剿浰贼，见今住军九连大山，往来浰头、和平等处，备阅山溪形势，讲求贼情民俗，深思善后之图，实有如各役所呈者。但开建县治，置立屯所，必须分割都图，创起关隘。城池宫室之费，力役输调之赀，未经查勘议处，难便奏闻。案：'仰本道即行副使杨璋，会同佥事朱昂，督同府县掌印官，拘集各该地方乡里甲人等，备勘和平、浰头两处，某处可以建筑城池，某地宜以添设巡逻，某县都图相近，可以分割，某里村寨接连，堪以拨补，某所巡司可以移镇，某乡丁户可以编佥。其移民以就田，调兵以守隘，一应工役所需，作何区处。再行考求图籍，诹诸耆老，必求至当归一。具由呈来，以凭议处定夺，仍呈总督、总镇、巡按衙门公同计议施行。'等因。各职遵依，督同龙川县署县事主簿陈甫、河源县署县事县丞朱炑，就近拘集龙川县通县并河源县惠化都里老沙海、钟秀山等，与原呈陈震等到职会勘。和平峒地方原有二千余家，因贼首池大鬓等作耗，内有八百余家投城居住，尚存一千余家。本峒羊子一处，地方宽平，山环水抱，水陆俱通，可以筑城立县于此；招回投城之人，复业居住。分割龙川县和平都、仁义都，并广三图，共三里，及割附近河源县惠化都，与接近江西龙南县邻界，亦折一里前来，共辖一县。及将先年各处流来已成家业寓民，尽数查出，责令立籍，拨补绝户图眼，一体当差。其和平巡检司宜立浰头，以控制险阻。仍于本县并龙南县量编隘夫几百名，委官管领，兼同该司弓兵巡逻，使盗贼不得盘据。其盖造衙门大小竹木，和平、浰头各山产有，俱派本处人户采办，不用官钱。其余砖石灰瓦、匠作工食之费，须查支官库银两。及差委公正府佐二官一员，清查浰头、岑冈等处田土，除良民产业被贼占耕者照数给主外，中间有典与新民，得受价银者，量追价银一半入官，其田给还管业；其余同途上盗田土，尽数归官卖价，以助筑修城池官廨之用。其龙川县分割三图，止存五图在彼，路通冲要，答应繁难。查得邻界长乐县所属清化都，正与龙川连近，乞于该都分割一图，补辏管辖，庶为适均等因。又据龙南县太平等保里老赖本立等呈称：'本县东南与广东龙川、河源二县，西南与广东始兴县连界，多深山穷谷，向因各处流贼过境劫掠，太平保设有横冈、角崃二隘，上蒙、高沙二保设有牛冈、阳陂二隘，就于各保佥点隘夫乡兵守把。后因池大鬓等不时出劫，各隘烧毁一空。今征剿既平，宜将前项隘所修筑把守，可保四境无虞。及照本县止有四里半，邑小民寡，递年逋负追并；况与龙川县又系隔省夐远，乞免分割，以苏民困。'等因。各职并行会议得贼平之后，经久良图，诚无逾于添设县治者，今龙川县里老人等，愿于和平峒羊子铺添设县治，及分割都图，清卖贼田，移置巡司，量佥隘夫等情，俱相应俯顺。惟称又要分拆江西赣州府龙南县附近都图，缘系两省地方，相隔愈远，未免影射差役，两无归着，难以准行。止该于龙南县该管图保，修筑旧隘。其新兴地方，系通始兴县要路，宜添设一隘。各于邻近地方多佥乡夫守把。及看得修筑城池、学校、仓场、铺舍等项，中间有碍百姓田庐税粮，亦该委官丈量，照数除豁。相距龙川县二百里之程，该量设铺舍十处。一应工程，除大小竹木派令人户采办，其余砖石、灰瓦等项物料，各色匠作工食，猝难料计，应合委官估计，通该银若干，扣除前项田价银两若干，余于惠州府库相应官银支给；尚有不敷，另行申请。合用人工，该起龙川县与河源县惠化都民夫答应。其移置浰头巡检司，应隶新县管辖。该司弓兵四十名，额数寡少，合于龙川县和平、仁义、广三图量编四百名，龙南县量编二百名，俱令该县掌印官编佥造册，分为二班，半年一换。俱各委官管领，兼同该司官巡逻，遇有盗贼生发，即随扑获。隘夫限满，亦须该班者交代方还。各府、州、县巡捕官，俱要不时往来巡点。其清卖贼田，修筑城池等项，俱各委官分投干办，方得集事。再照新县里粮数少，官员应该减裁，且系偏僻之地，驿递不必添设。遇有使客往来，总于龙川县雷乡驿应付。前项居民，被贼残害，疮痍未苏，加以创县劳费，困苦可矜。成县之日，凡遇一应杂泛差役，坐派钱粮物料等项，俱各酌量减省。期待三年之后，方与各县一体差科。庶几舆情允惬，事体允当，等因，到道。会同佥事朱昂覆议相同，合就会案呈详。"等因，据呈到臣。会同钦差巡按广东监察御史毛凤，议照前项地方，实系山林深险之所，盗贼屯聚之乡；当四县交界之隙，乃三省闰余之地；是以政教不及，人迹罕到。其间接连闽、广，反覆贼巢，动以百数。据而守之，真足以控诸贼之往来，杜奸宄之潜匿；弃而不守，断为狐鼠之窟穴，终萃逋逃之渊薮。况前此本亦州县旧区，始以县存，而民犹恃为保障，后因县废，而贼遂据以陆梁，是又往事之明验矣。当贼猖獗之日，地方父老屡有取复县治之议，然其时贼方盘据，势有不能。今赖朝廷威德，巢穴荡平，若不乘此机会，复建县治以扼其要害，将来之事，断未可知。臣等班师之日，胁从投招者尚不满百，今未两月，远近牵引而至且二百矣。若县治不立，制驭阔疏，不过一年，泛然投招之人，必皆复化为盗。其时又复兴师征剿，剿而复聚，长此不已，乱将安穷！夫盗贼之患，譬如病人，兴师征剿者，针药攻治之方；建县抚辑者，饮食调养之道。徒恃针药之攻治，而无饮食以调养之，岂徒病不旋踵，将元气遏绝，症患愈深，后虽扁鹊、仓公，无所施其术矣。臣等窃以设县移司，实为久安长治之策。伏愿皇上鉴往事之明验，为将来之永图，念事机之不可失，哀民困之不可再，俯采臣等所议，特敕该部早赐施行。及照建县之所，地名和平；

以地名县，以为得宜。乞从所奏，并将该设职官印信即与铨选铸给。简员以省费，均地以平徭；移巡司以据险要，宽赋役以苏穷民。如此，则夷险为易，化盗为良，可计日而效。不惟臣等得以幸逃日后之谴责，朝廷亦免再役之勤，百姓永享太平之乐矣。

三省夹剿捷音疏 十三年六月十五日

据广东按察司等衙门整饬兵备监统佥事等官王大用等呈："正德十二年九月内，据乐昌县知县李增禀称：'贼首龚福全、高快马等，不时出没为患。近蒙军门案验，内开三省会兵进剿，缘照官兵未到，诚恐各贼探知，自分必死，群合四出攻劫，不惟居民受害，抑恐患及城池。议要从宜设法，以缓其势；待军兵到日，另行遵奉号令。'等因。本职看得各贼俱系先前大征漏网，招亡纳叛，踪迹诡秘。为今之计，必先诱其腹心以为我用，然后以次剪其羽翼，庶以贼攻贼，彼势可孤而我患可保。已经呈奉军门议处，设法诱致去后，续据知县李增报称：'歧田山贼犯龙贵等十二名，天塘贼犯陈满等十名，各挈家赴县首，愿擒获同伴解官。于本年十一月二十八日，督同龙贵等，计诱贼犯萧缘等六十名；十二月初二日，陈满等计诱贼犯李廷茂等二十三名。'等因。及据通判邹级、仁化县知县李莩呈称：'大贼首高快马带从贼一十五名、贼妇二口，潜往地名癞痢寨深坑，结巢藏住。随统民壮兵夫谭志泽等，于闰十二月初一日戌时进兵围寨。至初二日早擒捕，本贼突出，山头迎敌，追至始兴县界，各军奋勇向前，生擒大贼首高快马即高仲仁、从贼三名、贼妇贼女各一口，及行凶器械并被伤兵夫刘廷珍等。'开报到道。节据知府姚鹏等呈称：'督率军兵夫快抵巢，与贼交锋，陆续擒斩首从贼犯李万山、赖永达等一千三百二十名颗，俘获贼属男妇七十六名口，夺回被虏男妇一十三名口，及赃仗、牛马等物。'又据知县李增呈：'缉得贼首李斌，亡命在湖广乌春山躲住。飞报到职，当就发遣捕盗老人李攻瓒等，星夜潜至地名姜阳峒，藏踪缉探，始擒本贼，余党俱各奔遁。'缘由各开到道，参称贼首李斌节与高快马、龚福全等，纠众流毒三省，屡劳征讨；各遵奉军门号令，穷追深入，一旦就擒，各照悬示重赏。而知县李增督兵设策，屡有奇功，亦合奖劳，以励将来。"等因，备呈转报到臣。

亦据整饬兵备兼分巡岭东道监统佥等官顾应祥等呈："据领哨通判莫相等呈称：'统领汉达、官军、民壮、打手人等，照依刻期，进剿上下横溪、阙峒、深峒等巢。贼党坚立排栅，统众迎敌，杀伤兵夫。彼时军兵协谋，奋勇斗战，当将各巢攻破。陆续擒斩贼犯吴瑄、邓仲玉等共六百九十名颗，俘获贼属男妇三百九十五名口，夺回被虏男妇七口，及牛马、器械等物，解送前来会审。又发兵搜斩贼级一十二颗，生擒贼人三名，并俘获贼属等项。'随据本官禀称：'横溪大贼首吴再玑招集亡命，遁住地名东田村深山结巢。即禀蒙监督佥事顾应祥出给重赏，指示方略，密切发兵，抵吴玑巢穴，四面围攻。被玑等乱用药弩射出拒敌，我兵冒伤奋勇进剿，先用铳箭将吴玑打倒，贼势少却。我兵呼噪大进，将吴玑等首从并贼属尽数擒斩，共十三名颗，俘获贼属六口，夺回被虏妇女二口。阵亡兵夫六口。'缘由呈解到道。看得贼首吴玑，系是稔恶巨寇，流劫两省，拒敌官军。而通判莫相设法防捕，致缚前凶，应合奖劳。"等因，备呈开报到臣。

查得先准兵部咨，为地方紧急贼情事，该巡抚湖广都御史秦金奏，该本部覆题："看得郴、桂等处与广东、江西诸峒联络，若非三省会兵夹攻，贼必遁散他处。合无请敕两广并南、赣总督、巡抚等官，会同克期进兵。"等因，具题："节奉圣旨：是，都依拟行。钦此。"续为申明赏罚以励人心事，臣节该钦奉敕谕："但有盗贼生发，即便严督各该兵备、守备、守巡并军卫有司，设法剿杀。其领兵官员，不问文职武职，若在军前违期并逗遛退缩者，俱听以军法从事。仍要选委廉能属官，密切体访，或佥所在大户，量加粮赏，或购令贼徒自相斩捕，皆听尔随宜处置。钦此。"又准兵部咨，为地方紧急贼情事，内开："节据乐昌县知县李增禀称，贼首高快马等八百余徒，在地名柜头村行劫。又据乳源县禀称，贼徒千余人在洲头街流劫。及据湖广郴州申,贼首龚福全、高仲仁等,虽蒙征剿,党恶犹存。正德七年,兵备衙门招抚龚福全,给与冠带,设为瑶官。高仲仁等给与衣巾,设为老人。未及两月,已出要路,劫杀军民,号称'高快马'、'游山虎'、'金钱豹'、'过天星'、'密地蜂'、'总兵'等官名目。正德十一年七月内,流劫乐昌及江西南康等县。后蒙抚谕,将高仲仁、李斌给与冠带,重设瑶官。未宁半月,一起八百余徒出劫乐昌,虏捉知县韩宗尧;一起七百余徒,出劫生员谭明浩等家;一起六百余徒,从老虎峒等处出劫;一起五百余徒,从兴宁县出劫。呈乞转达,请军夹剿。"等因,各报到臣。看得前项盗贼,恶贯已盈,神怒人怨。譬之疽痈之在身,若不速加攻治,必至溃肺决肠。而攻治之方,亦有二说等因,该本部覆题:"看得所奏攻治盗贼二说,大意谓事权隆重,若无意于近功,而实足为攻取之几;征调四集,虽可以分咎,而不免为地方之累。穷究根本,辩析详明,言虽两端,意实有在。合无本部行文,就令差来人赍回,交与都御史王守仁,悉依前项申明赏罚事理,便宜行事。期于成功,不限以时,相机攻剿。"等因,具题:"节该奉圣旨:是,钦此。"钦遵。节经通行各省及各该道守巡、兵备等官一体钦遵,勘处调集兵粮,克期攻剿,以靖地方。续据广东布政司等衙门左布政使等官吴廷举等会呈,奉臣并总督两广军务兼理巡抚、太子太保、都察院左都御史陈金案验,各准兵部咨,备行钦遵,查勘计处呈报等因,遵依。会同都、布、按三司等官欧儒等并岭东道兵备佥事等官王大用等,议将应剿贼巢,起调汉达官军士兵员名,分定哨道,监统把截,进攻道路及合用粮饷等项,备开呈详。随据监督兵备佥事王大用等,各将进兵机宜呈详到臣。

参看得两广总督总兵等官,虽已奉命行取回京,然军马钱粮调度方略,悉经区画,会有成案。本院见督官兵征剿浰头等贼,未能亲往督战。除分兵设策,督令副使杨璋等四面防截外,仰各官查照原议,上紧依期进剿,毋得迟疑参错,致误事机。一应临敌制度,俱在各官相机顺应。若贼势难为,兵力不逮,或先散离其党与,或阴诱致其腹心,声东击西,阳背阴袭，勿拒一议，惟求万全。军门遥远，不必一一呈禀，反成牵滞。又经牌仰上紧相机督剿去后。今据前因，除将各道呈报前项擒斩首从贼人贼级共二千八百九名颗，俘获贼属并夺回被虏男妇五百四名口，夺获器械赃物一百三十二件把，牛马八十三只匹；总计二千八百八名颗口只匹件把。行仰各道径送巡按纪功御史审验纪录，造册奏缴外，参照大贼首高仲仁、李斌、吴玑等，荼毒三省，稔恶多年，敌杀官兵，攻劫郡县。即其奸计，虽亦不过妖狐黠鼠之谋；就其虐焰，乃已渐成封豕长蛇之势。今其罪贯既盈，神怒人怨；数月之间，克遂歼殄；雪百姓之冤愤，解地方之倒悬。此皆仰仗天威，庙堂有先胜之算，帷幄授折冲之谋，贼徒破胆，将士用命之所致也。臣等获睹成功，岂胜庆幸！及照巡按纪功御史毛凤，振扬风纪，作励将士，既尽纪验之职，复多调度之方，比于常格，劳绩尤异。佥事王大用、顾应祥等，监统督调，备效勤劳；懋著经营之略，共收克捷之功。其都指挥王英、欧儒、知府姚鹏、通判邹级、莫相、知县李增、李蕚，或领兵督哨，或追剿防截，类皆身亲行阵，且历艰难，均合甄收，普加旌擢。伏望皇上既行大赏于朝，复沛覃恩于下，庶示激奖，以劝后功。

臣以凡庸，兼复多病，缪膺地方之责，属征调四出，不能身亲督战。然赖总督诸臣先已布授方略，领哨诸将得以遵照奉行，戮力效死，竟收完绩。真所谓碌碌因人成事，虽无共济之功，实切同舟之幸。除先已具本请罪告病乞休外，缘系捷音事理，为此具本题知。

辞免升荫乞以原职致仕疏 十三年六月十八日

臣于六月初六日准兵部咨，为捷音事，该臣题，该本部覆题："节该奉圣旨：王守仁升右副都御史，荫子一人做锦衣卫，世袭百户，写敕奖励。钦此。"钦遵。臣闻命惊惶，莫知攸措，感极而惧，若坠冰渊。切念臣以章句腐儒，过蒙朝廷涤瑕掩垢，收录于摈弃之余，既又求长于短，拨之闲散之中，授以巡抚之寄。其时，臣以抱病在告，两疏乞休，偶值前官有托疾避难之嫌，该部论奏之义甚严，朝廷督责之旨又切，遂不遑他计，狼狈就途。莅事之后，兵耗财匮，盗炽民穷，缩手四顾，莫措一筹。朝廷悯念地方之颠危，虑臣才微力弱，必致倾偾，谓其责任之不专，无以连属人心；赏罚之不重，无以作兴士气；号令之不肃，无以督调远近。于是该部议假臣以赏罚，朝廷从而假之以赏罚；议给臣以旗牌，朝廷从而给之以旗牌；议改臣以提督之任，朝廷从而改之以提督之任；授之方略而不拘以制，责其成功而不限以时。由是臣以赏罚之柄，而激励三军之气；以旗牌之重，而号召远近之兵；以提督之权，而纪纲八府一州之官吏；伸缩如志，举动自由。于是兵威渐振，贼气先夺，成军而出，一鼓而破横水，再鼓而灭桶冈。全师克捷，振旅复举，又一鼓而破三浰，再鼓而下九连。皆役不再借，兵无挫刃。分巡官属，赍执旗牌，以麾督两广夹剿之师，亦莫不畏威用命，咸奏成功。由是言之，其始捉臣之来莅事者，该部之议，朝廷之断也；旗牌之能号召者，该部之议，朝廷之断也；提督之能纪纲者，该部之议，朝廷之断也；方略之所分布，举动之得展舒者，该部之议，朝廷之断也。臣亦何功之有，而敢冒承其赏乎？譬之驽骀之马而得良御，齐辑乎辔衔之际，而缓急乎唇吻之和，内得于人心，外合于马志，故虽驽下，亦能尽日之力而至百里。人见其驽而百里，因谓其能；不知其能至此，皆御马者驱策之力。不然，将数里而踣，或十数里而止矣。马之疲劳，或诚有之，而遂以归功于马，其可乎？况臣驱逐之余，疾病交作，手足麻痹，渐成废人。前在贼巢，已尝具本请罪，告病乞休。日夜伏候允报，庶几生还畎亩。乃今求退而获进，请咎而蒙赏，虽臣贪冒垂涎，忍耻苟得，其如朝廷赏功之典何！伏望皇上推原功之所始，无使赏有滥及，收回成命。臣苟有微劳，不加罪戮，容令仍以原职致仕，延余喘于田野。如此，则上无滥恩，下无奸赏；宣力受任者，得免于覆𫗧之诛；量能度分者，获遂其知止之愿。臣无任感恩惧罪，恳切祈望之至！

再议崇义县治疏 十三年十月十一日

据江西按察司分巡岭北道兵备副使杨璋呈："奉臣案验，准户部咨，覆题建立县治，以期久安事。卷查先该本道议横水地方应行事宜，开列条款，备呈提督军门，议委南康县县丞舒富，将大庾、南康、上犹三县机快，各点集三百名，分作三班，专委本官统领，来往巡视。如有余党复集，即便擒拿。有功一体转达升赏。及于三县起人夫各一百名，分作三班，就委本官不妨往来巡逻，兼督采办木植，烧造砖瓦等役。俱经备行本官，将开去事宜查照施行外，随奉提督军门批：'据县丞舒富呈称，依奉前去横水建立县治处所，将县治公廨，儒学殿庑堂斋，布按分司及府馆、旌善、申明等亭，仓廒、牢狱、养济、仓场等房，并城中街道，带同地理阴阳曾成伦等，定立向止，分处停当，已经画图贴说呈报外，合用木植，督令义官李玉玺前去地名左溪、关田等处采运。随拘各项木作，于正德十三年四月初六日起手兴工。即今先将县治并儒学起造将完，各分司等衙门料物皆备，亦皆陆续起造。但砖瓦灰泥等匠工食，应该估计，不若包工论价，庶使工程易完。已经督同备估，共该银一千零七十一两七钱九分四厘。请给钱粮支用。'等因，批行本道，再与详审。看得所呈修理次第，已是停当；所议包工论价，亦为有见。合行赣州府将大征支剩银两照数支给应用。及照衙门既已建立，必须城池保障，合无仍行通行计处城墙周围高阔丈尺、工食，或先筑土城，待后包砌，或应一时兼举，就行本官会同各县掌印官，查照里分粮数多寡，均派修筑，与夫城门城楼之费，一并估修。已经备由通行呈奉抚按衙门依拟施行，俱行赣州府照数查发，及行县丞舒富遵照支散估修外，续据县丞舒富呈称：'量计新县城墙，周围五百丈，即今新筑土城，高一丈七尺，面阔七尺五寸，脚阔一丈。若令三县里甲自行修筑，不无延捱，必须雇请泰和县上工数百，先筑土城。自七月十一日起工，扣至八月终，土城可以通完。然后用砖包砌，庶得坚久。其三县征收工价解给，庶得实用。并将城门、城楼、城墙筑砌砖石工食，共计估该银八千四十五两六钱七分二厘，备由开呈。'

等因。奉批：'仰分巡道再加议看施行。'查得大庾等县，共计仅五十二里，而估计银两颇多，疲弊之民，诚所不堪。及照大征变卖贼属牛马赃银二千六百七十一两四钱九分，及本道问过赃罚纸米价银一千余两，见在合查商税银辏补三百七十四两八分二厘，共四千四十五两六钱之数，先行给发，止余四千两。查将三县丁粮通融分派，责委公正官员征收监督，禁革侵渔骚扰等因，备由呈奉提督军门，批：'役三县而建横水，似亦动众劳民；建横水而屏三县，实乃一劳永逸。但当疲困之余，务以节省为贵。议并县最合事宜，非独民减科扰，抑且财获实用。仰悉照议施行。仍行各县，痛禁里胥，不得侵渔骚扰。晓谕居民，各宜乐事劝工，毋忘既往之患，共为久安之图。'呈缴依奉遵照查支分派修理去后，今照前项县治、学校、分司、各该衙门，盖造将完，而土城扣至八月终亦可完，官民住坐，可保无虞。烧砖包砌，计亦不难。其街道市廛，俱有次第，商贾往来，渐将贸易。缘县名未立，官员未除，所辖里分之民心，罔知趋向；所安新民之版籍，尚未归着。及照县治既建，凡百草创，为县官者，若非熟知地方与凡捕盗安民之术，民情土俗之宜，皆能洞晓，举而用之，鲜不败事。随会同江西布政司分守岭北道左参政吴大有，议得县丞舒富，先因前贼攻围该县，戮力拒贼，得以保全；后因大征领哨，获功居多，贼首谢志山独为所获；续委巡视三县，招安新民六百余名，帖然安堵；复委督修前项县治衙门城池，半年俱各就绪；今委署掌上犹县事，百废俱兴。及访本官存心刚直，行事公平，历官已及四年，未有公私过犯。虽未出身学校，经义亦能通晓。合无念新县草创之功，百务鼎新之始，转达具奏，升以新知县职事。然而升授正官，或于事例有碍，合无量授府州佐二之职，令其署掌新县县事。候数年后地方安妥，另行改选，庶官得其人，事得其理，而地方可得无虞。"等因，据呈到臣。

卷查先据副使杨璋、参议黄宏会呈："上犹等县群贼猖獗为害，幸蒙提督军门躬督诸军荡平巢穴，三县之民欢欣鼓舞，如获更生。但恐大兵撤后，余党未免啸聚，要于横水等处建立县治，并巡司等衙门，以绝后患。

实为久安长治之策。"等因。已经批仰该道重覆查勘无异，会同江西巡抚都御史孙燧、巡按江西监察御史屠侨，处议明白，各具本奏请定夺去后，随准户部咨，该本部覆题："看得添设县治，既该府按官员会议，相应依拟，合咨提督南、赣、汀、漳军务左佥都御史王守仁同抚按官会委该道守巡官，选委府县佐二能干官员，先将添设县治合用一应材木砖瓦等物料先为措置收买，并顾觅人夫工匠价银逐一估计镂处，就便兴修，务使工日就而民力不劳，物咸备而财用不乏。候城池、公宇、县治、学校、仓廒、街道、民居、吏舍等项，粗有规制，另为会奏，以凭上请定拟县名，及咨吏、礼二部选官铸印施行。"等因，具题："奉圣旨：是。钦此。"及准兵部覆题："议得勘乱于已发，固为有功；弭乱于未然，尤为有见。今都御史王守仁与巡抚、巡按及守巡官深谋远虑，议建县治、巡司，以控制无统之民，事体民情，俱各顺当。及先编金隘夫，委官守把，事在必行，不可犹豫。合无本部将开设县治一节移咨户部，奏请定立县名，速行遵守。仍依所奏，添设长龙、铅厂二巡检司，及将过步巡检司行移吏、礼二部，选调官员，铸换印信、条记，并行江西布政司查拨吏役，编佥弓兵。中间一应事宜，悉听都御史王守仁会同巡抚都御史孙燧查照原拟，从宜处置，务在事体稳当，贼害绝除，期副委任。"等因，具题："奉圣旨：是。钦此。"钦遵。备行守巡该道一体钦遵施行。仍呈抚按衙门知会外，今呈前因。臣会同巡抚江西等处地方都察院右副都御史孙燧、巡按江西监察御史屠侨，议照该道所呈前项县治、学校、分司等衙门，盖造不日通完，而城池砌筑，亦已将备。惟称新县草创之初，百务鼎新，必须熟知民情土俗之宜者以为县官。及会访县丞舒富才力堪任，乞要量升府州佐二之职，令其署掌新县一节，实亦酌量时宜，保土安民之意。伏望皇上悯念远土凋敝之余，小邑草创之始，乞敕该部俯采会议原由，再加审察，将县丞舒富量为升职，管理新县；或别行谘访谙晓夷情，熟知土俗，刚果有为者，前来开创整理。庶几疮痍之民可以渐起，而反覆之地得以永宁矣。

再议平和县治疏 十三年十月十五日

据福建布政司呈称："漳州府知府钟湘关称，正德十二年四月撤兵之时，蒙福建参政陈策、副使唐泽批，据南靖县儒学生员张浩然等，及据本县清宁、河头社义民乡老曾敦五、林大俊等各呈，要于河头地方添设县治，以控制贼巢；建立学校，以易风俗；改移小溪巡检司，以防御缓急。行仰本职踏勘。随即呈蒙漳南道兵备佥事胡琏督同本职并南靖县知县施祥等踏勘，河头大洋陂一处，堪设县治，枋头板一处，堪设巡抚司；委果人心乐从，一劳永逸。议将南靖县清河、宁里二图，新安里三图，漳浦县二都二图、三都十图，计一十二图，十班人户，查揭册籍，割属新设县治管摄。其南靖县止有一十八图，应当里役，邑小事繁，办纳不前。又查龙溪县原有一百五十二图，内有二十一都并二十五图地方，与南靖密迩，相应拨补管辖，截长补短，里甲便于应当，钱粮易于催办，事颇相应。转呈镇巡抚按等衙门，各具本题奉钦依，准于前项地方添设县治。及改移巡司衙门。其县名并该设官吏印信，令行布政司径自奏请，给赐铨拨铸降。合用木石灰瓦等料，先尽本府并所属县分在库赃罚银两支给买办。若有不敷，从宜处置，不许动支军饷钱粮及科取小民等因。随即呈委南靖县知县施祥、漳平县知县徐凤岐，董工兴作。于正德十二年十二月初九日，本职督同各官亲到河头，告祀社土，伐木兴工。至次年五月内，据知县徐凤岐呈报，外筑城垛俱已完备，惟表城因风雨阻滞，期在九月工完。及据知县施祥呈报，县堂、衙宇、幕厅、仪门、六房，及明伦堂俱各坚完，惟殿庑、分司、府馆、仓库、城隍、社稷坛，亦因风雨阻滞，次第修举，期在仲冬工完。又据南靖县县丞余道呈称，带同木石匠陈恩钦等，前到漳汀枋头板地方丈量土城，周围一百一十丈，顾募乡夫舂筑完固，给发官银，砍办木植，督造巡司公馆、前厅各一座，仪门一座，鼓楼一座，后堂各一座，各盖完备。惟土城公馆、巡司厢房欠瓦，暂将茅覆，候秋成农隙修举等因。随于正德十三年三月初六日，行令小溪巡检郭森前去到任，前去地方。今据各委官员呈报，功已垂成，势不容缓。照得县名须因土俗，本职奉委亲历诸巢，询知南靖县河头等乡，俱属平河社，以此议名平和县。及割南靖县清宁里七图、新安里五图，共计粮三千九百九石六斗七升四合七勺五抄，计一十二里，合为裁减县分，一知一典治之。原议漳浦县二都二图、三都十图，地方隔远，民不乐从，今议不必分割。再照新县所属多系新民，须得廉能官员，庶几开新创始，事不烦而民不扰。其学校教官，合无止选一员署印，先行提学道，将清宁、新安二里见在府县儒学生员，就便拨补廪增之数。其有不足，于府县学年深增附内，量拨充补。又或不足，于新民之家选取俊秀子弟入学，使其改心易虑，用图自新。及照南靖县，邑小事繁，分割一十二里，添设新县，办纳愈见不堪。合无亦作裁减县分，以一知一典治之。又查得龙溪县一百五十二图内，将二十一都七图、二十五都五图，共计一十二图，计粮一千六百八十一石七斗七升三合八勺三抄，拨辏南靖县，抵纳粮科。又照南靖小溪巡检司既已改立漳汀，合改漳汀巡检司印信，奏请改铸。并新县儒学、医、阴阳等衙门，俱例该铸印信。缘由备申到司。"转呈到臣。

卷查先据福建漳南道兵备佥事胡琏呈，前事已经查勘无异，具由奏请定夺去后。续据该道呈，备知府钟湘呈，将分割南靖等县都图随近新设县治管摄，以办粮差。并估计过城垣、城楼、窝铺等项工料银两数目。及查府库各项官银，实有一万余两，堪以支用，要行委官择日兴工筑砌。缘由备呈到臣。

看得开设县治，既以事体相应，已行具奏，及令该府一面俯顺民情，动支银两兴工外，其间分割都图、议估工价一应事务，军门路远，难以遥断。皆须该道及该府亲民各官自行查勘的确，果已宜于民情，便于事体，无他私弊，即便就行定议，以次举行。候奏准命下之日，应奏闻者。若更繁文往复，徒尔迟误日月，无益于事。又经批仰着实干理，仍行镇守巡按衙门知会间，随准户部覆题："内开前项情节，即该本官勘处停当，具奏前来，相应依拟。合无本部仍行左佥都御史王守仁，再查无异，准于前项地方添设县治，及改移巡检司衙门。"等因，具题："奉圣旨：是。这添设县治事宜，各依拟行。钦此。"钦遵。备咨前来，节经行仰福建布政司及分巡漳南道转行该府，一体钦依施行去后。今据前因，参看得所呈新设县治，既已议名平和，小溪巡检司改名漳汀巡检司，及学校例该一正二副，今称草创之初，止乞选官一员掌管，并拨补廪增生员等项，俱于事体相应。除行该司径自具奏外，为照南靖县原系全设衙门，今既分割都图，添补新县，委系邑小费繁，似应裁减；止用一知一典，已足敷治。又龙溪县一百五十二图，将二十一都七图、二十五都五图，共计一十二图拨辏南靖，抵纳粮差，揆于事体，颇亦均平。伏望皇上俯顺下情，乞敕该部议处裁拨，庶几量地制邑，得繁简之宜。而兴事任功，从远近之便。缘系裁减官员及拨都图事理，为此具本请旨。

再请疏通盐法疏 十三年十月二十二日

据江西按察司分巡岭北道兵备副使杨璋呈："备赣州府呈：'蒙备仰本府即将正德十二年正月起，至九月终止，抽过税银及上犹、龙川两次用兵支过军饷，并今剩余银两查报等因。依蒙查得正德十一年十二月终止，旧管银三千五百七十四两三钱一厘二丝一忽九微；并新收正德十二年正月起至正德十三年九月终止，共抽过商税银一万六千七百八十八两五钱八分七厘七毫五丝；两次用兵共用过银四万七千二百八十七两二钱二分八厘四毫三丝八忽六微，米九千九百四十九石五斗六升九合四勺四抄，谷五百三十九石四斗；内除提督南、赣、汀、漳等处军务都察院左佥都御史王守仁查发纸米价银八十九两六钱，巡抚江西等处地方都察院右副都御史孙燧查发纸米价银二千两，本道查发纸米价银七千八百二十两二钱七分八厘六毫，南、赣二府查出在库赃罚缺官柴薪等项银一万九千五十九两四分六厘六毫八忽三微外，实支用过商税银一万八千三百一十八两三钱三厘三毫三丝三微。见今余剩银二千四十四两五钱八分五厘七毫五丝一忽六微。'等因，开报到道。案查先为比例请官专管抽分以杜奸弊事,准户部咨,该巡抚右副都御史周南题:'备仰本道照奉钦依事理,即将所收商税再行参酌,从轻定议则例,仍严加稽考,务使税课所入,随多寡以为数,而不以多取为能。其广东盐课,许于南、赣二府发卖,不许再行抽税。袁、临、吉三府不系旧例行盐地方,不许到彼发卖。所抽分商税,除军饷听巡抚都御史动支外,其余不许擅动。年终差人解部,转支光禄寺赊欠铺行厨料果品支用,以省加派小民。仍将再议过缘由,呈报施行。'等因。行据赣州府呈称:'依奉将贡水该抽诸货从轻定拟则例,及开称广东盐引,不许放过袁、临、吉三府发卖。'等因,备呈本院,详允出给禁约。及将余剩银二千九百六十七两一钱八分二厘二毫三丝一忽九微,行令起解间,随据该府呈,奉巡抚江西等处地方都察院右副都御史陈金批:'看得该府连年用兵之费,所积不多,近又定拟除减,所入亦少。况地方盗贼不时窃发,别无堪动钱粮,将余剩税银暂且存留在库,以备军饷。'等因。已该前兵备副使陈良珊,将自正德六年十一月二十七日立厂抽分起至,正德十二年终止,造册,差舍人王鼎,续该本职将正德十一年正月起,至本年十二月终止,造册,差舍人屠贤,各奏缴讫。本年九月二十六日,抄奉提督军门案验:'准户部咨,备行本道,照奉钦依事理,将广东官盐暂许袁、临、吉三府发卖,自今为始,至正德十三年终止。仍将先次未解,并今次抽税过银两、支用过数目缘由,造册径自奏缴,及造清册赍送该部并本院查考。'除遵奉外,查得正德十三年将终,及上犹、龙川两处征剿事毕,所据商税收支,应该造册解缴。备行该府查报去后,今据前因,查得南、赣地方两次用兵,中间商税实为军饷少助。然而商税之中,盐税实有三分之二。为照南、赣二府与广东翁源等县壤地接连,近该两广具奏,征剿前贼,乘虚越境,难保必无。见今府库空虚,民穷财尽,将来粮饷绝无仰给。况此盐利一止,私贩复生,虽有禁约,势所难遏。与其利归于奸人,孰若有助于军国!合无转达将前项盐税着为定例,许于袁、临、吉三府地方发卖;照旧抽税,以供军饷;每年终依期造报,余剩之数,解部转发光禄寺支用,以省加派小民。如此，则奸弊可革，军饷有赖，光禄寺供用亦得少资，诚所谓一举而数得矣。呈乞照详转达。"等因，具呈到臣。

查得接管卷内，先为处置盐铁以充军饷事，江西布政司呈，奉总制江西左都御史陈金批："查得广西、岭北二道滩石险恶，淮盐不到，商人往往私贩广盐，射利肥己。先蒙总督衙门奏准，广盐许行南、赣二府发卖，仰令南雄照引追纳米价，类解梧州军门，官商两便，军饷充足。当时止是奏行南、赣，不曾开载袁、临、吉三府，合无遵照敕谕，便宜处置，暂将广盐许下三府发卖，立厂盘掣，以助军饷。"随该布政司管官刘果等议称："委果于事有益，于法无碍，具呈详允，批行遵照立厂抽税。"等因。续该户部覆议，内开"广东盐课，许令南、赣二府发卖，不许到于袁、临、吉三府，备行禁革"外，正德十二年正月十五日，臣抚临赣州，随据副使杨璋呈称："奏调三省官兵夹剿上犹等巢，粮饷所费，约用数万石，若不早行计处，必致有误军机。查得前项盐法，准行南、赣二府贩卖，果系一时权宜，不系洪武年间旧例。合无查照先年便宜事例，行令前商，许令袁、临、吉三府贩卖。所收银两，少备军饷，候事少宁，另行具题禁止。"等因，呈详到臣。看得即今调兵夹剿，粮饷缺乏，遵照敕谕径自区画事理，批行该道暂且照议施行，候平定之日照旧停止。具题去后，随准户部覆议："将广东官盐暂于袁、临、吉三府发卖，至正德十三年终止。行该道官照前抽分，将税课供给军饷，不许多取妄用，至期照旧停止。"等因，具题："奉圣旨：是。钦此。"钦遵。已经转行该道一体钦遵去后。

今呈前因，为照袁、吉等地方，溪流湍悍，滩石峻险。淮盐逆水而上，动经旬月之久；广盐顺流而下，不过信宿之程。故民苦淮盐之难，而惟以广盐为便。自顷奉例停止，官府但有禁革之名，其实私盐无日不行。何者？因地势之便，从民心之欲，非但不能禁之于私，每遇水发，商舟动以百数，公然蔽河而下，如发机之弩。官府逻卒，寡不敌众，袖手岸傍，立视其过，孰得而沮遏之！故广盐行则商税集，而用资于军饷，赋省于贫民；广盐止则私贩兴，而弊滋于奸宄，利归于豪右，此近事之既验者。

今南、赣盗贼，虽已仰仗天威，克平巢穴，然漏殄残党，难保必无。且地连三省，千数百里之内，连峰参天，深林蔽日；其间已招之新民，尚怀反覆；未平之贼垒，多相勾联，乘间窥窃，不时而有。方图保成之策，未有撤兵之期。况后山、从化等处，见在调兵征剿，臣亦缪承方略之命，师行粮食，势所必然。今府库空虚，民穷财尽，若盐税一革，军饷之费，苟非科取于贫民，必须仰给于内帑。夫民已贫而敛不休，是驱之从盗也；外已竭而殚其内，是复残其本也。矧内帑之发，非徒缓不及事，抑恐力有未敷。臣切以为宜开复广盐，着为定例；籍其税课，以预备军饷不时之急；积其羡余，以少助内府缺乏之需；实夹公私两便，内外兼资。夫聚敛以为功，臣之所素耻也；掊克以招怨，臣之所不忍也。况臣废疾日深，决于求退，已可苟避地方之责，但其事势，不得不然。若已毕而复举，是遗后人以所难，而于职守为不忠矣。愿皇上悯地方之疮痍，哀民贫之已甚，虑军资之乏绝，察臣心之无他，特敕该部俯采所议，酌量裁处，早赐施行，则地方幸甚！

升荫谢恩疏 十四年正月初二日

正德十三年六月初六日，准兵部咨："为捷音事，该臣题，该本部覆题：'节该奉圣旨：王守仁升右副都御史，荫子一人做锦衣卫，世袭百户，写敕奖励。钦此。'备咨钦遵。"臣窃自念功微赏重，深惧冒滥之诛，已于本月十八日具本乞恩，辞免升荫，容照原职致仕。复蒙圣旨："王守仁才望素著，屡次剿贼成功，升官荫子，宜勉遵成命，不准休致。该部知道。钦此。"备咨钦遵。臣闻命自天，局身无地。窃惟因劳而进秩者，朝廷赏功之典；量能而受禄者，人臣自守之节。故功宜惟重。虽圣帝之宽仁，而食浮于行，尤君子所深耻。陛下之赐，行其赏功之典也，臣之不敢当者，亦惟伸其自守之节而已。军志有之："该罚而请，不罚者有诛；该赏而请，不赏者有诛。"古之人君执其赏罚，坚如金石，信如四时，是以令之所播如轰霆，兵之所加无坚敌，而功之所成无愆期。今日之事，兵事也。汉臣赵充国云："兵事，当为后法。"臣诚自知贪冒之耻，然亦安敢狗一己之小节，以乱陛下之军政乎！但荫子实非常典，私心终有所未安。黾勉受命，忧惭交集。自恨疾病之已缠，深惧图报之无日。感激洪恩，莫知攸措。除别行具本请罪乞休外，为此具本称谢！

乞放归田里疏 十四年正月十四日

正德十三年十月初二日，准吏部咨："该臣奏为久病待罪，乞恩休致事。奉圣旨：'王守仁帅师讨贼，贤劳懋著，偶有微疾，着善调理，以副委任。所辞不允。该部知道。钦此。'备咨钦遵。"又于本年十二月二十九日，准吏部咨："该臣奏为乞恩辞免升荫容照原职致仕事。奉圣旨：'王守仁才望素著，累次剿贼成功，升官荫子，宜勉遵成命，不准休致。该部知道。钦此。'备咨钦遵。"除已具本谢恩外，窃惟圣主之任官也，因才而器使，不强人以其所不能，是以上无废令，而下无弃才；人臣之受职也，量力而成事，不强图其所不任，是以言有可底之绩，而身无鳏旷之诛。历考往昔，盖未有不如此而可以免于愆谴者也。臣以狂愚，收录摈废，缪蒙推拔，授寄军旅。当时极知叨非其分，不敢冒膺，辞避未伸，而迫于公议，仓卒就道。既已抵任，则复黾勉从事，私计迂怯，终将偾败。遭际圣明，德威震赫；扶病策驽，仰遵成算，不意偶能集事。苟免颠覆，实皆出于意料之外。然此侥幸之事，岂可恃以为常者哉？庙堂之上，不暇深察，其所以增其禄秩，将遂举而委之。人苦不自知耳。臣之自量，则既审且熟，深惧戮亡之无日也。譬之懦夫，驾破败之舟以涉险，偶遇顺风安流，幸而获济。舟中之人既已狼狈失措，而岸傍观者尚未之知，以为是或有能焉，且将使之积重载，冲冒风涛而试洪河大江之中，几何其不沦溺也已！

今四方多故，銮舆远出，大小臣工，惶惶旦暮。臣虽鄙劣，竭忠效命，以死国事，亦其素所刻心。安忍托故，苟求退遁！顾力纤负巨，如以蒿支栋，据非其任，遂使殒身，徒以败事，亦何益矣！且臣比年以来，百病交攻；近因驱驰贼垒，瘴毒侵陵，呕吐潮热，肌骨羸削；或时昏眩，偃几仆地，竟日不惺，手足麻痹，已成废人；又以百岁祖母，卧病床褥，切思一念为诀。悲苦积郁，神志耗眊，视听恍惚，隔宿之事，不复记忆。以是求延旦夕之生，亦已难矣，而况使之当职承务，从征讨之后，其将能乎！夫豢畜牛羊，细事耳，亦且求良牧而付之，况于军务重任，生灵休戚之所关，乃以疾废瞆眊之人，覆败之戮，臣无足论，其如陛下一方之寄何！伏愿陛下念四省关系之大，不可委于匪人；察病废枯朽之才，不宜付以重任。怜桑榆之短景，而使得少遂其乌鸟之私；录犬马之微劳，而使得苟延其蝼蚁之息。别选贤能，委以兹任。放臣暂归田里，就医调治。倘存余喘，尚有报国之日。臣不胜感恩待罪恳切哀望之至！

卷十二　别录四

奏疏四

飞报宁王谋反疏 十四年六月十九日

正德十四年六月初五日，节该钦奉敕："福州三卫军人进贵等胁众谋反，特命尔暂去彼处地方会同查议处置，参奏定夺，钦此。"钦遵。臣于本月初九日，自赣州启行，至本月十五日，行至丰城县，地名黄土脑。据该县知县等官顾佖等禀称，本月十四日宁府称乱，将孙都御史、许副使并都司等官杀死，巡按及三司、府、县大小官员不从者俱被执缚，不知存亡，各衙门印信尽数收去，库藏搬抢一空，见监重囚俱行释放，舟楫蔽江而下，声言直取南京，一面分兵北上。各官皆来沮臣不宜轻进。其时臣尚未信，然逃乱之民，果已四散奔溃，人情汹汹。臣亦自顾单旅危途，势难复进，方尔回程，随有兵卒千余，已夹江并进，前来追臣。偶遇北风大作，臣亦张疑设计，整舟安行；兵不敢逼，幸而获免。

本月十八日，回至吉安府，据知府伍文定等禀称，地方无主，乞留暂回区画。远近军民，亦皆遮拥呼号。随据临江府并新淦、丰城、奉新等县各差人飞报，宁府遣兵四出攻掠，拘收印信，及拿掌印官员，调取兵快，水兑粮船尽被驱胁而去等因。臣奉前旨，欲遂径往福建。但天下之事，莫急于君父之难，若彼顺流东下，万一南都失备，为彼所袭，彼将乘胜北趋，旬月之间，必且动摇京辅。如此，则胜负之算，未有所归，此诚天下安危之大机。虑念及此，痛心寒骨，义不忍舍之而去。故遂入城，抚慰军民，督同知府等官伍文定等，调集兵粮，号召义勇。又约会致仕乡官右副都御史王懋中、养病评事罗侨等，与之定谋设策，收合涣散之心，作起忠义之气；相机乘间，务为蹑后之图，共成犄角之势，牵其举动，而使进不得前，捣其巢穴，而使退无所据。日望天兵之速至，庶解东南之倒悬。伏望皇上省愆咎己，命将出师。因难兴邦，未必非此。

臣以弱劣多病，屡疏乞休，况此地方之责，本亦非臣之任。今兹扶疾赴闽，实亦意图便道归省。临发之前，已具哀恳。赍奏之人去才数日，适当君父之急，不忍失此事机，姑复暂留，期纾国难。候区画少定，各官略可展布，朝廷命师一临，亦遂遵照前旨，入闽了事，就彼归省父疾。进不避嫌，退不避罪，惟民是保，而利于主，臣之心也。直行其报国之诚，而忘其缓命之罪，求伸其哀痛之情，而甘冒弃职之诛，臣之罪也。

窃照都御史王懋中，评事罗侨，忠义自许，才识练达；知府伍文定，果捷能断，忠勇有谋，累立战功，皆抑而不赏，久淹外郡，实屈而未伸。今江西阖省见无一官，若待他求，缓无所及。乞遂将各官授以紧要职任，庶可责之拯溺救焚，其余若裁革兵备副使罗循，养病副使罗钦德，郎中曾直，御史周鲁，同知郭祥鹏，省亲进士郭持平，驿丞李中、王思等，虽皆本土之人，咸秉忠贞之节，况亦见在同事，当多难之日，事宜从权，庶克有济。

再照宁府逆谋既著，彼若北趋不遂，必将还取两浙，南扰湖、湘，窥留都以断南北，收闽、广以益军资。若不即为控制，急遣重兵，必将噬脐无及。

又照抚州府知府陈槐，临江府知府戴德孺，赣州府知府邢珣，袁州府知府徐琏，宁都县知县王天与，丰城县知县顾佖，新淦县知县李美，奉新县知县刘守绪，泰和县知县李楫，南安府同知朱宪，赣州府同知夏克义，龙泉县知县陈允谐，及阖省各官今见在者，乞敕吏部就于其中推补本省方面知府兵备等官，庶可速令供职。其有城守之责者，亦各量升职衔，重其权势，使可展布。

又照南、赣军饷，惟资盐商诸税。近因户部奏革，顾募之兵无所仰给，悉已散遣。今未两月，即遇此变，复欲召募，将倚何资？辄复遵依敕旨，便宜事理，仍旧举行。然亦缓不及济，必须先于两广积储军饷数内量借一十余万，庶几军众可集，地方有赖，国难可平。

缘系飞报地方谋反重情事理，为此具本专差舍人来仪亲赍，谨题请旨。

再报谋反疏 十四年六月二十一日

节该钦奉敕福州三卫云云，缘系飞报地方谋反重情事理，为此具本，先于本月十九日专差舍人来仪奏报外；但叛党方盛，恐中途为所拦截，合再具本专差舍人任光亲赍，谨题请旨。

乞便道省葬疏 十四年六月二十一日

臣以父老祖丧，屡疏乞休，未蒙怜准。近者奉命扶疾赴闽，意图了事，即从此地，冒罪逃归。旬日之前，亦已具奏。不意行至中途，遭值宁府反叛。此系国家大变，臣子之义不容舍之而去。又阖省抚巡方面等官，无一人见在者。天下事机间不容发，故复忍死暂留于此，为牵制攻讨之图。俟命师之至，即从初心，死无所避。

臣思祖母自幼鞠育之恩，不及一面为诀，每一号恸，割裂昏殒，日加尪瘵，仅存残喘。母丧权厝祖墓之侧，今葬祖母，亦欲因此改葬。臣父衰老日甚，近因祖丧，哭泣过节，见亦病卧苫庐。臣今扶病驱驰兵革，往来于广信、南昌之间。广信去家不数日，欲从其地不时乘间抵家一哭，略为经画葬事，一省父病。

臣区区报国血诚，上通于天，不辞灭宗之祸，不避形迹之嫌，冒非其任以勤国难，亦望朝廷鉴臣之心，不以法例绳缚，使臣得少伸乌鸟之痛。臣之感恩，死且图报。抢攘哀控。不知所云。

缘系恳乞天恩便道省葬事理，为此具本奏闻。

奏闻宸濠伪造檄榜疏 十四年七月初五日

正德十四年七月初一日，据吉安府知府伍文定申，准领哨通判杨昉，千户萧英，在于墨潭地方捉获宁府赍檄榜官赵承芳等二十员名，解送到臣。看得檄榜妄言惑众，讥讪主上，当即毁裂。又以事合闻奏，随即固封以进，审据赵承芳供系南昌府学教授。

六月十三日，宁府生日，次日各官谢宴，突起反谋，杀死孙都御史、许副使，囚死黄参议、马主事，其余大小职官胁从不遂者俱被监禁，追夺印信，放囚劫库，邀截兑米，分遣逋寇四散摽掠。声言要取南京，就往北京。十六日，亲出城外迎取安福县举人刘养正，十七日，迎取致仕都御史李士实，入该府内，号称军师、太师名目。二十一日，将原禁各官放回各司，差人看守。二十二日，令承芳并参政季敩代赍伪檄榜文，赴丰城、吉安、赣州、南安并王都御史及广东、南雄等处，俱各不写正德年号，止称大明己卯岁。比承芳等不合怕死，及因妻子被拘，旗校管押，只得依听，赍至墨池地方。蒙本院防哨官兵将承芳等拿获。

随审季敩，供系先任南安府知府，近升广西参政，装带家小由水路赴任，行至省城，适遇宁王生日，传令庆贺。次日，随众谢宴，变起仓卒，俱被监禁。比敩自分死国，因妻女在船，写书令妻要死夫、女俱死母。后因看守愈严，求死不遂。至二十一日，放回本船，懵死良久方苏。二十二日，又将妻女拘执，急呼敩进府，将前伪檄榜差旗校十二人督押敩与承芳代赍。敩计欲投赴军门，脱身报效，不期官兵执送前来等因。

案照先为飞报地方谋反重情事，已经二次差人具奏去后，今审据前因，参照宁王不守藩服，敢此称乱，睥睨神器，指斥乘舆，擅杀大臣，放囚劫库，稔不匙之罪，犯无将之诛。致仕都御史李士实，恩遇四朝，实托心膂，举人刘养正，旧假恬退之名，新叨录用之典，今皆反面事仇，为之出谋发虑，既同狗彘之行，难逭斧钺之诛。参政季敩，教授赵承芳，义未决于舍生，令已承于捧檄，但暴虐之威恐动于中，鹰犬之徒钤制于外，在法固所当罪，据情亦有可悯。除将赵承芳、季敩监禁，一面檄召兵民，随机应变，竭力讨贼，一应事宜，陆续奏闻处置外。

臣闻多难兴邦，殷忧启圣。陛下在位一十四年，屡经变难，民心骚动。尚尔巡游不已，致宗室谋动干戈，冀窃大宝。且今天下之觊觎，岂特一宁王；天下之奸雄，岂特在宗室。言念及此，懔骨寒心。昔汉武帝有轮台之悔，而天下向治；唐德宗下奉天之诏，而士民感泣。伏望皇上痛自刻责，易辙改弦，罢出奸谀以回天下豪杰之心，绝迹巡游以杜天下奸雄之望，定立国本，励精求治，则太平尚有可图，群臣不胜幸甚。为此具本，并将伪檄一纸封固，专差舍人秦沛亲赍，谨题请旨。

留用官员疏 十四年七月初五日

照得江西宁府谋反，据城练兵，分兵攻劫，囚禁方面官员，有操戈向阙之势。此君父之大难，臣子愤心之日也。臣在吉安地方调兵讨贼，四路阻绝，并无堪用官员。适遇钦差两广清军御史谢源，刷卷御史伍希儒，各赴京复命，道经该府，不能前进。各官奋激，思效力讨贼以报朝廷，臣亦思军务紧急，各官俱有印敕，方便行事，遂留军前，同心戮力，经济大难。待事宁之日，赴京复命。

缘系留用官员事理，未敢擅便，为此具本请旨。

江西捷音疏 十四年七月三十日

照得先因宁王图危宗社，兴兵作乱，已经具奏，请兵征剿外。随看得宁王阴谋不轨，已将十年，畜养死士二万余人，招诱四方盗贼渠魁亦以万数。举事之日，复驱其护卫党与并胁从之徒，又六七万人，虐焰张炽。臣以百数疲弱之卒，势不敢轻举骤进，乃退保吉安。姑为牵制之图。

时远近军民劫于宁王之积威，道路以目，莫敢出声。臣一面督率吉安府知府伍文定等调集军民兵快，召募四方报效义勇之士，会计一应解留钱粮，支给粮赏，造作军器战船，奏留公差回任监察御史谢源、伍希儒分职任事。一面约会该府乡官先任右副都御史致仕王懋中，养病痊可编修邹守益，刑部郎中曾直，评事罗侨，丁忧监察御史张鳌山，先任浙江佥事今赴部调用刘蓝，省亲进士郭持平，军门参谋驿丞王思、李中，先任福建按察使致仕刘逊，先任参政致仕黄绣，先任嘉兴府知府闲住刘昭等，相与激发忠义，譬谕祸福，移檄远近，布朝廷之深仁，暴宁王之罪恶。于是豪杰响应，人始思奋。区画旬日，官兵稍稍四集。

时宁王声言先取南京。臣虑南京尚未有备，恐一时为彼所袭，乃先张疑兵于丰城，示以欲攻之势。故宁王先遣兵出攻南康、九江诸处，而自留居省城以御臣。至是七月初二日，探知臣等兵尚未集，乃留兵万余，属其心腹、宗支、郡王、仪宾、内官并伪授都督、都指挥等官使守江西省城，而自引兵向阙。

臣昼夜促各郡兵，期以本月十五日会临江之樟树，而身督知府伍文定等兵径下。于是知府戴德孺引兵自临江来，知府徐琏引兵自袁州来，知府邢珣引兵自赣州来，通判胡尧元、童琦引兵自瑞州来，通判谭储，推官王瑋、徐文英，新淦知县李美，泰和知县李楫，宁都知县王天与，万安知县王冕，亦各以其兵来赴。

十八日遵至丰城，分布哨道：使知府伍文定为一哨，攻广润门入；知府邢珣为二哨，攻顺化门入；知府徐琏攻惠民门入；知府戴德孺攻永和门入；通判胡尧元、童琦攻章江门入；知县李美攻德胜门入；都指挥余恩攻进贤门入；通判谭储、推官王瑋、知县李楫、王天与、王冕等，各以其兵乘七门之衅，傍夹攻击，以佐其势。是日得谍报，宁王伏兵千余于新旧坟厂，以备省城之援。臣乃遣奉新知县刘守绪、典史徐诚领兵四百，从间道夜袭破之，以摇城中。

十九日发市汊。臣乃大誓各军，申布朝廷之威，再暴宁王之恶，约诸将一鼓而附城，再鼓而登，三鼓而不克诛伍，四鼓而不克斩将。已誓，莫不切齿痛心，踊跃激愤。薄暮齐发。二十日黎明，各至信地。

先是城中为备甚严，滚木、灰瓶、火炮、石弩、机毒之械无不毕具。及臣所遣兵已破新旧坟厂，败溃之卒皆奔告城中，城中已惊惧。至是复闻我师四面骤集，皆震骇夺气。我师乘其动摇，呼噪并进，梯絙而登。城中之兵土崩瓦解，皆倒戈退奔。城遂破。擒其居守宜春王拱樤及伪太监万锐等千有余人。宁王宫中眷属闻变，纵火自焚，延及居民房屋。臣当令各官分道救火，抚定居民，散释胁从，封府库，谨关防，搜获原被劫收大小衙门印信九十六颗，三司胁从官布政使胡濂，参政刘斐，参议许效廉，副使唐锦，佥事赖凤，都指挥王玘等，皆自首投罪。除将擒斩功次发御史谢源、伍希儒权令审验纪录，一应事宜，查审明白，陆续具奏；及一面分兵四路，追蹑宁王向往，相机擒剿，另行奏报外。

窃照宁王逆焰熏天，众号一十八万，屠城破郡，远近震慑。今其猖獗已一月有余，而四方赴难之师，尚未有一人应者。前项领哨各官及监军御史，本主养病、丁忧、致仕等官，皆从臣起于颠沛危急之际，并心协谋，倡率义勇，陷阵先登，以克破此坚城，据其巢穴。此虽臣子职分当然，亦其激切痛愤之本心。但当此物情暌二动摇之日，非赏罚无以鼓士气。今逆贼杀人如草芥，又挟其厚货，赏赉所及，一人动以千万。伏愿皇上处变从权，速将前项各官量加升赏，以励远近。事势难为之日，覆宗灭族之祸，臣且不避，况敢避邀赏之嫌乎？

缘系捷音事理，为此具本，专差千户詹明亲赍，谨具题知。

擒获宸濠捷音疏 十四年七月三十日

照得先因宁王图危宗社，兴兵作乱，已经具奏请兵征剿外。随看得宁王虐焰张炽，臣以百数疲弱之卒，未敢轻举骤进，乃退保吉安，姑为牵制之图。时远近军民劫于宁王之积威，道路以目，莫敢出声。臣一面督率吉安府知府伍文定等调集军民兵快，召募四方报效义勇之士，奏留监察御史谢源、伍希儒分职任事，一面约会该府乡官都御史王懋中，编修邹守益，郎中曾直，评事罗侨，监察御史张鳌山，佥事刘蓝，进士郭持平，参谋驿丞王思、李中，按察使刘逊，参政黄绣，知府刘昭等，相与激发忠义，移檄远近，布朝廷之深仁，暴宁王之罪恶。于是豪杰响应，人始思奋。时宁王声言先取南京。臣虑南京尚未有备，恐为所袭，乃先张疑兵于丰城，示以欲攻之势。故宁王先遣兵出攻南康、九江，而自留居省城以御臣。至七月初二日，探知臣等兵尚未集，乃留兵万余，使守江西省城，而自引兵向阙。臣昼夜促兵，期以本月十五日会临江之樟树，而身督知府伍文定等兵径下。于是知府戴德孺、徐琏、邢珣，通判胡尧元、童琦、谈储，推官王暐、徐文英，知县李美、李楫、王天与、王冕各以其兵来赴。十八日，遂至丰城，分哨道：使知府伍文定等进攻广润等七门。是日得谍报，宁王伏兵千余于新旧坟厂，以援省城。臣乃遣奉新知县刘守绪等从间道夜袭破之，以摇城中。十九日，发市汉，大誓各军，申布朝廷之威，再暴宁王之恶，莫不切齿痛心，踊跃激愤，薄暮齐发。二十日黎明，各至信地。先是城中为备甚严，滚木、灰瓶、火炮、机械无不毕具。臣所遣兵已破新旧坟厂，败溃之卒皆奔告城中，城中皆已惊惧。至是，复闻我师四面骤集，益震骇夺气。我师乘其动摇，呼噪并进，梯絚而登。城中之兵皆倒戈退奔，城遂破。擒其居首宜春王拱橺及伪太监万锐等千有余人。宁王宫中眷属闻变，纵火自焚，延及居民房屋。臣当令各官分道救火，散释胁从，封府库，谨关防，以抚军民。除将擒斩功次发御史谢源、伍希儒权令审验纪录，及一面分兵四路追蹑宁王向往，相机擒剿，于本月二十二日已经具题外。当于本日据谍报及据安庆逃回被虏船户十余人报称，宁王于十六日攻围安庆未下，自督兵夫运土填堑，期在必克。是日有守城军门官差人来报，赣州王都堂已引兵至丰城，城中军民震骇，乞作急分兵归援。宁王闻之大恐，即欲回舟。因太师李士实等阻劝，以为必须径往南京，既登大宝，则江西自服。宁王不应。次日，遂解安庆之围。移兵泊阮子江，会议先遣兵二万归援江西，宁王亦自后督兵随来等因。

先是臣等驻兵丰城，众议安庆被围，宜引兵直趋安庆。臣以九江、南康皆已为贼所据，而南昌城中数万之众，精悍亦且万余，食货充积，我兵若抵安庆，贼必回军死斗。安庆之兵仅仅自守，必不能援我于湖中。南昌之兵绝我粮道，而九江、南康之贼合势挠蹙，四方之援又不可望，事难图矣。今我师骤集，先声所加，城中必已震慑，因而并力急攻，其势必下。已破南昌，贼先破胆夺气，失其根本，势必归救。如此则安庆之围自解，而宁王亦可以坐擒矣。至是得报，果如臣等所料。

当臣督同领兵知府，会集监军及倡义各乡官等官，议所以御之之策，众多以宁王兵势众盛，气焰所及，有如燎毛。今四方之援尚未有一人至者，彼凭其愤怒，悉众并力而萃于我，势必不支。且宜敛兵入城，坚壁自守，以待四邻之援，然后徐图进止。臣以宁王兵力虽强，军锋虽锐，然其所过，徒恃焚掠屠戮之惨，以威劫远近，未尝逢大敌，与之奇正相角，所以鼓动扇惑其下者，全以进取封爵之利为说。今出未旬月，而辄退归，士心既已摧沮，我若先出锐卒，乘其惰归，要迎掩击，一挫其锋，众将不战自溃，所谓"先人有夺人之气，攻瑕则坚者瑕"也。是日抚州府知府陈槐兵亦至。

于是遣知府伍文定、邢珣、徐琏、戴德孺合领精兵伍百，分道并进，击其不意。又遣都指挥余恩以兵四百，往来湖上，以诱致贼兵。知府陈槐，通判胡尧元、童琦、谭储，推官王暐、徐文英，知县李美、李楫、王冕、王轼、刘守绪、刘源清等，使各领兵百余，四面张疑设伏，候伍文定等兵交，然后四起合击。分布既定，臣乃大赈城中军民。虑宗室郡王将军或为内应生变，亲慰谕之，以安其心。又出给告示，凡胁从皆不问，虽尝受贼官爵，能逃归者，皆免死。斩贼徒归降者，给赏。使内外居民及乡道人等四路传播，以解散其党。

二十三日，复得谍报，宁王先锋已至樵舍，风帆蔽江，前后数十里，不能计其数。臣乃分督各兵乘夜趋进，使伍文定以正兵当其前，余恩继其后，邢珣引兵绕出贼背，徐琏、戴德孺张两翼以分其势。二十四日早，贼兵鼓噪乘风而前，逼黄家渡，其气骄甚。伍文定、余恩之兵佯北以致之。贼争进趋利，前后不相及。邢珣之兵前后横击，直贯其中，贼败走。文定、恩督兵乘之，琏、德孺合势夹攻，四面伏兵亦呼噪并起，贼不知所为，遂大溃。追奔十余里，擒斩二千余级，落水死者以万数。贼气大沮，引兵退保八字脑，贼众稍稍遁散。宁王震惧，乃身自激励将士，赏其当先者以千金，被伤者人百两。使人尽发九江、南康守城之兵以益师。

是日，建昌府知府鲁玘引兵亦至。臣以九江不破，则湖兵终不敢越九江以援我，南康不复，则我兵亦不能逾南康以蹑贼。乃遣知府陈槐领兵四百，令饶州知府林珹之兵乘间以攻九江，知府曾玙领兵四百，合广信知府周朝佐之兵乘间以取南康。

二十五日，贼复并力盛气挑战。时风势不便，我兵少却，死者数十人。臣急令人斩取先却者头。知府伍文定等立于铳炮之间，火燎其须，不敢退，奋督各兵，殊死并进。炮及宁王舟，宁王退走，遂大败。擒斩二千余级，溺水死者不计其数。贼复退保樵舍，连舟为方阵，尽出其金银以赏士。臣乃夜督伍文定等为火攻之具，邢珣击其左，徐琏、戴德孺出其右，余恩等各官分兵四伏，期火发而合。

二十六日，宁王方朝群臣，拘集所执三司各官，责其间以不致死力，坐观成败者，将引出斩之。争论未决，而我兵已奋击，四面而集，火及宁王副舟，众遂奔散。宁王与妃嫔泣别，妃嫔宫人皆赴水死。我兵遂执宁王，并其世子、郡王、将军、仪宾及伪太师、国师、元帅、参赞、尚书、都督、都指挥、千百户等官李士实、刘养正、刘吉、屠钦、王纶、熊琼、卢珩、罗璜、丁馈、王春、吴十三、凌十一、秦荣、葛江、刘勋、何铠、王信、吴国七、火信等数百余人。被执胁从宫太监王宏，御史王金，主事金山，按察使杨璋，佥事王畴、潘鹏，参政程果，布政梁辰，都指挥郏文、马骥、白昂等。擒斩贼党三千余级，落水死者约三万余。弃其衣甲器仗财物，与浮尸积聚，横亘若洲焉。于是余贼数百艘四散逃溃，臣复遣各官分路追剿，毋令逸入他境为患。二十七日，及之于樵舍，大破之。又破之于吴城，擒斩复千余级，落水死者殆尽。二十八日，得知府陈槐等报，亦各与贼战于沿湖诸处，擒斩各千余级。

臣等既擒宁王而入，阖城内外军民聚观者以数万，欢呼之声震动天地，莫不举首加额，真若解倒悬之苦而出于水火之中也。除将宁王并其世子、郡王、将军、仪宾、伪授太师、国师、元帅、都督、都指挥等官各另监羁候解，被执胁从等官并各宗室别行议奏，及将擒斩俘获功次一万一千有奇，发御史谢源、伍希儒暂令审验纪录，另行造册缴报外。

照得臣节该钦奉敕谕："但有盗贼生发，即便严督各该兵备、守备、守巡并各军卫有司，设法调兵剿杀。其管领兵快人等官员，不问文职武职，若在军前违期，并逗遛退缩者，俱听以军法从事。生擒盗贼，鞫问明白，亦听就行斩首示众。斩获贼级，行令各该兵备、守巡、守备官即时纪验明白，备行江西按察司造册缴报，查照事例，升赏激劝，钦此。"及准兵部题称："今后但草贼生发，事情紧急，该管官司即便依律调拨官军，乘机剿捕，应合会捕者，亦即调发策应。"等因。节奉钦依，备咨前来。又即该奉敕："如或江西别府报有贼情紧急，移文至日，尔亦要及时遣兵策应，毋得违误，钦此。"俱经钦遵外。

窃照宁王烝淫奸暴，腥秽彰闻，贼杀善类，剥害细民，数其罪恶，世所未有。不轨之谋，已逾一纪；积威所劫，远被四方。士夫虽在千里之外，皆蔽目摇手，莫敢论其是非。小人虽在幽僻之中，且吞声饮恨，不敢诉其冤抑。兼又招纳叛亡，诱致剧贼渠魁如吴十三、凌十一之属，牵引数千余众，召募四方武艺骁勇、力能拔树排关者，亦万有余徒。又使其党王春等分赍金银数万，阴置奸徒于沧州、淮扬、山东、河南之间，亦各数十。比其起事之日，从其护卫姻族，连其党与朋私，驱胁商旅军民，分遣其官属亲昵，使各募兵从行，多者数千，少者数百，帆樯蔽江，众号一十八万。其从之东下者，实亦不下八九万余。且又矫称密旨，以胁制远近；伪传檄谕，以摇惑人心。故其举兵倡乱，一月有余，而四方震慑畏避，皆谓其大事已定，莫敢抗义出身，与之争衡从事。抱节者，仅坚城而自守，忠愤者，惟集兵以俟时，非知谋忠义之不足，其气焰使然也。

臣以孱弱多病之质，才不逮于凡庸，知每失之迂缪，当兹大变，辄敢冒非其任，以行旅百数之卒，起事于颠沛危疑之中。旬月之间，遂能克复坚城，俘擒元恶。以万余乌合之兵，而破强寇十万之众，是固上天之阴骘，宗社之默佑，陛下之威灵。而庙廊谋议诸臣，消祸于将萌而预为之处，见几于未动而潜为之制；改臣提督，使得扼制上流，而凛然有虎豹在山之威；申明律例，使人自为战，而翕然有臂指相使之形；敕臣以及时策应，不限以地，而隐然有常山首尾之势。故臣得以不俟诏旨之下，而调集数郡之兵，数郡之民，亦不待诏旨之督，而自有以赴国家之难，长驱越境，直捣穷追，不以非任为嫌，是乃伏至险于无形之中，藏不测于常制之外，人徒见婴奚之多获，而不知王良之善御有以致之也。

然则今日之举，庙廊诸臣预谋早计之功，其又孰得而先之乎？及照御史谢源、伍希儒监军督哨，谋画居多，倡勇宣威，劳苦备尝。领哨知府伍文定、邢珣、徐琏、戴德孺、陈槐、曾玙、林珹、周朝佐，署都指挥佥事余恩，分哨通判胡尧元、童琦、谈储，推官王晖、徐文英，知县李楫、李美、王冕、王轼、刘源清、刘守绪、傅南乔，随哨通判杨昉、陈旦，指挥麻玺、高睿、孟俊，知县张淮、应恩、王庭、顾佖、万士贤、马津等，虽效绩输能亦有等列，然皆首从义师，争赴国难，协谋并力，共收全功。其间若伍文定、邢珣、徐琏、戴德孺等冒险冲锋，功烈尤懋。乡官都御史王懋中，编修邹守益，御史张鳌山，郎中曾直，评事罗侨，佥事刘蓝，进士郭持平，驿丞王思、李中，按察使刘逊，参政黄绣，知府刘昭等，仗义兴兵，协张威武，连筹赞画，夹辅折冲，以上各官功劳，虽在寻常征剿，亦已甚为难得，况当震恐摇惑，四方知勇莫敢一膺其锋，而各官激烈忠愤，捐身殉国，乃能若此。

伏愿皇上论功朝锡之余，普加爵赏旌擢，以劝天下之忠义，以励将来之懦怯。仍诏示天下，使知奸雄若宁王者，蓄其不轨之谋，已十有余年，而发之旬月，辄就擒灭。于以见天命之有在，神器之不可窥，以定天下之志。尤愿皇上罢息巡幸，建立国本，端拱励精，以承宗社之洪休，以绝奸雄之觊觎，则天下幸甚，臣等幸甚。

缘系捷音事理，为此具本，专差千户王佐亲赍，谨具题知。

奏闻益王助军饷疏 十四年七月三十日

近蒙益府长史司呈："该本司启，案查宁藩有变，已经启行外，今照见奉提督都御史王案验内称：'本院已于七月初九日领兵前往丰城县市汊等处住扎，刻日进攻省城，牌差百户杨锐前来建昌府，守取掌印官亲自统兵，毋分日夜，兼程前进，期本月十五、十六日俱赴军门，面授约束，并势追剿。'及照知府曾玙报称，即日领兵起程，前赴军门，听调进攻等因。看得国家之事，莫大于戎。今宁藩不轨，惊动多方，提督都御史等官倡义，协谋进攻，愤忠思剿，上以纾朝廷南顾之忧，下以解生民荼毒之苦。况我殿下国朝分封至亲，理宜助饷军门，共纾国难。具本启，奉令旨：发银一千两，差官胡敬仪，卫副陆澄，书办官并旗校官等，前去提督军务王都御史处犒赏，敬此。"敬遵。除将银两差官管送前来外，合行备由呈乞施行等因到臣。

为照宁王谋叛，稔衅多年，积威所劫，无不萎靡。况其举事之初，擅杀重臣，众号一十八万，肆然东下。虽平日士夫，号称忠义，莫敢指斥。今益王殿下乃心宗社，出私帑以给军饷，非忠义奋发，急于讨贼，岂能倡言助正，以作兴军士之气如此。伏望皇上特敕奖励，以激宗室之义，以永益王殿下为善之心，以夹辅帝室，天下臣民不胜幸甚。

除将原发白银一千两唱名给散军士外，缘系宗室出私帑以给军饷事理，为此具本请旨。

旱灾疏 十四年七月三十日

据吉安等一十三府所属庐陵等县各申称："本年自三月至于秋七月不

雨，禾苗未及生发，尽行枯死。夏税秋粮，无从办纳，人民愁叹，将及流离。理合申乞转达、宽免。"等因到臣。节差官吏、老人踏勘。委自三月以来，雨泽不降，禾苗枯死。续该宁王谋反，乘衅鼓乱，传布伪命，优免租税。小人惟利是趋，汹汹思乱。臣因通行告示，许以奏闻优免税粮，谕以臣子大义，申祖宗休养之德泽，暴宁王诛求无厌之恶。由是人心稍稍安集，背逆趋顺，老弱居守，丁壮出征，团保馈饷，邑无遗户，家无遗夫。就使雨旸时若，江西之民亦已废耕耘之业，事征战之苦。况军旅干旱，一时并作，虽富室大户，不免饥馑，下户小民，得无转死沟壑，流散四方乎？设或饥寒所迫，征输所苦，人自为乱，将若之何？如蒙乞敕该部，暂将江西正德十四年分税粮通行优免，以救残伤之民，以防变乱之阶。伏望皇上罢冗员之俸，损不急之赏，止无名之征，节用省费，以足军国之需，天下幸甚。

请止亲征疏 十四年八月十七日

正德十四年八月十六日，准兵部咨：该本部等衙门题，内开南京守备参赞官连奏十分紧急军情，相应急为议处，合无请命将官一员，挂平贼将军印，充总兵官，关领符验旗牌，挑选各营精锐官军三千余名，各给赏赐银两布匹，交兑正驮马匹，关给军火器械，上紧前去南京，相机战守；再有的报，就便会合各路人马征进；再请敕都御史王守仁选调堪用官军民快，亲自督领，于江西东南要路住扎把截，相机行事；仍委浙江布政司左参政闵楷选募处州民兵统领，定拟住扎地方，听调策应剿捕；再请敕一道，赍付都御史王守仁，不妨提督军务原任，兼巡抚江西地方。前项所报军情，如果南京守备差人体勘，再有的报，听前项领军官出给榜文告示，遍发江西地方张挂，传说晓谕，但有能聚集义兵，擒杀反逆贼犯者，量其功绩大小，封拜侯伯，及升授都挥千百户等官世袭，贼伙内有能自相擒斩首官者，与免本罪。具奏定夺等因，具题："节该奉圣旨：这江西宁王谋为不法事情重大，你部里既会官议处停当，朕当亲率六师，奉天征讨，不必命将。王守仁暂且准行，钦此。"

钦遵，备咨到臣。案查先为飞报地方谋反重情事，属者宁王宸濠杀害守臣，举兵谋逆，臣于六月十九日具本奏闻之后，调集军兵，择委官属，激励士气，振扬武勇。七月二十日，先攻省城，墟其巢穴。本月二十四等日，兵至鄱阳湖，与贼连日大战。至二十六日，宸濠遂已就擒。谋党李士实等，贼首凌十一等，俱已擒获。贼从俱已扫荡，闽、广赴调兵士俱已散还，地方惊扰之民俱已抚帖。臣一念忠愤，誓不与贼共生，而迂疏薄劣之才，实亦何能办此。是皆祖宗在天之灵，我皇上圣武之懋昭，本兵谋略之素定，官属协力，士卒用命所致。臣已节次具本奏报外，窃惟宸濠擅作辟威，虐焰已张于远，睥睨神器，阴谋久蓄于中。招纳叛亡，辇毂之动静，探无遗迹；广致奸细，臣下之奏白，百无一通。发谋之始，逆料大驾必将亲征，先于沿途伏有奸党，期为博浪、荆轲之谋。今逆不旋踵，遂已成擒，法宜解赴阙门，式昭天讨。然欲付之部下各官押解，诚恐旧所潜布之徒，尚有存者，乘隙窃发，或致意外之虞，臣死且有遗憾。况平贼献俘，固国家之常典，亦臣子之职分。臣谨于九月十一日，亲自量带官军，将宸濠并逆贼情重人犯督解赴阙外，缘系献俘馘，以昭圣武事理，为此具本，专差舍人金昇亲赍，谨具题知。

奏留朝觐官疏 十四年八月十七日

正德十四年八月十六日，臣驻军江西省城，据各领哨知府吉安府伍文定，赣州府邢珣，袁州府徐琏，临江府戴德孺，抚州府陈槐，尧州府林珹，广信府周朝佐，建昌府曾玙，连名呈称，正德十五年正月初一日，例应朝觐。近因宁王谋反，蒙臣督委各职并各县掌印正官领兵征讨，今虽扫平，尚留在省防御，及安辑地方，未得回任。其各县掌印官，虽未曾领兵，缘各在任防御城池，措办粮饷。况布、按二司及南昌府知府郑瓛、瑞州府宋以方，俱自本年六月内先被拘执，未经复职管事。南康、九江二府亦被残破，近方收复。前项文册，多未成造，缘查旧规，行期在即，恐致迟误，合行呈乞奏知，及通行各府、州、县将册造完，行委佐二守领官员赍缴应朝，及布、按二司，亦乞裁处施行等因到臣。据此，为照三年述职系朝廷大典，例该掌印正官赴京应朝。但今叛乱虽平，地方未辑，征调尚存，疮痍之民须抚；旱荒犹炽，意外之患当防。况各官在省，方图防守之规，未有还任之日。若不查例奏留，未免顾此失彼，后悔无及。合准所呈，欲候奏请命下之日，行令各府、州、县佐二首领官赍册应朝，复恐迟误。除一面通行各府、州、县造册完备，行委佐二首领官依期启行，其布、按二司，候有新任官员及南昌府行见在通判陈旦，各造册赴朝，其九江、南康府县并南康、新建二县，委系官俱戴罪，听候吏部径自裁处外，缘系朝觐事理，未敢擅便，为此具本请旨。

奏闻淮王助军饷疏 十四年八月十七日

近该淮府长史司呈："该本司启，案查宁藩有变，已经启行外，今照见奉提督都御史王案验内称：'本院已于七月初九日领兵前往丰城县市汊等处住扎，克日进攻省城，牌差百户任全善前来饶州府，守取掌印官亲自统兵，毋分雨夜，兼程前进，期本月十五、十六日俱赴军门，面授约束，并势追剿。'及照知府林城报称：'即日领兵起程，前赴军门听调进攻'等因。看得宁王敢为逆谋，肆奸天纪。提督都御史王首倡忠义，作率智勇，身任国家之急，事关宗社之虞。殿下藩翰之亲，忧心既切，馈饷之助，于理为宜。具本启，奉令旨：长史司将发下银伍百两，差官胡祥等速赍前去，少资提督军门之用，敬此。"敬遵。除将银两差官管送前来外，合行备由呈乞施行等因到臣。照得先该益府出帑饷军，助义效忠，已经具题外，今淮王殿下亦能不靳私帑，以助军饷，良由身同休戚之情，心切门庭之寇所致。伏望皇上特敕奖励，以彰淮王殿下助正之心，以为宗藩为善之劝，天下臣民不胜幸甚。

恤重刑以实军伍疏 十四年八月二十五日

据江西按察司呈："据本司经历司呈，蒙巡按两广监察御史谢源、伍希儒各纸牌前事，俱奏本院送发，犯人裘良辅等二百六十六名，转送本司问报等因。依蒙问得犯人裘良辅招，系南昌府新建县三十二都民，纳粟监生，给假在家。正德九等年月日不等，与同在官南昌前左二卫舍余杨滋、杨富，军余董俞、周大贵及指挥何镗等家人何祥、曹成等，各不合出入王府，生事害人，向未事发。正德十四年六月十四日，宁王谋反，良辅与杨滋等各因畏惧宁王威恶，各不合知情，从逆做兵，领受盘费银二两，米一石，跟同前去安庆等处攻打城池，各将银米费用讫。于七月十二等日，行至湖口等县，思系叛逆，惧怕官兵，就行四散逃回。各被南昌等府县统兵知府等官并地方人等陆续拿获，解赴提督王都御史处。蒙将良辅等一百八十四名转送谢御史，将夏景、周大贵、熊受等八十二名转送伍御史，俱发按察司审问。蒙将良辅等研审前情明白。取问罪犯杨滋等二百六十五名，各招与裘良辅、杨滋、杨富、王伟、夏景、黄俞、周大贵、何祥、曹成、丁进受、杨庆童、杨贵、万徐七、万羊七、徐四保、孙住保、周江、胡胜福、朱泼养、宋贵、王明、熊明、秦兰、王仲鉴、张雄、朱其、添喜、萧崇真、朱祥、彭隆保、徐仕贵、郭宣、舒銮、万岳、萧述、罗俊、江潮汉、魏凤、万三、罗秀、熊福、萧曰贵、萧胜、雷天富、萧文、尹天受、胡进保、李銮、郑凤、黄信、刘胜、殷醮仔、甘奇、余福童、郭进福、沈仕英、李洪珊、许凤、李景良、江銮、江仁、李钦、郑伦、胡福受、谭黑仔、赵正七、朱环二、邹秋狗、陈良二、聂景祥、魏仲华、王福、李寿、余珏、王贯、刘松、牛才、陈珂、陈兴、陈钊、刘添凤、余似虎、甘朴、谢天凤、郑贵、沈昌容、万清、向楚秀、郭銮、丁胜福、万全、龚受、熊六保、陈谏、何晚仔、王杰一、王琪、胡宣、杨正、曾受、王凤、王明、雷清、皮志渊、邹奎高、冯轩四、毛守松、熊天祥、李伯锦、杨子秀、陈天一、廖进禄、魏绍、魏天孙、吴富、陈昭弟、李伯奇、姜福、廖奇四、夏甦奇、陈善五、罗胜七、郭谨、罗玺、朱长子、陈瑞、竹汉、王宽、江天友、陈良善、召一、陈子政、卢萧胜、马龙、陈大伦、陈子伦、李钱、陈九信、徐义、徐钊、刘仪、熊孟华、王尚文、王天爵、傅十三、徐受、万奇、赵仕奇、郑朴、冯轩二、冯进录、周孟贞、周江、刘朋、唐朝贤、欧阳南、马兴、周兴、王毛子、秦进兴、罗兴、李保一、万元、林三十八、马爵、张进孙、高四、谭受、吴俊、万镗、熊守贵、钱龙、胡通、金万春、曹太、喻钦、刘后济、胡二、王世通、魏友子、杨章、熊录、熊克名、童保子、余景、陈四保、许虎保、熊受、萧文荣、杨廷贵、罗富、丁关保、江仕言、刘贵、丁朋、欧阳正、王引弟、熊富、唐天禄、王贵、周受、邱松、胡秀、李福、洪江、曾兴、邱桂、刘镇、邓山、萧清、夏胜四、夏由、孙甘继、张锦、谢鲁仙、熊华、谢凤、夏龙、娄奇、陆仲英、余胜虎、李进、胡胜、阮天祥、张全、彭天祥、洪经仔、徐受、乐福、张奇、冯进隆、冯诏、马喜子、杨烨、揭文兴、万孔湖、易忠、黄延、曹天右、徐大贵、萧曰高、萧曰广、李鋆、吴显二、李贵、陈英、陈昇、李胜祖、萧天佐、陆九成、郭钦、杨顺、丁祖、李万杜、杨鋆、袁富、杨黄子、吴文、张鋆、方灿、万天銮、胡进童、黄胜德、涂祖、唐历所犯，除不应轻罪外，合依谋反知情故纵者，律斩决不待时。但宁王平昔威恶惨毒，上下人心，罔不震慑，各犯从逆，虽是可恶，原情终非得已。及照南昌前卫军余，多系胁从被杀，见今军伍缺人，合无将各犯免其前罪，俱编发本卫永远充军，庶使情法交申，卫所填实。"

呈详到臣，参看得裘良辅等俱曾徒逆，应该处斩。但该司参称宁王平昔威恶惨毒，上下人心罔，不震慑。据法在所难容，原情亦非得已。宥之则失于轻，处斩似伤于重，合无俯顺舆情，乞敕该部查照，酌量或将各犯免其死罪，令其永远充军。不惟情法得以两尽，抑且军伍不致缺人。

缘系恤重刑以实军伍事理，为此具本请旨。

处置官员署印疏 十四年八月二十五日

照得先因宁王图危宗社，兴兵作乱，劫夺江西都、布、按三司并南昌府县大小衙门印信。臣随调集各府官军民快，于本年七月二十日攻复省城，当于府内搜获前项印信，共计一百六颗，到臣收候，已经捷报外。今照宁王已擒，余党诛戮，地方幸已稍宁，所有三司府县衙门，俱系钱粮刑名军马城池等项重务，关涉匪轻。况今兵乱之后，人民困苦，不可一日缺官干办抚辑。但三司等官，俱系被胁有罪人数，若待别除官员到日，非惟人心惶惑，抑且事无统纪。臣遵照钦奉敕谕便宜事理，将三司印信，布政司暂令布政使胡濂，按察司暂令按察使杨璋，各戴罪护管，随该新任参议周文光，按察使伍文定先后到任，各已替管外，其都司暂令都指挥马骥，提学道关防令副使唐锦，南昌道印信令佥事王畴，南昌府印信令知府郑瓛，南、新二县印信令知县陈大道、郑公奇，各戴罪暂且管理外，及照南昌前、左二卫并各抚所衙门印信，俱各无官管理。除用木匣收盛，封发按察司，仍候事宁有官之日，该司径发掌管外，缘系处置官员署印以安地方事理，为此具本题知。

二乞便道省葬疏 十四年八月二十五日

照得先准吏部咨："该臣奏称：'以父老祖丧，屡疏乞休，未蒙怜准。近者奉命扶疾赴闽，意图了事，即从彼地冒罪逃归。旬日之前，亦已具奏。不意行至中途，遭值宁府反叛，系国家大变，臣子之义，不容舍之而去。又阖省抚巡方面等官，无一人见在者，天下事机，间不容发，故复忍死，暂留于此，而为牵制攻讨之图。俟命帅之至，即从初心，死无所避。臣思祖母自幼鞠育之恩，不及一面为诀，每一号恸，割裂昏殒，日加尪瘵，仅存残喘。母丧权厝祖墓之侧，今葬祖母，亦欲因此改葬。臣父衰老日甚，近因祖丧，哭泣过节，见亦病卧苦庐。臣今扶病，驱驰兵革，往来于广信、南昌之间。广信去家不数日，欲从其地不时乘间抵家一哭，略为经画葬事，一省父病。臣区区报国血诚上通于天，不辞灭宗之祸，不避形迹之嫌，冒非其任，以勤国难，亦望朝廷鉴臣此心，不以法例绳缚。使臣得少伸乌鸟之痛，臣之感恩，死且图报，抢攘哀控，不知所云。'等因。具本，奏奉圣旨：'王守仁奉命巡视福建，行至丰城，一闻宸濠反叛，忠愤激烈，即便倡率所在官司，起集义兵，合谋剿杀，气节可嘉，已有旨着督兵讨贼，兼巡抚江西地方。所奏省亲事情，待贼平之日来说。该部知道，钦此。'"

备咨到臣，除钦遵外，近照宁王逆党，皆已仰赖皇上神武，庙堂神算，悉就擒获。地方亦已平靖，百姓室家相庆，得免征调之苦，复有更生之乐，莫不感激洪恩，沾被德泽。独臣以父病日深，母丧未葬之故，日夜哀苦，忧疾转剧。犬马驱驰之劳，不足齿录，而乌鸟迫切之情，实可矜悯。已蒙前旨，许"待贼平之日来说"，故敢不避斧钺，复伸前请。伏望皇上仁覆曲成，容臣暂归田里，一省父病，经纪葬事，臣不胜哀恳苦切祈望之至！

处置从逆官员疏 十四年八月二十五日

正德十四年七月二十三日，据南昌府知府郑瓛自宁王贼中逃出投到。本月二十六日，又据领兵官临江府知府戴德孺等临阵夺获先被宁王胁去巡按监察御史王金，户部公差主事金山，左布政使梁宸，参政程杲，按察使杨璋，副使贺锐，佥事王畴、潘鹏，都指挥同知马骥、许清，都指挥佥事白昂，守备南赣都指挥佥事郑文并胁从用事参政王纶，及据先被胁从令赴九江用事佥事师夔，先被胁从贼败脱走镇守太监王宏，各投送到臣。

照得先因宁王宸濠于六月十四日杀害巡按右副都御史孙燧，副使许逵，将各官绑缚迫胁。时臣奉命福建勘事，行至丰城闻变。顾惟地方之责，虽职各有专，而乱贼之讨，实义不容避。遂连夜奔还吉安，督同知府伍文定等调集南、赣等府军兵，捐躯进剿。至七月二十日，攻破省城，捣其巢穴。随有被胁在城右布政使胡濂，参政刘斐，参议许效廉，副使唐锦，佥事赖凤，都指挥佥事王纪，各投首到臣。彼时军务方殷，暂将各官省候，督兵擒获宸濠，并逆党李士实、刘吉、凌十一等，臣已先后具本奏报去后。

本年八月二十三日，会集知府伍文定等，将各事情逐一研审，得布政梁宸等各执称，本年六月十三日，宁王生日，延待各官酒席，次日进府谢酒，不期宁王谋逆，喝令官校多人，将前各官并先存后监。故户部公差主事马思聪，参议黄宏，原任参议今升陕西参政杨学礼等，俱各背绑要杀。当将孙都御史、许副使押出斩首，其余各官俱杻镣发仪卫司等处监禁。王纶留府用事，知府郑瓛先被宁王诬奏见监，按察司瑞州府知府宋以方缘事在省，本日俱拿监仪卫司，差人将各衙门印信搜夺入府。后参议黄宏，主事马思聪各不食，相继在监身故。宁王差人入监疏放各官杻镣，王畴、郑瓛二人不放。本月二十一日，将梁宸、胡濂、刘斐、贺锐各放回本司。本日宁王传檄各处，令人写成布政司咨呈备云檄文，转呈府部，自将搜去印信印使付与梁宸佥押。梁宸不合畏死听从金押讫。本月二十三日，宁王告庙出师祭旗，加授王纶赞理军务，与刘吉等一同领兵。王纶不合畏死听从。本日又差柴内官等带领人众，将两司库内官银强搬入府，梁宸、贺锐在司署印，不合畏死，不行阻当。本日将杨璋仍拘仪卫司，各官改监湖东道。本月二十六七等日，宁王差仪宾李琳等将伊收积米谷给散省城军民以邀人心，着令程杲、潘鹏监放。各不合畏死，到彼看放。二十七日，宁王因先遣承奉屠钦等带领贼兵往攻南京，各贼屯扎鄱阳湖上，久候宁王不出，自行攻破南康、九江，掠取财物，二府人民走散，宁王要得招抚以收人心，押令师夔前去晓谕。不合畏死，往彼安抚。本月二十八日，宁王因要起程往取南京，恐省城变动，欲结人心，又差伪千户朱镇送银五百两与布政司梁宸、胡濂、刘斐、程杲、许效廉。各不合畏死，暂收入己。又将银七百两送按察司杨璋、唐锦、贺锐、王畴、师夔、潘鹏、赖凤，亦不合畏死，暂收入己。又押令刘斐、王玘替伊巡守，并押令许效廉、赖凤替伊接管放粮。各不合畏死，守城放米。七月初一日，差人将胡濂、唐锦送还本司，杨学礼放令之任，将梁宸、程杲、杨璋、贺锐、王畴、潘鹏、马骥、许清、白昂、郏文、郑瓛、宋以方胁拘上船，随行分投差拨仪宾等官张嵩等带领舍校看守，又将银二百两差伪千户吴景贤分送梁宸、胡濂、刘斐、许效廉等，及差万锐送银三百两分送杨璋、唐锦、贺锐、师夔、潘鹏、赦凤。各又不合畏死，暂收入己。本月初八日，至安庆，见攻城不克，因潘鹏系安庆人，差今逃引礼、白泓押同。潘鹏不合畏死听从，赍捧檄文，到彼招降。本月十五日，宁王因闻提督王都御史兵将至省，回兵归救省城。行至鄱阳湖地方，屡战屡败。至二十六日早，蒙大兵突至，宁王被擒，各官因得脱走前来。知府宋以方不知存亡等因。

随据布、按二司呈开，布政司梁宸、胡濂、刘斐、程杲、许效廉，按察使杨璋、唐锦、贺锐、王畴、师夔、潘鹏、赖凤，各令家人首送前银，各在本司贮库等因。

尤恐不的，吊取见监擒获逆党刘吉、屠钦、凌十一等，各供称相同。

为照参政王纶胁受赞理，佥事潘鹏、师夔被胁招降抚民，情罪尤重，王纶、师夔又该直隶、湖广抚按等衙门各具本参奏，知府郑瓛已经别案问结奏请，俱合候命下之日遵奉另行外。参照布政梁宸、参政刘斐、程杲，参议许效廉，副使贺锐，佥事赖凤，都指挥王玘，或行咨抚守，或盘库放粮，势虽由于迫胁，事已涉于顺从。镇守太监王宏，御史王金，主事金山，布政胡濂，按察使杨璋，副使唐锦，佥事王畴，都指挥马骥、许清、白昂、郏文，或被拘于城内，或胁随于舟中，事虽涉于顺从，势实由于迫胁，以上各官甘被囚房而不能死，忍受贼贿而不敢拒，责以人臣守身之节，皆已不能无亏。就其情罪轻重而言，尚亦不能无等。伏愿皇上大奋乾刚，取其罪犯之显暴者，明正典刑，以为臣子不忠之戒；酌其心迹之堪悯者，量加黜谪，以存罪疑惟轻之仁。庶几奸谀知警，国宪可明。

处置府县从逆官员疏 十四年八月二十五日

正德十四年七月二十日，该臣兴举义兵，剿除逆贼，攻开省城。本日进城之后，随据都、布、按三司首领等官邢清等，南昌府等衙门同知等官何维周等，各投首到臣。于时逆贼未获，军务方殷，暂将各官省候。

本月二十六日，宸濠就缚，逆党尽擒，除已奏报去后，随拘邢清等到官。审得各供称本年六月十四日，宁王谋反，将镇巡三司等官俱各被绑胁，当将孙都御史、许副使杀害。随差人将南昌府同知何维周，通判张元澄，检校曹楫，南昌县知县陈大道，县丞王儒，新建县知县郑公奇，南浦驿驿丞王洪，南浦递运所大使张秀，俱拿杻镣发监仪卫司。随将各官行李并各掌印俱搜检入府。彼有邢清与本司都事翟瓒，检校董俊，理问张裕，案牍陈学，司狱张达，广济库大使胡玉，副使姚麟，织染局大使秦尚夔，副使戴璊，按察司经历尹鹛，知事张澍、照磨雷燮，都指挥使司断事章璠，吏目周鹤，司狱沈海、南昌前卫署指挥佥事夏继春，经历周孟礼，镇抚忻伟、吕昇，正副千户徐贤、郑春、张斌、傅英、唐荣、杜昂、李瀚、陈伟、姚钺、吴耀，百户徐隆、陈韬、张纲、王春、龚昇、陈诏、冯淮、黄鉴、李钦、梅椤、茆富、陈瓒、王昇、吕辅、赵昂、董钰、姚芳、刘璘、李琇、李祥、陆奇，南昌府儒学训导张桓、瞿云、汪潭，税课司大使杨纯，广济仓大使左仪副使王大本、李谱，守支大使卓文正、陈琳，副使邓谔、李彬，南昌县主簿张誉，典史方汝实，儒学训导达宾，新建县县丞刘万钟，主簿熊辟，典史杨儒，儒学训导区宾、金清，俱各闻风逃躲，不曾被拿。后宁王临行，将何维周等释放，又将知事张澍拘拿上船，至今未知存亡。本年七月二十日，蒙大兵征剿，攻入省城，邢清等方得奔走军门投首等因。

据此，除将各官羁候，其镇巡并三司堂上官南昌府知府另已参奏外，参照邢清等被执不死，全无仗节之忠；闻变即逃，莫知讨贼之义，俱合重罪。但责任既轻，贼势复盛，力难设施，情可矜悯。合无行抚按衙门依律问拟，以为将来之戒，惟复别有定夺。

收复九江南康参失事官员疏 十四年九月初十日

据委官江西抚州府知府陈槐，饶州府知府林珹，建昌府知府曾玙，广信府知府周朝佐各呈，先因宁王谋反，奉臣案验备行各府起兵擒剿，各遵依先后会集市汊等处。刻期破城之后，又奉臣牌，照得九江、南康二府，先被宁王攻破，分留逆党据守城池，西扼湖兵之应援，南遏我师之追蹑。仰赖宗社威灵，幸已克复省城。除遣知府伍文定、邢珣、徐琏、戴德孺分布哨道，邀击宁贼，务在得获，所据逆党占据府县，应合分兵剿复。牌仰知府陈槐、林城前去九江，曾玙、周朝佐前去南康，相机行事，务要攻复城池，以扼贼人之咽喉，平靖反侧，以剪逆党之羽翼。居民人等不幸被胁，或因而逃窜者，就行出给告示，分投抚谕，使各回生理。务将人民加意赈恤，激以忠义，抚以宽仁，权举有司之职，以理庶事，查处仓库之积以足军资。一面分兵邀诱宁贼，毋令东下。仍备查各官弃城逃走，致贼焚掠屠戮之故，具由回报，以凭参拿究治等因。

依奉陈槐选带知县传南乔、陶谔等，林城选带知县马津、赵荣显等，曾玙选带检校典节知县余莹、县丞陈全等，周朝佐选带知县谭缙、杜民表等，各兵快一千余名，由水路分哨剿贼。十月二十四等日，宁贼回援省城，舟至鄱阳湖等处，与吉、赣等官兵相遇，大战。职等各行领兵，连日在湖策应，与贼对敌。抚州府官兵擒斩贼犯共二百九十余名颗，饶州府擒斩贼犯共五百余名颗，建昌府擒斩贼犯共四百八十余名颗，广信府擒斩贼犯共五百余名颗，陆续各解本院，转送监察御史谢源、伍希儒处核实处决审发讫，各官随各统兵直至九江、南康府地方，照臣牌内行事。

知府陈槐、林城呈称，先该九江兵备副使曹雷，同该府知府汪颖等，亦行督发瑞昌等县兵快，与同九江卫掌印指挥刘勋等，收召操军前来，声复城池。被贼探知官兵齐集，先行望风逃遁。九江军兵至城守扎，仍又分兵追至湖口等处剿杀贼党。职等入城，抚回逃窜男妇万余名口，复业生理。会案行拘九江府卫里老旗军，查访得副使曹雷先于六月初二日，带同通判张云鹏前往彭泽县水次兑粮；知府汪颖先因疟痢，兼以母病不能视事，于十五日暂将印信牒行推官陈深署掌库藏，未经交盘。至十七日丑时，德化县老人罗伦口报宁王谋反，杀害巡抚等官，彼有汪颖会同陈深并刘勋等，点集城内官军机兵火夫上城，照依原分，南门迤东，由盘石门、福星门，城上朵子军卫把守，南门迤西，由溢浦门至望京门，城上朵子有司把守。东门把守官指挥丁睿等三十四员，南门把守官指挥萧纲等二十一员，西门把守官指挥孙璋等二十员，九江门把守官指挥董方等十二员，福星北门把守官指挥李泮等十八员，共一百零五员。该卫军人先因放操回屯数多，一时不能齐集。十八日卯时，逆党涂承奉等领船二百余只，装载兵至福星北门外扎营，就临城下喝叫开门。指挥李泮等不从，各贼忿怒，分兵烧毁西门外军民房屋、浔阳驿官厅等处；杀死虏来四人，临门祭旗；随用铳炮火枪火箭等器并力攻打。至辰时，贼遂梯援上城。泮等俱各逃散，被贼将锁钥打脱，拥入。口称省城、南康等府俱已收服，巡抚等官俱各被害，官民不必逃散，只将印信来降。时汪颖、陈深、刘勋等俱在各门把首，因见力不能支，同德化县徐志道并前各门把守指挥千户镇抚及府县儒学训导仓场局务大小官员各怀印信从南门逃避去讫。内九江卫左千户所百户白昇、马贵各遗失本所铜印一颗。随被各贼将大盈库银九千一百七十两零，德化县寄库银二百六十三两零，湖口县寄库银四百五十九两零，钞厂寄库银三千余两，司狱司囚重犯十二名，轻犯二十九名，广盈仓粮米二千四百四十石零，尽行劫取释放。又将军器库盔甲刀枪劫去，共一十一万九千二百二十四件。九江卫被贼劫去军器二千六百三十九件，演武厅军器一万六百三十件，并响器八十余件。镇抚监贼犯蔡日奇等七名，尽行劫取释放。及烧毁大哨船五只，军舍房屋七十六间。驾去大哨船二只，小哨船十一只。德化县被贼将县库银共三百二两零，预备仓稻谷一万七千二百石零。县监轻重囚犯二十名，尽行劫放。及烧毁官民房屋七百五十九间，杀死男妇一十五名。浔阳驿被贼烧毁官厅一座，耳房二间，及站船铺陈等物。惟指挥刘勋将兵备衙门赏功支剩银三十两六钱，及赃罚银三十二两，并运军行粮折银二十九两六钱收贮私家，捏开在卫被劫，事涉侵欺。

及查九江府钞厂寄库银两行，拘库子皮廷贵等审供侵分料银一千一百零六两四钱，情由在官，将各犯送府监候，拘齐未到人犯追问回报。

及查得佥事师夔持奉伪檄，前至九江安抚。因见府卫等官不从伪命，驾船去讫。

续查得该府所属湖口县，于六月十七日酉时，被逆党熊内官等押兵到县，因无城池，知县章玄梅等带印暂避县后岭背集兵。次日对敌，杀死逆党魏清等，被贼杀死民快壮丁共一百二十名，杀死居民一十一名，放出县监重囚三名，轻犯一十一名，烧毁房屋二十间，民房一千八百三十五间。本县官库银两先已窖藏，及各衙门印信，俱各见在，止被劫去在仓米一百五十九石，在库皮盔铁铳弓弩三百件，铁弹子三十二斤，及衣服靴钞等物，并将远近年分卷册，俱各毁坏。

彭泽县，于六月十八日卯时被贼蜂拥上街，延烧房屋吏舍一百余间，并无掳掠男妇。当有知县潘琨督同巡捕官兵守保，印信仓库钱粮文卷俱全。

德化县，于六月十七日被从逆护卫指挥丁纲等统带旗校到屯，点取军丁，致被惊散乡村男妇。该县严督兵快人等保守城池，俱各无虞。

除重复查勘明白，将湖口，彭泽二县被害人民，行令该府斟酌被害重轻，将见在钱粮加意赈恤。其德化县被害之家，缘无钱可支，已行该府径申本院，请发钱粮赈恤，使被害残民得以存济。职等仍行多方抚谕，激以忠义，戒以勤俭，人皆感服遵听，遂有更生之乐等因。

又据知府曾玙、周朝佐呈称，查勘得南康府六月十六日夜，被贼船一千余只冲入本府。彼有该府通判俞椿，推官王诩，公出未回，知府陈霖，同知张禄，通判蔡让，因见城池新筑未完，民兵寡少，同附郭星子县掌印佐二，并府县儒学仓场局务等官，各带印信潜避庐山，贼遂入城，杀死官舍名快刘大等一十二名，被搬劫府库金一两五钱零，紫阳遗惠仓原贮谷一千七石零，劫放府狱重轻囚犯一百一十一名，烧毁六房卷宗黄册，及掠劫居民房屋家财。知府陈霖等潜往各乡集兵，陆续擒斩贼犯共二百三十余名颗。至二十七日，余贼五百余人奔来河下。知府陈霖同州县各官督兵擒斩贼犯一百余名颗。适遇委官知府曾玙、周朝佐各带官兵自王家渡一路追贼到府，协力剿杀各起余贼，又擒杀贼共三百三十余名颗，各解审讫。

查得星子县知县王渊之被贼追跌致死，署印县丞曹时中当将印信付与吏熊正背负，同主簿杨本禄俱入庐山，曹时中逃躲不知去向，兵快胡碧玉等五名被贼杀死，及劫房居民男妇徐仲德等五十八名口，焚烧房屋并劫掠居民共五百三十六人家。劫放狱囚弓正道等四十四名，县廊库银九十七两零，及赃物钞贯俱被劫去，止有银二百一十三两四钱八分，系库子戴汶泗收藏回家，首出还官。陆续擒获贼犯颜济等二十名。

又查得都昌县原无城池，闻贼入境，署印主簿王鼎，典史王仲祥率兵迎敌，保守仓库，俱不曾被劫。被贼杀死、淹死兵快居民段容等三十一名，焚烧劫掠居民共一千二百一十六家。

又查建昌县原无城池，逆党仪宾李世英等带领贼兵三百余名来县，知县方铎，县丞钱惠，主簿王钺，同儒学教谕唐汶等见势不敌，各带印信潜避集兵。当被李世英将狱禁囚犯熊澄等八十四名尽行劫放，并无劫掠焚烧仓库钱粮官民房屋。随被方铎陆续擒获李世英等一百七十五名口，解报讫。

又查访勘得安义县新创城池未完，被逆党旗校火信等领兵到县，将官厅烧毁三间，六房文卷俱被弃毁。知县王轼因见贼势众多，退避集兵。主簿董国宜因男董茂隆投入宁府，惧罪逃走。儒学训导陈仕端等亦随县官避出。其仓库狱禁居民房屋俱不曾被焚劫。王轼同各官前后领兵擒斩贼共一千余名颗，转解讫。

抚回南康府各属县复业逃民一万二千四百余家。遵奉通行各属，暂令管事及赈恤事宜，另行申请等因，各呈到臣，会同各官访勘相同。

臣等议得九江、南康府卫所县大小官员均有守土之寄，俱犯失事之律。欲将各官通革，管事待罪，缘地方残破之余，又系朝觐年分，无官可委更代，姑从权宜，暂行管事。其各府县被害人民，并缺乏军资，已于先取见在钱粮内量数查发，前去赈给外。

参照九江地方，当水陆之冲，据湖、湘之要，朝廷以其控带南圻，屏蔽江右，实为要地，故既有府卫之守，又特为兵备之设。其城池三面临水，地势四围险固，平时守备若严，临变必难骤破。各该守备官员，安于承平，宽纵军士，虽预知贼报，而仓皇无备，及一闻贼至，而望风奔走。指挥刘勋除监守自盗官钱外，与李泮等弃城先遁，致贼残破。知府汪颖，推官陈深，知县徐志道等，因见守战无兵，亦各怀印逃难。百户白昇等一印不保，安望守城。副使曹雷职专兵备，防守不严，虽城破之日，偶幸不与，而失事之责，终为有因。

再照南康地方，固称土瘠民稀，然亦负山阻水，虽新创之城，尚尔修筑未完，而守土之职，惟当效死勿去。该府知府陈霖，同知陈禄，通判蔡让，星子县主簿杨永禄等，畏缩无备，逃难弃城。湖口、建昌二县知县章玄梅、方铎闻贼先遁，致残县治。安义县知县王轼，贼党在境，不知先事之图，后虽有功，无救地方之变。彭泽县知县潘琨，都昌县主簿王鼎等，印信仓库，虽获无虞，而都昌被贼杀死兵快，彭泽被贼烧劫居民，失事之责，亦有攸归。星子县县丞曹时中，安义县主簿董国宣，一则脱逃不首，一则纵子投贼。至于各该府县首领儒学仓场局务等官，虽无守土之责，俱有弃城职之罪。

以上各官，求情固有轻重，揆义俱犯宪条；虽有后获之功，难掩先失之罪。又照近年以来，士气不振，兵律欠严，盖由姑息屡行，激励之方不立，规利避害者获免，委身效职者难容，是以偷靡成习，节义鲜彰。伏望皇上大奋乾刚，肃清纲纪，乞敕法司参详情罪轻重，通将各官究治如律。虽或量功末减，亦必各示惩创，庶有作新之机，足为将来之警。